비고츠키와
마르크스

마르크스주의 심리학을 위하여

비고츠키와 마르크스
마르크스주의 심리학을 위하여

초판 1쇄 인쇄 2020년 6월 6일
초판 1쇄 발행 2020년 6월 15일

지은이 칼 래드너·다니엘레 누네스 엔히크 실바 외
옮긴이 이성우
펴낸이 김승희
펴낸곳 도서출판 살림터

기획 정광일
편집 조현주
북디자인 꼬리별

인쇄·제본 (주)현문
종이 월드페이퍼(주)

주소 서울시 양천구 목동동로 293, 22층 2215-1호
전화 02-3141-6553
팩스 02-3141-6555
출판등록 2008년 3월 18일 제313-1990-12호
이메일 gwang80@hanmail.net
블로그 http://blog.naver.com/dkffk1020

ISBN 979-11-5930-146-9 93370

*가격은 뒤표지에 있습니다.
*잘못된 책은 바꾸어 드립니다.

VYGOTSKY AND MARX

비고츠키와
마르크스

마르크스주의 심리학을 위하여

칼 래트너·다니엘레 누네스 엔히크 실바 외 지음
이성우 옮김

비고츠키의 복원과 마르크스주의의 재발견

　오랫동안 고대하던 책이 나왔습니다. 마르크스주의적 입장에서 비고츠키 이론을 체계적으로 다룬 책이 드디어 나온 것입니다. 이 책이 특별히 반가운 이유는 비고츠키로부터 마르크스주의를 거세해 버린 왜곡된 상황을 바로잡음으로써 비고츠키 이론과 개념들을 좀 더 올바로 이해하고 그 속에 잠재된 혁명적 힘을 발휘할 수 있게 하리라 생각하기 때문입니다.

　그동안 비고츠키의 발달심리학이 마르크스주의에 기초한다는 사실은 잘 알려지지 않았습니다. 그것은 1960~1970년대 서구 학자들이 마르크스주의를 부정하는 방식으로 비고츠키 이론을 소개했기 때문입니다. 그들은 비고츠키의 놀라운 연구 성과에 경탄해 마지않았지만 비고츠키의 철학적·학문적 토대로서 마르크스주의를 분리하고 연구 성과의 결론이나 주요 개념들만을 쏙 빼서 세상에 소개했습니다. 그 결과 비고츠키 이론의 변혁성이 거세되고 내용도 왜곡될 수밖에 없었습니다. 귤이 회수를 건너면서 탱자가 되듯이, 미국을 거쳐 한국에 알려진 비고츠키 이론은 '병사 비고츠키'로 변실되었던 것입니다.

　1980년대 비고츠키 러시아판 선집이 영어로 완역된 이후에야 마르크스주의 심리학으로서 비고츠키 이론에 대한 인식이 비로소 조금씩 퍼지기 시작했고, 최근에는 국제적으로도 어느 정도 공인되어 가고 있습니다. 그러나 아직 비고츠키가 구체적으로 어떻게 마르크스주의의 철학과 방법론을 자신의 심리학 연구에 적용하고 있는지에 대한 논의는 매우 빈약한 상황입니다. 이런 차에 비고츠키와 마르크스주의의 연관을 체계적으로 다룬 책이 나옴으로써 그 빈약한 공간을 채워 주기 시작한 점에서 반갑고도 소중한 성과가 아닐 수 없습니다.

이 책은 비고츠키의 방법론과 도구와 의식, 기호와 언어, 상상과 창조 등 몇 가지 주요 주제들에 대해 비고츠키 이론이 어떻게 마르크스주의에 터하여 과학적이고 창조적인 탐구로 나아갔는지를 분석하고 설명하고 있습니다. 그를 통해 마르크스주의로서 비고츠키 이론을 정당하게 위치 짓고 더 나아가 비고츠키를 토대로 더 총체적인 마르크스주의 심리학을 정립해 나갈 것을 제안하고 있습니다.

저자들은 마르크스와 비고츠키 모두에 능통한 학자들로서 마르크스주의와 비고츠키의 연관을 전문적 식견을 통해 성공적으로 논증하고 있습니다. 혹 마르크스주의와 비고츠키 이론에 입문이 되어 있지 않은 독자들에게는 이 책의 논의가 다소 어려울 수도 있습니다. 하지만 또한 그 때문에 비고츠키와 마르크스주의 둘 다의 이해에 도움이 되는 이점도 있으리라 생각해 봅니다.

우선, 이 책을 통해 우리는 비고츠키를 좀 더 잘 이해할 수 있을 것입니다. 그가 마르크스주의적 관점과 방법론을 토대로 어떻게 과학적 심리학을 탐구할 수 있었는지, 또한 협력과 창조의 연구 과정을 통해 놀라운 업적을 어떻게 이룰 수 있었는지 파악할 수 있습니다. 그리고 잘못 알려진 비고츠키의 주요 개념들과 내용들의 왜곡을 바로잡고, 좀 더 명료하고 심화된 이해로 나아갈 수 있습니다.

저 역시 '탱자 비고츠키'를 공부하다 한참 뒤에야 마르크스주의로서 비고츠키를 '발견'했습니다. 처음에는 제도권 학계에 소개된 대로 '구성주의자'로 알았다가 나중에는 '사회적 영향'과 '협력' 등을 강조하는 그저 그런 '유사 마르크스주의' 정도로 이해하기도 했습니다. 그러다 『생각과 말』이 번역된 이후 비고츠키 원전들을 동료들과 함께 학습하고, 토론하면서 비로소 비고츠키의 마르크스주의를 발견하고 조금씩 이해할 수 있었습니다. 이것은 놀라운 경험이었습니다. 마르크스주의에 입각한 새로운 내용들을 접하게 되었을 뿐 아니라 이미 알고 있던 개념들이 마르크스주의와의 연관 속에서 재구성되고 전진해 나갔습니다. '낱말 의미의 발달'과 '아하 경험'의 연속이었습니다. 이 책은 비고츠키와 마르크스주의의 연관을 직접 다루고 있기 때문에 '마르크스주의 비고츠키'의 발견에 더욱 효과적이며, 명확하고 체계적으로 이해하는 데 큰 도움을 줍니다.

 또 하나의 중요한 의의는 마르크스주의를 통해 비고츠키를 재발견하는 것만이 아니라 비고츠키를 통해 마르크스주의를 재인식할 수 있다는 것입니다. 비고츠키의 마르크스주의는 스탈린주의의 영향을 받지 않은, 스탈린주의와 대립했던 마르크스주의입니다. 비고츠키가 활동하던 1920년대에서 1930년대 초반은 아직 스탈린주의의 헤게모니가 확립되기 전이었고, 이 시기 마르크스주의는 현재 우리가 알고 있는 것보다 훨씬 다양했으며 역동적, 개방적, 창조적인 흐름들이 있었습니다. 비고츠키를 통해 우리는 스탈린주의의 기계적 경향성과는 전혀 결이 다른 마르크스주의를 발견할 수 있습니다. 비고츠키는 당시 마르크스주의를 '테제의 인용'과 '기계적 적용'으로 단순화하고 무매개적으로 이해하는 경향들에 매우 실망하면서 '사이비 자칭 마르크스주의'로 비판했습니다. 비고츠키는 마르크스주의를 확장하는 실천적 핵심이 무엇보다 마르크스가 '자본'의 분석에 행했던 관점과 방법론을 새로운 실천적 과제에 올바로 적용하고 그를 통해 과학적 분석과 설명에 이르는가 여부에 있다고 보았습니다. 그리고 자신은 '인간 심리의 발달'이라는 주제에 혼신의 힘을 바쳤습니다. 기계론과 비고츠키 마르크스주의의 가장 큰 차이 중의 하나가 바로 이 부분입니다. 기계론은 새로운 이론적, 실천적 대상에 대해 무매개적으로 마르크스의 테제들을 직접 적용하지만 비고츠키는 새로운 대상에는 항상 새로운 방법론이 필요하다고 보았습니다.

그런데 기계론이 새로운 상황과 문제들에 대한 분석에 게으르고, 설명에 무능한 것은 분명하지만 새로운 방법론을 도입하는 것 또한 그 자체로 올바름이 보장되는 것은 아닙니다. 그것이 진정으로 마르크스주의적 관점을 올바로 적용한 것인지, 그를 통해 과학적 분석과 설명에 이르고 있는지는 따로 짚어 볼 문제입니다. 이에 대해 저자들은 비고츠키가 마르크스주의 '변증법적 유물론과 역사 유물론'의 관점과 방법론을 '인간 심리 발달'이라는 새로운 연구 주제에 대해 매우 확고하고 성공적으로 적용하고 있음을 체계적으로 밝히고 있습니다. 저자들은 비고츠키가 마르크스의 정치학, 경제학 테제로 환원하지 않고 마르크스의 관점, 방법론, 연구 성과를 심리학에 적용함으로써 마르크스주의를 이론적, 실천적으로 확장하고 있음을 강조합니다. 그 점에서 이 책은 비고츠키를 마르크스주의로 복원하는 것일 뿐 아니라 마르크스주의를 기계론적 경향에서 벗어나 역동적, 실천적, 창조적인 것으로 확장하려는 시도이기도 합니다.

이 책을 통해 많은 독자들이 '마르크스주의로서의 비고츠키'와 '비고츠키의 마르크스주의' 모두에 대해 '아하' 현상을 경험하시기를 소망합니다. 그리고 저자들이 제기하듯 이 책의 출간이 비고츠키를 마르크스주의로 정당하게 자리매김하는 데 그치지 않고 비고츠키를 토대로 변혁적 마르크스주의 심리학을 형성해 나가는 계기가 되길 기대합니다. 이 시대 교육과 변혁을 함께 고민하는 사람들에게 꼭 필요한 책이 나오게 된 것에 감사드리며.

2020년 5월

진보교육연구소장 천보선

칼 마르크스의 사상을 안내해 주신 부모님께
사랑과 감사의 마음을 담아

　_칼 래트너

마르크스주의와 비고츠키주의에 헌신하도록 나를 이끌어 주신
앙헬 피누 교수님, 마리아 세실리아 라파엘 데 고에스 교수님,
아나 루이사 스몰카 교수님께

　_다니엘레 누네스 엔히크 실바

마르크스주의 심리학은… 과학으로서 유일하게 진정한 심리학이다. 이것 외의 심리학은 존재할 수 없다. 다시 말해, 과거나 현재에 진정으로 과학적인 무엇이 있다면 그것은 마르크스주의 심리학에 귀속된다. '과학'이라 함은 과학적인 학파나 동향 따위보다는 넓은 개념이다. 이는 과학적인 개념 그 자체를 말한다. 그것이 어디서 누구에 의해 발전되든 말이다.

_비고츠키, 『위기』

차례

| 일러두기

1. 이 책은 칼 래트너·다니엘레 누네스 엔히크 실바 외의 『Vygotsky and Marx』
   (Routledge, 2017)를 완역한 것이다.
2. 저자의 각주는 장별로 후주로, 옮긴이 주는 본문에 아래첨자로 처리했다.
3. 이 책에서 언급되는 학자 이름 가운데 잘 알려진 경우는 한글만으로 표기하고(예: 헤
   겔), 그렇지 않은 경우는 한글과 영어를 병기했다. 단, 같은 학자가 거듭 언급될 때는
   두 번째부터는 한글 표기만 했다.
4. 저작물은 단행본이나 논문을 가리지 않고 모두 겹낫표(『』)로 표기했다.
5. 원 책에서는 세 가지 방식으로 강조 표시가 되어 있다. 1) 굵은 고딕체, 2) 이탤릭체,
   3) 큰따옴표. 이 중 굵은 고딕체와 이탤릭체로 된 부분은 굵은 고딕체로 나타내고 큰
   따옴표로 되어 있는 부분은 그대로 큰따옴표로 표시했다.

비고츠키 마르크스주의 심리학의 복원과 발전을 위하여

칼 래트너Carl Ratner • 다니엘레 누네스 엔히크 실바Daniele Nunes Henrique Silva

이 책의 궁극 목적은 마르크스주의 심리학, 즉 마르크스의 사회철학과 정치학에 기초한 심리학의 개발을 독려하고 안내하는 것이다. 마르크스주의 심리학은 마르크스주의의 과학적 사회이론과 혁명적 정치학의 필수적인 요소다. 또한 마르크스주의 심리학은 사회 분석과 함께 살맛나고, 공정하고, 협력적인 민주사회로의 변혁을 위해 절대적인 중요성을 지니기도 한다. 마르크스의 학문적 열정은 늘 사회 발전을 위한 이러한 혁명적 입장에 의해 추동되었다. 따라서 마르크스주의 심리학 연구는 인간 발전을 위한 과학적 행위와 정치적 행위 둘 다를 추구한다.

레프 비고츠키(1896~1934)는 마르크스주의 심리학에서 가장 중요한 선구자이다. 우리가 이 분야에서 그가 끼친 특별한 공헌에 대해 면밀히 탐구하려는 것도 이런 이유에서이다. 비고츠키는 마르크스주의 심리학을 발전시키는 것이 자신의 목표이며 사실상 모든 과학적 심리학자들의 목표이어야 한다고 거리낌 없이 말하곤 했다. 우리는 비고츠키에 의한 마르크스주의 심리학의 발전을 이 책의 주된 주제로 삼는다. 이 책은 탁월한 학자로서의 비고츠키 개인에 대해서는 물론, 심지어 많은 심리학 주제에 공헌을 끼친 심리학자로서의 비고츠키에 대해서도 관심을 품지 않는다. 우리의 관심사는 마르크스주의 심리학자로서의 비고츠키다. 우리는 비고츠키의 이론이 마르크스주의 심리학과 부합하는 측면이나 비고츠키가 심리학을 이해하고 발전시키기 위해 마르크스주의의 개념들을 이용하는 방식에 관심을 갖는다. 또한 우리는 비고츠키가 이러한 목표들을 채 달성하지 못한 부분이나 그의 마르크스주의 심리학이 보완되어야 할 부분에 주목할 것이다.

우리는 비고츠키의 마르크스주의가 야누스의 두 얼굴을 지니고 있다고 주장한다. 외적으로 그 얼굴은 마르크스주의 심리학을 풍성하게 하는 한편, 내적인 얼굴로는 비고츠키 심리학의 사고를 풍성하게 하는 면모를 지닌다. 비고츠키는 마르크스주의를 변질시키거나 박학다식한 자기 관심사의 일부로 격하시키지 않았다. 오히려 자신의 풍성한 정신세계를 통해 마르크스주의를 다양한 심리학적·문화적 이슈로 확장시켰다. 이 책은 이러한 이슈들에 대한 깊이 있는 분석을 위한 영감을 얻고자 한다.

비고츠키 마르크스주의에 대한 이 책의 확고한 입장

비고츠키의 마르크스주의에 대한 다양한 평가가 이루어지고 있다. 우리는 "확고한 관점strong view", 즉 비고츠키에 대한 마르크스의 영향력은 확고하다는 관점을 취한다. 어떤 이들은 보다 유약한 관점을 품는다. 이를테면 『케임브리지 문화-역사 심리학 핸드북』에 적힌 어떤 설명은 비고츠키의 마르크스주의를 부정한다.

소비에트연방의 모든 시민들이 그랬듯이 비고츠키는 전체주의 정권에 복종해야만 했다. 하지만 마르크스주의에 대한 비고츠키의 입장은 그저 예의를 차릴 수준에 지나지 않았다. 비고츠키는 마르크스의 친구이자 위대한 시인인 하인리히 하이네를 좋아하듯이 마르크스를 좋아했는데, 부르주아 사회에 대한 이 두 인물의 풍자적 비평에 호감을 품었다. 하지만 다른 공식 문건에서의 인용문들은 대부분 전술적 이유에서 따온 것이었다.

_Yasnitsky 등, 2014, p.505

이 심각한 발언은 논쟁이 함축된 문서화된 형태의 글이 아닌 단 하나의 문장으로 제기되었다.[1] 우리의 책은 이 의문에 대한 모든 관점을 살펴보진 않을 것이다. 대신 우리는 확고한 입장을 명료화하고 발전시키는 데 초점을 맞출 것이다. 비록 확고한 관점이 타당하다 할지라도 아직 이것이 엄밀한 방식으로 설명되거나 실증적으로 입증되지는 않았기 때문이다.

확고한 관점에서 볼 때, 마르크스는 비록 유일한 인물이 아닐지언정 비고츠키에게 매우 중요한 영향을 끼쳤다. 비고츠키가 스피노자의 철학을 따른 면이 있다는 것은 잘 알려져 있다. 비고츠키의 마르크스주의와 관련하여 우리는 비고츠키가 마르크스주의의 영향을 받아 다양한 철학자들과 사회과학자들에 대한 관심을 갖게 되었다고 믿는다. 우리는 이 학자들의 저작물에서 마르크스주의와 양립하는 요소들에 비고츠키가 이끌렸으며, 이것이 그로 하여금 마르크스주의에 천착하게 했다고 믿는다. 이를테면, 하트와 네그리Hardt and Negri, 2000나 사와이아Sawaia, 2009 같은 학자들은 마르크스의 어떤 아이디어들은 스피노자에 의해 먼저 구상되었다고 주장한다.

비고츠키는 현실 사회의 특징적 질서로서 심리학의 복잡성을 탐구하기 위해 마르크스주의의 정수를 이용한 점에서 마르크스주의 심리학에서 가장 중요한 선구자였다. 그는 심리학을 마르크스주의 정치학이나 경제학(이 둘은 마르크스의 주요 관심 분야다)으로 환원시킴 없이 심리학에 마르크스주의를 안내했다. 비고츠키는 새롭고 창의적인 방식으로 마르크스주의를 심리학으로 확장하였다. 그리하여 그는 마르크스주의를 풍성하게 하기 위해 심리학을 활용하는 동시에 심리학을 풍성하게 하기 위해 마르크스주의를 활용했다.

비고츠키는 인지, 정서, 상상력, 지각, 기억, 개념 형성, 발달심리학, 경험, 주관성, 인성, 교육심리학, 생물학과 심리학의 연관 등의 문제 연구에 혼신의 노력을 기울였다. 그는 그것들의 내적 작동 이론을 개발하고 그것들을 연구하는 방법론을 개발했다. 비고츠키는 심리학 연구에 몰입했다. 그는 수많은 심리학 이론과 방법론을 만들어 내고 비평하였다. 비고츠키는 이들 이론과 방법론에 내재된 모순과 수수께끼를 발견하고 해결했다. 그는 심리 현상의 세세한 부분에 대해 새로운 방식의 설명을 시도했다. 비고츠키는 마르크스주의자로서 학문적 연구를 수행했다. 그는 심리학 영역 밖에 서서 심리학의 실제를 무시하는 듯한 어조로 마르크스주의를 논하지 않았다. 비고츠키는 마르크스주의와 심리학의 조화를 꾀했다. 마르크스주의를 새로운 방법(심리학)으로 약동하게 하는 한편, 심리학을 새로운 방법(마르크스주의)으로 약동하게 했다.

비고츠키의 이러한 공헌에 대해 이 책에서 탐구할 것이다.

비고츠키의 마르크스주의에 내한 강력한 판점을 논증하기 위해 우리는 비고츠키의 저작물 속에서 마르크스주의적 개념을 살펴보고자 한다. 이 책의 여러 장을 통해 비고츠키가 연구한 다양한 주제들에 내재한 구체적인 마르크스주의적 결실을 검토할 것이다. 우리는 이 방법이 비고츠키 연구물 내의 마르크스주의의 깊이를 가늠할 수 있는 신뢰도와 타당도를 품고 있다고 믿는다.

우리는 비고츠키의 삶을 둘러싸고 있는 역사적·지적 맥락에 대해 논하는 것보다 이러한 방법이 비고츠키 마르크스주의를 탐구하는 신뢰할 만하고 실질적인 방법이라 믿는다. 우리는 한 개인의 활동에 관한 사회적 환경의 영향을 추론해 낼 수 없다. 우리는 환경의 영향을 파악하기 위해 개인 활동 **속에서** 그 환경을 이해해야만 한다. 우리는 비고츠키가 살았던 사회 속의 마르크스주의가 아닌 비고츠키의 저작 속에 있는 마르크스주의에 집중하고자 한다.

비고츠키는 심리학과 문화를 이해하기 위한 유용한 사상체계로서의 마르크스주의 개념을 결코 일반적인 방식으로 단순하게 다루지는 않았다. 그는 마르크스주의를 자신의 사회문화이론과 실증적 연구를 위한 사상적 토대로 활용했다. 이러한 점은 비고츠키의 첫 번째 글과 강의에서 잘 나타나 있다. "인간 정신에 대한 과학적인 탐구를 위해 마르크스의 방법론 전부를 배우고 싶다. … 우리에게 필요한 것은 이런저런 진술이 아닌 방법이며, 변증법적 유물론이 아닌 역사 유물론이다"Vygotsky, 1997a, p.331. 『예술심리학』에서 비고츠키1925/1971는 다음과 같이 설명하고 있다. "마르크스주의에 입각한 예술론을 정립하면서, 나는 다른 모든 시도와 함께 예술에 대한 심리학적 분석에서 방법론적·이론적 법칙으로 내용을 채울 것을 제안하고자 한다."

공식적 관점이 아닌 사적 입장을 서술한 노트에서 비고츠키는 러시아혁명에 대한 자신의 열정을 고백하고 있다. "러시아혁명은 우리의 지엄한 대의를 표상한다는 것을… 혁명의 이름으로 말하고자 한다"van der Veer and Zavershneva, 2011, p.466.

비고츠키의 문화심리학에 대한 마르크스주의의 자극은 그의 후학들의 글에서 엿볼 수 있다.

루리아는 "비고츠키는 역사적 방법론을 숙달하기 위한 훌륭한 본을 제시했다. 그는 가장 위대한 지식 영역 중의 하나인 심리학의 연구에서 마르크스-레닌의 방법론을 적용하는 방법을 우리에게 안내해 주었다"고 적고 있다.Levitin, 1982, p.173에서 인용 또한 루리아는 비고츠키를 "우리들 중 가장 뛰어난 마르크스주의 이론가"로 묘사하고 있다.Luria, 1979, 3장 그는 다음과 같이 말한다.

> 우리 세대는 혁명적 변화의 기운, 즉 짧은 기간 내에 엄청난 진보를 이루기에 충분한 사회의 구성원이 민중이라는 것을 느끼게 하는 해방적 기운으로 충만해 있었다. … 우리를 옥죄는 사적인 세계의 한계는 러시아혁명을 통해 붕괴되었고, 우리 앞에 새로운 전망이 펼쳐졌다. 우리는 거대한 역사의 물결에 휩쓸려 갔다. 우리의 사적인 이해관계는 새로운 집단적 사회의 광대한 사회적 목적에 의해 압도되었다.
>
> 혁명이 가져온 이 분위기는 많은 야심찬 시도를 위한 에너지를 제공했다. 전체 사회가 그 창의적 힘을 모두를 위한 새로운 삶의 건설을 위해 쓰도록 해방되었다. _앞의 책, 1장

> 더욱 정교한 사상체계 가운데 하나인 마르크스주의 철학에 나를 포함한 많은 소비에트 학자들이 서서히 동화되어 갔다. 예전에 나는 심취할 성노로 마르크스주의에 빠져든 적이 없었다. 지금도 나는 이것이 나의 교육 이력에서 중대한 결함이라 생각한다. _앞의 책, 2장

반 더 비어와 발시너는 다음과 같이 적고 있다. "비고츠키는 공산주의 세계관의 유토피아적 사상을 열렬히 신봉했으며, 공산당과 연계된 조직에 적극적으로 참여하는 한편 자신의 연구에서 공산주의 세계관을 정립하고자 했다"Van der Veer and Valsiner, 1991, p.374. 실제로 비고츠키는 1919년에서 1923년까지 고멜 볼셰비키 정부의 대표를 지냈다.

콜Cole은 비고츠키의 마르크스주의적 관점에 대해 다음과 같이 적고 있다. "비고츠키는 『자본론』 공부를 시작했다. 1925년, 엥겔스의 『자연변증법』이 출간되자마자 비고츠키는 그것을 자신의 사고 속에 채워 넣었다"Levitin, 1982, p.54에서 인용.

길렌과 제쉬매리디언Gielen and Jeshmaridian에 따르면,

> 비고츠키는 스스로를 신생 사회주의 사회의 건설을 위해 이론과 실천에서 기여하고자 하는 철저한 마르크스주의 사상가로 규정하였다. 그는 마르크스주의와 새로운 사회에 대한 자신의 헌신성을 한순간도 의심한 적이 없었다. 짧은 생의 끝자락에 이르러 "숙청"의 위협에 직면했을 때, 그의 심신은 참담하고 피폐해졌다. _1999, p.276

왜 자신이 이런 일을 겪어야 하는지 이해할 수 없는 가운데 비고츠키는 자신이 마르크스주의자가 아닌 인물로 평가되고 있음을 깨달았다. 이 맥락에서 비고츠키의 보좌관 블루마 자이가닉은 비고츠키가 "더 이상 살고 싶지 않다. 그들이 나를 마르크스주의자로 보지 않아"라고 말하며 심각한 정신적 혼란에 사로잡혔던 것을 술회한다. 사회적 감수성이 풍부한 비고츠키에게 공산주의는 자신의 고통에 희망과 의미를 안겨 준 삶

의 철학이었다. 이 정신적 고향으로부터 자신이 추방되었음을 알아차린 뒤로 그의 희망은 쇠퇴하고 존재의 이유를 상실한 끝에 그는 홀로 죽음을 맞이해야만 했다. _앞의 책. p.284

비고츠키 마르크스주의 영역에 대한 지식인들의 외면

비고츠키 자신의 발언이나 여러 비고츠키주의 학자들이 진술한 비고츠키와 마르크스주의의 연관에 대한 많은 증거에도 불구하고, 대다수의 비고츠키 후학들은 이 이슈에 별 관심을 기울이지 않았다. 이 문제를 바로잡기 위해(이것이 이 책의 존재 이유이자 목표다), 우리는 그것을 이해해야만 한다. 이 서론의 나머지 부분은 이 문제와 관련한 예를 기록할 것이다. 이 글에서 우리는 비고츠키의 저작 속에 담긴 마르크스주의 개념에 대해 많은 비고츠키주의자들이 다루지 않은 방식으로 써 내려갈 것이다.

비고츠키의 마르크스주의적 관점에 대한 무시

비고츠키의 문화심리학 혹은 문화-역사 심리학에 대한 많은 연구들이 비고츠키의 마르크스주의를 무시하고 있다. 『케임브리지 문화-역사 심리학 핸드북』Yasnitsky et al., 2014은 현대 비고츠키주의 학문에 대해 깊이 파고들고 있다. 총 533쪽에 달하는 이 책의 색인 목록에서 마르크스, 엥겔스, 마르크스주의가 열일곱 번 언급되고 있다. 이 이슈에 관한 그리고 렌코Grigorenko의 1쪽짜리 서술을 제외하곤, 이 어휘들은 그저 마르크스, 엥겔스의 이름이나 이들의 저서, 에이젠슈타인과 같은 소비에트 인물이 마르크스를 인용한 것, 혹은 비고츠키 마르크스주의에 관한 한 문장 정도 언급에 그치고 있다. 이 책의 저자들은 비고츠키 마르크스주의에 대해서는 토론하거나 서술하지 않는다.

길렌과 제쉬매리디언[1999, pp. 275-276]은 이러한 무시의 수준에 관해 서술하고 있다.

> 비고츠키의 마르크스주의 정체성에 대한 우리의 강조점은 부분적으로 그의 정체성과 관련한 이 핵심적 측면이 미국 후학들에 의해 무시되어 온 것을 관찰한 것에서 연유한다. 1960년대에 미국 심리학자들이 비고츠키를 재발견하기 시작할 때 이들은 비고츠키 이론에서 마르크스주의적 요소를 무시했다. 비고츠키의 중요한 책 『사고와 언어』가 영문으로 처음 옮겨질 때 마르크스주의 참고 문헌이 삭제된 채로 발간된 것이 그 좋은 예이다. 매카시 반공주의의 광풍을 막 겪은 뒤였으니 그리 놀랍지 않은 현상이라 하겠다. 서구의 다른 비고츠키 학자들도 비고츠키의 마르크스주의 사상의 지적 가치에 대해 그의 풍성한 심리학적 유산에 비해 변변찮은 것으로 보았다. 오늘날 실용성을 추구하는 많은 미국 심리학자들은 비고츠키의 연구 결과를 심리학계의 금광으로 취급한다. 이들에게 비고츠키주의는 대안적 연구를 위한 통찰과 지혜, 영감의 결정체로서 채굴을 기다리는 금맥이다. 대조적으로 이들은 이 금광이 최초의 장소에서 모습을 드러낸 이유나 목적에 대한 의문에는 별 관심을 기울이지 않고 있다.

한 예로, 최근 많은 미국 심리학자들은 학습이 발달을 이끈다는 비고츠키의 아이디어와 함께 근접발달영역Zone of Proximal Development 개념을 잘 알고 있다. 그들은 이 개념을 활용하여 아동이 훗날 독자적으로 성취할 수 있는 행위를 성인의 도움으로 성취하는 방법을 학습하는 것을 설명한다. … (현대 미국 심리학자들과는 달리) 마르크스주의 교육자인 비고츠키에게 근접발달영역의 아이디어는 정치적 함의를 품고 있었다. … 이 아이디어는 소비에트의 교육 목적, 즉 새로운 소비에트 인간, 미래의 소비에트 사회에 필요한 인간상을 기르기 위한 목적 달성을 위해 이용될 수 있었다.[2]

패커Packer, pp.8-9도 비슷한 말을 했다.

비고츠키의 텍스트가 처음으로 영어로 번역되었을 때, 몇몇 미국 심리학자들은 그의 책이 마르크스의 자본주의 분석과 밀접한 연관을 보이고 있다고 지적했다. 그러나 그 뒤로 이러한 연관성은 자주 간과되었고, "비고츠키에 관한 많은 해석들이 비고츠키를 마르크스주의 이론체계와 연결 짓는 시도를 하지 않았다"Robbins, 1999, p.vi. 비고츠키의 저작물을 번역하는 과정에서 종종 마르크스와 엥겔스의 참고 문헌이 생략되는가 하면, 이러한 행위가 "공식 이데올로기에 대한 의무적 이행 수칙"으로 취급되기도 했다.Yaroshevsky, 1989, p.20 그 결과로 …

비고츠키 저서의 정치적 문맥은 사실상 현대 학자들에 의해 무시되었다. 비고츠키는 정치적 긴장 속에서 스탈린의 숙청에 의해 희생된 마르크스주의 이론가가 아닌 그 천재적

재능이 "역사적·사회적·문화적 장벽을 초월하는" 사상가로 그려졌다.Bakhurst, 2005, p.178

… 마르크스의 영향을 받은 비고츠키를 무시하거나 폄하하는 이러한 경향성의 매우 중요한 예외 중의 하나가 툴민Toulmin, 1978에게서 볼 수 있다. 툴민은 〈뉴욕〉지 서평란에서 비고츠키를 "심리학계의 모차르트"라 일컫는 유명한 수사를 남겼다. 이 글에서 그는 "'역사 유물론' 철학이 제공하는 일반 이론체계는 비고츠키에게 발달심리학과 임상신경학의 연관이나 문화인류학과 예술심리학의 연관에 관한 통합적 설명 방법을 개발하기 위한 토대를 제공했다"고 썼다. 두 번째 예외는 『마인드 인 소사이어티』에서 콜과 스크리브너Cole and Scribner, 1978가 쓴 서문이다. 이들은 마르크스주의 이론은 비고츠키에게 "매우 값진 과학적 원천이었으며, 그가 변증법적 유물론의 방법과 원리를 활용하여 자기 자신의 『자본론』을 창조하고자 했다"고 썼다. 최근에 콜 등Cole et al., 2006은 "비고츠키, 루리아, 레온티예프가 마르크스주의 계열의 심리학에 대한 대대적인 재정립에 착수했다"고 썼다.p.244

비고츠키 마르크스주의에 대한 부적절한 평가

비고츠키의 문화심리학에 대한 몇몇 평론은 마르크스주의에 관한 그의 호감에 대해 언급하고 있다. 하지만 이들은 이에 관한 상세하고도 철저한 논점을 제시하지는 않는다. 이들은 마르크스주의의 특징적인 측면이나 특정 개념에 대한 의미, 예컨대 변증법, 변증법적 유물론, 소외, 화폐, 역사 유물론, 사적 소유, 임노동, 자본주의, 사회주의 등을 마르크스가 어떻게 개념화하고 있는지에 대한 상세한 설명을 해야만 했다. 나아가 비고츠키가 자신의 글 속에서 이러한 마르크스주의 개념들을 직접적으로나 우회적으로 언급하는 경우를 살펴봐야 했다.

또한 비고츠키의 마르크스주의를 탐색하는 일은 비고츠키가 마르크스주의 개념을 잘못 활용한 지점에 대해서도 확인하는 것을 포함한다. 덧붙여, 마르크스주의에 대한 창의적 활용은 비고츠키가 다루지 않은 주제를 위해 제안되어야 하는데, 이러한 시도를 통해 비고츠키의 마르크스주의 문화심리학을 그런 주제로까지 확장할 수 있을 것이다. 섹슈얼리티가 그 한 예이다.

비고츠키 마르크스주의의 탐색은 또한 마르크스주의 사회이론이나 문화이론을 개발하는 것을 포함한다. 비고츠키는 역사 유물론을 자신의 주요 사회이론으로 삼았다. 이 이론은 문화심리학의 마르크스주의적 토대를 확립하기 위해 필수적이다.

비고츠키[1998, p.43]는 자신의 발달심리학에서 역사 유물론을 인용하고 있다.

> 환경 변화의 중요성은 그것이 사회적 생산의 참여에까지 영향을 미친다는 사실과 관계있다. 이 토대 위에서 사회적 생산 내의 이런저런 입장과 연관된 사회 이데올로기가 개인의 사고 속에 자리한다. 학령기 아동이나 청소년의 역사는 계급 심리 class psychology와 이데올로기의 강력한 발달과 형성의 역사다. … 대개 청소년의 사고 형성에 기초 기제로 작용하는 모방 본능에 어떤 준거가 만들어진다. 이 준거가 사회적으로 만들어진 것이라는 사실을 간과하면 아동의 계급 심리 형성을 이해할

수 없다.

베레소프Veresov, 2005, 뉴턴 두아르테Newton Duarte, 2000, 앙헬 피누Angel Pino, 2000와 같은 몇몇 비고츠키 후학들만이 이러한 길을 걸었다. 대부분의 후학들은 비고츠키의 마르크스주의 개념 차용을 피상적으로나 불완전하게 그리고 그릇되게 평가했다.Tuleski, 2015, 1장 대개 그들은 마르크스주의 개념을 마르크스주의 내용에서 파생되어 비마르크스주의 내용으로 다시 채워진 단순하고 추상적인 개념으로 격하시켰다. 이는 정반대의 과학적·정치적 영향을 초래했다. 우리는 비고츠키의 후학들이 비고츠키 마르크스주의나 마르크스주의 일반을 그릇된 방법으로 다룬 문제점에 대해 살펴볼 것이다. 우리의 의도는 그러한 문제점들을 극복하고 마르크스주의 심리학을 발전시키는 데 보다 적절한 방향을 제시하기 위해 구성적인constructive 방법을 취하는 것이다. 비고츠키는 자신의 저작 『심리학 위기의 역사적 의미』 속에서 마르크스주의 심리학자들에 대한 이러한 비판에 관해 다루고 있다. 이 글에서 그는 "많은 '마르크스주의자'들이 심리학 지식에 관한 자신들의 입장과 관념론적 이론의 차이에 대해 인식하지 못하는데, 그들은 양자 간에 차이가 없다고 믿기 때문이다. … 우리는 이 마르크스주의자들의 입장을 **심리학계의 마하주의**라고 생각한다"고 비판했다.Vygotsky, 1997a, pp.323-324 비고츠키는 이들의 마르크스주의에 대해 "자칭 마르크스주의"라고 일컬을 정도로 매우 비판적이었다. 그는 그 상황을 매우 심각하게 보면서 심리학 학계가 재조직되어야 한다고 생각했다.

스피노자를 따라서, 우리는 우리의 과학을 쓸모없는 약 처방에 의지하는 불치병 환자에 비유해 왔다. 지금 우리는 이 상황을 구할 의사의 메스에 의지할 수밖에 없음을 목도하고 있다. 유혈 낭자한 대수술이 임박했다. 많은 책들을 찢어 없애야 하며, 많은 글귀들을 처분하고 많은 이론들을 폐기해야만 한다. _앞의 책, p.324

지금부터 우리는 비고츠키 마르크스주의나 마르크스주의 심리학과 관련한 기존 연구물들에 대한 평론을 하고자 한다.

1) 엘레나 그리고렌코Elena Grigorenko

러시아 비고츠키 심리학자 엘레나 그리고렌코[2014]는 비고츠키가 마르크스의 제자임을 인정한다. 하지만 그녀는 비고츠키의 마르크스주의를 "협력적 변혁 실천"을 포함하는 것으로 해석한다. 그 한 예로 그리고렌코는 "발달, 교수, 학습, 이 셋은 각각 따로나 전체적으로도 협력적 변혁 실천의 산물이자 공헌"이라고 적고 있다.앞의 책, p.205 마르크스주의에 관한 또 다른 생각으로, "문화는 고대 생산물의 집합이 아니라, 인간 역사를 관통하는 변혁적 실천의 거침없고 연속적인 흐름"이라는 것이다.앞의 책 자주 언급되는 또 다른 마르크스주의 개념은 심리학을 인간과 자연의 상호작용을 매개하는 학문으로 보는 비고츠키의 개념이다.

이러한 것들은 그저 피상적인 마르크스주의적 개념일 뿐이다. 이 개념들은 구체적인 사회 체제나, 구조, 집단, 제도, 문물, 협력, 정치에 관해 언급하지 않는다. 이것은 구체적인 자본주의(이를테면, 신자유주의)나 변혁적인 정치학 혹은 사회주의를 시향하는 연대의 노력에 대해 논하지 않는다. 뿐만 아니라 이것은 세계은행, WTO 혹은 NAFTA 따위의 세계 무역협정(이 중 어느 것도 『케임브리지 핸드북』의 색인 목록에 열거되어 있지 않다)에서 공포한 신자유주의 자본주의 내의 지속적인 제도적 실천에 대해서도 구체적으로 다루지 않는다.

마르크스주의를 협력 또는 변화의 문제로 치부해 버리는 태도는 이 이론체계의 가장 중요한 개념을 불분명하고 모호하게 만들어 버리는 우를 범한다. 교육에서 협력이나 변화의 실천은 학교 숙제나 읽기 과제를 폐지하는 데 찬성하는 문제를 비롯해 모든 것을 포함할 수 있다.

추상적인 협력이나 변화의 문제는 마르크스주의와 관계가 없으며, 문화 혹은 심리학과 관련한 마르크스주의 성격과도 관계가 없다.

2) 세스 체이클린Seth Chaiklin

비고츠키와 마르크스에 관한 체이클린2012의 담론은 두 사상가가 공통적으로 다루는 개념에 집중한다. 체이클린의 유익한 말에 따르면, "마르크스는 자유에 관해 역사적인 방법으로 이해했다. 자유는 인간 삶의 조건의 결과이며, 이 조건들과 연관된 인간 역량 발달의 산물이다"앞의 책, p.35. 하지만 체이클린은 이 조건들이 구체적으로 어떤 것인지에 관해서는 파고들지 않는다. 그는 마르크스가 말하는 자유가 사적 소유, 계급구조, 자본, 화폐, 상품 생산, 임노동이 근절된 사회주의 정치경제 체제 속에서 존재한다는 것을 언급하지 않는다.

체이클린은 헤겔, 마르크스, 비고츠키가 공유하고 있는 변증법적 전통과 역사 이해 방식에 관한 생각들을 나열하는데, "과학적 이론틀에 충실하기", "전체the whole에 주목하기", "자유와 인간의 완전한 발달에 대한 개념 지향하기", "사람이 조건을 바꿀 수 있다고 인식하기"가 그런 것들이다.앞의 책, pp.30-32

이러한 추상들abstractions이 무엇을 의미하는지는 불분명하다. 변혁 조건의 범주는 해양오염에서부터 사회혁명에 이르기까지 광범위하다. 이것들을 모호하게 둔 결과로 문화-역사 활동이론의 발전이 지연되고 있으며 무엇을 연구할 것인가 하는 방향성이 상실되고 있다. 또한 이것은 지엽적이고 파괴적인 변화를 활동이론의 문화-역사적 원칙 속에 포함시키는 것을 정당화한다.

우리가 어떤 "상호작용"을 사회 체제와 심리 현상의 형태 속에서 연구해야 하는가? 이것들은 사람들 사이의 상호작용인가 아니면 정치적 상호작용인가?

"역사"의 어떤 영역에 우리가 초점을 맞추어야 하는가? 이것은 누구의 역사인가? 이것은 공식적인 역사인가 민중의 역사인가? 미국이 독재로부터 민중을 해방시키기를 요구하는 역사인가 아니면 민중을 억압하는 제국주의 미국의 역사인가?

우리가 사회 혹은 심리학을 연구할 때 "전체"란 무엇인가? 이것은 통일적이고 동질적인 전체인가 아니면 모순들로 뒤얽힌 것인가? 전체를 구성하는 요소들 가운데 우열이 있는가 아니면 모두 대등한가? 전체는 요소들의 시퀀스인가 아니면 게슈탈트인가?Gestalt: 전체는 부분의 총합 이상이다! 게슈탈트의 원리를 잘 설명해 주는 이 명제가 시사하듯, 게슈탈트는 전체로 인식될 때 부분의 총합 이상의 질적 특성을 갖는 구조 또는 경험을 뜻한다

마르크스와 비고츠키는 이러한 물음들에 구체적인 답을 제공한다. 그러나 체이클린은 일반적인 추상의 수준에서 이 문제를 다룸으로써 답을 피해 간다.

마르크스는 추상을 구체적인 요소들로 구성된 보편적인 이론틀로 조심스럽게 다룬다. 그는 이를테면 "사회적 전체"의 본질에 관해 매우 구체적인 용어로 논한다. "국가를 구성하는 전체 내적 구조는 그 생산력의 발달 단계에 의존한다"Marx and Engels, 1932/1968, p.11.

법적 관계뿐만 아니라 정치 형태도 그 자체만으로 이해될

수 없고, 인간 정신의 보편적 발전의 기초 위에서도 이해될 수 없었다. 그것들의 뿌리는 물질적 생활 조건에서 연유한다. 헤겔은 18세기 영국과 프랑스의 사상가들의 사고를 좇아, 이 물질적 생활조건들의 전체를 "시민사회"라는 용어 속에 포함시켰다. 하지만 이 시민사회의 해부학은 정치경제학 안에서 발견될 수 있다. _Marx, 1859/1999, 서문

체이클린은 사회의 본질적 성격을 결정하고 심리학과 모든 사회 활동의 결정을 아우르는 사회적 전체의 정치-경제적 핵심을 빠뜨리고 있다. 유사한 맥락에서 마르크스가 역사를 구체화한 것을 살펴보자.

이러한 역사관을 이해하기 위해서는 생활 그 자체의 물질적 생산으로부터 출발하여 현실의 생산과정을 자세히 설명할 수 있어야 하며, 이 생산과정에 연결되고 **모든 역사의 토대인 이러한 생산양식**에 의해 창출되는 교류 형태들을 이해하는 능력이 요구된다. _Marx and Engels, 1932/1968, p.28, 강조는 추가됨

마르크스는 "산업 발전의 역사는 인간 역량의 본질을 보여 주는 살아 있는 책이자 현재의 인간을 실감 나게 이해할 수 있는 심리학"Marx and Engels, 1975, p.302, 강조는 추가됨이라 했는데, 체이클린은 이러한 구체성을 간과한다.

비고츠키는 자신의 심리학 저서에서 이러한 구체성을 강조한다. 그는 "전체"에 관한 마르크스의 말을 인용한다. "모든 사람은 일정하게 사회 혹은 그가 속한 계급의 척도measure인데, 사회적 연관의 총체성이 송두리째 그 사람 속에 투영되어 있기 때문이다"1997a, p.317.

비고츠키 또한 역사를 설명할 때 마르크스의 역사 유물론을 인용한다. 그는 특정 사회적 조건 속에서 사회적 의식과 개념 발달에 관한 기초를 마련한다. 청소년의 사고는 청소년 특유의 본능이 아니라 특정 사회 이데올로기 영역 내에서의 개념 형성의 필연적인 결과다.[1998, p.44] 사회 이데올로기는 사회적 전체와 마찬가지로 구체적인 정치적 구성이다.

마르크스와 비고츠키에게 변증법은 구체적인 차원을 지닌다. 그리하여, 막스 호르크하이머Max Horkheimer[1993, p.116]는 다음과 같이 설명한다.

> 마르크스와 엥겔스는 유물론적 맥락에서 변증법을 다루었다. 이들은 개인을 초월한 역동적 구조의 존재와 역사 발달의 경향성에 관한 헤겔의 믿음은 신뢰했으나 역사 속에서 독립적인 정신의 힘에 관한 믿음은 거부했다.

마르크스는 자본주의에 대한 실행 가능하고 포괄적인 대안을 제공하는 기초로서 자본주의의 사회화된 상부구조를 **활용해야만 하는 필연 변증법**necessary dialectic에 관해 논한다. 이 모든 것은 정신적 변화와 관계있다. 비고츠키는 자신의 논문 "사회주의적 인간 개조"[1994b]에서 이 부분에 관해 동의를 보낸다.

마르크스의 변증법은 객관적, 필수적, 변증법적 가능성과 운동에 관한 헤겔의 개념에 기초하고 있다. "진정으로 가능한 것은 다른 무엇이 될 수 없다. 구체적인 조건과 환경 아래에서 다른 무엇이 뒤따를 수 없다. 그러므로 진정한 가능성과 필연성은 단지 **겉보기로만 다를** 뿐이다." 가능성과 필연성의 동일성은 "그러한 토대 위에 이미 존재한다"[Hegel, 1969, p.549]. "진정한 가능성은 … 필연성이 된다"[앞의 책, p.550].

체이클린과 여러 문화-역사 활동이론가들은 마르크스와 비고츠키가 사용한 결정적이고 필연적인 역사의 이러한 의미에 대해 중요하게 생각하지 않는다.

이는 과학적으로나 정치적으로도 원칙을 거스르는 것인데, 구체적인 사회주의적 사회관계와 함께 자본주의를 부정하는 마르크스주의의 실천적, 정치적, 혁명적 추진력을 저해하기 때문이다. 일반적인 추상은 구체적인 내용과 역사가 제거된 채, 전쟁, 평화, 빈곤, 범죄 등을 다루는 것으로 연결된다. 이것은 구체적인 정치-경제적 이해관계(이를테면, 제국주의, 십자군과 같은 종교적 정복자들) 대신에 "전쟁의 복잡성이나 비극"에 대한 우울감으로 연결된다.

3) 프레드 뉴먼과 로이스 홀즈먼Fred Newman and Lois Holzman

뉴먼과 홀즈먼[2014]은 비고츠키를 마르크스주의자로 간주하지만, 이 문제를 구체적인 역사적·정치적 차원을 비껴가는 인본주의적 용어 또는 인간관계의 용어로 해석한다. 이들은 "우리는 방법론에서 비고츠키가 마르크스의 역사 유물론과 궤를 같이한다는 것을 보여 주고자 했다"라고 말한다.앞의 책, pp.ix~x 이 과업을 제대로 수행하기 위해 이들은 마르크스의 역사 유물론을 이해한 다음 그 구체적인 논점들이 비고츠키의 저작 속에서 어떻게 나타나고 있는지를 설명했어야 했다. 이러한 논점들은 사회와 의식이 생산수단과 생산관계 속에서 어떻게 기능하고 있는가에 관한 마르크스의 설명을 포함한다. "의식은 물질적 삶의 모순으로부터, 사회의 생산력과 생산관계 사이에 존재하는 갈등으로부터 설명되어야만 한다"Marx, 1859/1999, 서문.

뉴먼과 홀즈먼은 이러한 이론적 입장을 피해 간다. 대신 이들은 사회적 활동을 재구성하기 위해 사람들이 서로 소통하며 일을 해 간다는 모호한 포퓰리즘적 관점을 취한다. 이러한 과정 속에 역사적 맥락이나 역사적 결과는 없다. 이들은 사람과 사람 사이의 상호작용이 개인의 발달과 역량 발휘를 돕는다는 것을 강조하는 비고츠키의 근접발달영역 개념에 주목한다. 뉴먼과 홀즈먼은 비고츠키 마르크스주의에 관한 자신들의 토론을 사회적 상호작용을 통한 개인의 발달 개념에 국한시킨다. 이들이 현재의 존재가 미래의 존재로 발달해 가는 것으로 해석하는 것은 미시적 수준의 추상이다.

> 비고츠키가 이정표를 남긴 또 다른 심리학 영역은 청소년의 삶과 학교 밖에서 청소년 발달을 돕는 방안에 관한 연구다. 탐구와 실천의 영역으로서 … 청소년 발달은 창의력과 리더십을 위한 기회를 제공하는 프로그램과 조직을 통해 생산적이고 구성적인 활동에 청소년들을 참여시킨다. … 이 분야에 대한 비고츠키의 주된 공헌은 학습과 발달의 사회성과 성인 양육자 및 또래들과 맺는 관계의 절대적 중요성에 관한 사고를 확립한 것이다. 청소년 발달 실천가들을 위해 쓴 『레프 비고츠키: 혁명적 과학자』는 청소년들로 하여금 자신의 정체성을 확립하고 밝은 미래를 설계해 갈 수 있도록 돕기 위해 지도자들이 무엇을 어떻게 해야 하는가에 관해 자세히 안내하고 있다.

> _Newman and Holzman, 2014, p. xiii

위의 설명은 자기발달, 성장, 배려, 리더십, 창의력을 촉진하는 생산적이고 건실직인 활동에 청소닌들을 참사시키는 것에 관한 내용이나. 이 모든 것들은 공허한 추상이다. 문화-역사적 사회 체제에 대한 아무런 언급이 없으며, 사회 체제와 관련한 어떤 문제나 모순에 관한 이야기, 정치학이나 권력에 관한 이야기, 현재의 사회 체제와 새로운 생산양식 사이의 모순에 대한 구체적인 이야기도 언급되지 않고 있다. 리더십, 창의력, 발달은 모두 모호하게 다루어지고 있다. 이것은 심리학의 문제들을 기존 사회 질서에 순응하게 만드는 결과를 초래한다.

뉴먼과 홀즈먼은 루리아가 다음과 같이 명확히 일러둔 비고츠키의 기본 원칙을 망각하고 있다.

> 비고츠키는 이러한 고등정신기능의 (발달)역사가 심리학의 가장 중요한 주제가 되어야 한다는 것을 모든 과학자들에게 알리는 일을 필생의 과업으로 삼았다. 그는 인간 정신에 관한 진정한 과학적 분석은 언제나 인간 정신을 그 구체적인 특징이 결여된 추상적인 요소로 환원시키는 것이 아닌 가장 단순한 형태 속에서 전체에 대한 모든 풍부함과 독특함을 보존하고 있는 실질적 단위에 대한 분석으로 이루어져야 한다고 주장했다.
>
> _Levitin, 1982, p.171에서 인용

"전체"와 관련하여 비고츠키가 뜻하는 바는 물적 조건, 시민사회, 생산양식에 기초한 심리학적 요소의 전체 역사적 내용이다. 뉴먼과 홀즈먼은 구체적인 문화와 역사, 특히 권력과 정치가 결여된 추상을 강조함으로써 루리아의 핵심을 간과한다.

저자들은 마르크스와 비고츠키를 왜곡하고 있다. 이들은 "포스트모던 시대에 마르크스가 받아들여지려면 마르크스주의를 포스트모더니즘에 맞추어야 한다"고 말한다.Newman and Holzman, 2014, p.xv 이는 자본주의 사회에서 마르크스를 받아들이기 위해선 마르크스주의를 자본주의에 맞추어야 한다는 것과 같다. 이것은 마르크스주의 변증법이 미국 백인 학생들에게 이해되기 위해 그것을 형식논리학으로 변종시켜야 한다는 것만큼이나 터무니없다. 이런 식이라면 미술은 소비사회에서 이해되기 위해 광고로 격하되어야 할 것이다. 이것은 마르크스주의의 래디컬하고 비판적인 본질을 완전히 파괴한다. 마르크스주의는 자본주의의 대변인들보다 자본주의를 더 깊이 이해하기 위해 반자본주의 철학과 정치학을 개발하여 자본주의를 비판하고 변혁시켰다. 뉴먼과 홀즈먼을 따르다 보면 이 모든 대립적 속성이 파괴되어 마르크스주의가 자본주의에 순치되어 버린다. 자본주의의 논리에 따라 사고하게 되면 우리는 자본주의를 비판할 수도 변혁시킬 수도 없다. 이것이 마르쿠제가 적절히 설명하고 비판한 일차원적 사고다. 자칭 마르크스주의적 비고츠키주의 학자들이 자본주의적 일차원적 사고를 발전시키고 있으니 당혹스러울 따름이다.

뉴먼과 홀즈먼은 '모든 권력을 프롤레타리아에게'라는 마르크스의 슬로건을 '모든 힘을 발달주체에게'로 대치함으로써 마르크스주의를 오역하고 있다. 이것은 사회 변화를 "발달"(내용도 형식도 없이 모호하고 추상적인 발달) 촉진의 문제로 몰아간다. 발달과 관련하여 역사적, 정치적 내용을 피해 가는 이것은 사회주의를 역사적 의제에서 지워 버린다.

저자들이 마르크스주의와 비고츠키주의를 왜곡시키는 좋은 예가 사회적 치료에 관한 이들의 관점에서 잘 드러나고 있다–"사회 치료사들은 집단의 구성원들이 자신의 감정을 이해하고 타인과 관계 맺는 방식을 혁신해 가는 역량을 다루는데, 이것은 '개인은 혼자 힘으로 자신을 발전시킬 수 없다'는 비고츠키주의의 '원칙'을 적용한 것이다". 치료 대상은 다양한 젠더와 성별, 인종, 성적 취향, 계급적 배경으로 구성되어 있는데, 이는 "정체성에 관한 대중의 고정관념을 깨뜨리기 위함이다. 나아가 구성원들 사이의 다양한 변인들은 집단에 정서적 성장을 창조하기 위한 풍부한 조건을 제공한다"앞의 책, p.XVI.

또다시 우리는 역사적으로나 정치적으로 내용이 빈곤한 모호하고 추상적인 개념들을 만난다. 마르크스주의와 문화-역사심리학은 우리가 느끼고, 타인과 관계 맺고, 고정된 정체성에 변화의 자극을 가하고, 정서적 성장을 창조하는 방식을 바꿔 가는 것에 관한 포스트모던적인 단순한 개념으로 용해되어 버린다. 이 모든 것은 사회구조 혹은 정신 속에서 아무런 정치-경제적 변화 없이 이루어진다. 이런 식이라면, 사회구조는 환경적인 요인들이 거세된 채로 창의적이고, 정서적이고, 탄력적이고, 자기 반성적인 개인적 요인에 의해 한 치의 오차도 없이 개선되어 갈 것이다.

4) 마이클 콜과 위리외 엥게스트룀Michael Cole and Yrjö Engerström

콜과 엥게스트룀은 비고츠키 사상의 기초가 마르크스주의라는 사실은 인정하면서도 "인간 정신기능의 분석은 역사적으로 축적된 형태의 인간 활동이라는 맥락 속에서 이루어져야 한다"고 주장한다.2007, p.486 이것은 체이클린의 역사 설명 방식과 유사한 추상이다. 이것이 추상적 설명인 까닭은 정신기능의 역사적 형식의 본질에 관한 언급이 없기 때문이다. 이 설명 방식은 이 문제를 연구자의 재량과 주관적인 판단에 맡겨 버린다. 연구자가 세대 간의 개인적 담론에 관해 어디에 초점을 맞출 것인가에 관한 아무런 지침이 없다. 이를테면 "왜 우리는 꼭 일요일 아침에 승마하러 가는지" 혹은 교과서의 형태로 널리 유포된 공식적인 역사 담론에 주목할 것인지 말 것인지 하는 문제들은 교육계나 정계, 경제계의 지도자들의 정치적·경제적 이해관계를 반영하고 있다. 어떠한 문제도 모두 역사적 형태의 정신과정의 성격을 띠기 마련이다. 이것은 문화심리학자들로 하여금 공식적, 객관화된, 정치화된, 대량의 역사적 활동들을 연구자 임의대로 재단해 버리게 한다.

나아가 축적된 역사적 형태들이 실제로 심리학에 어떻게 연결되는지도 불분명하다. 역사적 형태들은 "배경setting"인가 아니면 인간 심리의 형식을 구성하고 방향성에 영향을 미치는가? 루리아는 역사적 문화가 우리의 지각을 구성하는 인지적 코드를 형성한다고 말한다. 유사한 맥락에서 루카치[1924/1970]도 심리 형성에 미치는 역사적 영향력에 관한 사례를 언급한다.

> 전쟁에 대한 사회민주당의 (실용적, 수정주의적) 태도는 일시적인 일탈 혹은 비겁의 결과가 아니라 이들의 과거 역사에 따른 필연적인 결과로서 … **노동운동의 역사적 맥락에 비추어 이해될 수 있다.**

따라서 노동운동 역사 속에서 사회민주당의 수정주의적 행보는 이들의 의식을 전쟁에 대한 수정주의적 태도에 적응하도록 조건화했다. 역사에 대한 추상적 개념은 이러한 역사 유물론적 형성적formative 분석을 비껴간다.

비고츠키는 달랐다. 비고츠키는 "일단 우리가 언어적 사고verbal thought의 역사적 성격을 인정하게 되면, 그것이 인간 사회에서 빚어지는 어떤 역사 현상에 타당한 역사 유물론의 모든 가정을 따른다고 봐야 한다"고 말한다.Vygotsky, 1986, pp.94-95 이 말에서 비고츠키는 언어적 사고의 역사적 성격이 마르크스의 역사 유물론의 가정 속에 있다는 것을 설명함으로써 "우리는 언어적 사고의 역사적 성격을 인정한다"는 일반론을 직접적으로 구체화하고 있다. 역사 유물론은 구체적인 역사 이론이자 구체적인 요인들로 구성된 과정이다. 이것은 과거 경험의 단순한 축적이 아니다.

콜과 엥게스트룀은 자신들의 관점 혹은 독자의 관점을 비고츠키 진술의 첫 번째 부분, 즉 사회적 자극과 인간 행동은 역사적으로 코드화된다는codified 것에만 주목하고 두 번째 부분의 메시지, 즉 역사적 성격은 구체적 계급의 특성이라는 사실을 간과한다. 그리하여 이들은 인간 활동이나 비고츠키의 활동 관점에 관한 불완전한 그림을 제시한다.

비고츠키는 역사적으로 축적된 경험들과 그 원인, 그것에 대한 해석의 본질을 구체화하기 위해 역사 유물론을 활용한다.

> 이데올로기를 통해 우리는 법규, 도덕관념, 예술적 취향 따위에서 강화된 모든 사회적 자극들을 이해할 수 있다. 이러한 가치판단 기준들은 이것들을 발생시킨 사회 계급 구조를 통해 침투되고 계급적 생산 조직에 복무한다. **이것들은 인간의 모든 행동에 영향을 미치는데**, 이런 의미에서 우리의 행동은 계급적으로 규정된다. _1926/1997b, pp.211-212, 강조는 추가됨

비고츠키는 생산양식과 계급 구조에 뿌리를 두고 있는 계급적 성격을 지니고 있는 구체적인 문화-역사적 형식 속에 있는 사회적 자극의 역사적 코드화codification에 대해 언급한다. 루리아가 말하듯이, 역사적·사회적 자극은 개인의 행동에 영향을 미친다. 이것은 개인이 자기 의지대로 사람들 사이의 상호작용을 조절하기 위해 수단으로 활용하는 것이 아니다.

구조를 벗어나 자율적으로 작동하는 문화적 추상의 부적절성은 진정한 사회적·정신적 삶에 관한 구체적인 문화적 사실들을 초월하고 무시하는 것에 있다. 이러한 추상은 2015년에 세계에서 가장 부유한 62명이 가장 가난한 35억 명보다 더 많은 부를 소유하고 있다는 사실에 눈을 감는다. 이러한 구체적인 사실들은 정확히 마르크스와 비고츠키가 사회 변혁을 위해 강조했던 그것이다. 사회 변혁은 구체적이고 거시적인 문화

적 차원의 접근을 통해 드러난 구체적인 정치-경제적 사회관계들을 부정함으로써 가능하다. 이것이 **추상과 구체성의 정치학**politics of abstraction and concreteness이다.Paolucci, 2012[3]

마르크스는 구체적 판단 조건과 유리된 추상을 비판했다.

> 인구人口는 그것을 구성하고 있는 여러 계급을 배제하면 하나의 추상일 뿐이다. 이들 여러 계급 또한 그 기초를 이루는 여러 요소, 이를테면 임노동, 자본 등에 대해 알고 있지 않으면 하나의 공허한 낱말에 지나지 않는다. 나아가 임노동, 자본 등은 교환, 노동 분업, 가격 등을 전제로 한다. 예컨대 자본은 임노동 없이는 존재하지 않으며, 가치, 화폐, 가격 등이 없이도 존재하지 않는다. _Marx, 1939/1973, p.100

이와 비슷하게, '민중'에 관해 언급할 때 마르크스는 "이 광범위하고 모호한 표현 대신 구체적 의미의 용어인 프롤레타리아로 대체하고자" 했다.Marx and Engels, 1976, p.222 빈부의 문제 또한 구체적인 모순과 그것의 구체적인 해결에 대한 언급을 피하면 마찬가지의 추상이 된다. 『경제학 철학 수고』에서 마르크스는 말한다.

> 재산의 결핍과 재산 사이의 대립은, 노동과 자본의 대립에 관한 이해가 전제되지 않으면, 그 능동적인 내적 모순 관계 속에서 이해되지 않는 그저 그렇고 그런 대립이 된다. … 하지만 재산이 결여된 노동과 노동이 결여된 자본은 양자의 모순이 고조된 상태인 사유재산을 구성한다. 여기서 역동적인 연관이 문제 해결을 위해 추동된다. _Marx and Engels, 1975, pp.293-294

구체적인 특질은 구체적인 문제 해결로 연결된다.

마르크스는 보편적인 역사적 참조가 구체적인 정치-경제 내용으로 채워질 필요가 있음을 세심하게 설명했다.

> 오감의 **형성**은 지금까지의 세계사 전체의 노동이다. 조야한 실용적 욕구에 사로잡힌 **감각**은 그저 **편협한 감각**만을 가진다. … 가난에 쫓겨 근심이 가득한 사람은 아무리 수준 높은 연극 앞에서도 별 **감각**이 없다. _앞의 책, p.302

여기서 마르크스는 인간 감각의 역사적 형성에 관한 보편적인 진술을 한 뒤 부정적인 의미의 예를 구체적으로 들고 있다.

비고츠키[1989]는 마르크스의 강조점을 계승하여 "구체적인 심리학"에 관해 썼다. 비고츠키의 후학들 가운데 마르크스주의 심리학을 향한 비고츠키의 이러한 행보를 계승한 경우는 드물다.

마르크스는 문화와 심리학의 보편적, 이상적, 본질적 국면을 명확히 하기 위해 추상을 사용했다. 하지만 그는 언제나 구체적인 특질들로 이 문제를 다루었다. 마르크스에게 이것은 사회 발전과 관련한 과학적 근거와 정치적 근거로서 중요했다.

『수고手稿』에서의 인간 노동, 의식, 사회성에 관한 그의 담론에서 이러한 예를 엿볼 수 있다. 여기서 마르크스는 인간 활동을 동물 활동과 비교한 보편적, 추상적인 설명을 개진한다. 그의 설명은 자본주의적 사회 관계에 의해 생산된 구체적인 특질들로 구성된다.

> 동물은 자신의 생명 활동과 직접적으로 하나를 이룬다. 동물은 자신의 생명 활동과 구별되지 않는다. 동물은 **생명 활동**

이다. 인간은 자신의 생명 활동 자체를 자신의 의지와 의식의 대상으로 삼는다. 그는 의식적인 생명 활동을 가진다. … 인간이 의식적인 존재, 다시 말해 그의 삶이 자신에게 대상으로 존재하는 것은 그가 유적 존재a species-being이기 때문이다. 바로 이 때문에 인간의 활동은 자유로운 활동이다.

… 그러므로 인간은 대상적objective 세계에서의 자기 노동을 통해 비로소 자신이 **유적 존재**임을 증명한다. 이 생산은 인간의 능동적인 유적 삶이다. 이 생산을 통해 자연은 인간에게 **자신**의 작품으로서, 자신의 현실성으로서 다가온다. … 소외된 노동은 이 관계를 전도시킨다. … 자기 생산의 대상물을 인간에게서 떼어 버림으로써 소외된 노동은 인간을 그의 **유적 삶**, 유적 존재로서 그의 진정한 대상성을 박탈하고, 그의 비유기적 신체인 자연을 자신에게서 떨어져 나가게 함으로써 동물보다 우월한 존재가 동물만 못한 존재로 바뀌어 버린다.

또한 소외된 노동은 자발적이고 자유로운 활동을 수단으로 전락시킴으로써 인간의 유적 삶을 자기 몸뚱어리의 보존을 위한 수단으로 전락시킨다.

… 소외된 노동은 … 인간의 **유적 존재**를 자신에게 **낯선** 존재로, **자신의 개인적 생존 수단**으로 바꿔 버린다. 소외된 노동은 인간에게서 인간 고유의 신체를, 그의 외적 자연과 함께 그의 정신적 영역, 즉 **인간적** 영역을 소외시킨다. … 인간이 자신의 노동 생산물, 삶의 활동, 유적 존재로부터 소외되어 있다는 사실의 직접적인 결과로 빚어지는 것이 **인간에 의한 인간의 소외**다. _Marx and Engels, 1975, pp.276-277

마르크스가 묘사한 이상적인 인간 활동의 상像은 자신의 의지에 따른 목적을 의식적으로 생산하는 것이다. 이 의식적이고 의지적인 생산은 개인과 그의 유적 존재가 통일된 **자유로운 활동**이다. 이것은 **능동적인 유적 존재의 삶**이다. 하지만 이 이상적인 추상은 진정으로 소외된 구체적인 자본주의 사회의 노동에 의해 모순에 부딪힌다. 구체적이고 소외된 노동은 노동자에 의해 저절로 발생한 것이 아니다. 이것은 노동자를 유적 존재로서의 속성과 단절시키며, 노동자로 하여금 자신을 표출하지도 자아를 실현하지도 못하게 한다. 이것은 **자신의** 노동이 아니라 고용주에 의해 통제되고 강제된 노동이다. 유적 존재와 그의 삶은 이상적이고 진실되고 자아를 실현하는 형태로 존재하지 않는다. 그는 이러한 삶을 만들어야만 하는데, 이것은 연대와 참여 혹은 자발성을 호소하는 것을 통해 추상적으로 성취될 수는 없다. 이것은 오직 정치경제, 생산력, 개념(집합 표상) 따위의 물질적 조건의 변화를 통해서만 가능하다. 마르크스와 엥겔스[1932/1968, p.68]는 말한다.

> 모든 자기활동을 완전히 박탈당한 오늘날의 프롤레타리아들은 완전하고도 더 이상 구속받지 않는 자기활동, 즉, 총체적인 생산력의 전유와 함께 이에 수반한 여러 능력들의 총체적 발전으로 구성된 자기활동을 실현시킬 수 있다.

노동하는 대중은 방대한 국가 간 네트워크 속에서 생산력의 폭넓은 조직을 전유하는 정치경제적 혁명을 통해 자신의 자기활동을 개발해야 한다.

마르크스의 추상은 그때그때의 구체적인 현실에 대한 부정과 개선에 관한 이상이다.[Ilyenkov, 1960/1982를 보라] 노동이나 생산 따위의 추상은 구체적 현실에 의해 축소되고 조작된다. 추상은 미래 사회에서 소외된 노동이 제거되고 그 자리에 민주적이고 공동체적인 노동이 들어설 때 실현될 수 있다. 마르크스가 "이런저런 형태의 국가들이 나름의 진리에 충실한 민주주의를 지닐 것이에, 민주주의를 품지 않는 국가는 진실하지 않다"라고 말한Marx and Engels, 1975, p.31 뜻은 이러한 진리가 진정한 국가를 위해 복무하도록 개발되어야 한다는 것을 의미한다. 기존 국가들은 아직 민주적이지 않으며, 따라서 진정한 국가가 아니다. 민주주의는 진실하고 참된 국가에 대한 초월적이고 목적론적인 이상이다. 이것이 프랑크푸르트학파가 설명하는 헤겔과 마르크스의 부정변증법negative dialectics 이다.

비고츠키는 참된 이상적 형태의 삶과 행동은 사회 변혁을 통해 개발되어야 한다는 마르크스-헤겔의 변증법적 사고를 도입했다. 이 이상적 형태는 현재의 사회에는 존재하지 않는다. 예를 들어, 창의력과 교육을 생각해 보자. "삶은 그것을 왜곡하고 불구로 만드는 모든 사회적 형태를 궁극적으로 제거할 때에야 비로소 창조가 된다. 교육의 문제는 삶의 문제가 해결될 때 해결될 수 있다"Vygotsky, 1926/1997b, p.350.

혹 마르크스가 노동이라는 추상을 구체화하지 않았다면, 이것은 공동체 내에서 다양한 사회적 상호작용이 가능하거나 혹은 현재의 노동이 자유롭고, 의지적이고, 의식적이고, 일할 맛이 나고, 사회적으로 조화를 이루는 상태에 도달했다는 것을 의미했을 것이다. 불완전하고 진실되지 못한 현재의 사회 현실이 이상적이고 살맛나고 자유로운 것으로 잘못 해석되었을 것이다. 현실에 대한 이러한 긍정적 해석은 노동의 인간화에 대한 욕구를 저해했을 것이다.[4]

비고츠키의 후학들이 행한 추상에서 이런 모습을 볼 수 있다. 워치Wertsch는 노동에 관한 마르크스의 담론을 "인간이 자기 나름의 활동을 통해 자신과 자연 사이의 물질적 반응을 추진하고 조절하고 통제하는 과정"으로 인용한다.Levitin, 1982, p.67 콜과 엥게스트룀2007, p.485도 비슷한 말을 한다.

> 초기 러시아 문화–역사주의 학파의 가정은, 정신과정의 발달이 어떤 행동을 이끄는데 이 행동을 통해 인간은 세계와의 상호작용을 조절하는 수단으로서 물질적 대상을 개조해 갈 수 있다는 것이었다. … 이 원리를 적용하여 파킨슨병을 앓고 있는 성인에게 종잇조각을 제공했고 환자는 그것을 이용해 실내에서 자기 길을 찾아갈 수 있었다.

위의 진술은 사물을 자기 목적대로 활용할 수 있는 노동이라면 그 자체로 노동자의 자아실현이 이루어졌음을 의미한다. 하지만 워치, 콜, 엥게스트룀은 그러한 이상은 오직 사회 변혁을 통해 구현될 수 있으며 현존하는 노동은 소외된 것이어서 노동자가 자신의 활동을 조절하는 것을 방해한다는 마르크스의 중요한 강조점을 놓치고 있다.

따라서 이 학자들은 이상적인 자연 상태를 실현하기 위한 정치 변혁의 중요성에 대한 마르크스의 결정적인 단서를 놓치고 있는 셈이다. 자기활동으로서 모든 노동에 대한 이들의 함의점은 정치 변화의 욕구를 둔화시키며 소외된 현상現狀을 살맛나는 것으로 잘못 이해하고 있다.

비고츠키 마르크스주의 심리학에 대한 반발

콜, 워취, 발시너, 반 더 비어, 브루너Bruner, 코줄린Kozulin, 툴비스테

Tulviste, 대니얼스Daniels, 체이클린 등의 비고츠키 학자들은 비고츠키의 마르크스주의를 인정한다. 이들은 비고츠키의 업적에 경의를 표하면서 이를 계승하고 발전시킬 것을 주장하지만, 비고츠키의 마르크스주의에 대해서는 그렇게 하지 않고 있다.

이들은 마르크스주의적 개념이 어떤 의미인지, 비고츠키가 이것을 어떻게 활용했는지, 이것이 어떻게 발전될 수 있었는지에 대해 설명한 바가 거의 없다. 이들은 인간 심리의 정치적 측면뿐만 아니라 심리학의 정치적 성격에 대해서도 다루지 않았다.[5]

이들 비고츠키주의자들은 비고츠키처럼 마르크스주의에 입각해서 심리학을 재정립하려 한 적이 전혀 없었다.

구체적으로, 비고츠키의 후학들에 의한 마르크스주의 이탈 가운데 가장 두드러진 것은 정치학의 무시다. 이들은 심리 현상의 정치적 측면을 간과하고 심리학의 정치적 측면을 무시한다. 마르크스가 자신의 모든 개념들을 문화적 요인들에 대한 성찰과 비평 그리고 그것의 개발에 주력한 반면, 비고츠키주의 학자들은 자신들의 이론과 방법론, 연구 문제들을 이러한 정치적 방향에 초점을 맞추지 않는다. 이것은 구체적이고 정치적인 주제들을 간과하는 이들의 추상적 개념 속에 명백히 드러난다. 이들은 마르크스가 역설한 사회과학의 혁명적 역할을 저버리고 있다. 마르크스는『철학의 빈곤』의 끝자락에서 다음과 같은 말을 남겼다. "사회과학의 마지막 말은 항상 … 전투냐 죽음이냐, 피로 얼룩진 투쟁이냐 사멸이냐 하는 것이다"1847/2008. p.191(부르디외는 사회학은 전투 스포츠라는 자신의 유명한 수사를 통해 이 말을 아로새겼다).

비고츠키의 마르크스주의적 심리학을 발전시키기 위해서는 이것을 가로막는 지적 걸림돌을 직면하고, 이에 관한 비고츠키의 생각을 회복하고, 비고츠키의 선구적 작업을 넘어 마르크스주의 심리학을 심화시키고 확장해 가기 위한 마르크스주의 작업을 탐구할 필요가 있다. 이것이 이 책의 과업이다.

마르크스주의 심리학의 과학과 정치학

우리는 이러한 이슈들이 순수하게 지적인 문제가 아니라는 것을 제안하고자 한다. 이 이슈들은 정치적이기도 하다. 사회과학과 이데올로기에 대한 마르크스주의적 비판이 중요한 이유가 이런 것이다.

우리는 비고츠키 마르크스주의 심리학에 대한 반발과 그것으로부터 거리 두기 그리고 그것에 대한 수정이 그릇된 자유의 정치학에 기초하고 있다는 것을 말하고자 한다.O'Boyle과 McDonough, 2016을 보라 이것은 마르크스주의 심리학에 관한 이슈들을 평가하고 진전시키기에 앞서 재개념화되어야만 한다.

그릇된 이슈들의 저변에 있는 그릇된 자유의 정치학은 자유를 개인적 자율성의 문제로 규정하는 경향성이 있다. 이러한 오류는 개인 역량 표출의 중요성을 누차 강조하는 것이나 심리학을 문화적 차원에서 접근하는 것을 기계론적이고 탈개인화하고 정적인 것이라고 불평하는 것에서 엿볼 수 있다. 비고츠키주의 교육학자 대니얼스는 "뒤르켐의 집합 표상collective representation: 한 사회 속에서 공유된 보편적인 가치, 신념, 사상 등은 개인이 독자적으로 내면화한 것이 아니라 집단적 소산이라는 개념은 개인이 인지한 사회적 표상을 설명하지만, 집합 표상이 개인에 의해 어떻게 해석되는가 하는 문제에 대답하지 못한다"는 불만을 제기한다.2012, p.48 대니얼스의 "개인적 해석individual interpretation"이란 개념은 독특한 의미의 발명을 뜻하는데, 이것은 개인으로서 우리가 각자 나름대로 부여한 의미 매김을 뜻하는 개념이다. 이것은 사회적 의미의 개인적 구현이 아니다. 즉, 이런저런 사회적 압력으로 인해 우리가 수용하게 되는 사회적 의미가 아니다.

부르디외의 아비투스habitus 개념에 대한 비판에서도 비슷한 논리를 볼 수 있다. 그 전형적인 비판은 사회적 행위에 대한 부르디외의 전략적 모형은 너무 협소하여 자율 역량의 가능성과 해방적인 정치적 실천 가능성을 허용하지 않는다는 것이다. 이런 관점은 개인 행위와 개인 심리에 관한 연구와 이론 생산을 추구한다. 사회구조와 정치는 자율적인 역량, 즉 자유에 대한 정치적 현상을 수용하지 않기 때문에 연구 대상에서 제외되어야만 한다. 촘스키는 자유의 정치학과 유사한 맥락에서 보편문법에 관한 자신의 생득주의적 이론을 개발했다. 그는 사회적 권위로 인간 행동을 조절하는 행동주의적 전략에 반대하고서, 그 대안으로 생물학적으로 예정된programmed 개인내적인 문법을 제안했다. 이것은 특정 억압적 처사에 반대하는 맥락에서 보편적인 인권 개념을 들먹이는 것과도 같다.

수정주의적 비고츠키주의 학자들은 "인성 발달 영역에서 중요한 요인인 환경은 발달의 원천으로 작용하는 것이지 … 맥락으로 작용하는 것이 아니다"Vygotsky, 1994a, p.348라는 비고츠키의 말을 전도시킨다.

수정주의자들은 개인적 자율성을 강조하면서 사회 환경을 개인이 해석하고 활용하고 수정해 가는 맥락의 문제로 환원시킨다. 이것은 문화를 무한한 맥락과 개인 간의 상호작용 그리고 대화의 문제로 바꿔 버리는데, 이 속에서 사람들은 비슷한 지위와 권력을 누리며 상호 교섭의 욕망 속에서 개인 역량을 발휘해 간다. 이를테면,

활동이론에 관한 엥게스트룀(1996)의 저작은 상당 부분 비

고츠키 이론에 뿌리를 두고 있는데, 담론에 대한 분석이 그것이 생산되는 규칙, 공동체, 활동을 규정하는 노동 분업의 맥락이라는 관점에서 이루어지지 않고 있다.

… 많은 사회과학자들이 비고츠키를 적용하는 것이 상대적으로 작은 단위의 상호작용 맥락에 국한되고 있다. … 이들의 담론은 사회적 활동 참가자들에 의한 사회 질서의 창조와 교섭에 초점을 맞추고 있다. _Daniels, 2012, p.49

종잇조각을 이용하여 스스로 방향을 찾아간 환자에 관한 콜과 엥게스트룀[2007, p.488]의 사례는 개인적 차원의 사회적 도구 사용으로 볼 수 있다.[6]

이와 대조적으로, 마르크스주의 심리학은 구체적인 사회구조의 변화에 관한 정치학에 의해 추동된다. 이 심리학은 인간 행동에 대한 사회구조적 조직화와 재조직화에 관한 이해를 요청한다. 비고츠키는 자신의 후학들이 칭송한 개인주의와 주관주의에 반대한다. "자기 자신의 개인적 삶이나 개인적 문제의 협소한 한계 속에서 개인은 미래의 진정한 창조자가 될 수 없다"[Vygotsky, 1926/1997b, p.350].

해방에 관한 다양한 정치 철학들이 다양한 심리학적 접근의 토대를 이룬다.[7]

이 책에 실린 글들과 저자들

이 책의 글들은 비고츠키와 그의 동료들이 심리학 연구에서 마르크스주의 개념들을 활용한 방법에 주안점을 둔다. 그리고 그 포커스는 비고츠키의 마르크스주의에 맞추고 있다. 이 책의 글들은 이러한 마르크스주의 개념들을 통해 비고츠키가 심리학적 이슈에 관해 일정한 통찰을 획득하게 되는 것을 설명한다. 저자들은 마르크스주의 심리학의 가치에 대해 피력한다. 몇몇 글들은 비고츠키주의의 전통 내에서 저자 나름의 독창적인 작업에 이러한 주제를 적용하고 있다. 이러한 저자들은 마르크스주의 심리학을 새로운 영역으로 발전시킨다.

1부는 비고츠키 마르크스주의에 대한 다양한 접근을 다룬다. 이 글은 마르크스의 개념에 기초한 방대한 마르크스주의 심리학의 건축물을 설명한다. 이 글은 비고츠키를 마르크스주의의 건축물에 자리매김하고선 비고츠키를 분석한다. 비고츠키는 이 글에서 주인공이 아니다. 비고츠키에 관해서는 다른 글에서 집중적으로 다룰 것이다.

1부는 나머지 글들의 배경을 제공한다. 나머지 글들에서는 비고츠키를 집중적으로 다루고, 마르크스주의 심리학 일반에 대한 폭넓은 이슈를 언급하는 것에는 그리 많은 지면을 할애하지 않을 것이다.

2부는 마르크스의 인식론 개념과 존재론 개념 사이의 연관, 그리고 이것이 비고츠키의 사상에 어떻게 연결되는가 하는 문제를 다룬다. 저자들은 마르크스를 모르고선 비고츠키를 읽는 것이 불가능하다는 것을 논한다. 2부의 글들은 마르크스의 연구 범주가 비고츠키의 개념을 이해하는 데 기초가 된다는 것을 설명한다. 그리고 인간 정신을 구성하는 고등정신기능과 매개적 과정의 형성에 관한 비고츠키의 연구가 자연과 의식 사이의 관계에 대한 마르크스의 개념을 반영하고 진전시키는 이치에 대해 설명한다.

3부는 심리학의 몇몇 주제들에 관한 비고츠키 마르크스주의의 적용 문제들에 대해 분석한 글들이다. 이 글들은 상상력, 언어, 이중언어주의에 관한 문제를 주요 토론 주제로 다룬다.

이 책은 비고츠키의 문화-역사 심리학과 마르크스주의 사이의 관계에 관한 특유의 연구를 수행하는 국제적 학술단체의 학자들이 쓴 글들이다. 저자들은 저마다 해박한 비고츠키주의 학자들이자 마르크스주의 학자들이다. 우리는 이 두 전문적 식견이 비고츠키의 마르크스주의나 마르크스주의 심리학을 지적으로 논하기 위한 필수적인 자질이라고 생각한다.

또한 우리는 우리의 학식이 러시아어로 된 비고츠키 원전을 독파하지 못하는 우리의 한계를 보완하고도 남음이 있다고 믿는다. 번역물의 풍요를 감안할 때, 비고츠키에 관한 학문적 연구가 러시아어를 아는 독자들에게만 허용되리라 생각하는 것은 이성적이지 않다. 러시아어로 비고츠키를 읽을 수 있다고 해서 그 사람이 마르크스주의의 전문가라는 법은 없다. 그들의 언어적 유창성이 마르크스주의 개념들의 깊은 의미와 관련한 사회이론들을 유창하게 번역하리라 보증하지 않는다.

마르크스주의와 비고츠키에 대한 전문성의 필수적인 조화가 브라질의 비고츠키 연구에서 유력하게 이루어지고 있다. 이것은 좌익과 정치적 해방심리학 및 해방신학의 강력한 전통의 유산이다.Proenca, 2016; Tuleski, 2015, 2016 브라질은 세계에서 다른 어떤 나라보다 풍부한 마르크스주의 비고츠키주의자들을 보유하고 있다. 우리의 책은 비고츠키에 관한 이 소중한 브라질의 학문적 결실을 영어문화권에 전달하는 점에서 그 특이성을 자부한다.

주석

1. 스탈린 정권이 명목상의 마르크스주의 인용을 요구했다고 해서 마르크스주의를 인용한 모든 학자들이 그렇게 하지는 않았으며 마르크스주의를 진정으로 신봉한 사람이 하나도 없다는 것을 뜻하는 것은 아니다. 사회과학자들과 철학자들, 예술가들은 전체적으로 마르크스주의를 진지하게 신봉했다.

2. 길렌과 제쉬매리디언은 마르크스주의를 그릇되고 쓸데없는 것으로 비난하였고, 순진하게 그런 쓸모없는 사상을 받아들였다며 비고츠키를 혹평했다.

   그들은 스탈린주의와 마르크스주의를 똑같이 취급하는 흔한 오류를 범했다. 이런 사고로부터 그들은 전자에 대한 똑같은 논리로 후자를 비난하였다. 비고츠키와 루리아는 스탈린주의의 영향을 받은 마르크스주의 타락상의 전모를 알고 있었으며, 올바른 방법으로 일관되게 마르크스주의를 수용했다.

3. 이중언어주의bilingualism 또한 이와 유사한 맥락에서 평가할 수 있다. 이것은 지각 능력과 인지 능력을 확장하는 것으로 이해된다. 사실상 지각 효과와 인지 효과는 전적으로 학습된 두 언어의 사회적 지위에 의존한다. 추상적인 "이중주의"는 구체적인 효과가 전혀 없다. 높은 지위의 언어(이를테면, 인도에서 영어와 힌두어)는 긍정적인 심리학적 효과가 있으나 낮은 지위의 언어(이를테면, 쿠이어와 오리아어)는 부정적인 효과가 있다(Ratner, 2012, pp.228-230).

   또 다른 비슷한 맥락으로, 젠더는 구체적인 사회적 역할과 함께 구체화될 때만 의미를 지닌다. 젠더를 가치매김하는 자체가 암묵적으로 억압적이고 파괴적인 무언의 구체적인 사회적 가치를 함의하는 것이다. 여성의 정계 진출은 아이들에게 긍정적인 여성 롤모델로 언급된다. 하지만 이것은 억압적이고, 착취적이고, 제국주의적이고, 친기업적인 정치판에서의 구체적인 활동을 간과한다. 따라서 마가렛 대처, 힐러리 클린턴, 콘디 라이스와 같은 여성 정치지도자들은 실질적으로 제국주의자, 기업 대변인, 사기꾼, 민중 억압자로서의 여성 롤모델일 뿐이다. 이것이 이 여성들이 부추기고 아이들이 지각하고 모방하는 전체 여성 정치지도자 롤모델이다. 여성 이미지 쇄신에 공헌하는 여성 정치지도자를 찬양하는 것은 여성의 정치적 역할의 구체적인 문화적 악을 슬그머니 이상형으로 치환하는 것이다. 이러한 악은 언급되지 않는다. 하지만 악은 실재하며 이것은 소녀들에게 제국주의자, 재벌 대변인, 억압자, 협잡꾼의 역할을 칭송하는 것이다. 이 모든 것은 "여성 지도자"라는 미화된 범주 속에 은폐된다.

구체적 사실들을 간과하거나 수용하는 것은 추상적인 개념 정립을 통해 현상 유지를 돕는다. 제국주의, 억압, 위선 등은 "여성의 리더십"을 촉구함으로써 은연중에 조장되며, 슬그머니 현상 유지에 기여한다. 따라서 이러한 맥락에서 여성 지도자를 높여 세우는 것은 그것이 포함하는 개인의 구체적인 행동으로 인해 사실상 나쁜 롤모델을 학습시키는 것이다.

사회 이동과 평등을 위한 정치 전략으로서 롤모델링은 사기다. 성공한 롤모델로 포장한 인격주의적personalistic 전략은 사회적 약자들로 하여금 똑같은 성공을 꿈꾸도록 조장한다. 이것은 기회는 늘 열려 있으니, 부족한 것은 그것을 활용하고자 하는 성취동기가 전부라는 뜻이다. 구조의 변화나 지원은 필요치 않다. 롤모델링은 그릇된 심리학적 행동이론에 기초한다. 이것은 구조적-정치 변혁에 의해 극복되어야 할 성공의 구조적 장애물을 간과한다.

4. 똑같은 방식으로 "문화=문명"이라는 추상은 미래의 이상이지 구체적인 현재의 현실이 아니다. 현존하는 많은 문화가 대중을 탈문명화한다. 노예제도, 독재, 신자유주의 등이 그 좋은 예이다. 문화는 사회 변혁을 통해 문명화를 이룰 수 있다.

비슷한 맥락에서, "학교교육=교육"이라는 추상도 사회의 재조직을 통해 창조되어야 하는 이상이다. 이 문구는 대중을 교육하지 못하고 높은 수준의 인지 기능을 계발하지 못하는 기존 학교교육과 모순된다. 2015년에 디트로이트 공립학교의 8학년 학생들 가운데 고작 4퍼센트가 수학 학습을, 7퍼센트가 읽기를 제대로 수행한 것으로 나타났다(Higgins, 2015).

5. 비고츠키의 개념을 확장하고 진전시키는 한 방법은 지능, 정체성, 정서, 인지적 사유, 아동 발달, 섹슈얼리티, 정신질환 등의 인과관계와 치료법에 관한 토론을 벌이는 것이다. 비고츠키 학자들은 이와 관련한 역량의 문화적 토대를 정밀하게 연구하고 생득주의적·생물학적·개인적·주관적 인과론을 반박할 수 있었다. 르원틴Lewontin, 레빈스Levins, 굴드Gould 등의 1970~1980년대 마르크스주의 과학자들은 지능, 젠더, 성적 경향성, 정신질환에 관한 사회생물학 따위의 생득주의적 이론과 연구에 관한 유력한 마르크스주의적 비평을 썼다. 르원틴, 로즈Rose, 카민Kamin(1984, pp.152-153)은 다음과 같이 썼다.

레즈비언은 이성애자에 비해 더 많은 남성호르몬과 더 적은 여성호르몬을 지니고 있다고 알려져 있지만 이러한 연관성은 존재하지 않는다. 하지만 우리는, 그렇다고 해서 그러한 가정이 어떤 기계적인 생물학적 환원주의, 즉 모든 성적 활동과 성향이 이성애 아니면 동성애를 지향하는 것으로 이분화할 수 있다거나, 이것 아니면 저것의 성향을 보여 주는 것이 개인에 관한 전부 아니면 전무인 것을 주장하는 것이라고 생각하지도 않는다.

레빈스와 르원틴(1985)은 생물학주의를 자본주의적 사회관계, 이데올로기, 과학의 상품화와 연결 지으면서 신랄한 비평을 썼다. 이 맥락에서 마르크스주의적 비고츠키주의는 초기 마르크스주의가 사회생물학, 행동주의, 정신과학, 정신분석학, 실증주의를 반박한 것과 동일한 원칙에 입각하여 포스트모더니즘, 자유주의, 사회적 구성주의, 주관주의, 신자유주의에 대해 비판해야 한다.

나아가 비고츠키주의 학자들은 프로이트-마르크스주의에 관한 논쟁에 참여함으로써 비고츠키의 개념들을 발전시켜야 한다. 비고츠키(1997a, pp.258-269)는 프로이트의 정신분석학을 향해 문화를 기반으로 한 마르크스주의적 비판을 썼다. 비고츠키주의 학자들은 이러한 비평에 내재한 문화-마르크스주의적 요소들을 진전시키고 정교화해야 한다. 이 책의 1장은 이러한 비평을 개진하고 있다.

6. 콜과 엥게스트룀은 이런 식의 개인적이고 미시적인 활동을 발달이론의 중심에 두고 있다. "다양한 종류의 지식과 능력을 지닌 사람들이 문화적으로 다양하게 조직되고 승인된 활동에 참여하게 함으로써 발달적 변화를 꾀할 수 있다"(2007, p.488). 이것은 구체적인 내용이 결여되고, 변화의 구체적인 방향성도 결여되고, 구체적인 거시문화요인이 유리된 다양한 개개인이 맺는 상호작용이 발달에 유익하다고 해석하는 점에서 추상적인 진술이다. 물론 이것은 진실이 아니다. 유용한 발달적 변화는 개인 상호 간의 관계를 둘러싸고 침투하는 구체적인 학교, 이웃, 직업적 조건들과 함께 관리자들의 전문적인 지식과 역량에 달려 있다. 비고츠키는 "다양한 사회 체제 속에서 발견되는 이런저런 내적 모순들은 특정 역사적 시기 속의 인성 유형과 인간 정신 구조 모두에서 발견된다"고 설명한다(1994b, p.176).

또한 능동적인 발달적 변화는 나쁜 사회조건들을 체계적으로 변혁시키는 것에 달려 있다. 개인은 자신의 정신 발달을 꾀하기 위한 사회-정치-경제적 변혁을 추구할 준비를 해야 한다. 이것이 프레이리Freire가 말한 의식화conscientization이다. 의식 발전을 위한 콜의 개입intervention 개념은 이러한 점을 간과한다. 이것은 인지 기술을 자극하기 위해 아이들이 컴퓨터 게임을 하는 것에 초점을 두고 있다(또 다른 비판으로 Ratner의 후속 저작물을 보라).

7. 마르크스주의 심리학의 정치학은 중국의 상황과 비슷하다. 흥미롭게도 중국공산당(CCP)이 통치하는 이 사회주의 국가에는 공산당 학교에서도, 마르크스주의 기

관에서도, 마르크스주의 대학 학부나 사회과학 학회에서도, 공공 보건기구나 정신치료 기관에서도 마르크스주의 심리학을 볼 수 없다(문화심리학 또는 비고츠키 심리학조차 없음). 중국의 심리학은 미국의 주류 심리학을 모방하는 경향이 있다.

이것은 놀라운 정치적 사건이다. 서구의 모든 마르크스주의자들이 대대적으로 미국 사회과학(특히 심리학)이 명확히 규정되고 비판되고 변화될 필요가 있는 심리학의 문화적 특질에 혼란을 초래한 것에 대해 비판하고 있는 점에 비추어 볼 때 그러하다. 마르크스는 『철학의 빈곤』에서 "경제적 범주들은 사회적 생산관계에 대한 이론적 표현이며 추상이다"라고 말한다(1847/2008, p.119). "경제학자들은 부르주아 계급의 과학적 대표자들이다"(앞의 책, p.186). 심리학자들도 틀림없이 비슷한 기능을 수행할 것이다. 푸코는 정부의 권력 실행과 개인의 관리를 대변하는 지식으로서의 인문과학에 대해 비판한다. 하지만 사회주의 중국과 CCP는 마르크스주의 대안을 모색하지도 않으며 한마디 비판도 없이 미국 심리학을 따르고 있는 것이다. 또한 중국의 미국 심리학 수용은 서구 사회의 뉴스, 잡지, 웹사이트, 오락물에 대해 의심의 눈길을 보내고 검열을 하는 것과도 대조를 이룬다. 왜 마르크스주의 공산당은 (특히 전 세계의 마르크스주의자들이 미국 심리학을 비판하기 시작한 이후로) 미국 심리학에 대해 이처럼 이례적인 우호적 입장을 취하는 것일까?

그 이유는 미국 심리학이 사회적 지식의 정치적 수호자인 것과 관계있다. 미국 심리학은 사회 체제에 대한 심도 있는 비판적 연구를 피해 간다. CCP는 이런 연구를 두려워하는데 이것이 중국 사회와 심리학에 대한 대안적 이해를 제시하기 때문이다(마르크스주의 인류학이 도전적인 공식 담론 속에서 떠맡은 역할에 대해서는 Lem and Marcus, 2016을 보라). 이것은 CCP가 독립 언론을 금지하는 것이나 시민사회단체를 통제하는 것과 똑같은 이유이다.

CCP는 **미국 심리학의 인식론적·정치적 기능**을 이용하여 사회에 대한 심도 있는 비판적 사고를 단속한다(Yang, 2016). 이것의 이점은 심리학이 과학적 학문으로서의 역할에 충실하게 하는 것이다. 이것으로부터 정부 주도의 공공연한 정치적 검열이 불필요해진다. 이것은 **정치적 기능**을 수행하는 **비정치적 형태의** 억압이다. 이것은 정치적 통치의 비정치적 합리화이다. 결국 이것은 CCP의 검열과 외관상의 자화자찬을 통한 공공연한 정치적 합리화보다 더욱 효과적이다.

참고 문헌

Chaiklin, S. (2012). Dialectics, politics, and contemporary cultural-historical research, exemplified through Marx and Vygotsky. In H. Edwards (Ed.), *Vygotsky and sociology* (pp. 24–44). London: Routledge.

Cole, M., and Engeström, Y. (2007). Cultural-historical approaches to designing for development. In J. Valsiner and A. Rosa (Eds.), *The Cambridge handbook of sociocultural psychology* (pp. 484-507). New York: Cambridge University Press.

Cole, M., Levitin, K., and Luria, A. (2006). *The autobiography of Alexander Luria: A dialogue with The Making of Mind.* Mahwah, NJ: Lawrence Erlbaum Associates.

Daniels, H. (2012). *Vygotsky and sociology.* London: Routledge.

Duarte, Newton (2000). The man anatomy is the key to the monkey anatomy: the dialectics in Vigotski and in Marx and the issue about objective knowledge in school education. *Educ. Soc.* [online], 21 (71), 79-115. Available at: http://dx.doi.org/10.1590/S0101 73302000000200004.

Gielen, G., and Jeshmaridian, S. (1999). Lev S. Vygotsky: The man and the era. *International Journal of Group Tensions,* 28 (3–4), 273–301. Available at: http://Ichc.ucsd.edu/mca/Paper/Vytogsky-the_man_and_the_era.pdf (accessed December 1, 2016).

Grigorenko, E. (2014). Tracing the untraceable: The nature-nurture controversy in cultural historical psychology. In A. Yasnitsky, R. van der Veer, and M. Ferrari (Eds.), *The Cambridge handbook of cultural-historical psychology* (pp. 203–216). New York: Cambridge University Press.

Hardt, M., and Negri, A. (2000). *Empire.* Cambridge, MA: Harvard University Press.

Hegel, G. (1969). *Science of logic.* New York: Humanities Press.

Higgins, L. (2015). Michigan's black students lag behind the nation. *Detroit Free Press,* December 10. Available at: www.freep.com/story/ news/local/michigan/2015/12/10/ michigans-black-students-academic-performance/77099294/ (accessed November 20, 2016).

Horkheimer, M. (1993). History and psychology. In *Between philosophy and social science: Selected early writings,* trans. M. S. Kramer, G. F. Hunter, and J. Torpey (pp. 111–128). Cambridge, MA: MIT Press.

Ilyenkov, E. (1982). *The dialectics of the abstract and the concrete in Marx's Capital.* Moscow: Progress Publishers. (Original work published 1960).

Lem, W., and Marcus, A. (2016). The Marxist tradition as a dialectical anthropology. *Dialectical Anthropology,* 40 (2), 57-58.

Levins, R., and Lewontin, R. (1985). *The dialectical biologist.* Cambridge, MA: Harvard University Press.

Levitin, K. (1982), *One is not born a personality.* Moscow: Progress Publishers.

Lewontin, R. C., Rose, S., and Kamin, L. (1984). *Not in our genes: Biology, ideology, and human nature.* New York: Pantheon.

Lichtman, R. (1982). *The production of desire: The integration of psychoanalysis into Marxist theory.* New York: Free Press.

Lukács, G. (1970). *Lenin: A study on the unity of his thought,* trans. N. Jacobs. London: New Left Books. (Original work published 1924). Available at: https://www.marxists.org/archive/lukacs/works/1924/lenin/ch04.htm (accessed December 1, 2016).

Luria, A. (1979). *The making of mind: A personal account of Soviet psychology.* Cambridge, MA: Harvard University Press. Available at: https://www.marxists.org/archive/luria/works/1979/mind/ (accessed December 1, 2016).

Marx, K. (1973). *Grundrisse: Foundations of the critique of political economy,* trans. M. Nicolaus. London: Penguin Books. (Original work published 1939).

Marx, K. (1999). *A contribution to the critique of political economy,* trans. S. W. Ryazanskaya. Moscow: Progress Publishers. (Original work published 1859). Available at: https://www.marxists.org/archive/marx/works/1859/critique-pol-economy/ (accessed December 1, 2016).

Marx, K. (2008). *The poverty of philosophy,* trans. H. Quelch. New York: Cosmio. (Original work published 1847).

Marx, K., and Engels, F. (1968). *The German ideology.* Moscow: Progress Publishers. (Original work published 1932).

Marx, K., and Engels, F. (1975). *Karl Marx Frederick Engels collected works:*

Volume 3. New York: International Publishers.

Marx, K., and Engels, F. (1976). *Karl Marx Frederick Engels collected works: Volume 6*. New York: International Publishers.

Newman, F., and Holzman, L. (2014). *Lev Vygotsky: Revolutionary Scientist*. London: Psychology Press.

O'Boyle, B., and McDonough, T. (2016). Critical realism and the Althusserian legacy. *Journal of the Theory of Social Behaviour*, 46 (2), 143–164.

Packer, M. J. (2008). Is Vygotsky relevant? Vygotsky's Marxist psychology. *Mind, Culture and Activity*, 15 (1), 8–31. DOI: 10.1080/10749030701798607

Paolucci, P. (2012). *Marx and the politics of abstraction*. Chicago: Haymarket Books.

Pino, A. (2000). The social and the cultural in Vygotsky's work. *Educ. Soc.* [online], 21(71), 45-78. Available at: http://dx.doi.org/10.1590/S0101-73302000000200003.

Proença, M. (2016). School psychology from a critical historical perspective: In search of a theoretical-methodological construction. In M. Proença, R. de Souza, G. Toassa, and K. Bautheney (Eds.), *Psychology, society and education: Critical perspectives in Brazil* (pp. 3–30). New York: Nova Publishers.

Ratner, C. (2012). *Macro cultural psychology: A political philosophy of mind*. New York: Oxford University Press.

Ratner, C. (2015). Classic and revisionist sociocultural theory and their analyses of expressive language: An empirical assessment. *Language and Sociocultural Theory*, 2 (1), 51–83.

Ratner, C. (2016). Culture-centric vs. person-centered cultural psychology and political philosophy. *Language and Sociocultural Theory*, 3 (1), 11–26.

Ratner, C. (forthcoming). Trends in sociocultural theory: The utility of "cultural capital" for sociocultural theory. In J. Lantolf, M. Poehenr, and M. Swain (Eds.), *Routledge handbook of sociocultural theory and second language learning and teaching*.

Sawaia, B. B. (2009). Psychology and social inequality: A reflection on freedom and social transformation. *Psicologia & Sociedade*, 21 (3), 364–372. http://dx.doi.org/10.1590/S0102-71822009000300010

Tuleski, S. (2015). *Vygotsky and Leontiev: The construction of a Marxist psychology*. New York: Nova Publishers.

Tuleski, S. (Ed.) (2016). *Liberation psychology in Brazil.* New York: Nova Publishers.

van der Veer, R., and Valsiner, J. (1991). *Understanding Vygotsky: A quest for synthesis.* New York: Blackwell.

van der Veer, R., and Zavershneva, E. (2011). To Moscow with love: Partial reconstruction of Vygotsky's trip to London. *Integrative Psychological and Behavioral Science,* 45 (4), 458-474. DOI: 10.1007/s12124-011-9173-8. (This article is published with open access at Springerlink.com).

Veresov, N. (2005). Marxist and non-Marxist aspects of the cultural-historical psychology of L. S. Vygotsky. *Outlines: Critical Practice Studies,* 7 (1), 31-50.

Vygotsky, L. S. (1971). *The Psychology of Art.* Cambridge, MA: The MIT Press (Original work published 1925). Available at: ttps://www.marxists.org/archive/vygotsky/works/1925/preface.htm (accessed December 1, 2016).

Vygotsky, L. S. (1986). *Thought and language.* Cambridge, MA: The MIT Press.

Vygotsky, L. S. (1989). Concrete human psychology. *Soviet Psychology,* 27 (2), 53-77.

Vygotsky, L, S. (1994a). The problem of the environment. In R. van der Veer and J. Valsiner (Eds.), *The Vygotsky reader* (pp. 338-354). Cambridge: Blackwell.

Vygotsky, L. S. (1994). The socialist alteration of man. In R. van der Veer and J. Valsiner (Eds.), *The Vygotsky reader* (pp. 175-184). Cambridge: Blackwell.

Vygotsky, L. S. (1997). *The collected works of L. S. Vygotsky. Volume 3: Problems of the theory and history of psychology,* ed. R.W. Rieber and J. Wollock, trans. R. van der Veer. New York: Plenum.

Vygotsky, L. S. (1997b). *Educational psychology,* trans. R. Silverman. Boca Raton, FL: St. Lucie Press. (Original work published 1926).

Vygotsky, L, S. (1998). *The collected works of L. S. Vygotsky. Volume 5: Child psychology,* ed. R. W. Rieber, trans. M. J. Hall. New York: Plenum.

Yang, J. (2016). The politics and regulation of anger in urban China. *Culture, Medicine, Psychiatry,* 40 (1), 100-123. DOI 10.1007/s11013-015-9476-1

Yasnitsky, A., and van der Veer, R. (2016). *Revisionist revolution in Vygotsky studies.* Hove: Routledge.

Yasnitsky, A., van der Veer, R., and Ferrari, M. (2014). *The Cambridge handbook of cultural historical psychology.* New York: Cambridge University Press.

1부

마르크스주의 심리학을 향하여

1.
마르크스주의 심리학,
비고츠키의 문화심리학, 정신분석학
: 과학과 정치학의 이중나선구조

칼 래트너Carl Ratner

I. 마르크스, 마르크스주의 심리학, 비고츠키

비고츠키와 마르크스주의의 연관성을 다룬 대부분의 글들이 비고츠키가 마르크스의 개념과 방법론을 활용하는 방식에 대해 탐구하고 있지만, 역발상으로 나는 마르크스주의 심리학이 비고츠키의 개념과 방법론을 활용할 수 있는 방식에 대해 탐구하고자 한다.

이 장에서는 마르크스주의 심리학이 마르크스의 사회이론에 기초하여 구성될 수 있는 가능성과 심리작용과 사회구조의 연관, 그리고 인간 본성에 관해 논할 것이다. 비고츠키는 그 골격이 될 구성 요소를 제공하는 중요한 기여를 했다.

마르크스와 비고츠키는 서로를 풍성하게 한다. 비고츠키는 심리학의 학문적 영역을 이론적으로 체계화한 것과 특정 심리학 과정에 관한 실증적 연구를 통해 심리학의 중요한 영역을 마르크스주의에 적용시켜 마르크스주의 심리학의 외연을 확장시킨다. 그런가 하면 마르크스주의는 비고츠키의 마르크스주의 심리학에 토대를 제공하고 그것이 비고츠키가 성취한 것 이상으로 발전할 수 있음을 보여 준다. 비고츠키는 마르크스주의의 정치철학을 일반심리학은 물론 자신이 천착한 심리학의 주제에 대해서도 완전히 적용할 수 없었다. 루리아가 말하듯이, "비고츠키가 평생토록 연구한 인간 심리학의 체계는 결코 완성되지 못했다. 그는 과학을 완성하거나 재건하지 못한 채 우리 곁을 떠났다"Levitin, 1982, p.173. 따라서 우리는 마르크스주의 정치철학을 철저히 규명함으로써 비고츠키의 이론을 더욱 심화시키고 마르크스주의를 일반 심리 현상의 영역에까지 확장시켜 갈 필요가 있다.

이를테면 비고츠키는 언어를 사고의 토대로 강조했다 마르크스와 엥겔스는 언어가 사회적 삶에 뿌리를 두고 있으며 사회적 특성을 반영한다는 것을, 언어는 결코 독립적인 영역이 아님을 역설했다.『독일 이데올로기』에서 마르크스와 엥겔스는 말한다.

철학자들의 지난한 과업 중의 하나가 사상의 세계를 실제 세계와 연결 짓는 것이다. 언어는 사상의 직접적인 실제성actuality으로 해석할 수 있다. 철학자들은 사상에 독립적인 지위를 제공하듯이 언어에도 독립적인 영역을 부여해야만 했다. 이것이 철학적 언어의 비밀인데, 이 속에서 사상은 말의 형식으로 나름의 내용을 구성한다. 사상의 세계가 실제 세계로 향하는 문제는 곧 언어가 삶으로 향하는 문제이다.

우리는 독립적인 지위를 획득한 사람들의 관계망에 말미암아 사상과 개념이 독립적인 지위를 획득하는 것을 살펴봤다. 우리는 이데올로기 담지자들과 철학자들이 이러한 사상을 체계적이고도 배타적으로 점유하는 것이 노동 분업의 결과이며, 구체적으로, 독일 철학은 독일의 프티부르주아적 상황의 결과라는 것을 살펴봤다. 철학자들의 가장 중요한 임무는 자신의 언어를 평범한 언어로 풀어내는 것이다. 이렇게 함으로써 독자들은 실제 세계를 왜곡한 언어를 인지할 수 있고, 사상도 언어도 본질적으로 자신의 영역을 형성하지 않으며 그저 실제 세계를 나타낼 뿐이라는 것을 이해할 수 있다.

_Marx and Engels, 1932/1968, 3장

비고츠키 마르크스주의를 심화 발전시키기 위해서는 심리학의 토대로서 언어에 대한 역사 유물론의 개념을 개발하기 위해 철학적 관념론에 대한 마르크스와 엥겔스의 비판을 원용해야만 한다.

마르크스주의 심리학은 마르크스주의와 심리학이라는 두 영역의 변증법적 통합이다. 마르크스주의 심리학은 이 두 영역에 기여를 하고 두 영역의 오류를 교정하는 역할을 한다. 마르크스주의 사회이론은 심리학의 특정 영역으로 확장되어 풍성한 가설을 창안하고, 이론적 이슈를 교정하고, 방법론적 오류(실증주의와 포스트모더니즘적 질적 방법론 둘 다)를 검증한다. 마르크스주의 심리학은 기존 심리학의 약점을 보완하고 오류를 교정하고 모순점을 해결하는 역할을 한다. 역으로, 심리학은 마르크스주의와 결합하여 정서와 기억, 학습, 사회화, 정신질환, 발달 과정 등의 현상에 관한 구체적인 이론과 연구를 제공한다. 이는 심리학계에서 알려지지 않은 마르크스주의 개념을 바로잡아 준다. 심리학 이론과 결론, 방법론은 마르크스주의 원리에 입각해 조정되며, 거꾸로 마르크스주의 원리의 발전에 이바지한다.

마르크스주의 심리학은 심리학 이론과 방법론을 마르크스주의 경제이론이나 정치 강령에 종속시키지 않도록 유념해야 하며, 마르크스주의 심리학이 마르크스주의를 풍요롭게 하도록 유인해야 할 것이다. 이에 관

해 야로셰프스키Yaroshevsky는 다음과 같이 말한다.

> 비고츠키는 마르크스주의 심리학을 하나의 학파로 볼 뿐만
> 아니라 유일한 과학적 심리학으로 본다. … 비고츠키에게 마르
> 크스주의를 토대로 심리학을 변혁하는 것은 결코 기존 학문적
> 성과를 내팽개치는 것을 의미하지 않는다. 심리학적 통찰을 얻
> 기 위한 모든 노력은… 더 나은 형태의 마르크스주의 심리학
> 속으로 녹아들어 갈 것이다. _Levitin, 1982, p.53에서 인용

〈그림 1.1〉은 이러한 이치를 나타낸 것이다.

마르크스주의 심리학은 심리학에 능통한 마르크스주의 학자가 개발
해야 한다. 마르크스주의 다양한 심리학 이론이 결여된 채 순전히 마르
크스-헤겔 이론 아니면 프로이트나 라캉의 이론만을 철학적 기반으로
삼아 개발될 수는 없다.

> 비고츠키는 마르크스주의를 철학적 원칙을 구체적인 과학
> 에 적용하는 모형으로 보았다. 이에 대해 변증법적 유물론의
> 보편적 범주와 법칙을 구체적인 과학에 직접적으로 적용함으
> 로써 반박하는 것은 설득력이 없었다. 또한 마르크스주의 저작
> 물과 동떨어진 진술들이 완결된 심리학, 즉 인간 심리에 관한
> 구체적인 내용과 법칙의 문제에 대한 해답을 제공하리라 생각
> 한 것 또한 무의미한 시도이긴 마찬가지였다. 마르크스주의를
> 특정 과학에 적용하기 위해서는 방법론, 즉 그 과학에 적용될
> 수 있는 개념 체계를 고안할 필요가 있었다. _Levitin, 1982, p.54

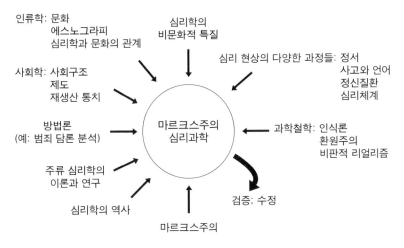

인류학: 문화
　　　　에스노그라피
　　　　심리학과 문화의 관계

사회학: 사회구조
　　　　제도
　　　　재생산 통치

방법론
(예: 범죄 담론 분석)

주류 심리학의
이론과 연구

심리학의 역사

마르크스주의

심리학의
비문화적 특질

심리 현상의 다양한 과정들: 정서
　　　　　　　　　　　　사고와 언어
　　　　　　　　　　　　정신질환
　　　　　　　　　　　　심리체계

마르크스주의
심리과학

과학철학: 인식론
　　　　　환원주의
　　　　　비판적 리얼리즘

검증: 수정

〈그림 1.1〉 마르크스주의 심리과학

이에 관해 비고츠키는 다음과 같이 진술하고 있다.

　　변증법적 유물론의 이론을 심리학의 문제에 **직접적으로** 적용하는 것은 **불가능하다.** … 역사학과 마찬가지로 사회학은 변증법적 유물론의 추상적인 법칙에 적용될 수 있는 특정 현상들을 구체적인 의미로 풀어 설명하는 역사 유물론처럼 매개적 역할을 하는 **특별한 이론**을 필요로 한다. 똑같은 이치로, 변증법적 유물론의 추상적인 테제들을 특정 현상 영역에 구체적으로 적용할 수 있는 설명을 제공하는 매개 과학으로서 심리학적 유물론을 필요로 한다. 이 이론은 아직 발전되지는 않았지만, 이것의 출현은 필연이다.

　　… 그러한 매개 이론을 창출하기 위해, 우리는 특정 현상 영역에 숨어 있는 본질과 그 변화의 법칙, 양적 특성과 질적 특

성, 인과관계를 밝혀내야 한다. 우리는 그 본질과 관련된 범주와 개념을 만들어 내야 하는데, 요컨대, 우리 나름의 『자본론』(계급, 토대, 가치 등에 관한 나름의 개념)을 창조해야 한다.

_1997a, p.330

변증법적 유물론은 가장 추상적인 과학이다. 변증법적 유물론을 생물학이나 심리학에 곧바로 적용하는 것은, 그 내적 의미와 연관이 일반적, 추상적, 보편적 범주 속에서 미지의 상태로 있는 구체적인 현상을 형식논리학이나 스콜라적인 장광설로 포섭하는 것이나 마찬가지다. _앞의 책, p.331

비고츠키에 따르면 변증법 철학은 심리학 이론이 되기에 불충분하다. 그 까닭은 그것이 생물학적 지식을 담고 있지 않은 것과 마찬가지로 심리 현상에 대한 구체적인 지식이 결여되어 있기 때문이다. 결국 그것은 보편적이고 추상적인 변증법 범주에 국한된 한계를 지닌다. "우리에게 필요한 것은 이런저런 말들이 아니라 방법이며, 변증법적 유물론이 아니라 역사 유물론이다"앞의 책, p.331.

비고츠키에 따르면 역사 유물론 또한 온전한 심리학 이론을 구성하기엔 부족함이 있는데, 이것이 구체적인 심리학 과정, 즉 특정 현상의 본질이나 그 양적·질적 특성, 인과관계를 결여하고 있기 때문이다. 역사 유물론은 심리학에 적합한 범주나 개념을 포함하고 있지 않다. 바로 이런 이유로 비고츠키는 우리가 특별한 심리학 이론, 즉 그가 "심리학적 유물론"이라 일컬은 것을 창조해야만 한다고 말한다. 이 심리학 이론은 변증법적 유물론과 역사 유물론에 기초하지만, 전자는 후자에게 심리학적 요소를 제공한다. 이런 식으로 마르크스주의 심리학은 마르크스주의를 더욱 풍성하게 하는 것이다.

『예술심리학』에서 비고츠키[1925/1971]는 예술과 마르크스주의의 관계를 다음과 같이 설명한다.

> 나는 마르크스주의 예술론 속에 다른 여러 가지 시도와 함께 예술을 심리학적으로 검증하기 위한 방법론과 이론이 담겨야 한다고 말하고 싶다. 여기서 나의 가이드라인은 예술에 관한 사회학적 관점이 미학적 식견을 부정하는 것이 아니라, 반대로 미학으로 향하는 문을 넓혀야 하며, 플레하노프식으로 말하면, 미학적 완성을 담보해야 한다는 마르크스주의적 입장에 맞닿아 있다.

비고츠키는 미학 영역의 탁월한 "발현적emergent" 본질을 강조하면서 마르크스주의에서 미학을 정치경제학 영역에 포함시키지 않고 독자적인 영역으로 다룰 것을 주장했다.

비고츠키는 심리학의 두드러진 특성을 마르크스주의 이론과 결합시키기 위해 마르크스주의를 확장시킴으로써 심리학과 마르크스주의에서 중요한 진전을 이루었다. 마르크스와 엥겔스가 "언어는 실용적 의식"이라고 말한 것과 유사한 맥락에서 비고츠키는 사고 혹은 인지의 기초로서 언어를 사용했다. 비고츠키는 "의식이 본능의 자리에 들어선다"는 마르크스와 엥겔스[1932/1968]의 진술을 가져와서 심리학의 전체적인 기초로서의 의식을 확장시켰다. "사고의 발달은 다른 모든 정신기능과 정신과정에서 핵심적이고도 결정적인 의미를 지닌다. 다른 모든 특별한 기능들은 사고가 획득하는 주된 성공의 영향력 아래에서 지성화되고 수정되고 재구성된다"[비고츠키, 1998, p.81]. 이는 한 심리학자가 일궈 낸 심리학적 통찰로서 마르크스주의를 인간 심리학의 전면으로 확장시킨다.

비고츠키는 마르크스주의에 입각하여 마르크스주의와 심리학을 융합함으로써 심리학을 전례 없이 심오하고 과학적인 학문으로 발전시켰다. 비고츠키는 마르크스주의 심리학이 유일한 과학적 심리학이라고 주장한다. 하지만 우리는 비고츠키 심리학이 유일하게 적절한 마르크스주의 심리학이라고 덧붙여야만 한다. 마르크스주의 심리학(즉, 과학적 심리학)은 다양한 학자들의 아이디어들을 포함하고 있지만, 비고츠키의 아이디어에 기초를 둬야 한다. 정신분석학자나 비판심리학자의 입장에서 비고츠키를 무시하고서 마르크스주의 심리학을 다루는 것은 불가능하다. 마르크스주의 심리학에 가장 과학적인 공헌을 끼친 인물을 무시하는 것은 또한 무책임한 일이기도 하다.

마르크스주의 심리학은 마르크스주의와 심리학 가운데 어느 하나를 다른 하나로 환원시켜 버리는 우를 범하지 않고 서로가 서로를 풍요롭게 한다. 마르크스주의 심리학은 마르크스주의와 심리학을 전통적인 영역 너머로 확장해 가는 심리학 이슈들을 연구해야 한다.

구체적으로 우리는 다음과 같은 내용들을 다루어야 한다.

- 정서에 관한 마르크스주의 심리학
- 섹슈얼리티/젠더에 관한 마르크스주의 심리학
- 기억에 관한 마르크스주의 심리학
- 지능에 관한 마르크스주의 심리학
- 지각에 관한 마르크스주의 심리학
- 발달에 관한 마르크스주의 심리학
- 언어에 관한 마르크스주의 심리학
- 자아 및 인성에 관한 마르크스주의 심리학

- 몸에 관한 마르크스주의 심리학
- 정신이상에 관한 마르크스주의 심리학
- 정신생물학적 과정에 관한 마르크스주의 심리학. 이를테면 마르크 스주의 심리학은 뇌기능과 관련한 정신 현상을 연구할 필요가 있다. 이러한 연구는 전통적인 마르크스주의의 주제를 벗어나는 것이다. 하지만 이 연구는 마르크스주의를 풍성하게 한다. 이 문제는 정서, 기억, 자아개념, 주의력, 문제 해결, 정신질환, 언어가 특유의 정신과정을 진행시킬 수 있는 특유의 신경생리학적 특성을 지닌 예시적prefigured 뇌중추(모듈)에 자리하고 있는지 혹은 대뇌피질이 모든 정신기능이 모든 영역에서 진행될 수 있는 보편적이고 유동적이고 불특정의 정신과정 기관인지의 여부에 관한 물음이다. 이 기술적인 문제는 마르크스주의와 연관되어 있다. 이 문제가 정신기능들이 구획화되고 서로 차별적인 정신 요인들을 통해 생물학적으로 원래부터 형성되어 있는 모듈인지, 혹은 대뇌피질이 피질 중추의 내적 특성을 통해 정신 특질을 결정하는 대신, 문화적인 속성과 기원, 형성, 기능을 지닌 정신 특질을 처리하는 보편적인 기관인지의 여부에 관한 문제이기 때문이다. 증거는 후자의 편에 있는데, 후자 쪽이 뇌의 구획화localization(모듈성modularity)와 관련하여 마르크스주의 심리학에 흥미롭고 중요한 근거를 제공한다. 이것은 기술적, 정신적, 비마르크스주의 심리학 이슈들이 마르크스주의 이론과 과학에 의미 있는 영향력을 제공하는 점에서 매우 중요한 예라 하겠다.
- 심리 현상들이 문화적 요인이나 과정에 의해 형성되는 원리를 설명하는 마르크스주의 심리학. 이것은 마르크스주의를 주관성subjectivity과 의식의 영역으로 확장하는 데 필수적이다. 이를 통해 표현형phenotypical 심리 표출과 사회적 사건들 사이의 상관관계를

규명하지 않고 단순히 연결 짓기만 하는 경험주의적 오류를 피할 수 있다.

기존 사회 체제를 비판하고 그것을 보다 완전한 방향으로 재조직하기 위한 혁명적 마르크스주의 정치학은 마르크스주의 심리학의 핵심이다. 혁명적 마르크스주의는 심리학 이론과 방법론, 적용법 속에 정초되어야 한다. 이것은 다양한 과학적 요소들을 포함하고 조직하고 방향을 이끌어야 한다. 이러한 정치적 차원은 마르크스주의 과학적 심리학을 다른 심리학과 구별 짓는다. 이것은 과학적 심리학을 **격상시킨다**. 이 글의 강조점도 여기에 있다.

나는 마르크스주의 심리학에 기초하여 심리학과 마르크스주의를 연결 짓는 데 문화심리학이 가장 유력한 이론체계라고 생각한다. 문화심리학은 마르크스주의 심리학과 일맥상통한다. 마르크스주의 심리학을 통해 문화심리학은 마르크스주의 개념들을 활용할 수 있으며, 역으로 심리학 이론과 방법론, 적용법, 연구 결과들을 마르크스주의에 소개한다. 비고츠키가 문화-역사심리학을 개발한 목적도 이러한 것이다.

문화심리학을 마르크스주의 심리학에 활용하는 것을 설명하는 것에 이어 나는 마르크스주의 심리학이 자신과 양립하지 않는 이론, 방법론, 적용법을 극복해 가는 과정을 논할 것이다. 이러한 이론, 방법론, 적용법은 문화심리학만큼 직접적으로 마르크스주의 심리학 속으로 녹아들지는 않는다. 마르크스주의 심리학과 양립하지 않는 접근법들은 마르크스주의 방법으로 재조직되고 재구성되어야만 한다. 나는 이것을 프로이트의 정신분석 사례를 들어 논증할 것이다.

II. 사회적 의식에 관한 마르크스 이론의 원리: 과학과 혁명의 이중나선구조

마르크스주의 심리학은 사회적 의식에 관한 마르크스의 사고에서 출발해야 하는데, 이는 마르크스가 심리 현상에 관해 논한 것과 유사한 맥락이다. 마르크스는 사회적 의식이 사회조건과 사회구조에 토대를 두고 있다고 보았다. 우리가 사회적 의식에 관한 마르크스의 관점을 살펴보고 나면 마르크스주의 심리학의 중요한 요소들에 대한 이해력이 확립될 것이다. 이를 토대로 우리는 문화심리학, 특히 비고츠키 문화심리학의 도움을 받아 마르크스주의 심리학의 윤곽을 그려 갈 것이다.

사회적 활동과 의식에 관한 마르크스의 모든 과학적 성과는 자본주의적 착취에 대한 반감과 함께 그것을 전복하여 협력적이고 민주적이며 집단적인 사회 체제를 건설하는 그의 욕망에 뿌리를 두고 있다. 마르크스의 과학적 사회과학은 과학을 해방적 정치학과 결합하는 점에서 독특한 의의를 지닌다. 우리는 사회적 의식에 관한 마르크스의 사상을 검토하면서 이 이중나선구조를 구성하는 두 요소를 모두 이해해야 한다.[1]

심리학 이슈들을 사회적 의식 영역 내에서 다루는 마르크스의 논점은 심리학자들에게 장점과 단점을 제공한다.

그 **장점**은 사회적 토대, 구조, 심리 현상의 기능을 강조하는 점이다. 사회적 의식은 사회적 억압이나 해방 따위의 의식의 사회적-정치적 국면을 강조한다. 마르크스주의는 의식의 이러한 측면에 관해 매우 심오하고도 포괄적인 설명을 제공하고 있다. 잠시 뒤 우리는 이러한 점들을 살펴볼 것이다.

사회적-정치적 의식 내에서 심리 현상을 다루는 접근법의 **단점**은 억압 및 해방과 연관되지 않은 심리 현상의 중요한 측면과 유리될 가능성이 있는 점이다. 이 접근법은 정서, 자아개념, 인지, 지각, 정신질환 따위의 특수한 심리 현상에 관한 본질적이고 포괄적인 이론들을 담아내지 않고 있다. 하지만 이러한 심리 현상들은 사회적 억압이나 해방의 맥락에서 숙고되어야 한다. 이 접근법은 감각 형성의 사회적 조건에 대한 중요한 관찰을 제공한다. 하지만 우리가 주목하는 것은 심리학자들이 관심을 갖는 감각에 대한 일반적인 이론이 아니다. 감각에 관한 우리의 관심사는 다음과 같은 것이다. 감각의 속성이 왜 사회적인가? 감각의 사회적 기능이나 요건은 무엇인가? 동물의 감각은 생물학적으로 결정되는 반면 인간의 감각을 사회적인 것으로 만드는 요인은 무엇인가? 동물 감각의 생물학에 비해 인간 감각의 생물학은 어떻게 다른가? 감각, 인지, 정서, 지각 사이의 구조적 연관은 무엇인가?

인간 의식에 관한 마르크스 이론의 구체적인 원리

1) 사회적 의식은 사회조건에 의해 조건화된다

사회적 의식에 관한 마르크스의 이론은 인간 의식이 **철저히** 사회조건 social conditions에 의존하는 것으로 보는 점에서 다른 이론들과 구별된다. 사회조건은 사회적 의식의 모든 국면에서 결정적인 요인이다. 사회조건은 사회적 의식의 원천, 즉 사회적 의식의 존재 이유, 필연성, 기능, 작동 기제, 궁극 목적telos, 역동성, 형성, 조직과 함께 사회적 의식을 생겨나게 하는 시스템이다. 사회조건은 우리가 사물을 지각하고 이해하는 한편, 오인하고 오해하는 것을 설명해 준다. 마르크스와 엥겔스는 사회 변혁적 정신을 이끌 사회조건의 잠재력을 인정하기도 한다. 그리하여 사회적 조건성conditionality과 의식의 조건화는 **본질적이고 일관되고 간결한 개념과 관련한 다양한 특성을 설명하는 의식에 관한 일반 이론이다.** 우리는 이것이 진화론적 경향성을 띠고 있는 환경적 의식 이론이라고 설명한다.

사회조건(나는 이것을 거시문화요인macro cultural factors이라 일컫는다)은 자신의 의식과 주관성을 활용하는 개별 인간에 의해 형성된다. 하지만 사회조건들과 거시문화요인들은 발현적이며, 그것을 형성하는 개별 주체들을 초월해 존재하는 총체적인 현상이다. 대학, 군대, 병원, 슬럼가, 교회 등은 제도적 형태와 특성, 제도적 규칙과 행정, 제도적 논리(궁극 목적)와 역동성을 수반하는 개별 주체들의 집단적 대상화collective objectifications다. 이러한 것들은 개별 요소들의 총합 이상의 통합적인 게슈탈트다. 총체적인 사회조건은 의식의 정치학과 함께 의식의 과학적 측면을 구성한다. 이 발현적인 총체적 사회 형태, 혹은 집단적 대상화는 새로운 사고와 실천, 조건들을 필요로 하는 한편, 이 요인들에게 영향을 미치기도 한다. 이것은 또한 실행 가능한 사상, 실천, 조건들을 선택하고 그렇지 않은 것들은 제거해 간다.

사회적 의식은 사회구조나, 체제, 사회 여건, 대상화, 역학관계에 영향을 미치기도 하고 거꾸로 이들의 영향을 받기도 한다. 의식은 이러한 조건들이 기능한 결과다. 사회적 의식은 사회조건들을 필요로 하고 이것들로부터 자극을 받고 또 이것들이 유지되도록 기능한다. 우리의 사고는 대학 입학시험과 교수들의 강의, 교재로부터 영향을 받기도 하고, 직장 상사와 군대의 상관, 데이트 규범 등으로부터도 영향을 받는다. 우리가 이러한 조건들에 적응하게 되면, 이 조건들을 따르고 재생산하게 된다. 이 조건들을 적절히 내면화하지 못할 경우 우리는 제도로부터 배제될 것이며 제도가 부여하는 이익을 누리지 못할 것이다. 이러한 "구조-기능적structural-functional" 모형 속에서 실패 자체는 필요하고, 권장되고, 지지되며, 착취적 사회 체제 유지를 위해 순기능 한다. 실패가 있다는 것은 하층 계급의 사회적 역할과 기능을 수행하고 재생산하는 데 성공했음을 의미한다. 이것은 계급 체제의 존속을 위해 필요한 일이다. 하층 계급에서 실패를 거부하는 것은 계급 구조의 안정을 거부하는 것이며, 이는 체제 유지의 실패를 의미한다. 권력이 다양한 방법으로 실패에 순응하도록 유도하는 이유가 바로 여기에 있다.

의식을 포함한 일상적 활동은 조건들에 심히 의존적이어서 마르크스와 엥겔스는 공산주의를 다음과 같이 정의했다. "공산주의는 프롤레타리아 해방의 조건에 관한 독트린이다"[1976, p.341]. 공산주의는 해방 그 자체가 아니다. 민중이 사회적 삶을 변혁하기 위한 우호적인 조건을 이해하고 그려 넘으로써 해방적 역량을 갖게 하는 조건을 말한다.

사회적 의식에 관한 마르크스와 엥겔스의 이론은 헤겔의 **비동일성** non-identity에 관한 변증법적 개념을 빌려 왔다.[Kosok, 1972] 헤겔에 따르면, 모든 사물은 그 자신 이상의 무엇이다. 사물은 그 자신과 동일하지 않으며 자신 속에 타자성otherness을 품고 있다. "존재하는 것은 자기 자신의 모습이 아닌 다른 무엇으로 존재한다. 하지만 이 다른 것 속에 그것의 자기 연관성self-relation이 있다"[Hegel, 1817/1965, p.245]. 문화는 이 타자성이 주관성에 작용하여 그 정체성을 변화시켜 가는 것이다. 반대로, 사회조건은 의식을 필요로 한다. 사회조건은 의식이 결여된 채로 기계적이거나 자연적인 형태로 존재하지 않는다.

이러한 이치는 마르크스의 다음과 같은 말 속에 잘 나타나 있다.

자본의 이러한 운동의 의식적인 담지자로서 화폐 소유자는 자본가가 된다. 그의 인격, 아니 그의 지갑이 화폐가 출발하고 되돌아가는 지점이다. 이 유통의 객관적인 토대 혹은 화폐-상품-화폐(M-C-M) 유통의 주요 원천인 가치의 증식이 그의 주관적인 목표가 되고, 점점 더 많은 부를 획득하는 것이 자기 행동의 유일한 추진 동기가 되는 한에서만 그는 자본가로서, 곧 의지와 의식이 부여된 인격화된 자본으로서 기능하는 것이다. _Marx, 1867/1961, pp.108-108

우리가 살펴본 바와 같이 **자본주의적 생산과정은 역사적으로 형성된 보편적인 사회적 생산과정의 한 형태다.** 이 사회적 생산과정은 인간 삶의 물질적 조건의 생산과정인 동시에 특정 역사적·경제적 생산관계 아래에서 일어나는 과정이다. 이 과정에서 **생산관계 자체를, 이 과정의 담지자들 및 그들의 물질적 생존조건과 그들의 상호 관계를, 다시 말해 이것들의 일정한 사회-경제적 형태를 생산하고 재생산한다.** 경제 구조라는 측면에서 사회는 이 관계들의 총합과 다름없다. 사회 속에서 그러한 생산의 주체들은 자연과 관계 맺고 또 주체들끼리 관계 맺는다. 자본주의적 생산과정은 앞선 시대의 모든 생산과정과 마찬가지로 **일정한 물적 조건하에서 진행되는데, 개개인이 자기 삶의 재생산과정에서 맺는 일정한 사회적 관계의 담지자들이 이 물질적 조건이기도 하다.** 이러한 관계들과 마찬가지로 이러한 조건들은 한편으로는 자본주의적 생산과정의 전제이며 또 한편으로는 그 결과이고 산물이다. 조건들과 관계들은 자본주의적 생산과정에 의해 생산되고 재생산된다. _Marx, 1894/1962, 강조는 추가됨

이 생산양식의 주역인 자본가와 임금노동자 그 자체를 놓고 보면 그들 자신은 자본과 임금노동이 인격화된 것에 지나지 않는다. 이것은 사회적 생산과정이 개인들에게 아로새긴 일정

한 사회적 성격이며 그 일정한 사회적 생산관계의 산물이다.

_앞의 책, 51장

자본주의적 생산의 발전은 노동계급의 발전을 촉진하는데, 노동 계급은 교육과 전통, 생활습관을 통해 자본주의적 생산양식의 필요성을 자명한 자연법칙처럼 생각하게 된다. 자본주의적 생 산과정의 발달이 무르익으면 아무도 그것을 거스를 수 없게 된 다. _Marx, 1867/1977, p.899, 강조는 추가됨

위의 글들은 a) 사회적 관계를 통해 의식이 조건화를 시키고 조건화 되어 가는 이치, b) 사회조건들 스스로가 다른 사회적·물리적 조건들에 의해 조건화의 영향을 주고받는 이치를 설명하고 있다(잠시 뒤 현재의 조건들이 그 나름의 변혁을 발생시키는 것을 볼 것이다). 처음부터 끝까지 그것은 사회적으로 형성된 조건들이다.

현대사회에서 의식이 사회조건들과 결합하는 예는 대학 진학에 따른 이익 향유를 꿈꾸는 고교생에서 볼 수 있다. 학생은 하버드대 입학 요건 에 맞춰 자신의 지적·사회적 기술을 개발하기 위해 체계적인 노력을 꾀 한다. 학생은 하버드대의 화신이 되어 하버드에 걸맞은 의식과 의지를 품으며 자신의 활동을 오직 하버드 입학을 위한 역량 개발에만 집중한 다. 만약 그가 학력 향상을 위한 불굴의 의지를 품는다면 이는 그의 영 혼이 "하버드의 영혼"이며 하버드는 오직 하나의 본능, 즉 지적 역량의 증진과 창조를 요구하기 때문이다. 학생은 하버드를 표상하기를 원하는 데, 이것은 자신의 행동에서 그 표준을 재생산하는 것을 뜻한다. 이것이 학생이 자신을 지적으로 개발하는 방법이자, 사회에서 성공에 이르는 방법이고, 하버드(와 사회)가 개인으로 하여금 자신의 표준을 체화하도

록 애쓰게 함으로써 자신의 체제를 유지해 가는 방법이다.

마르크스와 엥겔스의 이론을 활용함으로써 우리는 사적 소유가 어떻게 사람들을 이기적인 존재로 **만들어 가는지**를 알 수 있다. 사유재산제는 사람들에게 이기적으로 살 권리, 이기적인 삶의 정당성을 부여한다. 당신의 이웃은 아름다운 나무를 자를 수 있고 당신이 담장 너머로 그 광경을 지켜보든 말든 신경을 쓰지 않는다. 그 광경이 당혹스럽다면 그것은 당신의 문제다. 나무는 이웃의 소유물이고 당신은 분노할 권리가 없으니 나무 베기는 당신과 무관한 일이기 때문이다. 법적으로나 심리적으로도 당신은 이웃의 일에 신경을 쓸 필요가 없다. 만약 당신이 이웃에게 불만을 표출한다면 당신은 이웃의 사생활을 침해하는 것이 되어 거기에 따른 법적 처벌을 받을 것이다. 이웃은 자기 사적 소유물에 대한 권리 행사를 했으니 말이다. 이웃은 당신의 말을 들을 의무가 없다. 나무는 자신의 소유물이기 때문이다. 사적 소유가 우리 의식의 틀을 구성한다. 소유의 경계선 내의 무엇이 우리가 신경 쓸 바이고, 그것은 우리를 타인의 사고로부터 분리시키는 경계선이기도 하다. 공적 소유는 의식의 틀을 확장시킨다. 이러한 의식을 통해 우리 모두는 나무가 우리 모두의 것이라고 생각하게 된다. 공적 사회적 의식을 통해 우리는 나무가 "내 것"도 아니고 그 누구의 것도 아니라는 생각을 품게 된다.

2) 마르크스주의의 행동 이론은 다윈의 환경주의 형식을 취한다

의식과 행동이 사회조건들과 조건화의 영향을 주고받는다는 마르크스의 이론은 심리학에서 다윈의 혁명적인 사고에 버금가는 것으로서 전통적인 심리학으로부터의 코페르니쿠스적 전환이다. 다윈은 "분화에 따른 특성들이 새로운 세대에 전해질 때, 자연은 스스로 선택을 하며 새로운 세대가 변화된 특성들을 지닌 채 탄생한다"고 말한다. 여기서 다

원은 개인의 특성을 선택하는 토대로서 환경적 조건들을 활용한다. 환경주의environmentalism는 환경의 변화로 말미암은 개인적 변화와 그것이 선택하는 속성을 다룬다.

마르크스와 엥겔스는 다윈의 이론에 경탄했다. 마르크스는 감사의 표시로『자본론』한 권을 다윈에게 보냈다. 마르크스[2010, pp.246-247]는 1861년 라살에게 다음과 같이 썼다.

> 다윈의 책은 나의 연구에 정말 중요합니다. 이 책은 계급투쟁의 자연과학적 토대를 제공해 줍니다. 발달에 관한 조야한 영국식 방법론, 즉 생존을 위한 투쟁 따위의 개념을 인내해야 하는 불편은 있지만, 모든 결점에도 불구하고 자연과학계에서 최초로 "목적론"에 가한 치명타일 뿐만 아니라 그 합리적인 의미가 실증적으로 설명되고 있습니다.

마르크스와 엥겔스는 다윈에 경탄하며, 객관적이고 유물론적인 입장에서 변화를 설명하는 한편 형이상학적·유심론적·목적론적 설명 방식을 부정하기 위한 근거로 삼았다. 그 범위는 헤겔적 유심론에 영향을 미친 신의 의지에서부터 인간의지에까지 총망라하였다.

『자본론』1권에서 마르크스는 변화에 관한 다윈의 유물론적 설명으로부터 받은 영향을 설명하고 있다.

> 다윈은 우리에게 자연의 테크놀로지 발달사, 즉 식물 기관과 동물 기관의 형성에 관심을 갖게 한다. 이 기관들은 생명 유지를 위한 생산 도구로서 기능한다. 인간 **생산 기관의 역사, 즉 모든 사회조직의 물질적 토대가 되는 기관의 역사**도 대등한 관심을

끌 가치가 있지 않은가? 비코Vico가 말했듯이, 인간 역사가 자연 역사와 다르고 우리가 전자는 만들어 가도 후자는 만들어 가지 않기 때문에 역사를 편찬하기가 훨씬 쉬운 것이 아닌가?

_Marx, 1867/1961, p.372, 각주 3, 강조는 추가됨[2]

마르크스는 인간 행동이 인체 해부학적 구조와 다르게 작동한다는 사실, 정신 역량과 행동 역량을 발전시키면서 좋은 면은 선택하고 안 좋은 것은 제거해 가는 과정이 다르다는 사실을 강조한다. 환경을 발전시키는 과정 또한 다르다. 인간의 환경은 인간의 의식적인 행위에 의해 구성된다. 비인간 유기체의 자연적 환경은 자연적으로 강제된 것이다. 하지만 역량이 환경에 의존하는 점은 사회적 삶과 자연적 삶 모두에서 무엇보다 중요한 원칙이다. 사실 마르크스의 환경주의는 다윈의 환경주의보다 행동에 대한 환경의 영향력이 더 크다. 다윈주의는 행동 기제가 개체의 생물학적 조건(이를테면, 유전자의 우연적인 변화)에 뿌리를 두고 있는 것으로 본다. 환경은 개체가 유지하고 번식하는 이러한 것들 가운데에서 선택한다. 마르크스는 사회 과정이 개인이 떠맡고 있는 행동 기제와 내용을 형성한다고 주장한다. 조건들은 단순히 개인내적인 기제에서 선택되지는 않는다.

비고츠키는 다윈의 환경주의를 사회적 차원으로 확장하여 수용한다. 그는 다음과 같이 적고 있다.

공교육의 핵심은 교육을 통해 아동의 잠재적인 역량을 발전시키기 위한 사회적 선택으로 요약된다. _1926/1997b, p.317

분절되고 비조직적인 움직임으로 뒤죽박죽 혼란스러운 신생

아의 삶 속으로 체계적인 교육환경에 따른 훈육, 의미, 질서 등
이 안내된다. _앞의 책, p.316

환경과 상호작용하는 특정 조건하에서 발달이 이루어지는
데, 여기서 발달의 이상적이고 종국적인 형태가 환경 속에 이
미 구비되어 있으며 실질적으로 기초적인 형태와 아동 발달의
최초 단계에 현실적인 영향력을 행사한다. **발달의 최종 단계에
서 형성될 예정인 어떤 것이 이 발달이 막 시작된 단계에 영향을 미
치는 것이다.** _Vygotsky, 1994a, p.348

환경 속에서 적절한 이상적인 형태가 발견되지 않고, 최종
형태와 상호작용할 여지가 없어서 아동 발달이 그러한 특정
조건 바깥에서 일어날 수밖에 없는 조건이라면, 아동의 적절
한 발달은 이루어지지 않을 것이다. _앞의 책, p.349

진화론이 해부학적 구조와 행동, 환경의 유기적 통합을 이끌었듯이,
마르크스의 환경주의는 의식과 사회조건들의 유기적 통합을 이끈다. 환
경은 자신에게 적절한 의식은 형성하고 요구하고 지지하고 자극을 주지
만, 부적절한 의식은 제거해 간다. 이런 의미에서, 다윈의 환경주의는 본
질적으로 문화심리학이고 문화심리학은 다윈의 환경주의와 유사하다.
행동은 환경에 반응한다. 환경은 의식을 유지시키고 의식은 환경을 재생
산함으로써 환경을 유지시킨다.
마르크스와 엥겔스는 의식의 조건화 기제에 관한 자신의 이론을 활
용하여 종교 따위의 사회적 환상을 설명한다. 이는 마르크스주의 심리
학의 중요한 성과다. 이것은 올바른 지각과 잘못된 지각 둘 다를 설명한

다. 다양한 현상에 대한 이러한 간략한 설명은 과학적 설명의 진수를 보여 준다. 마르크스와 엥겔스는 잘못된 지각은 정상적인 사회조건들에서 생겨나고 이 조건들을 위해 기능한다고 설명한다. 잘못된 지각은 개인 정신의 인지적 결핍으로 생겨나는 것이 아니다.

> 인간은 인간의 세계이자 국가 그리고 사회다. 이 국가와 사회는 종교를 생산한다. 종교는 세계에 대한 전도된 의식인데, 이는 국가와 사회가 전도된 세계인 것에 연유한다. 종교는 이 세계의 보편적인 이론, 즉 종교의 백과사전적 요약과 대중적 형식의 논리, 영적인 강조점, 열정, 도덕률, 숭고함, 위로와 정당화의 보편적인 토대에 관한 보편적인 지적 체계다. 인간 본질은 어떤 진실한 현실에 의해 획득되지 않기 때문에 종교는 인간 본질에 대한 환상적인 깨달음이다. 그러므로 종교에 대한 투쟁은 종교를 영적인 기품으로 품고 있는 세계에 대한 간접적인 투쟁이다.
>
> 종교적인 고통은 현실적 고통의 표현인 동시에 현실적 고통을 이겨 내려는 몸부림이다. 종교는 억압받는 피조물들의 한숨이며, 심장 없는 세상의 심장이며, 영혼 없는 상황의 영혼이다. 종교는 인민의 아편이다.
>
> _Marx, 1843; 상품의 물신성에 관한 마르크스의 글(1867/1961, p.79) 참조

마르크스의 사회이론은 착취적이고 좌절시키고 "위선적이고" "전도된" 상태와 사회에 대한 환상과 신비화를 파헤친다. 이러한 조건들은 진정한 실현을 이뤄 주지 않기에 사람들은 영적인 망상의 영역에서 회피적이고 신비적인 실현을 구축하려 한다. 마르크스는 종교적 환상을 좇

는 열성 신자들을 비난하는 대신 소외되고 전도되고 위선적이고 물화된 국가와 사회를 고발한다.

마르크스와 엥겔스는 사회조건들은 단순하거나 개별적이거나 눈으로 확인할 수 있는 것이 아니라고 설명한다. 사회조건들은 그 착취적 속성에 대한 의식의 성찰을 직접적으로 이끌지는 않는다. 사회조건들은 그것이 이해될 수 있는 여부의 범위를 결정한다. 전도된 조건들은 전도된 인식 또는 환상을 파생시킨다. **환상은 객관적이며 주관적이지 않다. 주관적 환상은 객관적 신비화를 반영한다.**[3] 환상을 끝내기 위해서는 그것을 낳은 조건들을 변화시켜야 한다.

종교는 영적인 기제를 좇는 개인이 만든 것이 아니다. 종교는 구체적인 사회 문제와 변혁으로부터 대중의 관심을 분산시키려는 의도에 따라 사회적 권위 주체가 체계적으로 고안한 것이다. 이것은 사회적-정치적 과정이지 개인적, 영적인 과정이 아니다. 종교는 통치의 기제일 뿐 어떤 의미를 좇는 개인의 열망이 아니다.

마르크스는 자본주의의 경제 형태로서 특히 상품에 내재된 또 다른 환상에 대해 설명한다.

> 상품의 신비성은 인간 노동의 사회적 성격이 노동생산물 자체의 대상적objective 성격으로 보이게 하는 것에 있다. … 사람들 사이의 일정한 관계가 사람들의 눈에는 마치 물건들 사이의 관계라는 환상적 형태를 취하게 된다. … 이러한 물신숭배fetishism는 상품 생산과 따로 생각될 수 없다.
>
> _Marx, 1867/1961, p.72

마르크스는 생산자들의 사회적 계약, 즉 생산자가 사람들과 맺는 사회적 관계는 항상 생산물의 교환에 의해 매개된다는 말을 하고 있다. 그리하여 사회적 관계는 사물-교환의 형태 또는 그 부산물의 모습을 띤다. 이것은 진정한 상황을 전도시켜서 상품의 생산을 결정짓는 사적 소유와 사적 생산의 사회적 관계를 갖는다. "가치는 모든 생산물을 사회적 상형문자로 바꿔 버림에 따라"앞의 책, p.74 그것의 진정한 본질과 기원을 희석시켜 버린다. "모든 노동의 사회적 생산력이 노동이 아닌 자본에 힘입어 이루어짐에 따라 자본은 신비의 존재가 된다"마르크스, 1894/1962, p.806. 계속해서 마르크스는 "소외되고 비이성적인 형태의 자본(이자, 지대, 임노동)이 환상적인 형태를 취함에 따라 그 속에 생산의 주체(노동자)들이 배회한다"고 덧붙였다.앞의 책, p.810

마르크스는 노동을 상품으로 취급하는 것이 신비화의 중요한 원천이라고 주장한다. 상품은 등가물로서 교환되며 그 가치에 따라 지불된다. 따라서 노동의 상품 형태는 노동의 가치가 그것에 지불된 임금과 대등하다고 생각하게 된다. 하지만 이것은 임금이 노동자 노동의 일부분을 포함할 뿐이라는 것, 다른 부분은 지불되지 않았으며 자본가의 이윤을 구성하는 잉여가치라는 사실을 은폐한다. 자본가의 이윤은 노동자의 부불노동에서 온 것으로 그의 임금에 지불되지 않은 것이다. 따라서 임노동은 "개별 노동의 사회적 성격을 들춰내지 않고 실질적으로 은폐한다"Marx, 1867/1961, p.97.

그러므로 우리는 노동력의 가치 및 가격이 임금 형태 혹은 노동 자체의 가치 및 가격으로 전환되는 것의 결정적인 중요성을 이해할 수 있다. 실질적 관계를 보지 못하게 하고 또 그러한 관계의 그 정반대를 보여 주는 이 현상 형태form of appearance에는 노동자와 자본가가 떠받드는 온갖 정의正義 관념들, 자본주의 생산양식의 모든 신비화, 자유에 관한 자본주의의 환상, 속류 경제학을 옹호하는 계략이 바탕을 이루고 있다.

_앞의 책, p.540

마르쿠제[1968, pp.84-85]는 사회조건의 산물인 환상에 대한 마르크스의 객관적인 설명을 보다 자세히 확장하였다.

> 물화된 사회적 관계가 지배하는 인간 의식 속에서 사회적 관계는 그 진정한 내용과 조응하지 않는 왜곡된 형태로 나타난다. 하지만 그러한 관계는 바로 그 이유 때문에 조금도 "비현실적이지" 않다. 그러한 관계가 진정 현실적으로 작동하는 것은 오직 왜곡된 형태 속에서 생산과정을 통제하는 집단에 의한 계산된 의식 속에서이다. … 이론은, 이러한 왜곡을 극복하는 것을 목표로 하여, 현상을 넘어 본질로 향하여 왜곡된 관계의 내용을 밝혀내어 진정한 의식에 제공하는 것을 과업으로 삼는다.

프랑크푸르트 비판이론에 관한 토론을 다룬 엥스터[2016]는 경제와 주관성의 불가분성에 관해 적고 있다.

환상을 정상적인 사회조건들과 연결 지음으로써 우리는 사회조건들에 대해 더 깊이 이해할 수 있다. 이러한 시도는 사회조건들의 특성 중의 하나가 그것들을 그릇되게 드러냄으로써 의식을 신비화시키는 것이라는 것을 보여 준다. 이는 사회조건들의 착취적 성격을 뒷받침하는 또 다른 중요한 근거다.

생산양식과 문화를 이해하는 것은 그 자체의 신화와 혼란, 환상과 기만을

이해하는 것을 포함한다. 우리는 문화적으로 형성된 정신이 그것이 뿌리를 두고 있는 생산양식을 이해한다고 생각하지 않는데, 정신의 문화적 기원과 성격이 저절로 희석되기 때문이다. 프랑크푸르트학파의 비판이론이 이 점을 강조한다.

> 비판이론의 입장에서, 만약 자본주의 경제가 객체뿐만 아니라 주체도 생산한다면, 이 주체의 위기를 막기 위해 어떤 식으로든 중요한 역할을 해야 한다. 그렇지 않으면 위기는 이미 처음부터 존재한다(경제와 주체 사이의 구조적인 연관으로 인해 이미). 자본주의 경제가 전 역사에 걸쳐 사회적으로 구성되고 발전되는 것이 명백할지라도, 그럼에도 불구하고 이 자본주의 경제와 그 범주들은 탈역사적인 것처럼 보이며 독립적인 제2의 자연처럼 되기 때문이다. 따라서 주체가 사회적 구성과 자체의 경제에 내재된 역사적 특수성(다시 말해 그 주체성)을 정확히 인식할 수 없을 때, 처음부터 주체의 권리는 의문스럽다. 차라리 주체성은 이런 오해인 것이다. 그것은 경제와 그 자체의 주관성을 마치 양자가 분리되어 있으며 자연적으로 주어진 것처럼 바라보는 시선이다.
>
> 비판이론에서 이 정상성normality과 위기 사이의 변증법은 주관성에도 역시 적용할 수 있다. 위기가 외부에 개별적으로 관여하는 정상적이고 안정적이고 건강한 주관성 따위는 존재하지 않는다. 경제와 마찬가지로 위기는 주관성을 재생산하는 일부분이며 그 정상성의 일부분이다. _Engster, 2016, p.78

이런 이유로, 객관적이고 외적이고external 비판적인 마르크스주의 심리학이 요구된다. 마르크스주의 심리학은 문화의 자기현시self-presentation를 받아들이지 않는다. 그것은 외부적 관점으로부터 문화를 객관적으로 조망하는 작업이다. 이것은 마르크스가 자본주의에 접근한 방식이다. 마르크스주의 심리학은 자신의 심리학과 자신의 사회에 대한 민중의 토착 문화 기반 개념을 수용하는 "토착 심리학indigenous psychology: 서구 문화 중심의 주류 심리학의 영향력을 벗어나 토착민의 입장에서 그들 고유의 행동이나 정신에 대해 연구하는 심리학"에 반대한다. 토착 심리학은 환상과 기만 그리고 신비화된 의식을 생성하는 토착 문화의 억압적 성격을 인식하지 못한다.Vygotsky, 1997a, 325-328 참조

3) 사회조건들에 내재된 의식에 대한 마르크스의 근거는 사회 혁명과 정신 혁명에 관한 혁신적인 이론이다

의식과 환경의 유기적인 결합은 혁명일 뿐, 정적이거나 수동적인 성격과는 거리 멀다. 그 이유는 이 모형이 환경이 만들어 내는 의식을 변화시키기 위하여 환경을 바꾸는 것을 요청하기 때문이다. 행동 변화와 정신 변화는 경쟁적인 행동(즉, 기존의 불리한 행동)을 솎아 내는 새로운 자극적·지원적·선택적 환경을 요청한다. 속성상 의식은 사회적 의식이기 때문에 저절로 바뀌지는 않는다. 변증법적 사고는 결정론이 해방을 이끈다고 이해한다. 사회조건들과 의식을 개선하는 급진적 사회 변화는 마르크스의 과학적·정치적 작업에서 강력한 동기였다.

역설 변증법inverse dialectic: 기독교적 실존주의자 키르케고르가 창안한 변증법. 키르케고르의 사상은 헤겔의 영향을 받으면서도 헤겔에 대한 비판을 통해 발전했다. 키르케고르의 변증법은 헤겔 변증법과 달리 정-반-합의 통일이 없이 정과 반의 두 대립물이 영원한 긴장 상태로만 존재한다. 두 대립물은 화해할 수 없지만 서로를 필요로 하는 점에서 역설적이다. 이를테면 진리는 신과 인간, 영원과 시간, 은혜와 책임 따위의 대립물의 긴장 속

에서 변증법적으로만 이해될 수 있다은 의식이 사회조건들 및 억압과 덜 통합되면 될수록, 의식이 사회조건들을 변혁시키는 대신 초월하고 회피할수록, 혁명, 즉 철저한 사회 변혁에 대한 욕구가 줄어든다는 입장이다. 이것은 개인주의적으로 심리학에 접근하는 보수적인 정치학이다. 이것은 개인이 자율적이며 자기 나름의 사회적·정신적 삶과 의미를 창조한다고 주장하는가 하면 의식의 생물학적 결정요인을 가정한다.

마르크스와 엥겔스는 신비화, 환상, 물화, 소외, 심리적 억압을 뿌리 뽑기 위해 생산양식을 바꿔야 한다고 주장한다.

> 민중의 환상적 행복인 종교를 폐지하는 것은 그들의 진정한 행복을 요청하는 것이다. 민중의 조건에 관한 그들의 환상을 포기하라고 요청하는 것은 환상을 필요로 하는 상황을 포기하라는 것이다. 그러므로 종교에 대한 비판은 종교를 후광으로 삼는 눈물의 골짜기에 대한 비판을 의미한다.

> 비판은 쇠사슬 위에 피어 있는 조화造花를 뽑아 버리는 것이다. 이렇게 하는 이유는 인간이 환상이나 위로 없이 그 쇠사슬을 계속 감당할 수 있게 하기 위해서가 아니라 그렇게 함으로써 그가 쇠사슬을 끊어 내고 생화를 얻을 수 있기 때문이다. 종교에 대한 비판을 통해 인간은 환상을 떨쳐 내고서 온전한 식견을 회복하여 자신의 현실을 사고하고 실천할 수 있으며, 자신이 진정한 태양으로서 자신을 중심으로 자기 삶이 돌아가게 된다. 자신을 중심으로 삶이 돌아가지 않는 사람에게는 종교가 그의 삶을 돌아가는 환상적인 태양으로 자리한다.

> 그러므로 진리의 저세상이 사라진 뒤에 이 세상의 진리를 확립하는 것이 역사의 임무이다. 자기소외의 신성한 형태의 가

면을 벗긴 뒤에, 신성하지 않은 세속적 형태의 자기소외의 가면을 벗겨 내는 것은 무엇보다 역사에 복무하는 철학의 직접적인 임무이다. 이리하여 천상에 대한 비판은 지상에 대한 비판으로, 종교에 대한 비판은 법률에 대한 비판으로, 신학에 대한 비판은 정치에 대한 비판으로 대체된다.

_Marx, 1843; Marx, 1867/1961, p.79 참조

사회적 억압이 비극적인 반면, 변증법적으로 그것은 주관적 성취 및 해방을 획득하기 위해 사회조건들을 이해하고 변혁할 것을 요청한다. 억압과 혁명은 변증법적으로 완성된다. 이것들은 서로 모순되는 것이 아니다. 『헤겔 법철학 비판』에서 마르크스는 다음과 같이 적었다. "시민사회에서 어떠한 계급도 자신의 직접적인 처지에 의해서, 물질적 결핍에 의해서, 자신의 사슬 자체에 의해서 속박되어 있다고 느끼기 전에는 보편적 해방에 대한 욕구와 역량을 품지 못한다"Marx and Engels, 1975, p.186.

계속해서 우리는 a) 의식을 풍부하게 하기 위해 급진적 사회 변화의 필연성을 이해하고, b) 실현 가능한 사회 변화를 이끌어 낼 가능성을 제공하고, c) 인간다운 사회 건설과 심리학 발전을 위해 사회 변화가 추구해야 할 방향성을 정립하기 위해 의식을 형성하는 환경적-구조적 요인들이 갖춰야 할 요건을 살펴볼 것이다.

4) 심리학을 바로 세우고 변화의 기반을 조성하기 위한 사회조건들에 대한 마르크스의 설명

사회조건들이 의식에 자극을 주고 의식을 지지하고 조직하는 한편으로 풍성한 의식과 문화적 요인들을 가능하게 하고 이끌어 가는 까닭에, 어떤 사회조건들을 어떻게 조직할 것인가를 이해하는 것이 절대적으로

중요하다. 이는 의식 및 심리를 담지하는 요인들을 탐색하고 설명하고 예언하기 위한 방향을 제공한다. 사회조건들에 대한 이러한 구체적이고 포괄적인 이해 없이는 의식 및 심리의 조건성과 조건화를 이해할 수 없다. 우리는 "역사적으로 축적된 관습"이니 "전체에 대한 관심"이니 하는 추상적 수준에 머물 것이다. 이렇게 되면 마르크스주의 심리학에서 문화심리학의 의미심장하고 구체적이고 통찰적인 이해력이 제거된다.

마르크스는 사회조건들의 구조와 역학을 명료화하는 폭넓은 사회이론을 발전시켰다. 마르크스의 사회이론은 **역사 유물론**이다. 이 이론은 사회를 다른 것들보다 더 중요하고 영향력 있고 강력한 어떤 요인들을 포함하는 거시문화요인들이 조직화된 체계로 이해한다. 가장 위력적이고 근본적이고 중요한 요인은 정치경제 또는 생산양식이다. "개인이 맺는 사회적 관계는… 생산에 의해 결정된다"Marx, 1968, p.37. 더구나 "국가 전체의 내적 구조 자체는 생산력이 도달한 발전 단계에 의존한다"같은 책, p.38. "자본은 부르주아 사회의 지배적인 경제력이다. 그것은 그 출발지점과 도착지점을 형성하기 마련이다"Marx, 1939/1973, pp.106-107. 『경제학 철학 수고』에서 이미 마르크스는 이러한 사회이론을 정립했다. "종교, 가족, 국가, 법, 도덕, 과학, 예술 등은 **특정 생산양식일 뿐이며, 그 보편적인 법칙에 따른다**"Marx and Engels, 1975, p.297.

마르크스의 사회 체제는 원뿔 모양으로 도식화할 수 있는데, 밑바닥에는 생산양식이 있고 그 위에는 생산양식으로부터 다양한 문화 영역이 원뿔의 입을 향해 분출되는 그림이다.

여기에는 교육, 종교, 자연과학, 사회과학, 철학, 가족, 정부, 예술, 언론이 포함된다. 이 다양한 영역들은 저마다의 방식으로 생산양식을 확장시킨다. 이것들은 다양한 형태의 생산양식의 내적 발전이다. 우리는 생산양식이 교육, 종교 등의 다양한 형태로 스스로를 발전시킨다고 말할 수 있다. 생산양식은 대중으로 하여금 핵심적이고 기본적인 생산양식에 참여하도록, 자신의 역량을 길러 가도록 대중을 교육시킬 필요가 있다. 생산양식은 생산양식과 조화를 이루는 방향으로 자아개념을 형성시키고 그러한 방향으로 유흥과 감정 배설을 조장하는 식으로 인간 활동의 외연을 조직한다. 이러한 조직은 대중이 생존하고 성취하는 수단을 제공하는 생산양식을 강화할 필요가 있다.

사회를 설명하는 이 원뿔 모형은 다양성과 생산양식의 매개를 강조한다. 생산양식은 다양한 문화요인들의 기본적인 일관성을 제공한다. 다양성은 통일성과 일관성 속에 존재하고, 통일성과 일관성은 차별적인 거시 문화요인들 속에서 다양화된다. 통일성도 다양성도 절대적이진 않다. 둘 중 하나는 다른 하나에 의해 매개된다.

원뿔 모형은 "사회적 전체the social whole"가 무엇인지를 설명한다. 이 모형은 단일한 주요 토대를 품고 있는 원뿔 내의 모든 거시문화요인들을 통합한다. 이 원뿔 속의 모든 요소들은 상호 연관되기도 하고 상호 의존적이기도 하며, 각각은 나름의 차별적인 방식으로 전체(원뿔)를 형성한다. 인류학자 마르셀 모스Marcel Mauss는 이 사회적 요소를 "총체적 사회 현상 … 법적, 경제적, 종교적, 미적, 형태학적인 요소가 총망라된 것"1967, p.76으로 일컫는다. 루카치1924/1970는 이에 대해 "마르크스가 자본주의적 발전을 항상 전체로서 묘사했는데, 이를 통해 그 현상 중의 어떤 것에 내재된 그 총체성과 그 구조의 역학 모두를 볼 수 있었다"고 지적한다.

각 요소들은 전체 속에서 그것이 지닌 차별적인 포지션을 통해 전체에 대한 통찰력을 제공한다. 이를테면 아동기의 사회는 사회적 요소들이 아동을 취급하고 매개하는 방식을 통해 아동에게 인식된다. 이것은 종교, 대외 정책, 섹슈얼리티, 로맨스, 프라이버시, 예술적 취향 따위의 서로 다른 요소들이 제공하는 것과는 다른 사회에 대한 "인식"이다.

마르크스의 원뿔 모형은 그의 적대자인 신자유주의 사업가나 정부 관료들에 의해 입증되었다. 신자유주의자들은 모든 개별 문화 영역을 자본주의 정치경제 속으로 체계적으로 포섭한다. 교육, 의료보험, 감옥, 과학 연구, 뉴스, 오락, 스포츠, 데이트, 우주탐사, 정부 요원, 정치학, 국가안보 등은 모두 현재 철저히 기업 주도하에 자본주의 정치경제학적 원리에 따라 지배되고 있다(기업 로비스트들은 법률가들을 자문하는 미국 국회 직원들에게 정치 이슈에 관한 정보를 제공하는 주된 원천이다. 로비스트들은 입법자들이 기업에 유리한 법을 제정하도록 부추기는 법 이론과 홍보 자료를 만들어 유포한다). 더욱이 자본가들과 그들의 정치 대변인들은 제도적으로 광범위한 싱크탱크들과 센터를 조직하여 기업친화적인 정책을 개발하도록 돕는다.Mayer, 2016; Brown, 2015

교육에 대한 기업의 통제는 억만장자 자본가들(빌 게이츠, 엘리 브로드, 월마트 소유주 월튼가家)이 학교를 사사화하여 신자유주의로 포섭하기 위해 수십억 달러를 퍼부은 사실에서 드러났다. 이들은 신자유주의 교육기관과 정치인들에게 수십억 달러를 지원했다. 캐리 월튼 페너는 저명한 KIPP 차터스쿨과 연결된 재단의 위원 자리를 꿰차고 있다. KIPP 차터스쿨은 월튼 재단이 수십억 달러를 기부금으로 지원하는 학교로서 캐리는 캘리포니아 차터스쿨 연합의 회원이기도 하다. 캐리의 남편 그렉 페너는 차터 그로스 후원회의 이사를 맡고 있는데, 이것은 차터스쿨에 투자하는 비영리 벤처 자본 후원회이다. 미국 교육부 장관 아니 던컨은 엘리와 에디쓰 브로드 재단의 위원이다. "이 거대 재단의 K-12 정책은 미국 K-12 정책의 상당 부분을 차지하고 있다"Massing, 2015, pp.66-67; Miller, 2016.

찰스 코치 재단은 2008년에서 2013년까지 660만 달러를 플로리다 대학 경제학과에 기부했다. 계약서에는 코치가 선택한 자문단의 감독 아래 "자유 기업 활동의 가치"를 가르치는 5개 교수진을 고용하도록 명기되어 있었다. 자문단은 재단에 고용권을 부여했을 뿐만 아니라 "재단의 목적과 의도에 부합하는지를 확인하기 위해 교수의 강의를 감독하는 것을 허락했다"미국 대학교수연합, Bader, 2015에서 인용. 많은 대학교수들이 이것이 학문의 자유에 대한 근본적인 침해라고 주장하였음에도 대학 당국은 기부금 수령에 관한 아무런 양심의 가책을 느끼지 않은 듯하다.Bader, 2015

자본가들은 사회적 삶의 기본 특징에 대해 잘 이해하고 있다. 사회적 삶을 구성하는 각각의 요소들이 전체 사회와 조화를 이루기 위해 유기적 관계를 맺고 있어야 한다는 것이다. 다양한 요소들이 서로 연결되어 있지 않거나 서로 대립할 경우 이러한 질서가 깨질 수 있다. 이 경우 어떤 사회 질서나 힘도 존재할 수 없다. 사회가 강력하게 조직되기 위해서는 어떤 공통된 방향과 관심 속에서 각각의 영역이 서로를 결속시키도록 해야 한다. 이러한 원리에 따라 통일된 사회 질서가 만들어지는데, 이것은 주로 생산양식에 말미암는다. 바로 이런 이유로 자본가들은 다양한 사회 요소들이 서로 응집되게끔 생산양식을 강화하는 것이다.

더욱이, 자본가들은 대중의 심리가 정치-경제적 토대와 조화를 이루는 방향으로 개인적이고 사적인 행동양식을 추구하도록 함으로써 사회 질서가 잘 유지되도록 해야 한다는 것을 알고 있다. 브라운Brown 2015은 신자유주의가 경제 실천의 문제를 초월해 있다고 설명한다. 이것은 자본주의 국가부터 영혼까지 포괄하는 정치적 사유와 통치의 형식이다. 이것은 사람들을 자기 자신의 현재와 미래의 가치를 끊임없이 신경 써야 하는 인간자본으로 취급한다.

마르크스의 원뿔 사회 구조는 과학적 모형의 핵심이다. 원뿔 구조는 이른바 간결의 법칙law of parsimony: '경제성의 원리' 또는 '오컴의 면도날'로도 일컨는다. 이것은 "다른 모든 요소가 동일할 때 가장 단순한 설명이 최선"이라는 논리학의 원리이다. 중세 영국의 논리학자이자 수도사인 오컴의 윌리엄(William of Occam)은 어떤 현상이나 원리를 설명함에 있어 불필요한 비약이나 전제는 과감하게 잘라 내고서 논리구조를 최대한 간결하게 가져갈 것을 주창하였다의 과학적 요건을 충족하기 위한 필연적인 것이다. 이 법칙은 어떤 현상을 구성하는 다양한 요소들은 소수의 기본적이고 포괄적인 구조에 따라 정합적으로 설명되어야 한다는 것이다. 이것은 파편적이고 우연적인 요소나 연관성은 다루지 않는다.

간명하고 정합적인 체계를 환원주의로 치부해서는 안 된다. 문화적·정신적 요인들의 풍부하고 역동적인 체계에 내재된 핵심적인 요인들에 대한 다양한 외연을 품고 있기 때문이다. 마르크스는 정치경제 따위의 근본적인 구조들이 스스로 사회 형태로 발전해 가는 이치를 상세히 설명했다. 마르크스는 다양한 형태들을 단일 형태로 환원하는 것을 반대했다.

1930년대 말 스탈린에 의해 죽임을 당한 비고츠키 세대의 경제학자 루빈I. I. Rubin은 마르크스의 방법론을 "마르크스 체계 속의 추상적 노동과 가치"로 설명했다.Rubin, 1978 루빈은 "가장 추상적인 개념들에서 출발함으로써 이 개념들이 보다 구체적인 형태와 구체적인 개념들로 우리를 인도해 준다"는 마르크스의 말을 인용한다. 이를테면 일반적인 인간 노동이 어떻게 임노동 속에 구체화되는가? 사회적 원뿔 모형 속에서 우리는 생산양식이 가족관계, 성역할, 종교 등의 속에서 구체적이고 다채로운 모습을 띠는 이치를 설명한다.

사회적 원뿔을 이루는 요소들(거시 요인)은 구체적으로 다음과 같은 것들로 구성되어 복잡한 양상을 띤다.

1. 예술, 과학, 체육, 종교, 가족 등의 질적으로 구분되는 분야

2. 사회조건들 전반에 펼쳐진 정치경제학적 핵심과의 연관의 맥락

3. 그 밖에 상호 독립적인 요인들과 사회 영역의 특성들

5) 심리학과 사회 변혁

마르크스가 의식 영역을 조직하는 사회조건들에 관해 언급한 것은 생산양식 혹은 정치경제를 핵심으로 하는 원뿔 모형 속의 조건들을 조직하는 것을 일컫는다. 의식 영역들은 복잡하다. 이것들을 조직하는 세 가지 거시문화요인들을 품고 있기 때문이다.

마르크스의 원뿔 사회 모형은 그것을 과학적 이론으로 만드는 동시에 변혁적·해방적 이론으로 만드는 핵심이다. 그 이유는 생산양식이 전체 시스템을 하나의 충만된 것으로 변혁시키는 기초적이고 핵심적인 요소를 포함하기 때문이다. 생산양식과 생산력을 이해하고 재조직함으로써 사회적 원뿔 속에서 그것에 의존하는 요인들을 재조직할 수 있게 된다. 이를 통해 포괄적이고 철저하고 깊이 있는 사회 변화가 가능해진다. 이것은 이러한 급진적 변화를 생산하기 위한 유일한 효율적인 방법이다.[4]

해방적인 대안 사회를 상정한 원뿔 모형에 내포된 마르크스의 과학적·정치적 개념은 〈그림 1.2〉에서 묘사되고 있다. 이 그림에서 왼쪽은 기존 사회적-심리학적 원뿔, 오른쪽은 새로운 모습으로 변혁된 사회 원뿔을 설명하고 있다. 이 그림은 인간 심리를 형성하는 거시문화적 요인들을 이해하고 성숙한 해방적 의식 및 심리를 발생시킬 새로운 문화요인들을 이해하기 위한 마르크스주의 심리학적 방법론을 그리고 있다. 마르크스주의의 역사 유물론적 방법론은 문화요인들과 심리를 생산하는 역사 유물론적 인과관계의 사슬을 전도시킨다. 모든 과학이 원인과 결과를 거꾸로 다룸으로써 원인이 생겨나는 인과관계의 과정이 전도된다.

〈그림 1.2〉에서 각각의 범주들은 과학적·문화적·개입적 요소들을 포

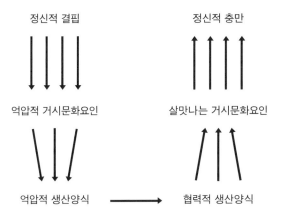

〈그림 1.2〉
의식/심리의 사회적 조직에 대한 이해와 발전을 위한 마르크스주의-심리학적 방법론

함한다.

　정신적 결핍을 생산양식에 기초한 거시문화적 요인들에서 찾으려는 것이 심리학과 사회 조직에 관한 과학적 개념이다. 이것은 또한 인간 심리에 대한 문화적 분석이기도 하며, 정신과 문화가 정치적 특성과 기능을 함축하는 정치경제학에 바탕을 두고 있다는 의미에서 정치적 분석이기도 하다. 이 분석은 정신기능과 문화를 개선하기 위한 개입적 interventionist 목적을 품는다.

　〈그림 1.2〉의 하단부는 기존의 억압적 생산양식을 민주적이고 협력적인 것으로 대체하는 것을 목적으로 한다. 이것은 분명 개입적 목적성을 띤다. 또한 이것은 문화와 정신의 변화를 의도하는 정치적 행위이기도 하다. 이것은 어떤 대안적 사회 체제가 문화와 정신을 격상시킬 수 있는가에 관한 과학적 분석이며, 동시에 기존 체제에 대한 포괄적이고도 본질적이며 실현 가능한 부정이기도 하다.

　새로운 협력적 생산양식으로부터 정신적 풍요로 옮아가는 것은 철저한 개입이다. 이것은 전적으로 문화의 정치경제학적 토대와 정신의 문화적 토대에 대한 과학적 분석에 기초하고 있다.

〈그림 1.2〉는 정신적 결핍은 생산양식을 향한 사회-정치적 "우회적 detour" "하강down", 즉 새로운 양식과 사회 체제로의 전환을 통해서만 개선될 수 있음을 보여 준다(학구적 심리학자들은 이러한 문제 해결법을 "우회적 문제 해결Umweg problem"이라 일컫는다). 정신적 결핍은 정신적 수준, 다시 말해 수평적 차원에서만 개선될 수는 없다. 억압적인 거시문화 요인들조차 그 자체의 차원만으로는 교정되지 않는다. 교정은 사회구조의 보다 깊은 차원인 생산양식의 차원에서 이루어져야 한다. 해방은 객관적 생산양식의 이해와 발전에 초점을 맞춰야 한다. 이것은 자본주의 체제에 대한 완전하고 구체적인 부정을 의미하며 이를 통해 새로운 사회적 의식을 발전시킬 새로운 사회 체제를 지원할 수 있게 된다.

정치경제의 변혁 없이 정신과 거시문화요인들을 개량하는 것은 혁명적 변혁의 대척 지점에 있는 자유개량주의에 해당한다. 이것은 어떤 사람들에게 이익을 주지만, 동시에 이들을 이 체제의 본질적인 요소들(사회 계급, 상품화, 소외, 불안, 탈인격화)로부터 억압받게 한다. 개량은 대다수의 사람들에게 이롭지 않다. 중도 개량은 사회적·정신적 삶을 결정지음에 있어 중간 영역 요인들의 중요성과 사회적·정신적 삶의 개선을 위한 개량의 역량 둘 다를 과장하는 측면에서 변혁 의지를 약화시키고 있다. 이것은 기본 문제들을 해결하기 위하여 정치경제를 변혁할 필요성으로부터 주의를 흩뜨린다.

미국인의 자녀 양육 방식이 좋은 예이다. 중산층 부모들은 자녀교육 상담이나 학습 준비에 수십억 달러를 소비한다. 미국의 사회기관은 다른 선진 사회에 비해 아동에 대한 지원이 적은 편이다. 모성 혹은 부성 보호를 위한 의무적 조치도, 출산에 대한 지원도, 맞벌이 가정을 위한 아동 지원도 없다. 가정교육의 중요성을 강조함으로써 이러한 구조적 무책임성을 희석시켜서 선량한 자녀 양육을 망가뜨리는 것이다. 미국은 선진국 가운데 영아 사망률과 아동 빈곤율이 최악이다.Angell, 2016, p.8 선량한 구조적 지원이 뒷받침되면 "부모의 양육"에만 의지할 때보다 훨씬 양호한 발달이 일어날 것이고 그렇게 될 경우 대부분의 양육 산업은 불필요해질 것이다.

교육 개혁에 대한 강조가 이러한 점들을 잘 보여 준다. 모든 교육 연수 사업이 교사-학생 간의 인간관계, 즉 소통을 위한 지식 발달에 초점을 두고 이루어져 오고 있다. 마르크스주의 분석은 교육심리학이 교실 상호작용보다 정치경제에 훨씬 많은 영향을 받고 있음을 강조한다. 리터러시 역사가 이러한 관점을 밝혀 준다. 크레시Cressey에 따르면, "산업화 이전의 영국에서 리터러시의 확산은 다른 무엇보다 경제 활동과 밀접히 연결되어 있었다"Ratner, 2012a, p.24에서 인용.

읽기는 특정 직업과 연관되어 있다.

> 귀족, 전문가집단, 상인들은 사실상 거의 모두가 문자해득 상태였으며, 이들은 자신의 모든 일상에서 읽기와 쓰기 능력을 활용했다. 부에 접근하고 부유한 상태를 유지하는 것이나, 대인관계를 넓히고 공고히 하는 한편, 자신의 헤게모니를 확장하는 데 활용했다. … 이들만큼은 아니지만, 소지주와 상인들도 장인, 농부, 노동자 따위의 낮은 계급의 사람들에 비해 문자해득의 수준이 확고한 우위를 점하고 있었다. _앞의 책

생계 목적의 리터러시 욕구를 지니지 않은 사람들의 경우,

아무리 설득력 있는 수사를 동원해도 대부분의 사람들은 그러한 능력 따위를 갖출 필요가 없다며 리터러시에 무관심함에 따라 그러한 노력은 무위로 돌아갔다. 사람들이 생활에서 리터러시의 필요성을 느끼지 않는 곳에서… 그 모든 실질적 유용성에도 불구하고 사람들에게 리터러시 기술을 익힐 것을 설득하기는 어려웠다. _앞의 책

리터러시의 경제적, 인구학적 측면에서 볼 때, 리터러시 교육이 결정적으로 중요하다고 생각할 아무런 이유가 없는 것이다. 읽고 쓸 줄 아는 사람들이 특정 교육을 필요로 했다는 것은 설득력이 없을뿐더러, 어떤 특별한 교육 방법을 투입했더라면 경제적 동기나 기회가 결여된 사람들의 리터러시 공부를 도울 수 있었을 것이라고 보기도 어렵다. 그런데, 오늘날의 교육산업이 교육자들이 경제적 동기나 기회를 고려하지 않고서 기법과 방법에 초점을 두는 것처럼 주장하는 것도 이와 다르지 않다(물론, 특정 교육 방법은 폭넓은 거시 경제 요인들에 의해 자극을 받음으로써 학습을 효율적으로 도울 수 있다).

중산층 개입의 진정한 목적은 소외되고 어려운 형편에 처한 사람들을 포용하는 자본주의를 확장하는 것이다. 이것은 자본주의를 전체 대중을 해방시키는 대안적 정치경제로 변혁시키는 것과 거리가 멀다.[5]

기존 사회조건과 권력관계들 속에서 "존경", "고려", "타당성", "동정", "다양성의 수용", "포함", "자기표현", "활동성", "목소리", "권리", "집단 구금의 종식", "더 나은 일자리", "민주주의 교육" 등을 요구하는 것은 헛된 일이다. 이것은 **저항**을 통해 얻을 수 있다. 이것은 권력의 변화를 촉구한다. 그 목적은 이러한 것들을 발생시키고 유지할 수 있는 새로운 사회 체제(사회적 원뿔 모형과 생산양식)를 강구하는 것이다.

이러한 것들을 **지금** 요구하는 것은 그것들을 발생시키는 데 필요한 조건들을 고안하는 문제를 희석시킨다. 이것은 대중의 압박 여하에 따라 이러한 요구들이 현실 속에서 구현될 수 있음을 가정한다. 또한 이것은 이러한 이슈들의 현재 형태들이 내재적으로 해방적이라는 것을 가정한다.

이러한 가정은 둘 다 오류다. 진실은 이러한 욕구들이 사회조건들과 생산양식의 변혁을 통해서만 실현될 수 있다는 것이다. 또한 〈그림 1.2〉에서 보듯 새로운 조건들은 새로운 **형태**의 욕구들을 발생시킬 것이다. 민주주의, 존경, 정의, 좋은 직업, 심지어 협력과 공동체조차 하늘에서 뚝 떨어진 추상적인 보편 가치가 아니다. 이것들은 구체적인 사회조건들을 반영하는 문화적-정치적 형태들을 품고 있다. 현재 상황을 유지한 채로 지금 개량을 요구하는 것은 은연중에 기존 정치-문화 형태들을 보존하게 된다. 우리가 명심해야 할 사실은 이것이 전부다.

현재의 문화적 형태들은 진실되고 살맛나는 형태들을 실질적으로 전복시켜 버린다. 해방적인 노동과 공동체는 자본주의 생산양식에 충실한 현재의 형태들과는 다른 구체적인 문화적-정치적 형태들 속에서 구축되어야 한다. 엥겔스의 저작 "공산주의 원칙"은 사회조건들이 사회적·심리학적 변혁과 해방을 발생시키는 과정에 대해 묘사하고 있다.

> 지난 세기의 농민과 공장 노동자들이 그들 삶 전체를 바꾸고 새로운 사람으로 변신하면서 거대한 산업 속으로 편입되었듯이, 같은 방식으로 전체 사회의 생산에 대한 공동체적 통제와 새로운 발전 결과는 인간의 물적 조건의 전체적인 변화를 요청할 것이다.
>
> 사람들은 더 이상 지금처럼 한 가지 생산 방식에 종속되고

그로부터 착취당하는 삶을 살지 않을 것이다. 더 이상 그들은 다른 모든 것을 희생시켜 한 가지 능력만을 개발하지는 않을 것이다. 더 이상 그들은 한 가지 방식, 단 한 가지 생산 방식만을 알지 않을 것이다. 심지어 오늘날의 산업에서도 그러한 사람들을 점점 덜 필요로 한다.

전체 사회가 통제하고 계획에 따라 운영되는 산업은 전인격을 갖춘 인간, 균형 있게 발달한 능력을 지닌 인간을 길러낸다.

개개인을 농부, 구두수선공, 공장노동자, 주식 중개인으로 나누는 노동 분업 방식은 이미 기계에 의해 대체되어 가고 있는데 앞으로는 완전히 사라질 것이다. 교육을 통해 젊은이들이 전체 생산 시스템에 빨리 적응할 수 있게 되고 한 가지 생산 방식에 종속되는 것을 벗어나 사회의 요구와 자신의 적성에 부응하는 생산 방식으로 옮아갈 것이다. 따라서 이것은 사람들을 현재의 노동 분업이 모든 개인에게 절대적으로 요구하는 일방적인 형식으로부터 해방시켜 줄 것이다. 이런 식으로 공산주의 사회는 구성원들로 하여금 폭넓게 발달한 자신의 능력을 완전하게 실현하는 것을 가능하게 한다. 이것이 실현될 때, 계급은 필연적으로 사라질 것이다. 그런 다음 공산주의적 토대에 따라 조직된 사회는 한편으로 계급의 존재와 양립될 수 없으며, 다른 한편으로 그러한 사회의 건설 자체가 계급 차별의 철폐 수단을 제공한다.

현재의 노동 분업의 폐지와 산업 교육, 다양한 활동에의 참여, 모든 사람이 유흥을 생산하고 그 속에 모두가 참여하기, 도시와 농촌의 조화 등이 이루어지면 다음과 같은 것들이 가능해진다-계획적인 생산력의 전용을 위한 전체 사회 구성원들의 보편적 협력, 모두의 욕구를 충족시킬 수 있을 정도의 생산력의 확장, 많은 사람들의 욕구를 희생시켜 일부 사람들의 욕구를 충족시키는 상황의 철폐, 계급과 계급 갈등의 완전한 청산, 모든 사회 구성원들의 균형 있는 능력 발달. 이 모든 것들은 사적 소유를 폐지한 결과다.

_Marx and Engels, 1976, pp. 353-354, 강조는 추가됨

이것은 **유물론적 심리학과 심리학적 변화**에 관한 위력적인 진술이다. 이것은 사회조건들을 잠재의식으로 보는 동시에 대안적 의식으로도 밝히고 있다. 엥겔스는 자본주의가 이미 노동 분업을 허물고 있으며 이에 따라 생산의 공유화를 위한 인프라를 준비하고 있다고 논한다. 이것은 자본주의 생산양식의 역동성이다. 자본주의는 스스로를 확장하고 실현하기 위해 자본주의를 대체할 대안적 생산양식의 핵심 요소들을 포함하는 새로운 형태를 발전시켜 왔다. 자본주의는 자기 회복 역량의 맹아와 문제 극복 맹아를 품고 있다. 이것은 어떤 시스템에 내재된 내적이고 변증법적인 발전이다. 이것은 현재의 조건들에 대한 **지양**aufhebung의 차원에서 현재를 능가하는 미래에 근거하고 있다. 미래는 현재와 단절되고 현재에 인위적으로나 외적으로 부여된 형이상학적인 이상이 아니다.

자본가들이 소유한 것을 공적으로 인수해서 그 공동체적 성격을 발전시켜 가는 것은 프롤레타리아에게 달려 있다. 이것이 혁명적 해방의 정수다. 그에 따라 우리의 의식도 확장될 것이다. 의식은 저절로 변하지도 또 우리가 바라는 대로 변하지도 않는다. 의식은 우호적인 조건에 따라 변한다. 이것은 다윈의 동물 행동 모형이 인간의 의식적·사회적 수준으로 향상된 것이다. 사회적·정신적 변화에 대한 이러한 관점은 이러한

조건들 없이는 불가능하다.

　변화된 사회적 의식에 대한 역사 유물론은 계획적이고, 교육적이고, 규범적이고, 필수적이다. 이것은 단순히 사람들이 자기 스스로 선택한 열린 가능성이 아니다. 마르크스와 엥겔스는 실행 가능한 구체적인 대안적 사회조건들과 의식을 발전시키기 위해 민중이 무엇을 해야 하는지를 일러 주었다. 우리는 사적 소유를 철폐해야 한다. 우리는 우리의 사회를 집단적으로 소유하고 통제하고 운영해야 한다. 우리는 사회 계급과 고착화된 노동 분업을 없애 가야 한다. 이 모든 것들은 우리의 정신 역량을 확장하고 우리의 세계와 우리 자신을 이해하기 위해 필수적이다. 마르크스가 대안 사회에 대한 자신의 이론을 "과학적 사회주의"라 일컬은 것은 이런 뜻이다.[6] 이는 우리가 어떤 문제를 해결할 때 취하는 것과 똑같은 이치다. 사람들이 아플 때, 전문가는 그 원인을 오염된 수질에서 찾고선 그들에게 다음과 같이 말한다. "오염된 물을 마시지 말고 물은 반드시 끓여 먹든지 정수해서 마시세요." 이것이 객관적이고, 계획적이고, 교육적이고, 규범적인 것이다. 조건들에 대한 객관적이고 과학적인 연구를 수행하는 것 외에 다른 어떤 것들은 건강한 개인을 담보해 내지 못한다. 이를테면, 행동을 취하면 바꿀 수 있는 일에 사람들이 자신의 개인적인 감정이나 소망을 피력하는 서사구조에 빠져드는 것은 비생산적이다. 왜냐하면 이들은 문제가 생겨난 과학적 원인과 해법을 이해할 수 없기 때문이다.

　마르크스주의의 환경적 거시문화 이론은 의식 및 정신의 변화와 사회 변화를 저해하는 것으로 오해받고 있다. 그래서 우리는 마르크스주의 의식에 관한 이 장의 나머지 부분을 이 이론이 다른 심리학 이론보다 사회와 의식의 변화를 극대화하기 위해 추구하는 측면을 설명하고자 한다. 이 과정은 10가지로 요약된다.

a) 기존 사회 내의 사회적·정신적 문제를 야기하는 구체적인 정치경제학적 조건들을 규명하라.

이 인과적 조건들은 사적 소유, 시장경제적 교환과 그 기저에 있는 사회적 관계, 화폐, 임금, 노동, 자본주의 계급 구조를 포함한다.

b) 대안적 생산양식 속의 이러한 원인들에 대한 구체적인 대안을 과학적으로 연역하라.

이것은 사적 소유, 시장경제적 교환, 화폐, 임노동, 정치 구조로서의 자본가 계급을 포함한다. 이러한 조건들은 대립적 조건들로서 사회조건들과 생산양식, 생산수단에 대한 집단적이고, 공동체적이고 민주적인 소유와 통제로 대체되어야 한다.

c) 대안적 생산양식을 준비하고 추진하고 지원하기 위한 기존 사회 내의 우호적인 조건들을 규명하라.

"프롤레타리아 계급에 부과된 그 모든 비극에도 불구하고, 현 체제는 그와 동시에 사회의 경제적 재건을 위한 물적 조건과 사회적 형태를 발생시킨다"Marx, 1865. 마르크스와 엥겔스에 따르면, 이러한 조건들은 생산력이 조직되는 방식에 따라 기술적 발전을 구성한다. 마르크스는 자본주의 생산력이 대기업이나 과소 거대 독점기업과 연계되어 있는 UN과 WTO 따위의 글로벌 지배 체제를 움직이는 자본가들에 의해 조직되고 집행된다고 주장한다. 이것은 사회주의적, 집단주의적, 공동체적 생산양식을 지탱시킬 강력한 하부구조다. 프롤레타리아는 사회 변혁을 위한 자신의 정치 투쟁 속에서 이것을 전유해야appropriate 한다.

d) a와 b와 c는 기존 사회의 본질과 엥겔스가 묘사한 살맛나는 사회관계

를 이해하기 위한 새로운 사회적 의식을 위한 물적 조건들이다.

조건화된 의식의 조건성이라 함은 의식이 물적 조건과 사회조건에 따라 변화 가능하다는 것을 뜻한다. 의식의 형태는 저절로 결정되지 않는다. 사회적 조건성은 사회적 의식에 우호적인 사회적·물질적 하부구조를 제공하여 실행 가능한 방식으로 그것을 강화하기 때문에 유익하다. 마르크스와 엥겔스1932/1968, 1부는 다음과 같이 말한다.

> 이제 사람들은 자기실현을 위해서뿐만 아니라 단순히 자신의 존재 자체를 확보하기 위해서라도 기존 생산력 전체를 전유해야 한다. 이 전유는 일단 전유될 대상, 즉 생산력에 달려 있다. 이 생산력은 전면적으로 발전하며 보편적 소통관계 내에서만 존재한다. 따라서 이런 면에서 볼 때, 이 **전유는 생산력과 소통관계에 상응하는 보편적 속성을 지녀야만 한다.**
>
> 이 힘의 전유 자체는 생산의 물적 도구들에 상응하는 개개인의 능력 발전과 다름없다. 바로 이러한 이유 때문에 생산 도구들의 총체적 전유는 곧 개개인의 총체적 능력의 발전을 의미한다.

개개인의 역량의 기반을 물적 도구와 생산양식 위에 둠으로써 이 역량들의 거대한 확장과 해방을 도모할 수 있다. 자본주의 생산력의 저변을 확대하고 사회화하는 것은 개인의 역량을 전면적으로 발전시키는 것에서 절정을 이룬다. 의식은 단지 원한다고 해서 저절로 확장되지는 않는다. 의식의 확장은 광범위한 사회조건들을 전유함으로써 가능하다. 자본주의적 생산수단은 노동과 의식의 지역주의와 민족주의를 붕괴시키고 이 둘을 통합한다.

그라지아노Graziano, 2016는 지난 2세기에 글로벌 지배 체제의 흐름이 국민국가의 주권을 약화시켜 온 것을 예리하게 통찰한다. 국민국가들은 민족의 정체성과 의미, 복지를 서민 대중에게 제공하는 역량을 상실했다. 이러한 실패는 보편 글로벌 의식의 가능성에 문을 열어 준다.

새롭고 성숙한 사회적 의식은 다음과 같은 조건들의 기능이다.

- 이 기능은 조건들의 존재(즉, 생산수단의 사회화)에 의존한다. 『철학의 빈곤』에서 마르크스는 "생산력이 아직 부르주아의 태내에서 충분히 발전하지 못하여 프롤레타리아 해방과 새로운 사회 형성을 위한 필수적인 물적 조건이 구비되지 않은" 상태에 관해 논한다.1847/2008, p.186
- 이 기능은 그러한 조건들을 필수로 한다.
- 이 기능은 그러한 조건들을 통해 가능하다.
- 이 기능은 그러한 조건들을 경계로 설정한다.

새로운 의식은 조건들에 대한 이해와 완성을 필요로 한다. 조건들은 행위를 가능케 하지만 조건들이 행위를 대체할 수는 없다. 계급의식은 생산양식과 생산수단을 전유하여 사회주의로 변혁시키기 위해 필요하다. 『공산주의의 원칙』에서 엥겔스는 "기계적, 화학적 과정은 산업 생산물과 농업 생산물을 우리가 규정한 수준으로 가져가기에 충분하지 않다. 이 과정들을 활용하는 인간 역량은 그에 조응하는 발전을 겪어야만 한다"고 말한다.Marx and Engels, 1976, p.353 더욱이 "인간이 충분히 변화 발전하면 낡은 사회관계의 마지막 형태 또한 몰락할 것이다"앞의 책, 351. 마르크스와 엥겔스는 문화적으로 발생한 주체적 변화들은 사회관계의 변화를 위해 필수적이라고 말한다.

e) 마르크스와 엥겔스는 새로운 사회적 의식의 추가적인 조건성을 규명한다. 이것은 사회 속에서 민중이 차지할 위치다.

『헤겔 법철학 비판』에서 마르크스는 "혁명적 에너지와 의식만으로는 충분하지 않다"고 말한다.Marx and Engels, 1975, p.185

마르크스와 엥겔스1932/1968는 필수적인 사회적 형태는 소유권과 통제권을 박탈하는 것과 함께 사회 체제를 혁명하는 것 외의 개인적 성공의 원천을 없애는 것이라고 말한다.

> 그 이익을 향유함이 없이 사회의 모든 짐을 떠안는 계급이 생겨난다. 사회로부터 추방당하여 다른 모든 계급들을 향한 가장 단호한 적대감 속으로 빠져드는 계급이다. 사회의 모든 구성원들 가운데 대다수를 형성하고 있는 계급으로서, 이 계급으로부터 근본적인 혁명의 필요성에 관한 의식, 공산주의 의식이 분출된다. 물론 다른 계급들도 이 계급의 상황에 대한 성찰을 통해 그러한 의식이 생겨날 수도 있다.

마르크스와 엥겔스는 또 다음과 같이 적고 있다.

> 독일 해방의 **실질적인 가능성**은… **근본적으로 속박되어 있는** 한 계급의 형성에 달려 있다. 이 계급은 시민사회의 계급이 아니면서 시민사회의 한 계급이자 모든 신분의 해체를 촉구하는 신분이며, 자신의 보편적 고통에 따라 보편적으로 특징되며, **특별한 잘못이 없음에도 보편적인 부당 대접의 멍에가 자신에게 영원히 드리워진 까닭에** 특별한 권리 행사도 못 하는 한 영역, 더 이상 아무런 역사적인 명분을 내세울 수 없고 단지 인간적인 명

분만을 내세울 수 있을 뿐인 영역, 독일 국가제도의 조건들과 일면적으로 대립하고 있는 것이 아니라 전면적으로 대립하고 있는 영역이다. 이 영역은 사회의 다른 모든 영역들을 해방시키지 않고서는 결코 자신을 해방될 수 없기 때문에 사회의 모든 영역들을 해방시킬 수 있다. 한마디로 말해, 독일 해방의 가능성은 인간의 완전한 상실을 겪은 뒤에 인간의 완전한 회복을 통해서만 자기 자신을 세울 수 있는 한 영역의 형성에 달려 있다. 이러한 사회의 해체를 주도하는 특별한 한 신분이 바로 프롤레타리아다.

_Marx and Engels, 1975, p.186, 강조는 추가됨; Llorente, 2013도 보라

마르크스는 대다수 사람들이 겪고 있는 모든 구체적인 문제들을 근절할 수 있는 보편적인 사회적 의식과 보편적인 잠재력을 개발하기 위해 일단의 사람들이 점하고 있는 보편적인 조건들을 찾는다. 마르크스는 한 나라의 해방은 그 나라 특정 계급의 활동에 달려 있다고 말한다. 전체로서의 나라는 해방을 저지하는 억압적인 지배로 이루어져 있기 때문에 해방되지 않는다. "전체로서의 인민people as whole"이 아닌 프롤레타리아는 대다수를 위한 해방의 엔진이다. 프롤레타리아를 구속하는 사슬은 근본적인radical 사슬인데, 이는 이들이 해방을 위한 급진적인 radical 가능성을 지니고 있음을 뜻한다. 루카치는 이 과정의 중요한 요소를 밝혔다. 그는 상품화된 노동의 극단적인 소외가 프롤레타리아를 고립된 실체로 대상화한다고 말한다. 이는 프롤레타리아로 하여금 오직 자기 자신에게만 의지할 수 있는 계급으로 스스로를 보게 만든다. 엥스터2016, p.81에 따르면,

"자연과 전방위적으로 분리된" 프롤레타리아는 자기 내면을 들여다볼 수 있게 되고 … 스스로를 집단적 사회적 총체에 의한 전유의 대상 속으로 뛰어들게 만든다. 여기서 루카치가 신랄하게 비난한 상품 형태의 소외와 물화는 다른 한편으로 "혁명적 도약"을 위한 조건이 된다.

따라서 소외는 "급진적 사슬"이다.

인간 역사에서 처음으로 기존 (자본주의) 사회가 보편적인 해방의 보편적인 가능성을 준비하게 되었다. 이에 대해 마르크스는 **구체적 보편** a concrete universal이란 의미심장한 표현을 썼다. 마르크스가 이 말을 쓴 의미는 보편the universal은 구체적인 사회 속에서의 구체적인 사회 계급이라는 것이다보편은 전체 인간, 구체적인 사회 계급은 프롤레타리아를 뜻한다. 따라서 프롤레타리아 계급이 전체 인간을 대변하는 보편자의 위치에 있다는 것이다. 이 문단의 전체적인 의미는 프롤레타리아가 인간 해방의 주역이라는 뜻이다.

이것은 "인류" 따위의 추상이 아니다. 인류는 보편적이지만 마르크스의 구체적인 용법으로는 그렇지 않다. 이것은 구체성 속에서 계급 없는 보편적인 사회를 만들어 낼 공동의 행위를 취하기 위해 대중을 단결시킬 잠재력을 지니고 있지 않다. "여성" 또한 마찬가지다. 여성은 이 세상 절반의 인민이다. 하지만 이들은 아무런 구체적인 통일성이나 통일의 가능성을 갖고 있지 않다. "여성" 속에는 자본가 여성, 나치 여성 등이 포함되는데, 이들은 사회주의 사회의 사회적 토대를 형성할 수 없다. 라틴인, 인디언, 흑인 따위의 다른 보편성들도 마찬가지다. 이를테면 1860년 사우스캐롤라이나의 찰스턴에서 가장 부유한 흑인이었던 마리아 웨스턴은 14명의 노예와 함께 4만 달러가 넘는 재산을 소유하고 있었다. 당시 백인의 연간 평균 수입이 100달러밖에 안 됐다. 흑인을 사냥하여 백인 노예 상인에게 팔아넘긴 아프리카 노예 상인들이 흑인이었다는 것은 잘 알려진 사실이다. 이것을 막는 것과 피부색 사이에는 아무 상관이 없다. 하지만 프롤레타리아는 이러한 착취를 막을 수 있다. 자본을 획득하여 다른 노동자를 고용하여 그들의 잉여가치를 착취하는 노동자는 더 이상 노동자가 아니다. 자본가(혹은 노예를 소유한) 프롤레타리아는 형용모순이다. 반면, 자본가(혹은 노예를 소유한) 여성이나 흑인 혹은 동성애자는 완전히 말이 된다. 따라서 "여성은 위력적이다"라거나 "흑인의 삶도 중요하다"는 식은 진보적인 슬로건이 아니다. 이 범주 속에 있는 자본가와 반동적인 사람들에 대한 지지를 담고 있기 때문이다. 이 구호는 구조를 담고 있지 않으며, 구체적인 계급적 이해관계와 연관된 계급 개념이 들어 있지 않다. "부유한 1퍼센트에 반대하기" 또한 사회 계급적 개념이 아니다. 왜냐하면 1퍼센트 속엔 자본가 외에 테니스 선수도 포함될 수도 있는데, 둘 다에 반대하는 셈이 되기 때문이다. 테니스 선수와 자본가를 아우르는 어떤 범주도 구조적이지 않으며, 계급적 이해를 반영하는 계급 개념이 아니다.[7]

마르크스는 억압과 해방의 변증법적 관계를 강조한다. 억압의 깊이와 본질은 해방을 위한 최선의 기회를 생산한다.

혁명 의식을 위한 억압적인 사회조건의 중요성은, 이 구체적인 억압적 사회적 지위(역할)를 누리지 않는 사람들은 보편적이고 혁명적인 의식을 위한 추동력을 이끌어 내지 못하는 사실을 통해 추론해 낼 수 있다. 이것은 사회적 위계질서의 상층부에 있는 사람들과 함께 노동력 대오에서 밀려나 프롤레타리아의 삶을 살지 않는 사람을 포함한다. 마르크스와 엥겔스, 마오, 파농은 이들을 "룸펜프롤레타리아"라 일컬었다. 많은 룸펜프롤레타리아들이 한때 노동자였다가 자기 직업에서 쫓겨난 사람들이다. 이들 중 상당수는 다른 방도가 없어 이렇게 된 경우일 것이다. 마르크스와 엥겔스는 이들이 다양한 원인에서 빚어진 다양한 계급 출신이라 한다. 임노동의 바깥에 존재하는 탓에 룸펜프롤레타리아는 잉여가치를 근간으로 하는 자본주의 체제로부터 착취를 겪지 않는다. 따라서 이들의 고충은 자본주의 착취에 대한 프롤레타리아적 사회적 의식으로 나아가지 않는다. 주변화된 룸펜프롤레타리아의 입장에서 프롤레타리아적 계급의식이 약화되는 또 다른 조건성은 이들이 노동자들에게 잠재적 계급의식과 계급 단결을 제공하는 결집된 자본주의 생산양식 속에 위치해 있지 않은 점이다.

룸펜프롤레타리아 외에도 프롤레타리아의 혁명 의식에 장애물로 기능하는 또 다른 주변화된 형태들이 있다. 차별의 많은 희생자들이 이 분석에 포착된다. 이를테면 성 정체성과 관련한 차별은 노동계급에 대한 자본주의 경제 착취 문제가 아니다.

마르크스와 엥겔스 그리고 마오는 프롤레타리아 밖의 어떤 사람들은 사회주의 혁명 투쟁에 참여할 수 있다고 한다. 하지만 성적 자유를 위한 자본주의 변혁은 본질적이지 않기 때문에 이것은 범대중적인 현상으로 볼 수 없다.[8]

f) 사회조건들은 사회적 의식을 위한 필요조건일지언정 충분조건은 아니다.

생산수단의 사회화가 저절로 프롤레타리아의 계급의식을 만들어 내지는 않는다. 억압받는 사회적 위치에 있는 프롤레타리아들이 저절로 이러한 억압을 각성하고 그것을 바꾸기 위한 계급의식을 품게 되는 것도 아니다. 마르크스와 엥겔스는 의식은 사회조건에 대한 **이해력**이 뒷받침되어야 한다고 주장한다. 이것은 노동계급의 조직화를 통해 가능하다. 이러한 조직화는 현재 상황 내에서 노동조건의 향상을 추구할 뿐만 아니라, 노동자들에게 사회적 지위를 교양하고 진정한 해방을 위해 어떤 종류의 사회 변혁이 필요할지에 대한 계급의식을 제고해야만 한다. 이것은 사회적 의식이 생산수단에 대한 수동적인 의식에 기초한 기계적 성찰이 아니라는 명백한 증거다. 이것이 대중이 마르크스의 책을 읽고 그 속에서 착취를 각성하고 그것을 바꾸려는 의식을 품어야 하는 이유이기도 하다. 현실에 대한 기계적인 성찰은 이러한 각성에 방해가 된다. 나는 노동조합에 대한 자본가들의 반감이 사회주의 계급의식에 대한 두려움에 기인한다고 본다. 노동조합은 자본가의 이익에 제약을 가하는 것(생태적 측면을 포함해서 더 나은 노동 조건을 요구함으로써) 만큼이나 노동자의 계급의식을 길러 냄으로써 자본가를 위협한다.

g) **노동계급의 조직화를 통해 사회적 의식을 진전시키는 것은 순수한 지적 행위가 아니다. 이것은 조건을 변혁시키는 혁명적 정치 행위다.**
이러한 혁명적, 변혁적 정치 행위는 변혁적 사회적 의식의 생성을 위한 필요조건이다.

> 이러한 공산주의 의식을 널리 퍼뜨리기 위해서나 이 목적 자체의 관철을 위해서도 광범위한 인간 의식 개혁이 필요한데, 이것은 오직 실천적 운동, 즉 혁명을 통해서만 가능하다. 이 혁명이 필요한 것은 지배계급이 다른 방법으로는 전복되지 않을 뿐만 아니라 지배계급을 무너뜨리는 계급이 오직 혁명을 통해서만 낡은 오물을 말끔히 씻어 버리고 새로운 사회의 기초를 세울 수 있는 역량을 갖출 수 있기 때문이다.
>
> _Marx and Engels, 1932/1968, 1부

h) 기존 사회의 정치경제와 사회적 의식의 혁명적 변화는 사회 현상에 관한 모든 개념 속에 반영되어야 한다.

사회 현상의 새로운 사회적 내용을 이해하기 위해서는 새로운 개념이 필요하다. 새로운 사회 개념의 핵심은 개념의 준거가 되는 새로운 사회 현상을 생겨나게 한 역사적 전환이다. 이 책 서문에서 우리는 사회적 행위로서 노동에 대한 마르크스의 재개념화에 대해 논했다. 이 사회적 행위는 자본주의 사회에서는 소외된 것이지만 사회주의하에서는 자기결정의 성숙한 행위로 전환해 간다. 모든 것은 문화-역사적, 변증법적 유물론의 개념으로 구현된다. 개념의 문화-역사적 내용은 새로운 사회 내용을 강화하고 억압적 사회 내용으로의 회귀를 방지하기 위해 필요하다. 만약 개념들이 추상적으로 구성된다면, 서문에서 살펴봤듯이, 진정한 해방을 위해 필요한 대안적 사회 체제를 촉진하는 진보적인 사회적 기능이 퇴색된다.

마르크스와 엥겔스는 공동체의 사례 속에서 이와 관련한 중요한 예를 들었다. 사회주의하에서 공동체는 계급사회 속의 공동체와는 구별되어야만 하는 성숙되고 해방적인 새로운 형식을 떠안는다. 공동체의 새로운 개념은 해방적 형태를 지향하는 실질적인 역사적 발전을 포함해야 한다. 이것은 그러한 형태를 강화하며 그 형태가 내용 없는 추상성 속으로 용해되는 것을 방지한다. 마르크스와 엥겔스[1932/1968]은 다음과 같이 쓰고 있다.

공동체 안에서만 비로소 사람들은 자신의 재능을 모든 방면에 걸쳐 발휘하게 되는 수단을 갖게 된다. 따라서 공동체 안에서만 비로소 인격적 자유가 가능해진다. 인간 역사에서 공동체를 밀어내고 국가가 들어서자 지배계급의 사람들이나 그들과 관계를 맺고 있는 사람들에게만 인격적 자유가 존재했다. 지금까지 사람들이 모여 형성했던 환상적인 공동체는 언제나 사람들에게 대립하여 독립적으로 존재했으며, 또한 그것은 한 계급이 다른 계급을 지배하는 대립적 결합이었다. 때문에 그것은 피지배 계급에게는 완전히 환상적인 공동체였을 뿐만 아니라, 하나의 새로운 질곡이었다. 진정한 공동체 속에서 사람들은 결사association 속에서 그리고 결사를 통해서만이 자신의 자유를 획득할 수 있다.

진정한 공동체의 개념과 현실은 그것의 정치적 형식과 리더십, 즉 혁명적인 프롤레타리아 공동체를 포함해야 한다. "자신과 자기 공동체의 모든 구성원들의 생존 조건을 자신의 통제하에 관리하는 혁명적 프롤레타리아들의 공동체에서 사람들은 개인으로서 그 공동체에 참여한다" 앞의 책.

공동체에 대한 이 문화적-역사적-정치적 언명은 모든 문화 현상과 심리 현상을 설명하는 데 이용될 수 있다. 그것은 또한 사회 변화와 정신 변화를 위한 요구의 핵심을 구성해야 한다. 우리가 공동체, 협력, 민주주의, 정의, 존중, 일할 맛 나는 노동 따위를 요구할 때, 우리는 이러한 가치들을 구현할 사회주의적 형식을 강조해야 한다. 우리는 그것들 속에 있는 현재의 문화적·정치적 형식을 제거해야 한다. 유감스럽게도, 사회 운동가들은 이것을 실행하지 않는다. 이들은 현재의 문화적·정치적 형식을 포함하는 개념들을 활용한다. 서로 협력하는 동료들과 대안적 사회 운동들은 "1인 1투표"의 부르주아적 형식 속의 민주주의를 활용해 나가고 있다. 이들은 은연중에 이러한 행위를 한다. 이들은 어떤 문화적-정치적 형태로 구체화하지 않고 이 개념들을 추상적으로 사용함으로써 기존의 형식을 방치한다. 만약 이들이 구체적인 용어로 이러한 개념들을 논한다면, 이들은 부르주아적 협력, 부르주아 민주주의, 부르주아 정의 등을 말했을 것이다. 이러한 용어법은 이들로 하여금 문화적-정치적 형식에 민감하게 만들어 사회주의적 형식으로의 혁명화를 촉진한다.

i) 조건화된 조건성은 변화의 실현을 제한한다.

변화는 기존 조건에서 시작되기 때문에, 기존 조건들에 대한 대안이 마련되어야 한다. 대안은, 대안을 요청하고 실현하는 조건들과 분리될 수 없다. 마르크스는 사회주의가 처음에는 자본주의적 유산으로부터 오염되고 또 그것으로부터 완전히 단절될 수 없다고 설명한다. 따라서 사회주의의 첫 단계는 완전히 해방적이지는 않다. 자본주의에서 사회주의로의 초기 이행 단계에 남아 있던 자본주의적 유산으로부터 해방되는 것은 사회주의 후기 단계에 이르러서야 가능하다. 사회주의는 사람들이 소망하는 바대로 척척 실행되는 이상이 아니다.

사회조건의 변증법은 다음과 같은 세 가지 대안적 개념들에 반대한다. 1) 조건들은 변화를 불가능하게 한다, 2) 조건들은 본질적으로 억압적이기에 해방은 이 한계를 우회하거나 초월해야 한다, 3) 사회 체제를 변혁시키지 않고서도 해방을 견인하는 개인적 국면과 개인 상호 간 국면의 과정들이 존재한다. 이를테면, 해방은 사람들의 "인간성", "역량", "다양성", "연대", "민주주의"의 존중에 뿌리를 두고 있어야 한다. 문제는, 기존 사회조건들에 대한 분석이나 그 조건들을 무력화하여 그 변증법적 대립물(이를테면, 사회주의) 속으로 용해시키는 방법에 대한 분석은 거의 이루어지지 않고 있다는 점이다. 이것은 현대의 사회운동이 사회주의 혹은 어떤 해방적 변혁을 지향하는 사례가 거의 없는 까닭을 말해준다.

j) 개인적 이슈들은 사회적·정신적 형성과 변혁의 문화적 조건화 속성과 직접적으로 연관되어 있지 않다.

마르크스주의를 비판하는 사람들은 마르크스주의가 사회 변화와 정신의 변화를 소홀히 한다고 주장한다. 이러한 사고는 마르크스주의를 정적이고 물질화되고 기계론적인 것으로 보는 비난으로 연결된다. 나아가 이들은 사회 변화와 정신의 변화가 문화적 제약과 동떨어져 기능하는 개인의 추상적인 실천을 추구한다. 이러한 기계론은 주체, 목소리, 저항, 회복력, 연대, 존중, 다양성, 토착 관습, 개인적 의미, 승화 따위의 정신분석학적 방어기제를 포함한다.

하지만 우리는 이러한 비판과 대안들이 허울만 그럴싸하다고 설명해 왔다. 마르크스는 사회-경제-정치 조건 및 과정 내에서의 사회적·정신적 형성과 변혁을 설명한다. 그는 물질적·사회적·정신적 변혁을 담보하는 사회적·물질적 조건을 강조한다. 마르크스는 사회 지배자들이 그들 자신을 대체할 조건을 어떻게 준비하는지를 설득력 있게 설명한다. 자본주의의 모순은 그것을 분쇄하는 것뿐만 아니라, 그것을 재창조하는 것으로 연결된다. 이것은 그 후계자를 탄생시킨다. 생산수단을 사회화하고 집중화하고, 합리적으로 계획하고 널리 보급하는 것은 바로 자본가들이다. 이들은 생산양식을 변혁하는 역사적 소임을 지닌 어떤 계급을 배출하여 대중적 계급 단결과 계급의식을 부여한다(모든 사회구성체가 이렇게 발전한다. 이를테면 봉건 지배자들은 봉건적 사회조건으로부터 자본주의를 발전시킬 부르주아 계급으로 성장할 상인들을 탄생시켰다). 이것은 현재를 대신할 미래를 이끄는 변증법적 지양이다.

사회 변화와 정신 변화를 조건 짓는 사회조건들은 해방의 필요성, 가능성, 방향성, 동력과 함께 해방의 한계를 제공한다. 조건들이 의식의 해방을 한껏 충족시킬 때 의식은 사회의 구체적인 전체 상부구조를 이해하고 조절하고 변혁할 정도로 확장된다. 또한 사회적 원뿔 속 사회조건들을 잘 조직하여 활용함으로써 전체 사회를 효율성 있게 통합적으로 변화시킬 수 있다. 이것은 각각의 영역과 개개인이 따로따로 활동하는 것보다 훨씬 효율적이다. 마르크스주의 역사 유물론은 포괄적이고, 깊이 있고, 구체적이고, 실행 가능하고, 효율적인 사회적·정신적 변화를 제공한다.

사회조건들의 외부에 있는 과정, 변인, 기제는 해방을 위한 필수조건이 아니며, 해방에 도움을 주지도 않는다. 오히려, 개인내적인 정신생물학적 기제들과 사적인 기제들은 행동 및 의식의 사회적 조건화를 왜소화시킨다. 이것은 그러한 사회조건들을 이해하고 변혁하는 필요성과 가능성을 축소시킨다. 이것은 해방에 관한 거짓 희망을 그러한 요인들(이를테면 역량, 자율성, 여성성, 승화, 민족성) 속에 불어넣는다. 이것은 대중으로 하여금 마르크스주의를 저버리고 이렇듯 안이하고 사적인 개인 상호 간의 사이비 해결책으로 향하게 한다. 따라서 자유주의는 사회주의로 향하는 발걸음이 아니다. 이것은 부르주아적인 이상으로 사회주의를 대체한다. 이것은 대중이 기존 사회조건들과 의식 속에 침잠하여 그것들을 변화시키지 못하게 한다.

사회조건들은 개인적 수준이나 개인 상호 간의 수준에서는 형성되지도 변혁되지도 않는다. 이것들은 물적 생산 실천에 기초한 거시문화적 수준에서 형성된다. 이런 이유에서 우리는 사회과학을 이해해야 하며, 사회과학은 해방적 정치학을 통해 이해되어야 한다. 지금까지 설명했듯이, 우리가 억압을 더 깊이 이해하면 할수록 해방의 필요성과 가능성을 더 깊이 이해할 수 있다. 우리가 억압을 피상적으로 이해하면 할수록 사회적-정신적 변혁의 필요성과 가능성을 더욱 피상적으로 이해하게 된다.

마르크스주의에 대한 개인주의적 비판들(이를테면 포스트모던적, 사회구성주의적, 자유주의적, 신자유주의적, 미시문화심리학자들의 비판)이 개인의 동의나 참여를 구하지 않고 개인 활동을 지배하는 사회적 독재에 관해 걱정하는 것은 옳다. 하지만 이들은 이러한 문제가 생겨난 이유나 해법에 관해서는 이해하지 못한다. 이들은 사회적 독재를 문화 그 자체로 돌려 버린다. 이들은 독재를 보편적, 내재적 성격의 문화(구체적인 문화 체계가 아니라 문화 일반)라는 추상적 수준으로 다룬다. 문화를 독재와 같은 의미로 이해하게 되면, 필연적으로 그 해법은 문화를 배격하고 개인적인 활동(역량, 의지, 개인적 의미, 목소리, 저항, 협상) 과정에 의존하게 된다. 독재에 대한 올바른 이해와 해법은 그것을 구체적인 수준의 문화, 즉 구체적인 문화적 조직 및 체계의 문제로 접근하는 것이다. 이것은 독재에 대해 구체적인 문화요인과 관련하여 이해할 수 있게 한다. 또한 이것은 독재적인 문화요인을 민주적인 것으로 변혁시킴으로써 독재를 근절할 수 있게 한다. 해결책은 하나의 구체적인 문화를 더 나은 문화로 변화시키는 것이지 개인적 과정에 의존하여 모든 문화를 배격하는 것이 아니다. 정신적·사회적 형성의 개인적 과정을 지지할 어떠한 과학적 이유도 어떠한 실용적인 이유도 없다. 개인적 과정을 통해서는 사회 문제를 이해할 수도 해결할 수도 없는데, 이것이 사회 문제를 형성하고 변혁하는 본질적인 발현적 과정과 대상화를 무시하기 때문이다.

Ⅲ. 마르크스의 사회의식 분석을 심리학에 적용하기

마르크스주의 심리학은 사회적 의식에 관한 마르크스와 엥겔스의 역사적-유물론적 분석을 심리 현상과 연결 짓는다. 마르크스주의 심리학은 의식에 관한 마르크스의 분석을 비마르크스주의 심리학자들이 연구를 통해 밝힌 성과들과 통합하는 제반 심리학 이론을 아우른다. 개별 방법론은 이 새로운 요소들을 아우르는 방향으로 연구되어야 한다.

마르크스주의 심리학은 마르크스와 엥겔스가 역사 유물론에서 밝힌 정치적·과학적 상호연관성을 유지한다. 심리학에 대한 과학적 이해는 사회 발전을 견인해야 하는데, 이것은 사회적 원뿌리의 구체적인 총체성과 그것이 모든 심리 현상 속에 녹아 있는 생산적 토대에 대한 이해와 비판을 통해서 가능하다. 역으로, 사회적 이해와 비판은 심리학의 실증적·이론적 특성을 조명한다.

마르크스주의 심리학은 심리 현상과 사회적 원뿌리 사이의 주된 연관을 대체하고자 한다. 마르크스주의 심리학은 심리 현상을 **이론화하고 이슈화한다**. 이것은 심리 현상의 기원과 내용, 조직에 관한 포괄적인 이론을 개발한다.

마르크스주의 심리학은 마르크스와 엥겔스의 다음과 같은 진술을 인식한다.

> 인류 역사에서 산업이 발전해 온 과정은 인간 역량의 본질이 펼쳐진 책으로, 현재의 인간을 생생하게 이해할 수 있는 심리학이다. … 가장 이해하기 쉽고 가장 접근하기 쉬운 형태로 존재하는 역사의 일부분으로서, 이 책이 닫힌 상태로 있는 심리학은 진정한 과학이 될 수 없다. _1975, p.303

이 심리학은 과학적이고 혁명적이고 해방적이다.

이를테면, 마르크스주의 심리학은 2015년에 디트로이트 공립학교의 8학년 학생 가운데 단 4퍼센트만이 수학 학습능력이 양호했고 7퍼센트만이 읽기 학습능력이 양호했다는 사실을 언급한다. 전체 미국 공립학교 8학년 학생 가운데 67퍼센트가 수학 또는 읽기 학습능력이 부진했다. 흑인 학생들에게 한할 때 이 통계치는 80퍼센트에 달했다.Higgins, 2015 2015년 미국 12학년 가운데 대학 수학과 읽기 학습이 준비된 학생은 37퍼센트에 불과했는데, 이 결과는 2013년의 39퍼센트에서 하락한 것이다.Brody, 2016 마르크스주의 심리학 설명은 두 갈래 방향을 지향한다.

- 하나는 심리 현상이 정치경제 문제와 어떻게 연관되어 있는가를 탐구하기 위해 "밖으로" 향한다. 즉, 이 설명은 정치경제학이 대다수의 서민들로부터 높은 수준의 인지 능력을 요구하지 않는 이유에 주목한다. 이것은 학업 성적과 사회 계급의 연관을 규명하기 위해 읽기와 수학 성적의 지역별 분포도를 탐구한다. 이것은 하층 계급이 왜 산업사회에서 기술이 부족하고 낮은 임금을 받도록 교육받는지를 설명한다. 이것은 이러한 계급 이해관계를 제도적으로 규정짓는 사회적-교육적 정책을 규명한다. 이 '밖으로의 관점'은 마르크스주의 역사적·유물론적 관점을 지향한다.
- 마르크스주의 심리학은 심리 현상 "안으로" 향한다. 이것은 특정 인지적 특성(사유, 기억, 지능)을 다른 심리 현상(정서, 자아개념, 발달)과 연관 지어 설명하는 심리학 이론을 개발한다. 이것은 심리학이 "바깥의" 문화요인과 개체발생적·계통발생적 인지발달 과정에 의해 조직되는 이치와 조직되어야 하는 이유에 대해 설명한다.

이것은 마르크스주의 심리학이 문화적-심리학적 현상을 이론화하고 연구하는 기존 심리학 학문 분야로부터 도움을 받아야 하는 지점이다. 나는 문화심리학 학문 분야가 마르크스주의 심리학을 발전시키는 최선의 심리학 학파라고 말하겠다.

문화심리학은 다음과 같은 것을 통해 마르크스주의 심리학을 발전시킨다.

1. 마르크스주의 역사적-유물론적 사회철학을 풍성하게 하는 **문화 심리학 이론**에 공헌하기

2. 이 이론을 특정 심리 현상(정서, 기억, 정신질환, 아동 발달, 지각, 신체, 섹슈얼리티, 개인적 경험, 개인적 의미, 의지, 문화심리학 및 계급심리학의 사회화, 문화심리학과 마르크스주의 심리학에서 생물학적 과정의 역할 등)에 **적용하기**

3. 심리 현상의 문화적 기원, 조직, 조작, 사회화, 관리, 사회적 기능을 연구하기 위한 **방법론** 개발하기. 이것은 인간 심리의 계급적 측면에 관한 연구와 관계있다.

4. 마르크스주의 심리학 이론을 검증하고 교정하기 위한 실증적 **연구** 수행하기

5. 문화적-환경적-정치적 지원과 자극을 통해 심리학을 풍부하게 할 개인 상호 간 **개입 방법** 개발하기

6. 심리학적 성취와 발전을 포괄적으로 자극하고 지원하는 방법을 통해 문화 환경을 변혁하기 위한 사회 **정책** 개발하기

7. 마르크스주의를 심리학 이슈들에 적용하고 이 이슈들을 마르크스주의에 적용하기. 이 과정을 통해 심리학이 마르크스주의적으로 변해 가는 한편, 마르크스주의를 심리학적으로 변화시킨다.

문화심리학을 통한 마르크스주의 심리학 발전시키기

문화심리학은 세 가지 가닥 또는 접근법으로 구성된다.

1. 거시문화요인 또는 생산양식과 심리학을 연결 짓는 마르크스주의적 가닥이다. 이 접근법은 〈그림 1.2〉의 왼쪽 세 가지 수준을 아우른다. 이것은 비고츠키, 루리아, 레온티예프의 문화-역사심리학이다. 이 학자들의 연구들은 대부분 심리학을 거시문화요인과 연결 짓는 일에 집중했다. 이들은 생산양식과 역사 유물론을 인정했지만, 이것들이 심리학과 거시문화요인들과 어떤 연관성을 맺고 있는지에 대해서는 자세히 분석하진 않았다. 마르크스주의 심리학이 필요한 이유가 이것이다.

2. 〈그림 1.2〉에서 심리학을 거시문화요인들과 연결 짓되, 심리학과 문화요인들을 생산양식으로까지 확장하지는 않는 가닥이다. 나는 이것을 "거시문화심리학macro cultural psychology"이라 일컫는다. 그 가장 중요한 공헌은 1980년대와 1990년대의 심리학적 인류학자들에 의해 이루어졌다. 사회학자들과 역사학자들은 심리학적 이슈들(정서, 몸, 인지, 기억, 자아개념, 정신질환)의 사회적·역사적 토대를 강조함으로써 이 거시문화심리학적 접근에 공헌을 했다.Bericat, 2016을 보라

3. 문화심리학의 세 번째 가닥은 내가 "미시문화심리학micro cultural psychology"이라 일컫은 것이다. 이것은 1990년대 미국에서 생겨났다. 이것은 포스트모더니즘의 주관주의와 개인주의, 사회적 구성주의와 신자유주의를 추구한다. 이것은 인간 행위의 형성에서 개인적 의지, 협상, 창의성, 선택, 책임감, 자기조직화, 자유 등을 구조적 요인 또는 거시문화요인보다 우선시한다. 자신의 개인적 욕구를 자기가 바라는 대로 적응시키기 위해 지각하고, 해석하고, 선택하고, 거절하는 개인의 입장에서 문화는 단순히 "도구"로서 "바깥에" 존재한다.

미시문화심리학자들은 개인적 심리기제에 관심을 두고 문화적 구조를 거부하는 주류 심리학의 방향을 문화심리학으로 인도한다.Ratenr,

2012b, 2015a, 2015b, 2016 이들은 안으로부터 문화심리학을 죽이는 문화심리학 "반대론자"들이다. 이 접근법에 관해서는 여기서 다루지 않겠다.

또한 우리는 거시문화심리학이나 마르크스주의 심리학과도 부합하지 않는 교차문화심리학에 대해서도 다루지 않을 것이다. 교차문화심리학은 심리학과 거시문화요인들과의 연관성에 대해 일정한 관심을 품는다. 하지만 그 거대 변인들이 파편화되고 추상적이고 탈역사적이고 탈정치적인 한계가 있다. 더욱이, 교차문화심리학자들은 피상적이며 양적 결과와 행동 반응에 치중하는 실증주의적 방법론을 활용한다. 이것은 거시문화심리학과 마르크스주의 심리학이 폭넓고 질적인 반응에 천착하는 구체적인 문화 내용을 희석시킨다.Ratner and Hui, 2003, Ratner, 1997, 2012b

문화심리학에 대한 거시적 마르크스주의 이론들은 마르크스주의 심리학을 구축하는 독특한 특징을 구성한다. 이 이론들은 마르크스주의와 심리학을 이어 주는 독특한 연결고리의 기능을 수행한다. 이 이론들은 심리학 영역에서 탄탄한 기초를 두고 있으며 이미 많은 심리 현상에 관한 정교한 문화적 분석을 개발하고 있다. 이러한 점은 마르크스주의의 사회정치학적 이론틀과 매끄럽게 통합될 여지가 있다. 이것은 사회적 원뿌리와 정치경제를 포함하는 넓은 문화를 아우른다. 따라서 거시문화심리학의 발전은 마르크스주의의 발전으로 연결되고 그 역 또한 마찬가지다.

거시문화심리학과 마르크스주의의 이러한 시너지 효과는 문화-역사 현상으로서 심리학에 대한 이 둘의 공통적인 관점에 달려 있다. 마르크스주의 심리학은 생산양식 속에 기초한 원뿌리 시스템으로서의 문화를 강조하는 점에서 명백히 문화심리학의 한 형태로 볼 수 있다. 이것은 비마르크스주의 문화심리학 속으로 용해될 수 있고 그 역 또한 마찬가지다. 다른 심리학 학파는 마르크스주의와 이 근본적인 문화적 양립성을 공유하지 못한다.

아래에서 우리는 마르크스주의와 거시문화심리학 및 마르크스주의 문화심리학의 상동 관계를 서술할 것이다. 그런 다음 우리는 거시문화심리학과 마르크스주의 문화심리학이 마르크스주의를 심화 확장하여 미래의 마르크스주의 심리학을 발전시킬 수 있는 몇 가지 방안을 설명할 것이다.

마르크스주의와 마르크스주의 심리학의 상동 관계

마르크스[1843]는 인간 심리의 문화적 본질을 다음과 같이 말한다. "인간은 인간의 세계(국가, 사회)다." 『경제학 철학 수고』 3장에서 마르크스는 "비록 인간은 독특한 개인이지만, … 그는 공동체적 존재다. 개별 인간은 전체, 이상적인 전체, 사회의 주관적인 존재와 대등하다"고 말한다.[Marx and Engels, 1975, p.298] "나의 **보편적인** 의식은 그 **생생한**living 모양이 진정한 공동체인 의식의 이론적 모양일 뿐이다"[앞의 책]. "속물적인 실용적 욕구에 사로잡힌 지각sense은 **제한된** 지각일 뿐이다. … 가난에 찌들어 근심 많은 사람은 격조 높은 연극 앞에서 아무런 **양식**sense을 갖지 못한다[똑같은 내용의 이 인용문이 앞에도 등장한다. 앞에서는 sense를 '감각'으로 옮겼으나, 여기서는 '지각' 또는 '양식'으로 의도적으로 다르게 옮겼음에 유의 바란다]"[앞의 책, p.302]. 이와 비슷하게, "쾌락은 자본에 종속된다. 개인의 쾌락은 자신이 축적한 자본의 규모만큼의 개인성을 갖는다"[앞의 책, p.316].

비고츠키도 이와 비슷한 맥락으로 "고등정신기능은 인류 역사 발달의 산물이다"라고 주장한다.[1998, p.34]

> 고등정신기능의 구조는 사람들 사이의 집단적 사회관계를 보여 준다. 이 정신 구조는 인간성을 규정짓는 사회적 토대의 근

간이 되는 사회 질서를 개인이 내면화한 것 외에 아무것도 아
니다. _앞의 책, pp.169-170, 강조는 추가됨

"모든 사람은 각각 자신이 속한 사회 혹은 계급의 일정한 척도라 하
겠는데, 사회적 관계의 총체성이 그 사람 속에 투영되어 있기 때문이
다"Vygotsky, 1997a, p.317. 비고츠키는 인간 심리의 사회적 조건화 기제에 대
해 설명한다. "서로 다른 사회 체제에 기초한 다양한 내적 모순들이 특
정 역사적 시기 내에서 인성의 유형과 인간 심리 구조를 빚어낸다"1994b,
p.176.

　루리아는 문화-역사 심리학의 마르크스주의적 특성을 다음과 같이
설명한다.

　　비고츠키 이론의 "문화적" 측면은 성장하는 아동이 직면하
　는 과업과 도구(정신적 도구와 물리적 도구 모두)를 사회가 조
　직하는 사회적으로 구성된 방식을 포함한다.
　　… 사람들의 사회적 본성이 동시에 그들의 심리적 본성이 된 것
　은 역사적으로 결정되고 문화적으로 조직된 정보 조작 방식을 이
　렇게 내면화한 것을 통해서이다. _1979, 강조는 추가됨

　비고츠키는 〈그림 1.2〉에 묘사된 마르크스의 사회 모형에 동의한다.
그는 『예술심리학』1925/1971에서 다음과 같이 말한다.

　　예술과 그것을 생성하는 경제 조건 사이의 관계는 극도로
　복잡한 것으로 드러났다. 이는 사회조건들이 예술 활동의 성격
　과 효과를 완전히 결정하는 것이 아니라는 것을 의미한다. 이

는 그러한 조건들은 단지 그것을 간접적으로 결정할 뿐이라는 것을 보여 준다.

비고츠키가 말하는 간접적 결정의 의미는, 사회적 원뿌리 속의 다양한 수준에 있는 거시문화요인들의 복잡성에 의한 생산양식의 매개를 뜻한다. 이것들은 경제 조건들의 매개다. 그렇다고 해서 이것이 인간 심리의 형성에서 문화의 영향을 부정하는 뜻은 아니다.

"활동과 의식"에서 레온티예프[2009, p.411]는 다음과 같이 말한다.

> 그 모든 다양성과 모든 특별한 속성에도 불구하고, 개별 인간의 활동은 사회적 관계의 체제에 복종한다. 이 관계들의 바깥에는 인간 활동이 존재하지 않는다. 그것이 존재하는 방식은 생산력의 발달에 의해 생성되고 특정 개인의 활동 속에서만 실현될 수 있는 물질적·정신적 소통 수단과 형식에 의해 결정된다. 모든 개인의 활동이 자신의 사회적 위치, 자신의 삶의 조건에 의존하는 것은 당연하다.

레온티예프는 의식을 조건화하는 사회조건들에 대한 마르크스의 강조를 인정한다.

비고츠키와 루리아가 우즈베키스탄에서 수행한 교차문화 연구 또한 인간 심리를 조직하는 실체로서 생산양식에 대한 마르크스의 강조를 문화-역사 심리학이 어떻게 받아들이고 있는가를 보여 준다. 길렌과 제쉬매리디언[1999, p.281]은 다음과 같이 말한다.

> 소비에트 중앙아시아에서 비고츠키가 1931년에 준비하고,

루리아가 1932년에 조직한 두 심리학 실험은 인간 존재의 정치경제적 차원과 사회적-인지적 차원이 밀접하게 연관되어 있을 것이라는 비고츠키의 마르크스주의적 가설을 입증하기 위한 것이다. 비고츠키는 우즈베키스탄과 키르기지아의 전통 마을에서 만연한 "봉건적" 사회조건들이 콜호스를 통한 현대적·과학적 집단농업 생산 형태로 변해 감에 따라 예전의 농부들이 덜 "원시적"이고 보다 현대적, "과학적", 논리적 사고방식으로 사회 문제들을 사고하게 될 것이라고 예견했다.

부르디외는 사회조건에 의한 인간 심리의 조건성과 조건화에 대한 마르크스의 강조와 유사한 맥락에서 마음에 대한 사회문화적 설명을 제시한다. 이 진술은 마르크스주의 문화심리학 속에 포함시킬 가치가 있다.

> 사회 질서는 점차 사람들의 마음속에 각인된다. 사회적 분할social division은 분할의 원리로 작용하여 사회적 세계의 상像을 조직한다. 객관적인 한계는 한계에 대한 인식, 객관적인 한계의 경험을 통해 획득한 객관적인 한계의 실질적인 예견이 되었다. 이것은 자신이 배제되는 상품, 사람들, 장소 등으로부터 스스로 물러서게 만드는 "자기 자리에 대한 분별력sense of one's place"으로 개인을 이끈다. _Bourdieu, 1984, p.471

> 따로따로 빚어진 것들(다양한 분야에서 이루어진 다양한 실천)을 재구성하기 위해, … 개인은 실천을 통일하기practice-unifying와 실천-생성 원리, 즉 계급적 아비투스, 계급 조건과

그것이 수반하는 조건화를 내면화한 형식으로 돌아가야 한다.

_앞의 책, p.101

부르디외는 마르크스의 원뿔 사회이론을 『구별 짓기Distinctions』앞의 책에서 설명하고 있다. 그는 지식과 문화 시설의 이용, 몸가짐과 외모 가꾸기, 사람들이 문화 감각(음식, 의복, 생활양식을 비롯하여 그림과 음악에 대한 식견 등의 모든 것)을 개발해 가는 취향이 모두 사회의 정치경제적 핵심으로 집중되어 있고, 정치경제적 핵심에 의해 조직되고 정치경제적 핵심을 투영하고 재생산한다고 한다. 부르디외는 극단적으로 자본주의 경제 자본의 형태로서 다양한 행동들의 성격을 구분한다. 그는 문화자본, 학력자본, 언어자본, 신체자본, 인맥자본이 경제자본과 상관관계를 맺고 있음을 논증한다. 이 용어법은 겉으로는 상관없는 활동들(식사하기, 예술문화 소비, 박물관 가기 따위)을 정치경제의 궤적 속으로 끌어온다.

부르디외에 관한 현대 사회학 연구는 얼마나 다양한 문화 영역이 핵심적인 정치경제적 욕구를 투영하고 재생산하는 문화적 역량을 사회화하는가에 대해 상세히 기록하고 있다. 드루카와 앤드루스DeLuca and Andrews, 2016는 이러한 점을 중상류 계급이 이용하는 밸리뷰Valley View 수영-테니스클럽의 예를 통해 기록하고 있다. 이 클럽은 겉으로는 운동 기술의 연습과 발달을 목표로 하는 기관이지만 경제자본, 인맥자본, 문화자본, 신체자본의 복잡한 상호작용을 통해 구성원들의 상류-중산 계급적 아비투스를 보존하고 재생산하는 것을 목적으로 하는 곳임을 보여 준다. 저자는 스포츠 활동의 참여를 통해 구성원들이 경제자본, 인맥자본, 문화자본, 신체자본을 습득하고 공유하고 향상시켜 가는 것에 대한 에스노그라피의 결과를 논한다.

사회-심리학적 연구는 의식을 신비화시켜 가는 종교에 관한 마르크스의 관점을 보여 준다.Ratner and El-Badwi, 2011 "양심의 가책" 증후군이 형성된다. 이 증후군은 자신의 죄나 종교적 헌신의 의무에 대한 강박적인 걱정을 내용으로 한다. 스티케티 등Steketee et al., 1991은 신앙심이 깊은 환자일수록 종교적 강박관념의 고통을 심하게 받는다고 설명한다. 양심의 가책 증후군은 어떤 독실한 종교 교파에 영향을 끼칠 수 있다.Inozu et al., 2012; Yoriulmaz et al., 2010

양심의 가책 증후군은 정상적인 종교 의식을 통해 고통을 발생시키며, 그 강도가 심해질 때 이것은 심각한 강박증을 유발한다. 시카 등Sica et al., 2002과 아브라모위츠 등Abramowitz et al., 2004은 독실한 종교에 노출된 사람들 가운데 강박장애의 발병률이 높다는 것을 발견했다. 오카샤 등Okasha et al., 1994, p.191은 "이집트인을 대상으로 한 강박장애 현상학 연구에서 종교적 훈육의 영향력이 드러나고 있는데, 이것은 예루살렘에서의 연구 결과와 유사하다"고 적고 있다.[9]

거시문화심리학자, 마르크스주의 문화심리학자, 마르크스주의자 사이의 상동 관계

거시문화심리학자들은 마르크스주의자가 아니지만, 이들은 인간 심리를 문화 현상으로 본다. 이러한 시각은 거시문화심리학과 마르크스주의 문화심리학 및 마르크스주의 심리학의 통합을 가능케 한다. 거시문화심리학은 〈그림 1.2〉 속의 상위 두 수준을 포함한다. 이것은 이 심리학들을 마르크스주의자들이 강조하는 생산양식의 토대에 직접적으로 연결되게 한다.

거시문화심리학은 비코Vico, 헤르더Herder, 딜타이Dilthey 등의 계몽주의 역사학자들과 철학자들, 그리고 독일 인문학 운동에 의해 시작되었다.

비고츠키, 루리아, 레온티예프는 이 이론으로부터 인간 심리의 문화적 국면에 관한 통찰을 얻어 이것을 자신들의 마르크스주의 문화심리학 속에 녹였다. 자신의 자서전에서 루리아[1979, 1장]는 말한다.

> 정신을 구성하는 요소에 관한 분분한 주장들에 불만을 품고서 나는 실험실 기반 심리학에 비판적인 학자들의 저작 속에서 대안을 모색했다. 여기서 나는 리케르트Rickert, 빈델반트Windelband, 딜타이 등의 독일 신칸트주의자들의 영향을 많이 받았다. 그중 딜타이는 사람들을 추동하는 진정한 동기와 그들의 삶을 안내하는 이상이나 원리들에 파고든 점이 특별히 나의 흥미를 끌었다. 그는 통일적이고 역동적인 시스템으로서 인간을 연구하는 학문이란 의미의 **진정한 심리학**reale psychologie이라는 용어를 내게 가르쳐 주었다. 딜타이에 따르면 인간 본질에 대한 진정한 이해는 그가 "사회과학"이라 일컬은 것에 대한 토대이다. 이 심리학은 텍스트 속의 심리학이 아닌 세계 속에서 살아가고 행동하는 사람들에 관한 이해를 바탕으로 하는 실질적인 심리학이다. 이것은 인간의 가치를 기술하지만, 인간 행동을 심리학적으로 분석하는 것은 불가능하다는 근거에서, 인간 가치에 대해 그것의 내적 기제와 관련한 설명은 시도하지 않는 심리학이다.

유사한 맥락에서 마르크스는 비코의 저작에 주목한다. "비코는 인간 역사가 자연 역사와 다르며, 우리가 만드는 것은 인간의 역사이지 자연의 역사가 아니라고 말한다"[1897/1961, p.373, 각주 3].

거시문화심리학은 인간 심리의 문화적 성격과 형성(사회화)을 설명하고 논증하는 데 큰 장점을 보인다. 심리학적 인류학자 쉐더Richard Shweder에 따르면, "문화심리학은 문화 전통과 사회적 실천이 인간 정신을 조절하고, 표출하고, 변화시키고, 개조하는 방식에 관한 연구로서, 인류의 정신적 통일보다는 마음, 자아, 정서에서 인종 간의 차이에 더 많은 관심을 둔다"[1990, p.1]. "문화심리학의 언어 속에는 재구성되지 않거나 매개되지 않은 자극이 없듯이, 순수한 심리학적 법칙이란 것이 없다. … 문화심리학은 순수한 인간 심리라는 것은 없다는 것을 알려 준다"[앞의 책, p.24].

1958년, 인류학자 베이트슨Gregory Bateson은 문화적 에토스를 "개인의 본능과 정서의 조직과 관련하여 문화적으로 표준화된 체계의 표현"으로 규정했다.[Kleinman and Good, 1985, p.108] 이와 유사하게 심리학적 인류학자 루츠[Lutz, 1988, p.5]는,

> 정서적 의미가 특정 문화 체계와 특정 사회적·물질적 환경에 의해 어떻게 근본적으로 구성되는지를 논증하고자 한다. … 정서의 개념은 보편적인 내적 상태를 나타내는 속성이 아니라 복잡한 소통적·도덕적·문화적 목적을 위해 기능하는 것으로 간주될 수 있다. … 정서는 문화적으로 규정되고, 사회적으로 실행되며, 개인적으로 설명된다.

비고츠키 교육학자 대니얼스Harry Daniels도 비슷한 말을 한다. "교육기관에서 사회적 관계가 조절되는 방식은 그 속에서 살고 일하는 사람들에게 지적·정서적 영향을 미친다"[2012, p.44]. 같은 방식으로, 비고츠키주의 교육사회학자 번스타인Basil Bernstein은 다음과 같이 말한다.

권력 분배와 통제 원리에 입각하여 특별한 소통 원칙이 차별적으로 전달되고, 가끔씩 불평등하게 사회 집단 및 계급으로 배분되며… 이 집단 및 계급 구성원의 의식 형성을 좌우한다.

_앞의 책, p.44에서 인용

그리하여 언어는 사회구조를 사람들의 정신에 전달하는 사회구조의 문화적 매개물이다. 언어에 의한 매개는 개인이 사회로부터 벗어나는 것이 아니다. 사물에 대한 사람들의 경험은 말 따위의 문화적 매개물에 의해 매개된다.

바틀릿Bartlett은 이러한 모형을 기억에까지 확장한다.

아주 사소한 것을 포함하여 거의 모든 중요한 인간 반응들은 그것과 조응하는 사회적 프레임 혹은 배경을 갖는다. 인간 반응은 집단의 속성에 직접적으로 조건화될 수 있다는 것을 깨달을 때… 우리는 즉시 사회적 삶의 심리학적 사실이 개인적 행위의 배경을 제공하는 것 이상이라는 것을 알게 된다. … 우리는 집단 내의 어떤 편향성이나 이상이 일정한 방향에 따라 특별히 주목하고, 보유하고, 구성하는 능동적인 경향성을 개인의 의식 속에서 일깨운다는 것을 인정해야 한다.

_1932/1967, p.241

마음의 결정이 본질적으로 사회적 속성이라는 것은 궁극적인 사실이다. _앞의 책, p.254

제도와 관습의 일관된 체계는 구성적인 기억을 위한 도식적

schematic 편견으로서 작용한다. _앞의 책, p.255

　　사회적 조직은 모든 세세한 기억이 적응해야 하는 일관된 체
계를 제공한다. 그리고 이것은 기억 방법과 기억 내용 모두에
강력한 영향력을 행사한다. 더욱이, 이 일관된 체계는 추억이
라는 상상적 재구성을 위한 토대가 되는 스키마를 제공하는
데 도움을 준다. … 이것은 집단 자체가 하나의 조직된 단위로
서 인간 반응의 진정한 조건으로서 취급되어야 한다는 것을
의미한다. _앞의 책, p.296

　바틀릿은 기계적이고 물화된 문화적 결정의 신화를 산산이 부순다.
그는 제도와 관습 따위의 사회문화 구조들은 지각, 정서 등을 포함하는
특정 유형의 활동을 포함한다고 말한다. 이 주관적인 문화요인의 요소
들은 그에 조응하는 이해관계, 사고 경향성을 만들어 내고, 문화 구성원
들의 정보를 구성하고 해석한다. 문화요인과 문화적으로 조직된 개별 문
화 구성원들의 주체성에 관한 수동적이고, 정적이고, 비활성적이고, 생
명력이 없는 것은 존재하지 않는다. 주체들은 자극 물질(이를테면, 이야
기들)을 기억 속에서 의미 있게 만들기 위해 그 물질들을 실질적으로
재구성하는 데 참여한다. 바틀릿은 이것을 "의미를 좇는 노력effort after
meaning"이라 일컬었다. 주체들은 문화적 표준에 따라 물질들을 논리적
으로 배치한다(문화적으로 조직된 "아비투스"에 관한 부르디외의 개념이
이와 동일하다).
　정서에 관한 문화 연구(역사학자들, 인류학자들, 심리학자들, 사회학자
들에 의한)는 마르크스주의 심리학과 부합하는 한편 마르크스주의 심리
학에 유익하다. 역사학자 레디Reddy는 "정서적 체제emotional regime"의

개념을 "규범적인 정서와 공식적인 의식儀式, 실천과 이것들을 표현하고 설명하는 '감정'"으로 규정하는데, 이것은 어떤 안정적인 정치 체제를 위한 필수적인 토대다.[2001, p.129] 정서는 공식적, 정치적 행위에 의해 구성된 정치 현상이다.

이를테면, 레디는 "낭만적인 사랑의 탄생은 그레고리오 개혁Gregorian Reform: 교황 그레고리 7세가 추진한 기독교 개혁운동. 개혁 내용은 부패하고 타락한 성직자들의 도덕성 회복과 왕권으로부터 교회의 독립을 골자로 한다 속에서 이루어졌다"고 주장한다.[Bonneuil, 2016, p.254에서 인용] 이것은 11세기 중엽에 시작되어 1122년에 완성되었다. 귀족들의 이 낭만적 사랑은 정서와 행동에 대한 엄격한 통제를 대중에게 부여한 그레고리오 개혁에 반대하는 개인적 반작용이었다. 이 개혁은 a) 백관이 통제하는 봉건적 예속 체제를 로마교회 주도의 체제로 바꾸었으며, b) 귀족 남성과 여성의 친밀한 행위에 대한 규칙을 수정하였고, c) 따라서 사회적·정서적 정체성을 재규정하였다. "로마교회는 자신의 가치를 왕들에게 성공적으로 부과할 수 있었고 자신의 규범을 확립하는 한편, 정의를 강요하고 사적인 전쟁과 약탈을 금지함으로써 약자를 지켜 주는 동시에 자신도 지킬 수 있었다"[앞의 책, p.255].

교회는 개인 상호 간의 관계를 조절하기 위해 정서를 이용했다. 교회는 이것을 매우 엄격하고 강압적인 방법으로 추진했다.

> 교회는 이성에게 접근할 때 치르는 대가를 높이는 책략을 고안했는데, 이 속에 공포와 수치심을 주입시켰다. 공포와 수치심은 성적 욕망에 대립적인 정서로 의도된 것이다. 구체적으로 죄의식은 도덕적 명령을 위배하는 사람이 느끼는 정서로 규정되었다. 이 과정 속에서 교회는 정서적 무기 경쟁을 벌였다. 교

회의 가공할 억압적 무기로서 파문은 개인에게뿐만 아니라 죄
인이 회개할 때까지 죄인이 살고 있는 영토에도 적용되었다. 기
독교적 사랑은 사제의 승인 아래 허락되었고 구원을 향한 행
보로 제안되었다. **교회는 끊임없이 양심을 훈육하면서, 부모와 남
편, 아내, 사제에 대한 복종을 강요하고,** 성에 대한 무지를 권장하
고, 결혼생활 양식을 이상화했다. 영적 발달을 위한 끊임없는
기도와 명상에 몰입하기 위해 육욕을 엄격히 통제하는 것은
필수였다. 끊임없는 기도와 명상은 육욕의 엄격한 통제를 유지
하기 위한 최선의 방도였다. _앞의 책, p.260, 강조는 추가됨

봉네유Bonneuil는 교회가 정서를 어떻게 문화적으로 조직하는지를 설
명한다. 정서는 도덕적 지각을 통해 코드화된다. 이것은 도덕적인 사람
이 되기 위해 다른 방식이 아닌 특정 방식으로 느끼도록 유인된다. 정
서와 문화적 가치의 결합은 분노나 증오 따위의 부정적인 정서와 연관
된 폭력성의 축소로 이어진다. "정서를 도덕으로 포섭하기 혹은 전략적
으로 선택된 정서와 반反정서 위에 도덕 세우기를 통해 교회는 신체 폭
력을 교회의 헤게모니에 종속시킬 수 있었다(=도덕의 정서화emotionalizing
morals). 이런 식으로 정서는 문화적으로나 정치적으로 도덕적 행위를 이
끄는 수단으로 활용되었다.

정서적 통제를 전파하는 모든 요소들은 그들의 정치적 목적을 추구하
고자 하는 교회 지도자들에 의해 교회에서 형성된 것이라는 의미에서
정치적이다. 정서적 통제는 정치적 개념과 대등하게 도덕적 개념 속에
각인된다. 이 모든 것은 지배 정치학을 통해 왕들과 시민들에게 부과된
다. 이것은 개인적 의미를 좇는 개개인의 사람들이 창안한 것이 아니다.

봉네유는 이 맥락에서 품위 있는(귀족적인) 사랑의 탄생에 관해 설명

한다. 이것은 그레고리오 교회의 엄격하고, 강압적이고 억압적인 정서 체제에 대한 반작용으로 생겨났다(봉네유는 이 반작용의 이면에 있는 문화적 명분이나, 힘, 요인들, 조직화, 혹은 정치학에 대해서는 언급하지 않는다). 낭만적 사랑은 기혼 귀족 여성이 기사 또는 음유시인과 은밀히 맺는 불법적인 영적 결합이었다. 하지만 이것은 그레고리오적 사적 관계의 틀 안에서 비난으로부터 자유롭지 않은 최소 수준의 수정이었다. 성적 접촉 없이 개인 사이의 거리를 유지하고 일정한 거리에서 파트너를 향해 상상 속에서 동경하기.

> 품위 있는 사랑은 많은 면에서 친밀한 관계 맺음에 관한 종교적 교의를 모방하고 있다. 욕망의 거부, 경배 대상에 대한 헌신, 구원의 수단 및 의로움의 증거로서의 고행, 시련을 극복하기 위한 끊임없는 투쟁 속에 자신을 희생하기 등이 그러하다. 중요한 차이점은 경배의 대상이 더 이상 신이 아닌 여성이라는 점이다. 사회적·정서적 형상의 단일 요소가 수정되었다. 사랑의 대상으로서 신의 자리에 여성이 들어선 것이다. 고귀한 사랑을 통해 귀족들은 교회의 금욕적인 영웅들에게 품는 영적 정서에 준하는 영적 상태와 결합된 감정에 대한 갈망을 남몰래 키워 갔다. _Bonneuil, 2016, p.262

> 품위 있는 사랑은 그레고리오적 정서 체제로부터의 소박한 일탈로 연결된다. _앞의 책, p.263

이것은 비마르크스주의 문화역사학자의 문화 분석이지만, 사회와 의식에 관한 마르크스의 담론과 완전히 일치한다. 의식과 심리는 정치-경제와 결합될 때 거시문화 수준으로 격상된다. 귀족적 사랑에 대한 봉네유의 설명은 그 정서적 혁명이 고작 그레고리오적 정서 체제의 사소한 한 가지 면에 대한 수정을 이룬 것에 그쳤던 것을 보여 주는 면에서 마르크스주의의 타당성을 입증한다. 이것은 사회조건에 기초한 의식의 조건성에 관한 마르크스의 관점을 웅변해 준다. 귀족적 사랑은 그레고리오적 조건들과 기사와 귀족 부인들의 사회적 역할에 얽매여 있었다. 이것은 개인의 자유로운 발명품이 아니었다. 더 많은 정서적·성적 자유는 사람들이 살고 있는 사회적·종교적 조건에 대한 변혁을 요청했다. 역사적으로 이것은 훗날 자본주의 혁명을 통해 실현되었다.

마르크스주의와 마르크스주의 문화심리학, 그리고 거시문화심리학이 어우러지면서 상호 발전을 꾀하는 것은 심리학과 노동과의 연계 속에서도 볼 수 있다.

마르크스와 엥겔스[1975, p.303]는 말한다.

> 산업의 역사와 현재 존재하는 산업은 인간의 본질적인 힘에
> 관한 펼쳐진 책이자, 생생하게 존재하는 인간 심리학이다. …
> 가장 알기 쉽고 접근하기 쉬운 형태로 존재하는 역사의 일부
> 인 이 책을 닫아 버린 심리학은 진정한 과학일 수 없다.

마르크스주의 심리학자 비고츠키[1987, p.132]도 이와 비슷한 말을 한다.

> 사회 환경이 성숙해 가는 청소년에게 부과하는 과업(성인 세
> 계의 문화적·직업적·사회적 삶에 진입함에 따른 과업)은 개념
> 형성 속에서 필수적인 기능적 요인이다.

직업 관련 심리에 대한 비마르크스주의적 거시문화심리학적 설명은 듀이Dewey에 의해 제시되었다.

> 직업은… 노동의 분류와 가치의 정의定義를 제공한다. 직업은 욕망의 과정을 통제한다. 또한 이것은 중요한 일련의 사물과 관계들을 결정하고 주의를 기울여야 할 것에 대한 목록과 자료, 그리고 흥미를 끄는 의미 있는 특질을 제공한다. 그렇게 함으로써 정신적 삶에 주어진 방향은 정서적·지적 성격으로 확장된다. 그래서 정신적 자질을 구조적으로 조직하는 패턴을 제공하는 직업 활동의 분류는 매우 중요하다. 직업은 특별한 정신적 요소들을 하나의 총체적인 기능 속에 통합한다.
>
> _Ratner, 2006, p.88에서 인용

위의 세 진술 모두 마르크스주의 문화심리학과 결합한 마르크스주의에서 거시문화심리학으로 나아가는 연장선상에 있다.

듀이는 활동과 생산현장에서의 정신을 문화적으로 조직하는 과정과 기제에 관해 통찰력 있게 관찰한다. 듀이의 관점은 주관성을 문화적으로 조직하는 것이 기계적으로나 수동적으로 이루어지지 않는다는 것을 보여 주는 점에서 중요하다.

이러한 사례들은 거시문화심리학이 〈그림 1.2〉의 역사-유물론적 모형 속으로 순조롭게 통합될 수 있음을 보여 준다. 두 이론이 심리 현상을 문화적 용어로 포착하기 때문에, 거시문화의 범주를 확장하여 생산양식을 포함시키거나 역으로 생산양식 속에 종교, 가족, 학교교육을 포함시키는 것은 별로 어렵지 않은 문제다. 이것은 〈그림 1.1〉에서 사회의 핵심 수준을 심리와 문화요인의 상층부 두 수준과 결합시킨 것으로 묘사되고 있다. 나아가 문화심리학자들이 설명하는 거시문화요인과 인간 심리 사이의 복잡한 상호작용은 생산양식이 (이를테면, 소비주의나 뉴스 속의) 심리 현상을 널리 유포하는 방식을 밝혀내는 것에도 적용할 수 있다. 거시문화심리학과 역사 유물론은 서로가 서로를 풍요롭게 만든다. 마르크스주의는 사회 계급이 자신의 정치적 이해관계를 문화적 요인과 심리학적 요인에 부과하는 것에 의한 권력관계를 밝혀 준다. 마르크스주의는 앞서 귀족의 낭만적 사랑의 사례에서 살펴본 것처럼, 정서가 거시문화요인으로부터 자유로울 수 없는 까닭을 설명해 준다.

문화심리학은 문화가 정신을 조직하고 조작하는 특정 과정과 기제를 규명한다.

이와 관련한 중요한 문화심리학 이론은 외부 마음 이론External Mind Theory이다. 이 이론은 인간 정신이 어떻게 발생하며, 문화요인과 같은 외적 요인에 의해 어떻게 조직되는가를 설명한다.Clark and Chalmers, 1998 윌슨Wilson, 2010, p.180은 이러한 맥락에 대해 다음과 같이 적고 있다.

> 많은 풍성한 저작들이 문화가 인지 내용에 미치는 영향에 포커스를 두고 있지만, 나는 문화가 그 밖에 인지의 **방법**(인지 기술이 습득되는 기제)에도 중대한 영향을 미칠 수 있다는 것을 주장하고자 한다. 일상적 인지 활동의 기본 과정은 상당 부분 인지적 도구의 조작을 포함하는데, 이 도구들은 유전적으로 결정되는 것이 아니라 발명되고 문화적으로 전달되는 것이다. 더욱이, 이 인지 발명품들은 "펌웨어firmware"가 되어, 개인의 인지적 건축을 재구성해 간다. … 인지적 도구는 중립적 시스템의 재편을 낳는다.

이것이 가능한 것은 "충분한 중립적 가소성이 존재함에 따라 획득된 인지 도구들은 시스템을 재편할 수 있기 때문이다"앞의 책, p.181. 중립적 가소성의 존재는 "두 개의 인지적 전략이 동일한 뇌 영역(이를테면 운동 영역, 시각적 재현 영역)을 구성할 수 있다"는 사실로 설명된다.앞의 책, p.186 이것은 특화된(구획화된) 대뇌피질 속의 정신과정의 모듈성modularity을 부정한다.

문화심리학자들은 문화학습이론cultural learning theory을 개발하는데, 이 이론은 인간 정신이 문화적으로 형성되고 실행된다는 마르크스주의 심리학을 전반적으로 지지해 준다. 토마셀로Tomasello가 설명하기를, "아동은 교육을 통해 단편적인 사실들뿐만 아니라 자신이 속한 문화 세계의 총체적인 구조를 학습한다. … 인간 아동은 단지 유용한 도구적 활동과 정보를 문화적으로 학습할 뿐만이 아니라, 문화집단의 규범적인 기대에 적응해 간다"2016, p.643. 르가르와 해리스Legare and Harris는 "어느 사회에서든 아동은 **자기 공동체의 특정 실천과 신념, 가치를 효율적으로 내면화하기 위한 문화 학습 전략 레퍼토리에 의존한다**"고 설명한다.2016, p.633, 강조는 추가됨 문화 학습 전략은 사회적 규범이나 의도 따위의 **사회적 행동에 관해 사람들로부터 배우는** 학습을 포함한다. 이것은 자연환경으로부터 배우는 동물의 학습과는 완전히 다르다. 문화 학습은 자세한 문화 지식을 획득하고 문화적으로 적절한 방식으로 행동하는 데 필요한 수준 높은 모방을 포함한다. 문화 학습은 **양육자**에게 **질문하기**를 통해 터득한 문화 환경에 관한 정보를 아동이 탐색하는 것을 포함한다. 문화 학습은 필수 문화 정보를 전달하려는 양육자의 본 보이기modeling와 비계 제공 scaffolding을 포함한다. 이에 관해 토마셀로2016, p.644는 다음과 같이 일러두고 있다.

인간 아동은 단지 어떤 것을 행하기 위한 보다 효율적인 방법을 배우려고 시도하는 개인이 아니라, 규범적으로 특별한 방법으로 학습하고 행동하는 문화적 요구를 느끼는 개인이다(아동은 이 규범적 기대에 순응하려는 경향성이 있다).

규범적 행동에 관한 문화 정보를 획득한 뒤에, 어린아이들은 또래에게 사회적 규범을 강요한다.앞의 책, p.645 마침내, 문화 학습은 물건과 인공물 artifacts을 그것의 사회적 용도와 목적과 연관 지어 이해하는 아동을 길러 낸다. 따라서 아동은 단순히 "어린 과학자"가 아니라, "문화를 구성하는 일련의 현상들을 재생산하고 해독하는 전략을 운용하는" 어린 인류학자다.Legare and Harris, 2016, p.636 이 과정에서 언어는 중요한 기제로 작용한다(문화 학습 전략은 새로운 인문 환경에의 적응을 추구한다. 이 전략은 다원주의의 전형을 보여 준다. 복잡한 문화 환경 속에 살고 있지 않은 비인간 영장류들은 문화 학습의 이러한 요소들을 보여 주지 못한다. 문화 학습에 관한 더 많은 정보를 참조하려면 Bailey, 2003을 보라).

문화심리학자들은 상당히 발전된 이론을 생산해 오고 있다. 이들은 인간 학습의 문화적 과정, 이러한 전략 수행의 문화적 필수조건, 문화 과정의 이용, 문화 과정을 촉구하는 압박, 문화적 감수성에 관해 설명하는 유력한 발달 이론과 학습 이론을 개발했다. 학습 또는 사회적 상호작용에 관한 다른 어떠한 개념도 이러한 수준에 도달하지 못했다.

문화 학습 전략은 상품 교환에 관한 마르크스 설명의 기저를 이루고 있다.

이 물건들이 상품으로서 서로 관계를 맺기 위해서는 상품의 보호자들(소유자들)이 자신의 의지를 이 물건들에 담고 있는 사

람들로서 서로 관계를 맺어야만 한다. 따라서 한 상품의 소유자
는 다른 상품 소유자의 동의하에서만, 즉 각자는 쌍방에 공통
된 하나의 의지행위를 매개로 하여서만 자신의 상품을 양도하
고 타인의 상품을 자기 것으로 만드는 것이다. 그러므로 그들
은 서로 상대방을 사적 소유자로서 인정해야 한다. 이 법적 관
계는… 두 의지 사이의 관계이며, 이 관계에는 두 사람의 경제
적 관계가 반영되어 있다. _1867/1961. p.84. 강조는 추가됨

정신기능 속의 생물학적 과정

지금까지 우리가 논한 것은 문화적 역량과 기능을 개발하기 위해 인
간 유기체가 변해야 한다는 것이다. 문화의 발현을 위해 인간 생물학은
결정요인determinants으로서의 자리에서 물러나야 한다. 문화는 인간 행
동의 생물학적 결정요인에 결부된 외적 변인이 아니다. 비고츠키와 여러
문화심리학자들은 이 과정(의식과 지각의 문화적 형성에 관한 마르크스주
의적 강조의 핵심인 과정)의 이해를 위한 매우 중요한 공헌을 했다. 의식
과 사회조건의 유기적 통합은 비문화적 요인을 문화적 요인에 종속시키
거나 전자가 후자의 자리를 대체하는 것을 요청한다.

비문화적 요인은 경험, 동기, 욕망 따위의 개인 특유의 속성들과 함
께 심리 현상의 내용과 형식을 결정하는 생물학적 기제를 포함한다. 이
러한 요인들을 제거하거나 인간 정신에 종속시키는 것은 과학적 이슈인
동시에 정치적 이슈이기도 하다. 이것은 인간 정신을 설명하고 기술하고
예언하는 점에서 과학적으로 중요하다. 또한 이것은 인간 정신 속에 자
리하여 가치를 판단하고 개선시킬 수 있는 전체 사회를 설명하는 점에
서 정치적으로 중요하다.

생물학자에서부터 인류학자와 사회학자, 심리학자에 이르는 다양한

학자들이 생물학적 결정요인과 관련한 문화의 과정과 토대에 관해 설명해 왔다.Ratner, 1991의 1장과 5장, 그리고 문화심리학에 관한 Ratner의 저작들을 보라 이들 핵심 논점의 일부는 인간의 정신과 행동은 사물의 본질을 표상하는 문화적 상징(개념, 표현)에 의해 매개된다는 사실을 다룬다. 정신은 자극에 대한 직접적이고 즉각적인 반응(이것은 주로 동물에게 해당한다)이 아니다. 비고츠키가 강조하고 "상징적 상호작용론symbolic interactionism"이 강조하듯이, 언어는 사물에 대한 주된 상징적 매개물이다.

문화심리학의 주된 선구자인 기어츠Geertz는 인류학적 관점에서 다음과 같이 설명한다.

> 외적(문화적) 원천이 매우 중요한 것은 내적 원천의 정보에 의해서는 인간 행동이 너무 느슨하게 결정되기 때문이다. … 우리는 "정보 격차information gap" 속에 살고 있다. 우리의 몸이 우리에게 말해 주는 것과 우리가 행위 하기 위해 알아야 하는 것 사이에는 우리가 문화로부터 제공받은 정보(혹은 그릇된 정보)를 채워 넣어야 할 빈 공간이 있다. … 우리는 문화를 통해(보편적인 문화가 아닌 매우 구체적인 형태의 문화를 통해) 우리 자신을 완성시켜 가는 미완의 동물이다.
>
> _Ratner, 1991, p.16에서 인용. 더 자세한 내용은 Ratner, 1991, 1장과 5장을 보라

이것은 인간 본질과 인간 행동에 관한 문화이론이다. 이 이론은 왜 문화가 인간 정신에 그렇게 중요한 영향을 미치며, 그것이 정신을 어떻게 강력하게 조직하는가를 설명한다. 이 이론은 마르크스주의 심리학에 중요한 기여를 한다. 마르크스주의 심리학은 지금까지 이러한 문제들을 다루지 않았다. 기어츠는 문화가 중요한 것은 생물학적 기능은 동

물과 달리 인간에게는 결정요인으로서의 역할이 상실되어 있기 때문이라고 설명한다. 생물학적인 기능은 문화 과정에 종속되어 있거나 아니면 심리학적 결정으로부터 완전히 떨어져 나와 있다. 동물의 행위는 엄밀하게 결정하지만 인간의 행동에서는 그러하지 않은 생물학적 기제의 좋은 예가 본능이다. 본능의 지배를 받지 않기 때문에 우리는 다양한 사회적 상호작용과, 성향, 지각, 사유 과정, 섹슈얼리티를 사회적으로 구성해 간다.

비고츠키와 루리아는 이 점을 논한다. "학교에서 익힌 새로운 문화 기술은 너무 강력해서 낡고 원시적인 방법을 밀어낸다"1930/1993, p.180. 비고츠키1987, p.132는 말한다.

> 본능이나 선천적인 성향과는 대조적으로, 행위 속에서 새로운 발달 경로를 향해 그것을 추동하는 행동의 성숙 기제를 설정하는… 동기의 힘은 청소년의 내면이 아닌 외부에 위치해 있다. 사회 환경이 성숙해 가는 청소년에게 부과하는 과업(성인 세계의 문화적·직업적·사회적 삶에 진입함에 따른 과업)은 개념 형성 속에서 필수적인 기능적 요인이다.

비고츠키는 선천적인 성향을 개념의 형성을 요구하고 자극하고 지원하는 사회 환경으로 교체했다. 이것은 탁월한 다원주의다.

> 진화 과정에서 인간은 도구를 발명하고 문화적 산업 환경을 창조했다. 하지만 이 산업 환경은 인간 자신을 개조했다. 이것은 원시적인 형태를 대신하여 복잡한 문화적 행동 양식을 탄생시켰다. … 행동은 내용에서뿐만 아니라 그 **기제**, 그 수단에

서도 사회적, 문화적이 되었다.

　아동은 이미 존재하는 문화-산업 환경 속에 태어난다. …
기성의 사회 문화 환경은 아동을 둘러싼 성인 속에서 오래전
에 형성된 필수적인 적응 형태를 아동 속에서 자극한다.

_Vygotsky, and Luria, 1930/1993, pp.170-171

　비고츠키는 문화 기제가 원시적이고 자연적인 행동 기제를 대체한 것
을 다윈의 진화 개념에 비유하는데, 이 비유는 마르크스와 엥겔스가 조
건 개조에 따른 행동의 역사적 변화에 대한 이해에 유용하다고 본 것이
기도 하다.

　아동의 문화적 발달 역사는 동물 진화의 생생한 과정, 즉 새
로운 종의 동물이 점진적으로 발달해 온 과정이나, 생존을 위
한 투쟁 과정에서 낡은 종이 사멸해 간 과정, 대이변으로 살아
있는 유기체가 자연사의 흐름에 적응해 간 과정과 유사하다.
… 동시에, 갈등의 개념, 즉 자연적인 것과 역사적인 것, 원시적
인 것과 문화적인 것, 유기적인 것과 사회적인 것 사이의 모순
혹은 충돌 또한 아동 발달의 역사 이해에 참고가 된다. 아동
의 모든 문화적 행동은 그 원시적 형태의 기반 위에서 발달하
지만, 이 성장은 가끔 갈등을 포함한다. 낡은 형태가 축출되고,
때론 완전히 파괴되기도 한다. … 분트Wundt가 1세 아동이 언
어를 익히는 것을 조숙한 발달로 일컬었을 때 그는 **유기적으로
원시적인 아기의 기관**apparatus**과 문화적 행동의 복잡한 기관 사이
의 중대한 모순과 발생적 불일치**를 염두에 두고 있었다.

_Vygotsky, 1997c, pp.221-222, 강조는 추가됨

생물학을 문화에 종속되고 문화에 의해 조직된 것으로 보는 문화심리학자들의 보편적인 생각은 자연스럽게 구체적 사회 체제에 의한 구체화로 나아간다. 이것은 신체 과정의 문화적 특성을 설명하고 기술하는데, 모스Mauss, 1935/1973가 "신체의 기술techniques of the body"이라 일컬은 것이다. 이 개념은 신체를 통해 문화 현상을 관찰하고 사회 비판을 할 수 있게 한다.

이러한 점을 그 누구보다 잘 설명한 사람이 푸코다. 푸코의 개념 생명권력bio-power과 생명정치biopolitics는 현대 국가가 "수많은 다양한 기술을 통해 신체의 예속과 인구 관리를 이뤄 냄으로써 신민을 규제해 가는" 정치에 관해 설명한다.Foucault, 1978, p.140 푸코가 문화심리학자는 아니었지만, 문화와 심리학에 관한 그의 저작은 부르디외의 저작이 그러한 것처럼 문화심리학에 소중한 공헌을 한 것으로 평가되어야 한다.

생명권력이란 개념을 통해 나는 인간의 생물학적인 기본 특성이 정치 전략과 권력의 일반 전략의 대상으로 전락한 많은 현상에 관해 말하고자 했다. _Foucault, 2007, p.1

생명권력이 자본주의 발달 과정에서 필수 불가결한 요소였다는 것은 의심의 여지가 없다. 몸의 관리를 생산과 연결 짓지 않고서는, 인구 문제를 경제 과정에 맞추지 않고서는 자본주의가 유지될 수 없었다 봉건시대의 군주는 자신의 권위를 보존하기 위해 공포정치를 행사했다. 즉, 권위를 거스르는 대상을 잔인하게 처형하는 방법으로 신민들의 절대복종을 강제했다. 요컨대, 이것은 '죽임의 정치'였다. 그러나 자본주의 체제는 막대한 노동력을 필요로 하기 때문에 '살림의 정치(biopolitics)'가 요구되었고, 이로부터 '몸의 관리', '인구 조절'이 중요한 문제로 대두되었다는 것이 푸코의 설명이다. 하지만 이게 자본주의 유지에 필요한 전부는 아니었다. 육체와 인구의 증가, 이 둘의 강화와 함께 활용성과 길들임이 요구되었다. 이를 위해 힘과 소질 그리고 삶을 최대한 이용하면서 통치를 쉽게 할 수 있게끔 권력 행사의 방법이 필요했다. 만약 권력으로서 막대한 국가기관들의 발전이 생산관계의 유지를 보장했다면, 사회의 모든 영역에서 나타나고 매우 다양한 제도들(가족, 군대, 학교와 경찰, 개인 의료와 집단에 대한 관리)에 의해 이용되는 권력 기술로서 18세기에 창안된 해부·생명정치학의 기본 사항들은 경제 과정과 그것의 발달 그리고 그것을 유지하는 세력의 위상 속에서 작동했다. 또한 이것들은 이 두 운동 각각의 힘에 영향력을 행사하여 지배 관계와 헤게모니 효과를 보장함으로써 계층 분리와 사회적 위계질서 유지의 요인으로 작용했다. 노동력의 축적을 자본의 축적으로, 인간 집단의 증가를 생산력과 이윤 확대로 이어지도록 하는 것은 일정 부분 생명권력의 집행에 힘입어 가능했다. 신체의 투자, 몸값의 안정, 노동력 분배의 관리는 당대 사회가 유지되기 위한 필수적인 조건들이었다. _Foucault, 1978, pp.140-141[10]

푸코는 문화심리학자들이 고안한 생명 작용과 정신 작용(소질, 능력, 습관)과 관련한 문화 프레임이 생산양식에 기초한 사회적 원뿌리에 관한 마르크스주의 개념과 매끄럽게 일치하고 있는 것을 보여 준다. 푸코는 생산양식에 의해 전개되는 정신과정의 강력한 사회화 기제에 관해 설명한다. 이것은 마르크스주의와 유물론이 심리학 분야로 확장된 중요한 사례다. 이는 문화심리학자들이 진전시킨 생명 작용과 정신 작용에 대한 문화적 재구성을 요청한다. 신체와 생물학에 관한 이 새로운 문화이론이 푸코의 통찰을 뒷받침하는 이론들이다. 이 이론은 그의 통찰이 얼마나 설득력이 있고 적용 가능성이 풍부한지를 설명해 준다. 생명 작용은 문화심리학자들이 밝힌 개방적이고 유연하고, 탄력적인 속성을 지니고 있다. 생명 작용은 정신생물학자들psychobiologists이 제기할 법한 푸코에 대한 반론을 불식시킨다. 문화심리학자들과 푸코, 모스는 이들의 의견에 반박하며 몸이 어떻게 문화를 드러내 주는지를 설명한다.

거시문화심리학과 개인적 의미

마르크스주의 심리학에 끼친 문화심리학의 중요한 이슈가 행동의 조직과 관련한 개인적 경험과 의미의 본질이다. 많은 심리학자들과 일반인들은 개인적 경험과 의미를 무시한다는 이유로 문화심리학과 마르크스주의를 거부한다. 사실 문화심리학은 거시문화가 인간 심리에 끼친 영향과 개인적 의미personal meaning의 유사성에 관한 논리적인 설명을 제공한다.

레온티예프2009, pp.416-417는 개인적 삶을 아우르는 개인적 의미를 인정한다.

> 외적인 심미적 감각이 객관적인 의미를 주체의 의식 내의 객관 세계의 현실과 결합시키는 반면, 개인적 의미는 객관적인 의미들을 이 세계 속에서 자기 나름의 삶의 현실과 결합하고, 자신의 동기와 결합한다. 인간 의식에 방향성을 부여하는 것은 개인적 의미다.

나아가 레온티예프는 자기 자신의 삶에 관한 개인적 의미가 자유로운 발명품이 아니라고 말한다. 개인적 의미는 사회적 가치와 개념에 의지하여 개인적 사건(가족의 정신적 학대 따위)을 해석한다.

> 사회와 대조적으로, 개인은 자기 스스로 발전시킨 의미를 품은 자기 나름의 특별한 언어를 보유하지 않는다. 현실에 대한 개인의 이해는 많은 사람들과 나눈 다양한 형태의 의사소통을 통해 받아들인 지식, 개념, 관점으로부터 그가 동화시킨 "기성의" 의미들을 통해서만 가능하다. _앞의 책, p.417

레온티예프는 가장 불가사의한 정신과정까지 문화이론에 포함시킨다.

> 과학적 심리학이 인간의 내면세계에 무관심한 것은 아니지만, 이 내면 세계에 관한 연구는 개인의 활동에 관한 연구와 분리될 수 없으며, 과학적 정신 탐구의 별 특별한 동향을 구성하지 않는다. _앞의 책, p.419

> 개별 주체들이 사회-역사적 실천의 산물들을 어떤 의미 체계를 통해 이상적인 것으로 받아들일 때, 이 산물들은 새로운 질적 체계를 획득한다. … 의미는 이중적인 발전 단계를 거친다. 의미는 사회에 의해 생산되고 사회적 의식의 발달과 맞물려 있는 언어의 발달 과정 속에서 탄생한다. 나아가 의미는 과학의 발전과 그것의 인식 수단을 표출하고 사회의 이데올로기적 개념(종교적·철학적·정치적 개념)을 표출한다. 이러한 객관적인 존재 방식을 통해 **의미는 사회-역사적 법칙을 따르는 동시에 나름의 내적 발달 논리도 따른다.**
> … 이 두 번째 단계에서 의미는 개인화되고 "주관화"되는데,

사회적 관계망 내의 의미의 운동이 그 관계 속에서 **직접적으로 강제되지 않는** 한에서만 그러하다. 의미는 또 다른 관계망, 또 다른 운동 속으로 들어간다. 하지만 놀라운 것은 그 과정 속에서 의미가 자신의 사회-역사적 본질, 자신의 객관성을 상실하지 않는 점이다. _앞의 책, p.411

　이것은 개인의 선택이 아닌 사회조건에 기초한 개인적 경험과 행동에 관한 중요한 설명이다. 레온티예프는 개인적 경험이 문화요인과 독립적으로 존재하지 않는 문화요인의 한 변종이라고 주장한다. 개인적 경험은 문화요인과 맺는 구체적인 상호작용과 그 내면화를 반영한다. 이를테면 마음이 심란한 여성은 소비주의적 가치나 행위에 의존하거나 혹은 보수적, 자기중심적, 개인주의적 가치나 실천에 의존함으로써 자신을 지켜 갈 것이다. 그녀 스스로 이것을 창안하는 것은 아니다. 그녀는 이것을 자신의 욕구에 맞게 활용했다는 의미에서 **개인화하는**personalize 것이다. 이것은 그저 사회 속에서 독립적인 위치에 따라 생성되는 구체적인 형태의 문화적-심리학적 욕구다. 또한 개인적 욕구 해결을 위해 문화요인들을 활용하는 것은 이것들을 자신의 문화 콘텐츠를 향상시키는 욕구 속으로 가져간다.

　개인화된 문화심리학 혹은 문화화된enculturated 개인 심리학은 우리들로 하여금 정신기능을 통해 문화요인이 사람들에게 미치는 효과를 관찰할 수 있게 한다. 이것은 문화심리학에 힘입어 마르크스주의 심리학에서 일어난 중요한 발전이다.

마르크스주의 심리학과 비고츠키 그리고 "의지"

비고츠키와 루리아는 개인 경험에 관한 레온티예프의 설명을 "의지

will"로 확장해 간다. 이들은 개인의 의지가 개인적 산물이 아니며, 개인이 표출하는 사회 현상이라고 설명한다. 비고츠키와 루리아[1930/1993, p.188]에 따르면,

전통 심리학은 자발적 행위를 의지의 활동으로 설명하면서 이것을 꿋꿋한 행동의 전형적인 예로 보았다. 말할 것도 없이, 이것은 올바른 설명이 아니다. "의지"의 드러남appearance 또한 설명을 요하는 문제이며, 최종적이고 독립적인 요인으로 드러나지 않기 때문이다.

비고츠키와 루리아는 "자발적인 의지=개인적인 의지"로 생각하는 일반적인 가정을 부정한다. 이들은 정반대의 방정식(자발적인=문화적인)을 주장한다. 문화는 자발적 의지의 토대이자 내용이며 메커니즘이다. 의지를 소유하는 것은 문화화된 유기체일 뿐이다. 비고츠키와 루리아는 "인위적이고 자발적이고 문화적인 주의력"에 대해 말한다.[앞의 책] '자발적인voluntary', '문화적인', '인위적인artificial', 이 세 낱말은 동의어다. 루리아는 말한다.

고귀한 정신의 영역이나 두뇌 깊숙한 곳에서 일어나는 자유 행위의 원천을 발견할 가능성은 없다. 현상학자들의 관념적인 접근은 자연주의자들의 실증적 접근만큼이나 무익하다. 자유 행위의 원천을 발견하는 것은 유기체의 한계 밖으로, 마음의 친숙한 영역이 아닌 사회적 삶의 객관적인 형식 속으로 향하는 것이다. **인간 의식과 자유의 원천**은 인류의 사회적 역사 속에서 찾아야 한다. 영혼을 발견하기 위해서는 영혼을 버릴 필

요가 있다.

_https://www.marxist.org/archive/luria/index.htm에서 가져옴, 강조는 추가됨[11]

이것은 소비주의consumerism의 사례에서 명백해진다. 상품을 향한 소비자의 열망은 단지 자본주의가 심어준 소비 심리의 표출일 뿐이다. 이와 비슷하게, 열렬한 신앙심을 지닌 사람이 선호하는 음식 또는 의상이 있다면, 이것은 개인이 수행하는 종교적 입장의 표출이다. 이것은 이성적 사고와 해방적 정치 신념에 입각한 진정한, 개인적인, 주체적인 욕망이 아니다.

마음이 사회를 움직이는가 아니면 사회가 마음을 움직이는가?

지금까지 우리는 마르크스주의 심리학이 마음mind을 문화요소로 간주하는 것을 살펴봤다. 심지어 환상이나 개인적인 경험이나 의미조차 문화적 요소다. 이것은 무엇을 할 것인가와 관련하여 마음을 움직이는 것은 마음 자체가 아니라는 상식 밖의 결론을 이끈다. 이 결론에 따르면, 인간 마음을 사로잡고 마음이 무엇을 할 것인가를 결정짓는 것은 사회체제다. 훌륭한 창의성과 발달을 추동하는 것도 사회 체제다. 사회 체제는 환상과 혼란과 강제 그리고 자기 파괴적인 행위의 뿌리다. 개인이 저마다 다른 사회적 위치로부터 다양하고 복잡한 경험을 하게 하는 것도 사회 체제다. 개인적 마음은 이러한 것들을 자발적으로 창조한 것이 아니다. 물론, 마음은 이러한 것들을 행하는 능동적인 주관성이다. 하지만 마음이 스스로 이것들을 창안해 내지는 않는다. 마음은 마음을 이끄는 영감, 형편, 욕구, 방향성을 사회로부터 취한다. 비고츠키와 루리아 1930/1993, p.105는 이러한 점에 관해 인간 기억의 문화적 발달에 관한 토론에서 분명히 일러두었다.

외적 발달이 내적 발달을 대신한다. … 인간 기억의 역사적 발달은 기본적으로 사회적 인간이 자신의 문화적 삶의 과정에서 만들어 낸 보조 수단의 완성과 발달의 총합으로 가늠된다.

호르크하이머[1993, p.119]도 이에 관해 간략히 설명한다.

심리학은 기초 과학이기보다는 역사학에 필수 불가결한 보조 과학이 되어야 한다. 이러한 기능 변화에 따라 심리학의 내용도 달라져야 한다. 이 이론의 맥락에서, 심리학의 대상은 일원화된 질을 상실한다. 심리학은 더 이상 인간 존재(개인 정신) 따위와 상관없다. 차라리 그것은 각 시기별로 개인 속에서 적용할 수 있는 총체적인 정신적 힘을 따로따로 논해야 한다.

비고츠키도 『생각과 말』의 4장 말미에서 같은 말을 한다.

언어적 사고는 자연적인 형태의 행동이 아니라 사회-역사적 형태다. 그러므로 언어적 사고는 생각과 말의 자연적 형태에는 적용되지 않는 전체적인 속성과 법칙을 특징으로 한다. 하지만 가장 중요한 것은 언어적 사고의 이 같은 역사적 성격을 인정하는 것과 함께, 그것을 분석할 때 우리는 역사 유물론이 인간 사회의 다른 역사적 현상에 적용하는 것과 동일한 방법론적 테제를 적용하는 것이다. _1987, p.120

따라서 심리과학은 사회를 움직이는 복잡성 속으로 파고든다. 종교 심리를 이해하기 위해서는 그것을 움직이는 정치학과 교회의 권력관계 속으로 들어가야 한다. 그 심리가 어떻게 사회적-정치적 이해관계를 도덕적 사고와 정서 및 인지 속에 불어넣으며, 왕들이나 정치인들과 투쟁을 벌이는지, 그것의 의지를 대중에게 강제하기 위한 내부 투쟁과 음모를 획책하는지, 그것의 도덕적·정신적 가치관 속에 물질적 생산관계를 어떻게 반영하는지에 대해 분석해야 한다. 이러한 과업은 심리학자들과 그 문하생들의 사회적 의식을 고양시키며, 사회 개혁을 위한 정치적 실천의 밑거름이 된다.

방법론: 문화적·질적 방법론

거시문화심리학과 마르크스주의 문화심리학은 역사적 물적 토대와 조직, 내용, 관리, 사회화, 정치학, 생생한 심리 현상의 기능을 규명하는 방법론을 개발함으로써 마르크스주의 심리학에 기여한다. 개인의 심리는 문화심리학의 틀 속에서 해석되어야 한다. 어떤 사람의 아버지가 오페라를 좋아한 것 따위의 지극히 개인적인 이슈들은 마르크스주의 심리학이나 일반심리학과도 무관하다.

마르크스주의 심리학의 방법론은 현실에 대한 올바른 이해나 저항을 저지할 목적으로 질곡의 현실을 은폐하는 억압적인 사회적 힘을 강조한다. 이것은 심리학 연구에서 매우 중요한 의미를 시사한다. 이는 사람의 자의식에 관한 연구 결과가 개인의 전체 심리를 대변하는 것으로 볼 수 없음을 의미한다. 정신의 기원과 내용, 메커니즘, 기능에 대한 주관적인 반응은 일반적으로 오류를 구성한다. 결과적으로, 이러한 특성들은 외적이고, 객관적이고, 해석적이고, 재구성된 관점을 통해서만 이해될 수 있다. 이런 맥락에서 비고츠키[1997a, pp.325-326]는 다음과 같이 말한다.

직접적인 경험과 지식을 분리시키지 않고서 **가능한 과학은**

하나도 없다. … 만약 심리학에서 현상appearance과 존재가 동일하다면, **누구나 과학자 혹은 심리학자가 되고**, 과학은 필요가 없을 것이다. 사는 것, 경험하는 것과 분석하는 것은 **별개의 문제다.**

　… 어떠한 과학도 주관적인 것, **현상**에 갇혀 있어서는 안 된다.

객관주의적, 외적 방법론은 심리 현상의 문화적·정치적 성격에 의해 권한이 부여된다. 사람들이 자신의 심리 현상의 사회적·정치적 성격에 대해 깨닫고 있는 조건하에서 이루어지는 질문에 대한 주관적인 반응은 아마 적절한 방법론이 될 수 있을 것이다.

실바Silva, 2015는 신자유주의 주체들, 즉 신자유주의 자본주의 사회에 살고 있는 사람들을 설명하고 기술하고 예언하는 데 필수적인 외적·객관적·해석적·참여관찰적 방법론을 제안한다.

실바는 16세 이후로 삶의 목표를 포기하고 되는 대로 살아가고 있는 코리라는 남성의 말을 적고 있다. "그때 만약 내게 목표가 많았더라도 많은 것을 내려놓았을 거예요. 그래서 나는 떠돌이 삶을 살아요. 내일 무슨 일이 벌어지든 나는 그저 되는 대로 살아갈 뿐이에요"앞의 책, p.15.

실바는 이러한 반응의 객관적인 사회적 토대를 설명한다. "나와 얘기를 나눈 남성들과 여성들은 노동시장에서 겪는 끊임없는 혼란과 실망을 자기 내면에서의 적극적인 인내심 발휘를 통해 유연하게 대처해 나가고 있었다"앞의 책, p.95. 구체적인 사회조건들은 사람들로 하여금 이런 식으로 적응해 갈 것을 요구한다. 실패는 더 큰 좌절과 실직을 초래할 것이다. 그러한 반응은 개인적이고 자율적인 역량의 영역에서 빚어져 나온 것이 아니다. 반대로, 주체는 비고츠키와 다윈이 말한 것처럼, 구체적인 환경 속에서 생존하기 위해 스스로를 적응시켜야 한다.

인간 정신에 작용하는 신자유주의적 사회조건들은 개인이 자신의 경험과 자기 자신 그리고 자신이 살고 있는 사회를 해석하는 견본을 제시한다.

> 신자유주의가 젊은이들에게 자신의 경제적 성공에 책임을 저야 하는 사람은 오직 자기 자신이라고 가르치는 것처럼, "기분조절 경제학mood economy"(부르디외라면 "정서적 자본"이라 부를 법한)은 젊은이들에게 자신의 정서적인 운명에 책임을 지게 한다. … 기분조절 경제학은 행복과 성공을 사적인 문제로 만듦으로써 신자유주의 정신에 안성맞춤이다. _앞의 책, p.21

실바의 주체들은 자신의 불행과 발전 기회를 개인적 정신과정의 문제로 해석한다. 불행은 그들을 곤경에 빠뜨리는 게으름, 약물 의존성, 나약함, 마초적 공격성 따위의 부적절한 인성 탓이다. 발전은 동기부여, 끈기, 강인함, 유연함, 약물 의존성 극복 따위의 개인적·심리적 특성을 적절히 개발함으로써 가능하다. 개인은 자신이나 타인의 불행 또는 성공을 직업 기회나 일자리 창출과 임금 향상을 추구하는 직업 정책, 계급 구조, 정치경제 따위의 사회구조적 요인들과 관련지어 보지 않는다. "롭은 보상을 받았다고 생각하는데, 비록 자신의 무능으로 정규직이 되거나 낭만적인 연애사업에는 실패했어도, 자신이 아버지로부터 물려받은 괴팍한 기질을 성공적으로 극복해서 선량한 사람으로 성장했다고 생각하기 때문이다"앞의 책, p.22.

실바는 신자유주의 경제학이 의미 생성meaning-making을 위한 매개변수와 내용을 어떻게 설정하는지 설명한다. "신자유주의는 경제 영역에서의 담론과 실천에 관한 추상적인 체계로서뿐만 아니라, 정서적 영역에서의 의미와 가치에 관한 생생한 체계로서 통치한다"앞의 책, p.98.

이 이형동질異形同質, isomorphism은 사회 기관을 통해 체계적으로 고안되고 사회화된 결과다. "이 모형은 사람들의 일상적 상호작용 도처에 만연해 있고, 학교 상담사들, 가정 복지, 서비스 경제, 자조 문학, 온라인 지원 단체, 약물중독 회복 단체, 임상실험, 혹은 심지어 오프라 윈프리의 토크쇼 따위를 통해 널리 유포된다"앞의 책, p.21.

이런 식의 정신의 문화적 형성은 주체들을 정신적 억압에 "순응적인 신자유주의적 주체들"앞의 책, p.109로 길들인다.

이것은 마르크스주의 심리학적 방법론을 위한 모형이다. 이것은 생산양식과 그것이 분출시킨 이데올로기 따위의 사회 요인들 속에 있는 사회적 토대, 내용, 사회화, 정신기능을 규명한다. 개인은 이러한 요인들을 경험한다. 하지만 그는 이것들이 자신의 심리적 반응에 영향을 미치는 방식을 잘 알지 못한다. 사회학적·정치적 양식을 지닌 연구자라면 이 지식을 대중에게 전수하여 자신의 경험을 잘 이해하도록 도와야 한다.

Ⅳ. 비마르크스주의 심리학 이론을
마르크스주의 심리학과 통합하기

거시문화심리학은 마르크스주의가 아님에도 이례적으로 마르크스주의와 양립하는 성격이 있다. 그래서 이 둘은 서로 영향을 주고받는다. 이 둘 사이에 양립하지 않거나 대립적인 측면은 전혀 없다. 이는 특이한 현상이라 하겠는데, 다른 모든 심리학 이론들이 마르크스주의 심리학에서 중요하게 다루는 문화적 토대와 조직, 관리, 사회화, 심리 현상에 대한 해석과 양립하지 않는 요소들을 품고 있기 때문이다. 바로 이 점이 비고츠키와 루리아 그리고 레온티예프가 정신분석학이나 행동주의, 인격주의-주관주의, 정신생물학, 인지주의 따위의 이론들을 신뢰하지 않는 까닭이다.

마르크스주의 심리학과 다른 이질적인 심리학 이론들과의 관계를 논하는 것은 중요하다. 우리는 다양한 이론들을 병렬 배치하는 절충주의 혹은 상호작용주의를 거부한다. 이것이 연구자들이 양적 연구나 질적 연구에서 흔히 구사하는 방법론이다. 절충주의-상호작용주의는 과학의 기본 원리인 논리적 정합성에 위배된다. 이 원리가 이른바 간결의 법칙이라는 것이다. 이 법칙에 따르면, 실증적 이슈와 이론적 이슈 공히 원리와 부합하는 최소한의 핵심적인 말로 설명해야 한다. 절충주의-상호작용주의는 서로 엇갈리는 설명을 통해 복합적인 모순을 드러낸다. 비고츠키는 이러한 실패에 대해 다음과 같이 설명한다.

> 각 구체적인 진술이 전체 체계의 핵심적인 개념과 연결되어 있고 그것에 의존하는데, 과학적 기원과 구성 속에서 이질적이고 다양한 두 개 혹은 그 이상의 부분들을 결합하려는 절충적인 시도에서는 본질적으로 그러한 체계를 볼 수 없다. 미국 문헌에서 행동주의와 프로이트 이론을 종합하거나, 아들러와 융의 체계에서 프로이트가 없는 프로이트 이론, 베흐테레프와 잘킨드Bekhterev and Zalkind의 반사론적 프로이트 이론, 그리고 프로이트 이론과 마르크스주의를 결합하려는 시도가 그러한 예들이다. 무의식과 관련된 한 가지만으로도 수많은 예를 들 수 있다. 이 모든 시도에서 하나의 체계의 꼬리는 다른 것의 머리와 마주 보고 있으며 이 둘 사이에는 또 제3의 몸통이 자리

할 것이다. … 절충이 할 일은, 마르크스주의 철학이 제기한 물음에 대해 프로이트적 메타심리학에 기초한 적절한 대답을 하는 것이다. _1997a, p.259

마르크스주의 체계는 일원론적, 유물론적, 변증법적 등으로 규정된다. 그렇다면 프로이트 체계의 일원론, 유물론 등도 성립할 것이다. 개념의 짜깁기가 이루어지고 두 체계 사이의 융합이 선포된다. 한눈에도 알 수 있는 노골적이고 적나라한 모순을 아주 간단한 방법으로 제거해 버린다. 모순들이 체계 속에서 쉽게 사라져 버리고 장광설 따위로 해명된다. 이런 식으로, 프로이트 이론은 성性이 사라진 성 이론이 되는데, 이런 방식이 마르크스주의 철학과 부합하지 않을 것은 자명하다. 물론, 우리는 우리가 성 이론의 독트린이 배제된 프로이트 이론을 받아들일 것이라고 들었다. 하지만 이 독트린은 그 전체 체계의 중심에 신경과 영혼이 들어 있다. 알맹이가 없는 체계를 우리가 받아들일 수 있을까? 결국, 무의식에서 성적 본질의 독트린이 없는 프로이트 이론은 예수 없는 기독교 정신 혹은 알라신을 섬기는 불교와도 같다. _앞의 책, p.261

두 체계의 정체성은 단순한 형식적-논리적 방법으로 서로 다른 특성들을 짜깁기한 결과를 발표한 것인데, 프로이트의 기본 개념들을 단 한 번도 분석해 보지 않고, 그의 가정과 출발점을 비판적으로 검토하고 해명하지 않고, 그의 사고의 생성에 대해 비판적으로 검토하지 않고, 심지어 프로이트 스스로가 자신의 체계에 대한 철학적 토대를 어떻게 생각했을까 하는 간

단한 물음도 던지지 않고 그렇게 한 것이다. _앞의 책, p.262

양립할 수 없는 체계들을 결합하는 대신, 우리는 먼저 프로이트주의와 마르크스주의 사이에 내재한 본질적인 비양립성을 설명해야 한다. 그런 다음 우리는 그 체계로부터 비마르크스주의 체계의 구체적인 요소들을 추출하고, 그 비양립적 속성을 제거한 다음 그것들을 마르크스주의 속으로 통합하여 새롭게 재정비하고 그 잠재적 진리를 구현한다. 개인적 의미와 개인적 경험, 정서와 노동 그리고 공동체에 관한 우리의 토론이 이러한 경로를 따랐다. 이것은 마르크스가 자본주의 생산수단을 다루었던 바로 그 경로다. 마르크스는 자본주의 생산수단이 사회주의를 위해 쓰일 잠재적 유용성을 알고 있었다. 그래서 그는 자본주의적 소유와 자본주의적 생산양식의 원리로부터 그것들을 전유하여 사회주의적 생산양식 내에 포함시킴으로써 사회주의적 특성을 품게 했다. 개념의 수용과 재정비는 개념적으로 서로 비슷한 두 체계를 정립하기 위해 모든 학자들이 쓰는 방법이다. 비고츠키의 비마르크스주의 후학들은 이 방법을 자신의 개념에 썼다. 이들은 비고츠키 개념 속의 마르크스주의적 체계를 무시하고 부정하고 왜곡했다. 하지만 이들은 그것을 부르주아적 특성(이것을 개인적 혹은 개인 상호 간의 현상으로 환원시키기)과 융합하는데, 이런 점들은 이 책 서문에서 적어 두었다. 물론, 이러한 시도는 비고츠키 이론의 진리를 실현하기보다 그것을 기형화하는 측면이 있다. 하지만 재정비 **과정**이긴 마찬가지다.

이 중요한 이슈를 프로이트-마르크스주의로 살펴보도록 하자.

루리아[1979, 1장]는 처음에 정신분석에 이끌렸으나 결국 그것이 마르크스주의 문화심리학과 양립하지 않는다는 것을 알고 거부했다.

나는 정신분석학 연구에 뛰어들었다. 우선, 나는 소규모 정신분석 서클을 만들었다. 심지어 러시아어와 독일어로 표지 상단에 "카잔 정신분석학회"라고 인쇄된 편지봉투를 주문하기도 했다. 그런 다음 나는 이 집단의 설립에 관한 소식을 프로이트에게 직접 편지를 써서 보냈는데, 프로이트로부터 "친애하는 회장님께"라는 답장을 받고서 뛸 듯이 기뻤다. 고딕체의 독일어로 쓰인 이 편지는, 프로이트의 소책자에서 러시아어 번역문으로 쓴 또 다른 편지와 함께 지금도 내 서류철에 보관하고 있다.

몇 년 뒤, 나는 정신분석 개념에 기초한 몇 편의 논문을 발표했고 심지어 정신분석에 관한 객관적인 접근을 다룬 책의 초고를 썼지만 출판되진 않았다. 하지만 결국 나는 사회적 "높이"는 배제한 채 정신의 생물학적 "깊이"로부터 인간 행동을 연역해 낼 수 있다고 생각하는 것은 오류라고 결론지었다.

비고츠키 역시 처음에는 정신분석 개념에 관심을 가졌다. 그는 정신분석 연구회에 가입했고 루리아와 공동저자로 프로이트의 『쾌락원칙을 넘어Beyond the Pleasure Principle』의 러시아어 번역판의 서문을 썼다. 1925년에 출간된 이 초기 저작물은 모종의 새로운 심리학 사상을 접함에 따른 풋풋한 생동감을 표현하고 있다. 비고츠키와 루리아는 프로이트 이론과는 대립적인 자신의 문화-역사 심리학을 진전시켜 감에 따라 프로이트의 과학적·정치적 공헌을 과대평가한 자신의 오류를 즉시 수정했다.

루리아에 따르면, "비고츠키는 인간의 생물학적 본성을 지나치게 강조하는 프로이트의 '심층심리학'에 강력히 반대했다. 대신 그는 사회적으로 조직된 인간 경험의 '높이'를 기초로 한 심리학을 제안했는데, 이 심리학은 인간의 의식적 활동의 구조를 결정한다고 주장했다"1979, 3장.

『예술심리학』에서 비고츠키1925/1971는 프로이트와 문화심리학 사이의 대립지점을 다음과 같이 설명한다.

맥두걸McDougall, 르봉Le Bon, 프로이트 같은 사회심리학자들은 사회적 정신을 개인의 정신으로부터 파생된 부차적인 것으로 간주한다. 이들은 특수한 개인적 정신이 있으며, 개인의 여러 정신들의 상호작용으로부터 모든 사람들에게 공통된 집단정신 혹은 심리학이 출현한다고 생각한다. 따라서 사회심리학은 집합적 개인a collective individual의 심리학으로 간주되는데, 이것은 집단은 낱낱의 개인들로 이루어져 있다는 사고방식이다. 우리는 비마르크스주의 사회심리학을 경험적 이론의 일종으로 본다. 이것은 사회적 실체social entity를 군중, 집단적 실체, 개인과 개인의 관계로 간주한다. 사회는 사람들 간의 유대의 산물인데, 이 유대는 개인의 부수적인 활동이다. 이 심리학자들은 개인의 정신이 사회적이며 사회적 조건화의 산물이라는 것을 인정하지 않는다.

비고츠키에 따르면,

정신분석학은 역동적이지 않고, 매우 정적이고 보수적이고 반변증법적·반역사적 경향이 있다. 이것은 고등정신과정(개인적인 것과 집단적인 것 모두)을 원시적, 시원적, 유사 이전의, 유인원적 기원으로 환원시켜서 역사적 여지를 깡그리 없애 버린다. 도스토옙스키의 창의성이나 원시부족의 토템과 터부의 비밀, 기독교 교회, 공산주의, 원시 집단을 동일한 열쇠로 푼다.

정신분석에서는 모든 것이 동일한 원천으로 환원된다. 그러한 경향성들이 정신분석에 나타나는 것은 문화·사회학·역사 문제를 다루는 이 학파의 모든 연구 활동에서 분명히 볼 수 있다. 우리는 여기서 이것이 마르크스주의 방법론과 모순된다는 것을 볼 수 있다. _1997a, p.263

물론, 이 말이 프로이트의 기본 개념이 변증법적 유물론과 맞지 않기 때문에 마르크스주의자들이 무의식을 연구하지 말아야 한다는 뜻은 아니다. 정확히 말해, 정신분석학이 다루는 분야가 부절적한 수단으로 연구되기 때문에 이것은 마르크스주의를 위해 극복되어야 한다. _앞의 책, p.265

위의 마지막 문장이 비마르크스주의 체계로부터 심리학적 이슈를 수용하고 그것들을 새롭게 단장하는 것에 관한 나의 관심을 끌었다. 이는 또한 정치 운동에도 적용할 수 있다. 대부분의 운동은 반마르크스주의적으로 이루어진다. 따라서 이들 속의 유용한 요소들은 정치 이론으로부터 추출되어 마르크스주의 이론틀 내에서 재구성되어야 한다. 이것은 마르크스주의를 새로운 이슈로 확장시키는 의미를 갖는다. 이 이치는 조합 운동, 포퓰리즘, 인종 운동, 젠더 운동에도 적용할 수 있다.

프로이트의 정신물리학

프로이트주의와 마르크스주의 문화심리학의 대립지점은 정신psyche에 관한 프로이트의 정신물리학적 토대에 뿌리를 두고 있다. 프로이트는 이것을 페히너Fechner에게서 차용했다. 페히너는 물리학 원리를 충동, 본능, 감각, 심지어 사고 따위의 심리 현상에 적용한 물리학자다. 프로이트는 페히너의 강의를 들으면서 그의 이론을 철저히 연구했다. 프로이트는 자신의 저서 곳곳에서 페히너를 인용한다. 페히너의 정신 에너지 개념, 정신의 "지형학" 개념(정신을 무의식 영역, 전의식 영역, 의식 영역으로 분할하기), 쾌락-불쾌의 원리, 불변성 개념과 반복성 개념 등이 모두 프로이트의 전체 이론 속에 거의 그대로 수용되었다. 프로이트의 충동 이론은 정신물리학의 법칙(충족되지 않은 정신 욕구는 불안과 부정적인 긴장 상태를 유발한다는)을 그대로 따르는 긴장과 충동 수준, 항상성과 에너지 보존에 관한 정신물리학적 개념이었다. 욕구가 충족되면 충동의 강도는 감소되어 유기체는 항상성을 유지하게 된다. 실로, 프로이트의 쾌락 원칙 개념에서 보듯이, 양적 속성을 지닌 물리적 힘에 관한 그의 개념은 전체적으로 페히너에게서 가져온 것이다. 또한 히스테리에 관한 프로이트의 이론은 페히너의 정신물리학을 직접적으로 반영하고 있다.Sulloway, 1992, pp.66-67

"불안과 본능적 삶"Freud, 1965, p.106이란 주제의 1912년 강의에서 프로이트는 이전의 상태로 돌아가고자 하는 본능의 보수적인 속성은 아동기의 억압된 경험이 꿈이나 다른 반작용을 통해 재생산되는 이유라고 주장한다. 다시 말해, 억압된 정신이 무의식에 머물러 행동을 조종하는데, 이것은 유기적 본능과 마찬가지로, 정신적 본능이 근원적인 정신을 지키려는 것을 목적으로 하기 때문이다.

프로이트는 정신 또는 마음에 관한 비정신적이고 비문화적인 개념을 제기했다. 비고츠키가 지적했듯이, 이것은 비고츠키의 마르크스주의 문화심리학과 통합될 수 없다. 마르크스주의 철학자 리히트만Lichtman은 "프로이트의 메타심리학, 특히 그의 본능 이론은 마르크스주의 이론 속으로 통합될 수 없다. 두 이론의 근본적인 모순 때문에 그러한 시도는 무모하다"고 말했다.1982, p.253

프로이트의 이론이 마르크스주의와 양립하지 못하는 것은 그것의 개넘화와 해석, 정신 문제의 해법에서 오류가 많기 때문이다.

실증적 증거가 결여된 방어기제

홀트Holt는 "정신분석 이론에 내재한 모호함, 오류, 내적 모순의 대부분은 신경학으로부터 물려받은 궁핍에 기인한다"고 결론지었다.[1989, p.129] 설로웨이Sulloway, 1991, p.245 또한 비슷한 평가를 했다.

> 프로이트 정신분석학의 핵심적인 개념들의 많은 부분이 그릇되거나 19세기의 낡은 생각들에 근거하고 있다. … 나쁜 생물학은 궁극적으로 나쁜 심리학을 배태한다. 프로이트는 자신의 정신분석 건물을 모래 위에 쌓았고, 그의 가장 중요한 이론적 결실은 종국적으로 파국을 맞을 운명이었다.

설로웨이[1992]는 프로이트가 마지막까지 "비밀 속의 생물학자"로 남았다고 주장한다.

나는 나쁜 생물학이 나쁜 심리학을 생산한다는 설로웨이의 인과관계 화살표 방향을 뒤집고자 한다. 프로이트는 심리학에 대해 그릇되게 이해했는데 자신의 이러한 오류를 정당화하기 위해 생물학에 의존했다. 튼튼한 문화적 방향성을 지닌 좋은 심리학자는 정신물리학을 설명 근거로 삼지 않을 것이다. 생물학적 결정론은 나쁜 심리학을 정당화한다. 전자가 후자를 생산한 것은 아니다.

바우마이스터 등Baumeister et al., 1998은 실증적으로 방어기제를 논박한다. 홈스Holmes는 방어기제에 관한 연구를 검토한 뒤 "요즘에는 억압 repression 개념을 뒷받침할 대조 실험 결과가 없다"고 결론짓는다.[1990, p.96]

프로이트의 사례들

프로이트의 탈문화적, 정신물리학적 에고 기제들 속에는 인간 심리의 사회적 측면들이 제거되어 있다. 이로부터 프로이트와 그의 후학들은 프로이트의 모든 개념들을 곡해하게 된다.

다니엘 슈레버에 관한 프로이트의 연구가 그 좋은 사례다. 프로이트는 한 번도 슈레버를 만난 적이 없었지만, 1911년에 슈레버의 저서 『나의 신경증에 관한 추억』에 기초하여 그에 관한 분석 결과를 썼다. 프로이트는 슈레버의 편집증이 그의 아버지를 향한 동성애적 사랑에 대한 방어라고 결론짓는다. 더욱이, 신에 의한 박해 경험은 자신의 아버지에 대한 두려움이 대치된 것이었는데, 이것은 아버지에 대한 자기 사랑의 반동형성reaction formation이었다.

샤츠만Schatzman, 1973은 프로이트의 해석이 슈레버가 지닌 두려움의 진정한 원천을 전도시켰다고 설명한다. 그 원인은 아버지가 그를 야만적으로 다룬 것에 있다. 샤츠만은 다니엘 슈레버의 아버지인 모리츠 슈레버가 쓴 자녀 양육 책자를 발견했다. 이 속에는 아동 속의 반항적인 야수성을 길들여서 생산적인 시민으로 교화시키기 위한 필요성을 강조하고 있었다. 모리츠 슈레버가 추천하는 많은 기법은 다니엘의 정신병적 경험 속에 투영되어 있었다. 이를테면 다니엘 슈레버가 기술한 "기적" 가운데 하나는 가슴을 몇 번이고 세게 짓누르는 것이었다. 이것은 아이의 신체를 속박하여 식탁에서 바른 자세로 앉도록 강제하는 기계장치로서 모리츠 슈레버가 고안한 대표적인 기법 중의 하나였다. 이와 비슷하게, 다니엘의 "영하의 기적"은 생후 3개월밖에 안 된 갓난아기를 얼음을 채운 욕조에 집어넣는 모리츠 슈레버의 권고사항을 거울처럼 비춰준다. 또한 다니엘은 "신의 영역 내의 권력 위계"에 관한 환각을 겪었는데, 이것은 그의 아버지가 자신의 권력을 보모에게 부여하고 보모는 그녀의 권력을 아기에게 부여하는 양육 위계질서의 축소판이다.

슈레버의 공포의 가족사 속에 당시 독일 사회에 만연한 아버지와 아들 사이의 억압적이고 권위적인 관계가 축약되어 있다. 하지만 프로이트는 이 모든 사회 현실을 무시했다. 사실, 그는 이것을 자신의 허울 좋은 심리학적 설명으로 신비화하고 모호하게 만들었다. 이것은 프로이트 심리학 이론의 정치적 성격을 보여 준다. 대조적으로, 문화-역사 심리학은 a) 아버지와 아들의 사회적 관계를 규명한 다음, b) 이것을 거시문화요인으로 추적하면서 비판적으로 분석한다.

이 분석은 프로이트가 제시하는 모든 사례에 적용된다. 그는 여성 환자들의 모든 두려움의 기저에 자신의 아버지나 다른 중요한 인물에 대한 자연적·오이디푸스적·리비도적 사랑이 깔려 있지만, 사랑을 두려움, 증오, 히스테리 등으로 전환시키는 무의식적 방어기제를 통해 이 사회적으로 금지된 사랑을 부정하는 것으로 오인했다. 페미니즘의 비판은 여성이 아버지에게 품는 두려움과 증오는 실질적인 것이지 방어기제가 아니며, 그것은 아버지의 권위적인 양육 방식에 대한 직접적인 반작용이라는 점을 철저히 보여 준다. 이 개인적 상황은 부모-자식 간의 관계의 보편적인 사회적 유형을 보여 주었다. 또한 이 가족 유형은 노동 시장에서의 보편적인 권위주의적 정치-경제적 사회관계를 보여 주고 강화했다.

라마스Ramas, 1990는 도라Dora에 관한 프로이트의 분석이 "로맨틱 픽션"이나 다름없다고 비평한다. 도라의 증상을 불가사의하고 허구적인 원인으로 만들어 버린 명백한 사회적 영향을 전도시키기 때문이다. 이를테면 도라의 부모는 K씨 부부와 친분을 맺고 있는데, K씨가 도라를 유혹할 때 도라의 아버지는 K씨 부인과 간통하고 있었다! 당연히 도라는 두 남자에게 화가 났고, 이것이 그녀의 성적 불감증과 만성적인 스트레스를 **유발했을지도 모른다.** 하지만 도라가 K씨를 거부하고 뺨을 날렸음에도 프로이트는 이 사실을 정반대로 왜곡했다. 도라가 K씨를 사랑했다고 하며, "당신은 K씨가 두려운 것이 아니라 당신이 그를 받아들이고 싶어 하는 유혹이 두려웠던 것"이라고 말한다.Ramas, 1990, p.167에서 인용 슈레버의 사례에서처럼, 프로이트는 도라의 히스테리가 정신물리학적 방어기제로 가장된 그녀 자신의 금지된 성적 욕망(K씨를 향한)에 기인한다고 주장한다. 프로이트의 통찰에서 진정한 사회적 문제는 실종되어 있다. 프롬1942은 프로이트의 이러한 면을 평한다. "프로이트의 관찰은 매우 중요하다. 하지만 그의 설명에는 오류가 있다. … 그는 성감대와 성격 특성 사이의 인과관계를 실제와 정반대로 잘못 해석했다."

리히트만1982, pp.131-173은 도라에 대한 프로이트 해석의 오류에 대해 마르크스주의 입장에서 철저한 비판을 가한다.

> 프로이트는 자신의 발견에 대한 사회적 의미를 알 수 없었는데, 이는 사회를 바라보는 관점의 한계로 말미암아 그의 통찰이 생물학과 물리학 아니면 부르주아적 사회관계를 대변하는 보편 인류학에 의존해 있었기 때문이다. _앞의 책, p.131

역사학자 데이비드 스태너드David Stannard는 다음과 같이 결론짓는다. "정신역사학은 유효하지 않다. 정신분석학적 역사 접근은 논리적 아집과 과학적 근거 미흡, 문화적 순진함 면에서 구제 불능이다"1980, p.156. 레오나르도 다 빈치에 관한 프로이트의 정신분석학적 전기傳記는 "증거와 논리, 그리고 무엇보다 상상력의 절제라는 극히 기본적인 원칙을 무시하고 있다"앞의 책, p.3; Crews, 1993; Wolpe and Rachman, 1960.

대조적으로, 랭과 에스터슨Laing and Esterson, 1970은 심리학적 증상은 (슈레버와 도라의 경우처럼) 부모가 환자에게 가한 심신을 쇠약하게 하는 사회적 상호작용이 직접적이고도 선명하게 투영된 것으로 설명한다. 이러한 주장은 이 보편 가정의 유형을 그 기저에 있는 넓은 사회적 요인과의 연관 속에서 생각하게 한다. 이것은 미국의 심리학과 신자유주의적 가치와 실천의 연관성을 추적한 피억압 미국인들의 문화심리학에 관한 실바의 분석과 유사하다. 정신질환에 관한 객관적인 분석은 마르크스주의 심리학의 절정을 이루는 문화심리학적 접근 방식을 긍정한다.

프롬1942은 프로이트의 설명을 뒤집어 생각함으로써 프로이트의 성격 연구 결과가 사회심리학에서 번창하게 된 이유를 설명한다.

> 이를테면, 우리가 유럽 중하층 계급에서 전형적으로 볼 수 있는 항문성격anal character이 어린 시절의 어떤 배변 경험에서 기인한다고 생각하는 한, 우리는 특정 계급이 항문성격을 가져야 하는 이유에 대한 어떠한 연구 결과도 확보할 수 없다. 하지만 만약 우리가 그러한 성격을 성격 구조에 기초하고 외부 세계와의 경험으로부터 생겨난 다른 어떤 것과의 연관으로서 이해한다면, 우리는 중하층 계급의 전체적인 생활양식, 즉 특유의 편협함, 고립, 적대감 따위를 이해할 수 있게 된다.

프로이트의 "사례 연구들"은 인간 심리의 사회적 현실을 왜곡하고 모호하게 만든다. 프로이트는 아동이 부모(혹은 다른 성인들)에게 품는 두려움을 사랑으로 왜곡 해석함으로써 자신의 신비화 과정을 개진했다. 이런 식의 정서 왜곡은 필연적으로 그것을 발생시킨 사회관계의 왜곡으로 이어진다. 능동적인 정서는 부모-자식 관계가 선하다는 것을 의미하는데, 이는 아동이 진정으로 부모를 사랑하는 이유다. 부모에게서 그들의 이상 행동에 대한 어떤 합리적인 사회적 원인을 제거해 버리는 것은 필연적으로 그 이상 행동을 부모 자신의 정신 작용 탓으로 돌리게 된다. 이것은 실업과 빈곤의 원인이 사회경제적 정책 탓이 아니라 가난한 사람의 빈곤한 동기에 있다고 말하는 것과도 같다.

프로이트의 보수적 정치학

프로이트와 마르크스가 양립할 수 없는 또 다른 증거는 사회-심리학적 문제 해결, 즉 사회와 심리학의 변혁에 관한 프로이트의 정치관에서 엿볼 수 있다. 프로이트의 정치학은 자신의 그릇된 자연주의적·보편적·심리 본능에 기초한 무지하고 보수적인 성격을 지닌다.

프로이트의 『문명 속의 불만』[1930/2015]은 다음과 같은 물음으로 끝맺는다.

> 인간 문화가 발달하면 공격적이고 자기 파괴적인 인간 본능에 의한 공동체 삶의 파괴를 막을 수 있을 것인가? 그럴 수 있다면 어느 정도까지 가능할까? … 두 천상의 힘 가운데 다른 하나인 영원한 에로스Eternal Eros가 불멸의 대적자와의 투쟁에서 그를 지지해 줄 것으로 기대할 수 있을 것 같다. 하지만 어떤 성공과 어떤 결과가 있으리라고 그 누가 예측할 수 있을까?

설령 문명이 공격성을 제어할 수 있다손 치더라도, 결과는 불행하고 만족스럽지 않을 것이다. "만약 문명 파괴를 막는 것이 문명 파괴만큼의 심각한 불행을 초래할 것이라면 도대체 그것이 무슨 소용이 있을 것인가?"

프로이트가 이러한 생각을 활용한 맥락은 마르크스가 제기한 공산주의적 사회 변혁과 정신 변혁을 거부하기 위해서였다.

나는 공산주의 체제가 근거로 삼는 사회심리학적 가정들이 설득력 없는 환상이라는 것을 잘 알고 있다. 사유재산을 폐지하는 과정에서 우리는 인간의 공격성에서 그 수단 중의 하나를 제거한다. 이 수단은 확실히 강력한 성질의 것이다. 하지만 우리는 공격성의 오용이 빚을 위력과 영향력에 내재한 차이를 전혀 개조하지 못할뿐더러 본질적으로 어떤 것도 바꿀 수 없다. 공격성은 재산이 만들어 낸 것이 아니다. 이것은 사유재산이 전혀 없었던 원시시대부터 거의 무한정으로 만연해 있었다. 또한 공격성은 항문기 이전의 아기들에게서도 볼 수 있다. 이것은 사람들 사이의 모든 애착과 사랑의 관계의 토대를 형성한다(유일한 예외가 있다면 아마 자식에 대한 어머니의 사랑일 것이다). 만일 우리가 물질적 부를 누릴 사적인 권리를 제거한다면, 성적인 관계의 영역에서 특권이 여전히 남아 있을 것인데, 이것은 다른 영역에서는 대등한 위치에 있는 남성들 사이에서 가장 심각한 반감과 가장 강렬한 적대감을 유발할 것이다. 만약 우리가 이러한 요인을 제거하기 위해 완전한 성생활의 자유를 허락하고 가족제도를 폐기한다 하더라도, 어떤 새로운 문명 발달의 경로를 예견하기는 쉽지 않을 것이다. 다만 우리가 기대할 수 있는 한 가지는 인간 본성의 이 비파괴적인 속성이 그 뒤를 이을 것이라는 것이다. _앞의 책. p.87

　프로이트가 말하고자 하는 것은 공격성이 사회조건과 무관한 불변의 선천적 속성이라는 것이다. 공격성을 줄이기 위해 고안된 조건 속에서의 어떠한 변화의 노력도 실패할 것인데, 공격성은 또 다른 조건 속에서 스스로를 표출할 것이기 때문이다. 프로이트는 오직 자신의 희망을 "천상의 힘"인 영원한 에로스와 사랑에 의지한다. "보편 인류의 발달 속에서는 개별 인간의 발달에서와 마찬가지로, 이기심에서 이타심으로의 변화를 가져오는 의미에서, 사랑만이 희망이다"1921/2012, p.32. 이것은 역사와 정치에 대해 한심할 정도로 무지하고 유사종교적인 관점이라 하겠다. 이것은 마르크스주의와 180도 다른 관점이다.[12]

화해할 수 없는 것들과 화해하기

화해할 수 없는 것과 함께하기는 불가능하다. 유일한 해결책은 어느 하나의 기준에 따라 다른 하나를 바꾸는 것이다. 이것은 둘 사이에 본질적인 면의 공통점은 존재하지 않는데 각자의 본질은 유지한 채로 서로가 서로에게 맞춰 가는 타협의 문제가 아니다. 적응은 다른 것과 조화를 이루기 위해 본질적으로 화해 불가능한 한 요소를 파괴하는 것을 요청한다. 절충주의는 본질적으로 적대적인 성격을 보존한 채로 서로 다른 두 가지를 결합하는 것이 불가능하기 때문에 신화와 다르지 않다. 무릇 열등한 요소가 우월한 요소를 변화시키는 법이다. 비마르크스주의적 이론을 활용하려는 마르크스주의자들은 불가피하게 그들을 돕게 된다. 사이비 마르크스주의 속에서 정신분석학에 마르크스주의를 변화시킨 경우가 그 역의 경우보다 훨씬 많다. 마르크스주의적 프로이트주의자들은 프로이트주의적 마르크스주의자들에게 설득을 당하게 되어 있다. 수정해야 할 쪽과 수정당해야 할 쪽의 관계가 전도되는 것이다. 프로이트를 수정해야 할 마르크스주의가 오히려 그것에 의해 수정당하고 프로이트주의로 흘러가 버리는 것이다. 똑같은 운명이 마르크스주의적 라캉주의자들에게도 닥친다. 이들은 라캉주의적 마르크스주의자가 된다. 잡종 마르크스주의는 진정한 마르크스주의 심리학을 방해한다(이것은 정치경제학 영역에서도 마찬가지로 적용된다. 중국의 경우에서 보듯, 자본주의 경제를 활용하려는 사회주의의 노력은 필연적으로 자본주의적 사회주의자들에게 주도권을 빼앗기는 사회주의적 자본주의로 막을 내리게 된다). 그러므로 마르크스주의 입장에서는 반드시 비마르크스주의적 요소와 반마르크스주의적 요소를 압도해야 한다. 그렇지 않으면 이들로부터 압도당할 것이다.

정신분석학자들이 프로이트와 비고츠키 사이의 일치점을 주장할 때 활용하는 전략이 두 이론 모두를 단순하고 추상적인 사고체계로 환원시키는 것이다. 그러한 전략 중의 하나가 두 이론 모두 정신기능의 발전을 위한 부모와 자식 간의 상호작용의 중요성을 인식하고 있는 점을 강조하는 것이다. 이것은 구체적인 면에서의 심각한 차이를 간과하는 점에서 문제가 있다.

파봉-퀠라Pavón-Cuéllar, 2015는 이 추상적인 사고를 사회심리학적 환상에 대한 프로이트와 마르크스의 관심을 등치시키기 위해 활용한다. 그는 두 이론 모두 현실을 은폐하는 의식의 환상을 강조했다고 말한다. 그는 마르크스와 엥겔스가 말한 다음과 같은 진술을 프로이트와 등치시킨다.

> 의식은 의식적인 존재conscious existence, 독일어 원문은 '의식된 존재das bewuβ te Sein'이다 외의 아무것도 아니며, 인간이 존재해 가는 것은 그들의 실질적 삶의 과정이다. 만약 모든 이데올로기에서 인간과 그들을 둘러싸고 있는 환경이 카메라의 어둠상자에서처럼 거꾸로 나타난다면, 이러한 현상은 망막에 사물이 전도된 모습이 그들의 물리적 삶의 과정에서 나타나는 것처럼, 그들의 역사적 삶의 과정에서도 똑같이 일어날 것이다.
>
> _Marx and Engels, 1932/1968

나와 미신을 믿는 사람 사이에 두 가지 차이점이 있다. 첫째, 그가 동기를 바깥으로 투사하는 반면, **나는 나 자신 속에서 동기를 찾는다.** 둘째, 그는 어떤 사고를 사건event으로 설명하지만, **나는 그 사고accident를 추적하여 그것을 발생시킨 사고thought를 찾아낸다**(강조는 추가됨).

… 세계를 바라보는 신화적 개념은 현대의 대부분의 종교에서 그 전형을 볼 수 있는데, 이러한 개념의 상당 부분은 외부 세계를 향해 투사된 정신에 지나지 않는다.

_Freud, 1914, pp.308-309

파봉-퀠라[2015, p.57]는 프로이트적 마르크스주의라는 혼합물을 만들어내기 위해 프로이트와 마르크스를 결합하려 애쓴다.

두 개념 모두에서 형이상학은 현실 세계 혹은 외부 세계와 동떨어져 환상적으로 존재할 뿐만 아니라 우리를 정신적 요인들과 무의식의 성단星團으로 보내는 진실, 정신이 생산하고 투사한 진실을 의미하는 심리학으로 환원된다.

파봉-퀠라는 마르크스와 프로이트가 메타심리학을 공유했다고 주장한다. "형이상학, 신화학, 종교가 여러 가지 면에서 서로 일치하고 상호 보완적인 것으로 마르크스와 프로이트는 보고 있다"[앞의 책].

파봉-퀠라의 논리는 결함이 많다. 마르크스와 프로이트가 환상에 관심을 가졌던 것은 사실이다. 하지만 이 추상적인 관심은 그 자체로 무의미하다. (비고츠키가 절충주의자들이 늘 그러하다고 말하듯이) 이것은 구체적인 세부 내용들을 무시하고 있기 때문이다. 세부 내용들은 많은 부분 정반대의 모양새다. 또한 이것은 두 이론이 조화를 이룬다는 파봉-쿌라의 결론도 틀렸음을 입증한다.

우리는 마르크스가 종교를 억눌리고 신비화된 사회적 삶을 반영하는 것으로 설명한 것을 분석해 왔다. 환상은 객관적이다. 마르크스는 신비화된 의식의 원인을 프로이트처럼 주관적이고, 무의식적인 정신의 투사 탓으로 돌리지 않는다. 마르크스는 우리를 정신적 요인들과 무의식의 성단으로 보내는 진실, 정신이 생산하고 투사한 진실에 관한 프로이트의 개념 세계를 인정하지 않았다. 그 누구도 이것을 인정해서는 안 된다. 왜냐하면 프로이트의 사례들에 관한 객관적인 분석이 증명하고 또 랭과 에스터슨[1970]이 동의하듯이, 이것은 잘못된 생각이기 때문이다.

파봉-쿌라는 존재하지도 않는 마르크스와 프로이트의 조화를 단순히 선포하는 것에 그치지 않는다. 그는 그것을 만들어 내려 한다. 파봉-쿌라는 마르크스를 프로이트의 환상 모형에 끼워 맞추기 위해 마르크스를 왜곡한다. 이것은 대립적인 관점을 마르크스주의와 결합시키려는 절충주의적 시도의 결과다. 파봉-쿌라의 통합은 그것이 나아가야 할 정반대의 방향으로 치닫는다. 그는 문화-역사적 입장이나 유물론적 입장에서 환상에 관한 정신분석학적 개념을 재구성한 것이 아니다. 그보다는 마르크스주의적 프로이트주의가 프로이트적 마르크스주의에게 주도권을 넘겨주는 식이고, 여기서 마르크스주의는 정신분석학에 포섭되어 마르크스주의의 본질을 상실한다.[13]

이러한 오류는 심리학적 인류학에서도 볼 수 있다. 정신분석 문화심리학자인 로버트 르바인Robert LeVine은 문화 환경 속에 정신분석 과정을 넣으려고 시도한다. 〈인간 발달〉이란 학술지에서 쓴 글에서 그는 "정신분석이 지속적인 발달 과정, 즉 성장과 성인기에 수년간 나타나는 신경증의 해결에 관한 연구를 위해 설계되었다"고 말한다.LeVine, 1971, p.105 이것은 문화를 인간 심리를 조직하는 원천으로부터 개인 내의, 보편적인, 정신분석 기제가 무의미해지는 외부적 맥락으로 전락시켜 버린다.

정신분석학, 마르크스주의, 비고츠키 문화심리학의 적절한 통합

마르크스주의와 문화심리학을 정신분석학 밑에 둘 것이 아니라 정신분석학을 마르크스주의와 문화심리학의 밑에 두어야 한다. 비고츠키가 말하듯이, "정신분석학의 연구 영역이 부적절한 방법으로 연구되는 바로 그 이유로 인해, 정신분석학은 마르크스주의를 통해 수정되어야 한다". 이것은 사회 전체 영역에서 일어나야 하는 변혁에 수반되는 이론적 과업이다. 노동, 공동체, 자아개념, 사고, 섹슈얼리티, 사랑, 종교는 모두 마르크스주의와 사회주의에 포섭되어야 한다. 마르크스주의 사회이론과 심리학은 이 변혁 욕구와 그 가능성 그리고 그것이 취해야 할 형태를 설명한다. 이것이 사회이론이 마르크스주의에 포섭되어야 하는 이유다.

다몬Darmon, 2016, p.124이 설명한다.

> 정신분석학에 대한 부르디외적 접근은 정신분석학 개념과
> 사회학적 개념이 서로 보완되거나 통합될 때보다 정신분석학
> 이 사회학으로 포섭될 때 잘 이해된다.

파농Fanon은 식민지 알제리 민중의 이해와 관련하여 정신분석에 대한 이러한 접근법을 취한다. 후크Derek Hook가 설명하길,

> 정신분석학적 설명법을 활용하면서 파농은, 그러한 "애정의
> 병리학"은 성적 세계와의 단 한 번의 "연결"만으로도 무의식적
> 과정을 통해 더 넓은 사회구조 내에 현존하는 불평등으로부터

궁극적으로 파생되며, 개별 주체의 내적 정신 작용으로 환원될 수 없다고 지적한다. _2004, p.117

이것은 개인이 부모와 맺는 관계(이를테면, 어머니를 사랑하는 아들)에서 발생하는 신경증에 관한 프로이트의 기본 개념과 대조를 이룬다. 유사한 맥락에서,

"유럽인들의 집단적 무의식"에 관한 파농의 관점은 "편견, 신화, 특정 그룹을 향한 집단적 태도의 순수하고 단순한 총합"이다.1986, 188 맥컬러McCulloch, 1983가 적고 있듯이, 파농의 시도는 "집단적 무의식에 관한 이 개념을 유전된 두뇌에 저장된 탈역사적 기제에서 지속적인 사회적 강화에 노출된 역사적으로 특정된 정신 구조의 문제로" 바꿨다.[71] _앞의 책, p.126

파농은 식민지 백성의 문화적 신경증을 낯선 식민지배자의 정체성을 자기 것으로 선택하도록 강제하는 것으로 규정한다.

검둥이가 죄의 상징이라는 것을 인식하기 시작할 때, 나는 검둥이를 증오하는 나 자신을 목도한다. 하지만 그때 나는 내가 검둥이라는 사실을 인식한다. … 이것은 내가 적대적이고 비인간적인 판타지로 연명해 가는 병들고 살벌한 환경을 선택해야만 하는 신경증적 상황이다. _Hook, 2004, p.128에서 인용

정체성 형성의 이러한 과정은 신경증적이고, 살벌하고, 모호하고, 증오와 죄악이 넘치고, 비도덕적인 것과 아울러 적대적인 판타지로 연명해

간다. 하지만 이 모든 신경증적 요소들은 문화적이다. 이것들은 개인적인 요소도, 개인 상호 간의 요소도, 정신물리학적 요소도 아니다.

파농은 피식민자와 연관된 식민지배자의 성적 모호함sexual ambiguity을 탐구한다. 이 성적 모호함은 정신물리학이 단독적으로 피식민자를 향한 식민지적 증오를 그 반대로 왜곡시켜 이 경멸스러운 백성에 대한 성적 호감을 생성하는 자연적, 보편적, 무의식적 과정의 산물이 아니다. 그 반대로, 이 성적 모호함과 복잡성은 식민지배자들이 검은 피부를 지닌 대중에게 강제로 부여하는 블랙 섹슈얼리티에 관한 문화적 역할과 신화 그리고 상징이다. 피억압 알제리인들은 육체노동에 이용된다. 이런 이유로, 식민지배자들은 이들을 기본적으로 육체적 존재 혹은 성적 존재로 간주한다. 이 강제된 문화적 역할은 흑인의 성적 기량("겁탈하는 흑인 남성")에 두려움을 느낀 식민지배자들로부터 어떤 경탄과 질투를 유발했다.앞의 책, p.132 흑인 남성에 대한 두려움은 또한 심리학적 욕구가 아닌 정치경제적 욕구에 기초한 흑인을 향한 백인의 의심과 억압을 정당화 혹은 합리화했다.

파농의 정신분석에 관한 후크의 분석은 이것이 비고츠키의 마르크스주의 심리학과 일치하는 것을 보여 준다. 능동적이고 갈등적이며, 증오에 차고 모호하고 정서적인 판타지와 정체성 그리고 성적 과정은 프로이트적, 개인적, 상상력의, 자연주의적, 정신물리학적, 보편적 특질이 설 자리가 없는 문화적 과정으로 강조된다. 문화심리학과 마르크스주의 심리학은 이 생기발랄한 주관적 과정들을 아우른 다음 이것들을 설명하고, 기술하고, 예언하고, 변혁하기 위해 문화적 분석을 전개함으로써 더욱 발전해 간다. 이것은 마르틴-바로Martín-Baró가 숙명론에 관해 언급한 것과 정확히 일치한다.Ratner, 2011, 2014, 2015b, 2017; Clark, 1965/1989 이 "정신정치학psychopolitics"Hook, 2004에서 인용된 파농의 용어은 정신물리학과 대조적으로, 식민통치의 치명적인 정신 영향력을 포함하기 위해 식민주의를 날카롭게 비판한다. 프로이트가 그랬듯이, 정신분석학은 개인 희생자들에게 비판을 향함으로써 무딘 사회적 비판을 제기할 뿐이다.

후크앞의 책. p.135는 이렇게 말했다.

> 파농이 정신분석학으로부터 개념을 빌려 오지만 그것을 매우 정확한 역사적·정치적 맥락의 프레임 속에서 사용하고 있다고 결론짓는다. 내가 프로이트와 관련해서 제안했듯이, 융의 개념을 파농이 사용한 것은 완전히 새로운 개념이 된 최초의 개념화로부터의 힘찬 이탈로 봐야 할 것이다.

이것은 해방적 심리학적 과학의 정립을 위해 마르크스주의 심리학이 정신분석학 개념들을 포섭한 전형을 보여 주는 사례라 하겠다.

주석

1. 과학과 정치학은 사회과학의 이론, 방법론, 적용법의 전 영역에 걸쳐 서로 맞물려 있다. 사회과학은 항상 정치적 가치에 의해 자극 받고 거꾸로 그 가치를 강화한다. 흥미로운 것은, 해방적 정치학은 사회과학의 가장 깊은 곳까지 닿아 있는 반면, 보수적 정치학은 피상적이고 이데올로기적인 사회과학에 맞닿아 있는 점이다.

2. 마르크스와 엥겔스는 다윈이 주장한 자연선택의 특정 기제를 인정하지 않는다. 이들은 인간 진화가 생산력의 변화에 따라 의식적으로 이루어짐을 강조한다. 뿐만 아니라, 생존을 위한 자연적인 투쟁은 인간의 사회적 삶에 비유될 수 없다.

> 인간 사회와 동물 사회의 본질적인 차이는 동물은 기껏해야 **축적할** 뿐이지만 인간은 **생산을 하는** 점에 있다. 이 중요한 한 가지 사실만 봐도 동물 사회의 법칙을 인간 사회에 적용하는 것은 불가능해진다. … 그러므로 특정 단계에서 인간 생산은 생활필수품뿐만 아니라, 비록 소수를 위한 것이긴 하지만 사치품도 생산하는 수준에 이른다. 따라서 생존을 위한 투쟁은 향락을 위한 투쟁, 단지 생존을 위한 수단이 아닌 발전을 위한 수단으로 옮아간다. 발전을 위한 이 수단은 **사회적으로 생산된** 것이기 때문에 이 단계에서 동물 왕국에서의 발전 범주는 더 이상 적용될 여지가 없어진다. 하지만 이때껏 그래 왔듯이 자본주의적 생산이 자본주의 사회가 소비하는 것보다 훨씬 풍부한 생존 수단과 발전 수단을 만들어 낸다면, 자본주의 사회는 대다수의 생산자들을 인위적으로 생존 수단과 발전 수단으로부터 벗어나게 할 수 있다. 만약 이 사회가 자체의 생존 법칙에 따라 지속적으로 필요 이상의 생산량을 증진하도록 되어 있어서, 매 10년을 주기로 상당한 생산물과 생산력을 파괴해야 할 지경에 이른다면, "생존을 위한 투쟁"이라는 주제로 토론할 여지가 있을까? 그 경우 생존 투쟁은 생산계급이 기존 지배계급으로부터 생산과 분배의 통제권을 넘겨받는 것을 포함하는데, 이것이 사회주의혁명이다. (1875년 라프로프에게 보내는 엥겔스의 편지, 강조는 추가됨)

3. 이러한 이치에 대해 랭과 에스터슨(Laing and Esterson, 1970)은 정신질환 환자

를 통해 논증한다. 정신분열환자 가족들에 대한 에스노그라피를 통해 아동의 혼란을 유발하는 것은 아동에게 모순된 메시지를 전하는 부모의 태도에 기인하는 것으로 밝혀졌다. 마야 에보트의 부모가 마야에 관해 서로 소곤거리는 것을 마야가 들었는데 부모는 그 사실을 부인했다. 이로부터 마야는 자신이 알아듣지 못해도 소곤거리는 목소리는 자신에 관한 이야기라는 생각을 키워 갔다. 이 그릇된 생각의 원천이 마야의 부모였음에도 심리치료사는 마야의 왜곡된 정신과정을 마야의 망상 탓으로 돌렸다.

4. 비체계적인 개별 사회 요소들은 포괄적으로 철저하게 이해될 수 없으며 따라서 변혁될 수도 없다. 서로 다른 모든 사회 요소들을 같은 시기에 같은 방식으로 재조직하는 것은 불가능하다. 오직 소규모의 개량만이 이루어질 뿐이다. 파편화된 이론들이 현상 유지를 위해 선호되는 이유가 이것이다.

5. 시민권은 소외계층을 자본주의 체제 속으로 편입시키는 점에서 자본주의 정치경제를 지지하고 있다. 시민권은 체제로 하여금 소외계층을 자본주의 계급 질서의 일부분을 차지하게 한다. 통합된 소외계층의 대부분은 하층 계급을 떠맡을 것이고, 사회 피라미드의 상당 부분을 차지할 것이다. 그중 소수는 중산층에 편입될 것이고 극소수는 상류층에 들어갈 수도 있다. 착취계급 체제로 편입하는 것에서 해방적인 면이 있을 수 없다. 해방적 측면은 오직 중산층이나 상류층에 편입된 사람들에게서만 볼 수 있을 것이다. 이를테면 중산층 여성과 중산층 남성, 흑인여성 노동자와 백인 여성 노동자를 비교할 때 그런 측면을 느낄 수도 있을 것이다. 이 **수평적 비교**lateral comparison는 평등과 해방과 정의가 증대된 현상적 측면을 보여 준다. 수평적 비교는 엘리트와 지배계급의 부나 소득과 비교한 사회 계급 질서를 간과하고 있다. 만약 **수직적 비교**vertical comparison가 이루어진다면, 평등과 해방이 요원하다는 것이 명백해질 것이다. 사회 계급의 불평등은 증대되고 있다. 남성과 여성의 임금은 상당히 평등해졌지만, 남성 임금과 여성 임금 모두가 자본가들의 부와 권력에 견주어 볼 때 하락해 있다. 수직적 계급 비교는 자본주의의 심장부를 강타하는 까닭에 좀처럼 공론화되지 않는다. 권력은 수직적 비교를 희석시키기 위해 대중이 수평적 비교에 몰입하게 만든다. 이들은 여성이 남성과의 임금 격차에 집착하게 하고 흑인들이 백인과의 평등을 위해 투쟁하게 한다. 이 상호 파괴적인 투쟁이 〈그림 1.2〉에서 묘사하듯, 착취의 뿌리나 정치경제학적 시스템 내에서 벌어지는 착취의 근본 원인을 놓치는 것은 이 때문이다(이와 비슷하게, 성폭력을 남성 탓으로 돌리는 것은 문제와 해법을 자본주의의 폭력에서 남성 대 여성의 문제로 바꿔 버린다. 이 문제는 여성 혐오, 여성 증오, 여성 비하, 남성의 성적 부적응 탓으로 돌려진다. 흥미로운 것은, 흑인 민중을 향한 흑인 폭력

은 흑인 증오 혹은 흑인의 성적 부적응, 흑인 비하의 문제가 아닌 정치경제에 기인하는 것으로 보는 점이다).

여성은 자본가들(여성 자본가들을 포함해서)로부터 착취를 당하지 남성 노동자로부터는 아니다. 결론적으로, 임금 불평등은 착취의 축소량의 문제가 아니다. 여성 생산성이 늘어남에 따라 자본가들의 이윤이 늘어나는 통계에서 보듯이 여성은 **점진적으로** 자본가들로부터 착취를 당하고 있다. 자본가의 GDP가 늘어난 반면, 임금노동자의 GDP는 하락하고 있다. 이것은 성평등, 공정성, 정의, 존경의 문제가 해결되면 해방될 것이라는 주장의 허구성을 말해 준다.

이 같은 이치는 다양성에 대해서도 그대로 적용된다. 다양성 또한 수직적 피라미드 계급 구조의 유지를 돕는 수평적 비교다. 이를테면 다양성은 백인 남성을 동일 사회 계층 내의 흑인 여성과 단순하게 비교한다. 다양성은 상류층에 더 많은 노동계급 대중의 진입을 요구하지 않는다. 이러한 다양성은 고려되어 본 적이 없다. 다양성은 흑인의 계급적 지위를 향상시키지 않는다. 계급으로서 흑인들은 지난 60년 동안 상향 이동을 이루지 못했다(Michaels, 2008).

일반적으로 여성 운동은 끊임없이 탐욕스러운 생산양식, 점진하는 착취를 보이는 신자유주의적 자본주의에 특별히 반대하지 않았다. 실로 여성들은 자본주의 구조 내에서 성공을 위한 신자유주의적 투쟁을 수행해 왔다. 이들의 성공은 "시스템이 대중을 위해 작동한다"는 증거로 간주된다. 여성운동은 감시와 투옥의 증대에 기여해 왔다. 여성운동은 성범죄에 대해 더 많은 반反범죄-투쟁, 즉 성범죄에 대한 더 가혹한 형벌을 요구해 왔다. 자본주의 정치경제에 뿌리를 두고 있는 성범죄에 대한 마르크스주의 분석은 이루어지지 않은 실정이다. 그것은 이 범죄에 대처하기 위한 사회주의적 대안으로 기능하지 않을뿐더러 현재도 미래에도 성범죄 예방에 기여하지 않는다.

보통 페미니즘은 자본주의의 폭넓은 이슈들을 젠더 사이의 협소한 문제로 다룬다. 이를테면 성희롱은 여성을 정복하려 할 뿐 사적 공간이나 성적 자기결정권과 관련한 여성의 자율성을 존중하지 않는 남성성의 문제로 간주한다. 페미니즘적 해법은 a) 남성을 처벌하기, b) 남성으로 하여금 성행위에 대한 동의를 지속적으로 구함으로써 여성의 자기결정권을 보다 존중하게 하기이다.

성희롱에 관한 마르크스주의의 관점은 **섹슈얼리티**를 여성과 남성을 아우르는 자본주의적 실천의 한 형태로 본다. 마르크스주의는 문제를 단일 젠더의 문제로 한정하거나 젠더 감수성 혹은 처벌로 해결할 수 있는 것으로 보지 않는다. 성희롱은 자본주의적 섹슈얼리티의 문제이지, 단순히 남성 섹슈얼리티의 문제가 아니다. 자본주의적 섹슈얼리티는 자본주의의 변혁을 통해서만 바로잡을 수 있다. 이를 통해 남성과 여성은 공동의 적을 향해 공동 투쟁에 뛰어들게 된다. 이것은 여성으로 하여금 자본주의의 "분할 정복" 전략에 따라 남성에 맞서 싸우는 우를 극복하게 한다(자본가들과 그들의 정치 대리인들이 성희롱과 그 교정의 문제를 젠더 문제로 삼는 것을 지지하는 것이 이 전략이 자본주의 생산양식에 내재된 진정한 원인과 해법을 무시하고 있다는 것에 대한 실증적 증거라 하겠다. 자본가들은 정치사상이 보수적이고 비효율적인 것이나 급진적이고 효율적인 것에 대한 가장 좋은 지표를 제공한다).

마르크스주의는 성희롱을 성에 대한 흉악한 상품화, 말초감각화, 대상화, 탈인격화가 만든 것으로 인식한다. 이것은 남성과 여성으로 하여금 성문제에 대한 감각을 둔화시켜 성을 사적인 문제로 생각하게 한다. 섹스는 남성과 여성을 위한 스포츠, 개인의 흥미나 헌신 없이, 그저 유혹, 난봉, 대상화, 말초감각의 자극, 쾌락주의적 이기주의를 촉발하는 중독성 게임이 된다(Taylor, 2014를 보라).

성희롱은 남성적 현상이기도 하고 여성적 현상이기도 하다. "2011년 CDC(질병 통제 센터) 보고서에 따르면, 약 4,403,010명의 여성 성폭력 피해자들의 가해자들은 여성인 것으로 드러났다"(www.femalesexoffenders.org/resources 에서 인용). 2000년 AAUW(미국대학여성연합) 자료는 응답 학생의 57.2%가 남성 가해자를 지목했고 42.4%가 여성 가해자를 지목했다. CDC에 따르면, "남성(42%)보다 여성(58%)이 모든 종류의 아동학대의 가해자이다"(앞의 보고서). "성인 남성 6명 중 1명이 어릴 때 성적 학대를 경험했는데… 가해자의 약 40%가 여성"이라고 답했다(앞의 보고서). "강간범들, 성폭력자들, 성적 학대를 저지르는 남성과 더불어 여성에 의한 성학대 비율이 놀라울 정도로 증가하고 있다. −59%(Petrovich and Templer, 1984), 66%(Groth, 1979), 80%(Briere and Smiljanich, 1993)"(앞의 보고서). 이 사실에 대해 페미니스트들은 침묵을 지키고 있다. 이들은 성희롱을 남성성에 가둠으로써 광범위한 자본주의 시스템을 비판과 개혁으로부터 지켜 주고 있다. 이 현상에 대한 심도 있는 사고는 성희롱이 남성과 여성을 둘러싼 자본주의의 방대한 문제라는 것을 증명한다.

시민운동과 마찬가지로 여성운동은 소외계층 민중을 자본주의 착취 시스템에 편입시켜 착취의 희생양이 되게 한다. 이것을 해방 혹은 차별반대 행위로 주장함으로써 해방의 본질을 신비화시켜 버린다. 차별반대는 자본가와 친화력을 맺고 있는 소수의 소외계층에게 득이 되는 한해서 칭찬할 만한 운동이다. 하지만 이것은 아웃사이더들은 말할 것도 없고 그 자체의 구성원들에게는 해방과 거리가 멀다.

1950년에서 2000년까지 미국 노동시장에서 여성 참여의 증가는 남성 참여의 축소와 맞물려 있었다. 이 속에 자본주의적 경쟁이 집약되어 있다. 마르쿠제가 현대 사회 개혁 운동의 약점에 대한 정곡을 찌르듯이, "급진적 의식은 그것이 자본주의 구조 속의 변화에 대한 이해와 맞닿아 있는 마르크스주의적 사고의 발전을 거부하는 점에서 거짓 의식이긴 마찬가지다"(2015, p.19).

6. 객관적이고 필연적이고 가능성 있는 것과 유리한 조건 사이의 보완적인 연관은 헤겔(1969, pp.549-550)이 특유의 어법으로 일컬은 바가 있다.

> 진정으로 가능한 무엇은 다른 방식으로는 더 이상 존재할 수 없다. 그 특정 조건과 상황에서 다른 어떤 것이 뒤따를 수 없다. 그러므로 진정한 가능성과 필연성은 그저 겉으로만 다른 것처럼 보일 뿐이다. 가능성과 필연성의 동일성은 이미 예정되어 있으며 그 기초로 자리해 있다. … 진정한 가능성은 필연성으로 존재한다.

7. 유감스럽게도, 오늘날의 진보적인 정치 운동은 특정한 잘못에 반대하는 특정한 권리와 해방을 강조한다. 마르크스(1844)는 『유대인 문제에 관하여』에서 이러한 점을 혹평하고 있다

> 인간의 권리로서 자유는 개인과 개인의 관계가 아닌 개인과 개인의 분리를 토대로 한다. 이것은 그러한 분리의 권리, 개인이 벽을 쌓고 칩거해 들어갈 권리다. 자유를 누릴 권리의 실질적인 적용은 사적 소유의 권리다. 소유의 권리는 자기 재산을 향유하고 그것을 자기 의지대로 처분할 권리다. … 그것은 자기 이익의 권리다.

이것은 다양성을 존중하는 현대 운동의 본질이다. 주변화된 모든 집단은 자신의 행동에 대한 관용을 요구한다. 다양성diversity은 차이다. 그 라틴어 어원 "divortere"는 다른 방법으로 가기, 분리하기, 나누기, 이혼하기, 다르게 존재하기를 뜻한다. 오늘날 이 의미는 다른 집단이나 개인에 대한 자율성으로서 다양성의 향유라는 뜻으로 통용되고 있다. 마르크스가 이것을 부르주아 개인주의로 비판한 이유가 이런 뜻이다. 다양성은 일관성 있는 사회 시스템의 문제를 회피한다. 이것은 차이를 강조함에 따라 하나 됨을 막는다. 젠더 권리, 성적 정체성의 권리, 인종적 권리, 종교적 권리, 식이요법의 권리, 비만의 권리, 언론의 권리, 낙태 권리, 복장의 권리 등이 여기에 해당한다(Ratner, 2016b, pp.76-79를 보라). 이를테면 종교의 권리는 특정 종교 집단에게 여성과 동성애를 차별할 자유, 시민법(산아 제한과 낙태 관련 규정 따위)과 특정 활동(책을 읽고 학교에 다니고 노동을 하는 따위)의 추구에 반대할 자유를 부여한다. 이 파편화된 다양성의 권리들은 특별한 이해관계를 위한 자율성을 추구한다. 이 권리들은 전체 대중의 공통된 이익을 충족하도록 조직된 공통되고 일관된 사회 시스템 속으로 들어가지 않는다. 사회적 선은 그보다는 아담 스미스의 말대로 개인적 이익을 좇는 개인적 권리들로 구성된다. 다양성은 흔히 우리 모두는 서로를 부정하지 않고 존중한다는 의미에서

통일성으로 제시된다. 하지만 이것은 잘못이다. 우리가 진정으로 존중하는 것은 우리와 다른 타인의 **차이**, 즉 누구나 자신이 바라는 대로 행위 할 자유다. 진정한 통일성은 개인적 차이를 대체할 공공의 이익을 요청한다. 다양성은 구체적인 공공의 이익을 제기하지 않는다. 다양성은 부르주아적 통일이다. 이것은 개인주의, 프라이버시, 파편화, 갈등을 통해 표출되는 통일이다. 부르주아 사회가 거짓 사회이듯이 이것은 거짓 통일이다.

성 정체성을 표현할 권리는 이러한 개인주의적 분리의 전형이다. 이것은 개인이 소망하는 어떤 젠더와 성적 방향성을 선택할 개인의 자율성에 관한 권리다. 이 권리는 뿌리 깊은 보편적 사회 문제를 해결할 사회주의적 생산양식을 위한 노력과는 아무 관계도 없다. 철학자 버틀러Judith Butler가 이러한 개인주의를 지지한다. 그녀가 논하는 젠더 문제는,

> 그 문제의 용어들에 대한 논쟁을 원하거나 혹은 남이 부여한 과업이나 자기 의지의 형성 이전에 던져진 과업을 거부하고 자기과업self-assignment의 실천에 힘쓰는 사람들에겐 매우 어려운 불편을 담고 있다. 젠더 영역에서 의지의 형성은 자기과업의 담지로 이해된다. 그리고 우리는 자율성이란 개념의 의미를 이렇게 이해할 수 있다(2016, p.486에서 인용).

최근 대학에서 일고 있는 인종 다양성에 대한 요구들은 개인주의와 인종중심주의, 분리주의적 속성을 담고 있다. "나와 똑같이 생겨서 내가 관계를 맺고 싶은 교수님이 있다는 건 내게 중요해요"라고 스탠퍼드 대학의 흑인 학생이 말한다 (www.democracynow.org/2016/4/14/whos_teaching_us_stanford_students _demand). 흑인 교수와 흑인 학생의 수가 늘기를 바라는 동기가 학생 자신의 신체 외양을 정당화하기 위한 욕구에 의해 추동되었다. 이들은 신체적으로 자신과 다른 사람들과는 관계를 잘 맺을 수 없다. 이는 흑인 스탠퍼드 학생들은 그들과 다르게 생긴 진보주의자 노음 촘스키보다 그들과 비슷하게 생긴 극보수주의자이자 전범인 흑인 교수 콘디 라이스와 더 잘 지낼 수 있다는 것을 뜻한다. 아이러니하게도, 백인들이 이와 똑같은 논점을 구사하면서, 그들은 흑인이나 무슬림들이 자기네와 다르게 생기고 의심스러워서 가까이 못 하겠다고 말하면, 편협한 인종주의자로 비난받는 점이다. 엘리트 스탠퍼드 지성들은 다양성을 주장할 때 이러한 인종주의적 오류를 똑같이 범하는 사실을 알지 못한다. 여기서 우리는 인종 그 자체에만 품는 관심은 현상現狀 유지를 돕는 반면, 정치에 대한 관심은 촘스키의 반자본주의 학습 욕구를 이끈다는 것을 알 수 있다.

특별한 이해관계에 대한 강조는 계급의식을 약화시키는 거짓 의식이다. 노동계급에 속한 사람들은 자신이 자본의 착취를 견뎌 내고, 생산수단의 전유를 통해

전체 대중을 위하여 이 착취를 근절할 수 있는 보편 계급이라는 사실을 망각하고 있다. 권력이 다양한 이해관계들을 부추기는 까닭이 이런 이유에서다. 다양성은 집중되고 단결된 힘으로 생산양식을 변혁하기 위한 공동의 핵심 문제를 흩뜨린다.

다양성은 문화적 방임주의다. 이것은 한 집단이 자기명분self-definition으로 품는 어떠한 신념과 실천도 다 받아들인다. 이러한 경향성은 문화적 주관주의다. 다양성은 사회 문제와 심리학의 문제에 대한 엄밀하고 객관적인 분석에 기초하지 않으며, 전체 대중의 삶을 향상시키기 위한 논리적·객관적 해법을 고민하지 않는다(Ratner, 2017).

다양성은 사회집단 구성원으로서의 대중의 정체성을 중요시하는 점에서 정체성 정치학이다. 다양성은 소수자들과, 여성, 동성애자들, 문화 집단, 종교 집단에 대한 가치판단의 기준을 이들의 사회적-정치적-경제적 프락시스의 내용이 아닌 단순히 인간적인 면에 둔다. 이러한 입장은 "이 위원회에 무슬림을 넣어야 한다", "국회에 여성이 들어가야 하다", "흑인 중역이 필요하다"는 구호에서 엿볼 수 있다. 이러한 것들은 집단의 소속감이나 정체성으로 사람들을 검증할 뿐이다. 기존 정체성(그리고 전통)에 대한 검증은 사회구조(이를테면, 계급 구조)의 근본적인 변혁을 해체해 버린다. 정체성의 검증은 사회 변화에 대한 새로운 포퓰리즘이다. 하지만 한 무슬림의 시각, 한 여성의 시각, 한 동성애자의 시각, 한 젊은이의 시각, 한 인디언의 시각은 하나의 사회주의적 프락시스가 아니며, 심지어 반자본주의적 프락시스도 아니다. 이러한 보수주의는 다양성은 사회적으로 수용되는 반면 사회주의는 그렇지 않은 이유를 말해 준다(Ratner, 2016b, pp.69-164).

8. 실로, 자본주의 국가와 자본주의 지배계급은 성적 다양성을 수용하고 성적 차별을 없애려 한다. 이것은 성적 다양성이 자본주의와 완전히 양립함을 보여 준다. 성적 다양성은 반자본주의를 지향하지 않는다. 트랜스젠더 남성은 자본주의적 주체이며, 그의 섹슈얼리티는 자본주의적 가치를 반대하고 마르크스가 규정한 사회주의적 가치를 생성하기 위해 아무것도 안 한다. 이것은 모든 인권과 시민권에도 그대로 적용된다. 여성의 권리, 소수 인종의 권리, 종교집단의 권리는 자본주의를 위협하지 않는다.

마르쿠제(2015, p.33)는 이러한 문화 운동의 문화적-정치적 성격에 관해 다음과 같은 설명을 남겼다.

60년대에 부흥하여 '69-70년'에 파경을 맞은 학생운동이 몰락한 뒤, 환멸과 실망감이 너무 심각했던 탓에 그들은 다른 형태의 비순응의 길을 모색해야만 했다. 말이 비순응이지, 사실상 고도로 발전된 순응이었다. 정치적 삶으로부터의 이탈은… 어떤 것도 모두 회피이자 순응일 수밖에 없다.

9. 물론, 모든 독실한 신앙인이 정신적 장애를 겪는 것은 아니다(이것은 모든 흡연자가 폐암에 걸리지 않는 것과 같다). 그 이유는 사람들이 복합적인 문화요인들에 노출되며, 어떤 요인들은 심신 약화의 효과를 반감시키기 때문이다. 그리고 사람들이 각각 다른 강도의 문화요인들에 노출되는 탓도 있다. 사회적 경험이 여러 요인이 복합적으로 섞여 있다는 것은 개인 심리의 차이를 설명해 준다(Ratner, 1991, pp.34-36; Gladwell, 2008; Howe, 1990, 1991). 문화요인들이 경합을 벌인다고 해서 단일 요인의 유해한 성격이나 그것을 바꾸고자 하는 욕구가 무시될 수는 없다. 그것이 많은 사람들에게 해를 끼치는 사실만으로 그것을 바꿔야 하는 당위성이 충분하다. 만약 어떤 음식이 1퍼센트의 인구를 병들게 한다면, 모든 사람들이 그것으로부터 피해를 입지 않는다는 사실에도 불구하고 그것을 폐지해야 할 충분한 이유가 있는 것이다.

10. 다른 모든 정신기능과 마찬가지로 성 정체성은 문화 현상으로 볼 수 있다. 어떠한 정신기능도 생물학적으로 결정되는 것은 없다. 동성애의 생물학적 근거를 옹호하면서 여성은 생물학적으로 남성에 비해 열등하다는 주장에 대해서는 거부하는 태도는 모순일 뿐이다.

11. 부르디외(1993, p.716)는 이 비판을 개인 상호 간 인간관계와 가정에까지 확대한다.

> 개인은 가정을 스트레스의 원인으로 생각해서는 안 된다. … 가장 "개인적인" 곤경에 관한 이야기나 엄밀히 주관적인 긴장과 모순으로 보이는 이야기의 이면에는 흔히 사회적 삶의 심층 구조와 그 모순이 얽혀 있다.

12. 마르쿠제는 마르크스주의적 관점에서 승화sublimation가 사회적 억압을 회피하고 그 대안을 만들어 내기 위한 문화-정치 기제임을 일깨워 준다. 프로이트가 제기한 승화 개념은 사회적으로 억압된 리비도(에로스) 에너지를 사회적으로 용인될 수 있는, 가식적 형태로 분출하는 정신물리학적 기제다. 예술, 과학, 철학, 의학처럼 "고차원적이고" "문명화된" 형태를 취하는 것도 있다.
마르쿠제는 이러한 승화를 사회적 억압에 대해 개인이 취할 수 있는 "위대한 거부"의 한 예로 간주한다.

> 승화는 사회의 역량에 말미암은 것이다. 하지만 이 역량에 대한 불행한 의

식은 이미 소외를 파고든다. 분명히 모든 승화는 사회적 장벽을 본능적 은덕으로 받아들인다. 하지만 승화는 이 장벽을 뛰어넘기도 한다. … 그 가장 뛰어난 양식 속에서, 예술가의 예술 활동에서, 승화는 억압을 수용하면서 억압을 이겨 내는 인지적 역량이 된다(마르쿠제, 1964, p.76).

마르쿠제의 제안에는 치명적인 결함이 있다. 우선, 가장 중요한 예술작품과 철학 저작은 사회를 초월하고 변혁시키기보다는 사회를 대변한다(프로이트는 승화를 반사회적 에로스가 사회적으로 용인될 수 있는 형태를 취한 것으로 봤다). 예술에 대한 사회학자들의 비판이나 철학에 대한 마르크스주의의 비판은 이러한 보수적 속성을 정확히 밝혀 준다. 이를테면, 하우저(Hauser, 1968, pp.118-119)는 다음과 같이 말한다.

> 디킨스는 자본주의 체제의 정당성을 의심 없이 받아들인다. 그가 안 것이라곤 오직 프티부르주아의 책임과 고뇌뿐이며, 부르주아 사회의 토대는 뒤흔들지 않는 범위 내에서 악을 치유하기 위해 악과 싸운다. … 노동계급의 요구는 그를 위협할 뿐이다. … 그는 사회주의적 용틀임을 대중선동으로 간주한다.

마르쿠제 제안 속의 또 다른 결점은 고급문화와 사회저항의 문제를 사회적 행위가 아닌 개인적 행위, 정신생물학적 행위로 규정하는 것이다. 승화는 개인적 심리의 에고적 방어기제다. 이것은 리비도 에너지를 방출하는 정신물리학적 기제를 토대로 행동을 기계적으로 생산한다. 사회적 자극과 지원 그리고 가치는 무시된다. 승화는 정치적 저항이나 현상 유지 기관의 변혁을 받아들이지 않는다. 사실, 이것은 사회저항과 변혁을 발생시키는 억압을 완화시킴으로써 변혁의 잠재력도 누그러뜨린다. 또한 승화된 사회적 거부는 계급 분석, 계급 지위, 사회 비판, 자본주의에 대한 사회주의적 부정을 수반하지도 않는다.
다행히 마르쿠제는 다른 절에서 마르크스주의로 회귀한다.

> **만약** 의식과 무의식의 발달이 우리들로 하여금 우리가 보지 않고 볼 수 없는 것을 볼 수 있도록 이끈다면, **그때** 예술은 해방적 역량의 일부로서 **기능할 것이고** 억압적인 상황을 공고히 하는 불구화된 무의식과 불구화된 의식의 해방을 도울 것이다(2015, p.84, 강조는 추가됨).

예술은 오직 일정한 변혁적 사회 활동과 정신 활동 아래에서만 의미 있는 저항을 펼칠 수 있다. 현재의 형태 속에서 무의식은 불구화되고, 예술은 해방을 위한 반사회적 동력이 되지 못한다.

에로스에 대한 마르쿠제의 활용도 마찬가지다. 그는 프로이트의 이론을 서로 다른 것을 조화롭게 통합하고 배려하는 속성을 지닌 것으로 받아들인다. 이러한 속성들은 경쟁적이고, 이기적이고, 파괴적인 속성의 사회제도를 부정하는 기초를 제공한다. 정치 행위는 해방을 실행하기 위해 이러한 속성을 지닌 에로스의 내용과 형식을 따라야 한다(앞의 책, p.24; Marcuse, 1970, pp.1-26). 현실적으로, 사람들은 내면의 에로스를 성찰함으로써 해방을 발견할 수 없다. 반대로, 사회심리학적 협력의 가능성과 필요성을 제공하는 것은 자본주의 정치경제. 그리고 이 가능성은 특정 사회적 위치를 점하고 있으며, 계급적 정치투쟁을 통해 정치경제의 객관적인 현실을 자각할 수 있는 프롤레타리아에 의해서만 실현된다. 마르쿠제는 에로스를 향한 낭만적 호소에 집착하는 입장과 반대되는 이러한 점들을 높이 평가한다.

13. 나는 파봉-퀠라의 분석을 프로이트적 마르크스주의 그룹 내에 있는 이러한 사고 유형의 한 예로 평가한다. 나는 이것이 이 주제와 관련한 **그의** 전체적인 입장이라고 생각하지는 않는다.

참고 문헌

Abramowitz, J. S., Deacon, B. J., Woods, C. M., and Tolin, D. F. (2004). Association between Protestant religiosity and obsessive-compulsive symptoms and cognitions. *Depression and Anxiety,* 20 (2): 70-76.

Ahmed, S. (2016). Interview with Judith Butler. *Sexualities,* 19 (4), 482-492.

Angell, M. (2016). Why be a parent? *New York Review of Books,* November 10, pp. 8-10.

Bader, E. J. (2015). As public funding of universities dwindles, faculty are unionizing. *Truthout,* December 20. Available at: www.truth-out.org/news/item/34102-as-public-funding-of-universities-dwindles-faculty-are-unionizing (accessed December 1, 2016).

Bailey, R. (2003). Learning to be human: Teaching, culture and human cognitive evolution. *London Review of Education,* 1 (3), 177-190.

Bartlett, F. C. (1967). *Remembering: A study in experimental and social psychology.* New York: Cambridge University Press. (Original work published 1932).

Baumeister, R., Dale, K., and Sommer, K. (1998). Freudian defense mechanisms and empirical findings in modern social psychology: Reaction formation, projection, displacement, undoing, isolation, sublimation, and denial. *Journal of Personality,* 66 (6), 1081-1124.

Bericat, E. (2016). The sociology of emotions: Four decades of progress. *Current Sociology,* 64 (3), 491-513.

Bonneuil, N. (2016). Arrival of courtly love: Moving in the emotional space. *History and Theory,* 55 (2), 253-269.

Bourdieu, P. (1984). *Distinctions: A social critique of the judgment of taste.* Cambridge, MA: Harvard University Press.

Bourdieu, P. (Ed.) (1993). *La misère du monde.* Paris: Seuil. (Translated as *The weight of the world: Social suffering in contemporary society.* Stanford, CA: Stanford University Press.)

Brody, L. (2016). Just 37% of US high school seniors prepared for college math and reading, test shows, *Wall Street Journal,* April 27, p. A2.

Brown, W. (2015). *Undoing the demos: Neoliberalism's stealth revolution.* New York: Zone Books.

Clark, A., and Chalmers, J. (1998). The extended mind. *Analysis,* 58 (1), 7-19.

Clark, K. B. (1989). *Dark ghetto: Dilemmas of social power.* Hanover, NH: Wesleyan University Press. (Original work published 1965).

Crews, F. C. (1993). The unknown Freud. *The New York Review of Books,* 40 (19), 55-66.

Crews, F. C. (1994). The revenge of the repressed. *The New York Review of Books,* 41 (19), 49-58.

Daniels, H. (2012). *Vygotsky and sociology.* London: Routledge.

Darmon, M. (2016). Bourdieu and psychoanalysis: An empirical and textual study of a pas de deux. *The Sociological Review,* 64 (1), 110-128.

DeLuca, J., and Andrews, D. L. (2016). Exercising privilege: The cyclical reproduction of capital through swim club membership. *Sociological Inquiry,* 86 (3), 301-323.

Engels, F. (1875) Letter to Lavrov, November 12. Available at: https://www.marxists.org/archive/marx/works/1875/letters/75_11_12.htm (accessed December 1, 2016).

Engster, F. (2016). Subjectivity and its crisis: Commodity mediation and the economic constitution of objectivity and subjectivity. *History of the Human Sciences,* 29 (2), 77-95.

Foucault, M. (1978). *The history of sexuality.* New York: Pantheon.

Foucault, M. (2007). *Security, territory, and population.* New York: Palgrave Macmillan.

Franklin, B. (n.d.). The lumpenproletariat and the revolutionary youth movement. *Encyclopedia of anti-revisionism on-line.* Available at: https://www.marxists.org/history/erol/ncm-1/red-papers-2/franklin.htm (accessed December 1, 2016).

Freud, S. (1914). *Psychopathology of everyday life.* New York: MacMilllan.

Freud, S. (1965). *New introductory lectures on psychoanalysis.* New York: Norton.

Freud, S. (2012). *Group psychology and the analysis of the ego,* trans. J. Strachey. Greensboro, NC: Empire Books. (Original work published 1921).

Freud, S. (2015). *Civilization and its discontents,* ed. T. Dufresne, trans. G. C.

Richter. Peterborough, Ontario: Broadview Press. (Original work published 1930).

Fromm, E. (1942). Character and social process. Appendix to *Escape from Freedom*. Available at: https://www.marxists.org/archive/fromm/works/1942/character.htm (accessed December 1, 2016).

Gielen, G., and Jeshmaridian, S. (1999). Lev Vygotsky: The man and the era. *International Journal of Group Tensions*, 28 (3–4), 273–301. Available at: http://lchc.ucsd.edu/mca/Paper/Vytogsky-the_man_and_the_era.pdf (accessed December 1, 2016).

Gladwell, M. (2008). *Outliers: The story of success*. New York: Little, Brown.

Graziano, M. (2016). The long crisis of the nation-state and the rise of religions to the public stage. *Philosophy and Social Criticism*, 42 (4–5), 351–356.

Hauser, A. (1968). *The social history of art. Volume 4: Naturalism, impressionism, the film age*. London: Routledge & Kegan Paul.

Hegel, G. (1965). *The logic of Hegel*. New York: Oxford University Press. (Original work published 1817).

Hegel, G. (1969). *Science of logic*. New York: Humanities Press.

Higgins, L. (2015). Michigan's black students lag behind the nation. *Detroit Free Press*, December 10. Available at: www.freep.com/story/news/local/michigan/2015/12/10/ michigans-black-students-academic-performance/77099294/ (accessed November 20, 2016).

Holmes, D. (1990). The evidence for repression: An examination of 60 years of research. In J. Singer (Ed.), *Repression and dissociation* (pp. 85–102). Chicago: University of Chicago Press.

Holt, R. (1989). A review of some of Freud's biological assumptions and their influence on his theories. In R. Holt (Ed.), *Freud reappraised* (pp. 114–140). New York: Guilford Press.

Hook, D. (Ed.) (2001). Fanon and the psychoanalysis of racism. In *Critical psychology* (pp. 114–137). Lansdowne, South Africa: Juta Academic Publishing.

Horkheimer, M. (1993). *In between philosophy and social science*. Boston: MIT Press.

Howe, M. (1990). *The origins of exceptional abilities*. Oxford: Blackwell.

Howe, M. (1999). *The psychology of high abilities*. New York: New York

University Press.

Inozu, M., Clark, D., and Karanci, A. (2012). Scrupulosity in Islam: A comparison of highly religious Turkish and Canadian samples. *Behavior Therapy,* 43 (1), 190-202.

Kleinman, A., and Good, B. (1985). *Culture and depression: Studies in the anthropology and cross-cultural psychiatry of affect and disorder.* Berkeley, CA: University of California Press.

Kosok, M. (1972). The formalization of Hegel's dialectical logic. In A. MacIntyre (Ed.), *Hegel: A collection of critical essays* (pp. 237-288). New York: Doubleday Anchor.

Laing, R. D., and Esterson, A. (1970). *Sanity, madness and the family: Families of schizophrenics.* New York: Pelican.

Legare, C., and Harris, P. (2016). The ontogeny of cultural learning. *Child Development,* 87(3), 633-642.

Leontiev, A. (2009). *The development of mind: Selected papers of A. N. Leontiev.* Available at: www.marxists.org/admin/books/activity-theory/leontyev/development-mind.pdf (accessed December 1, 2016).

LeVine, R. (1971). The psychoanalytic study of lives in natural social settings. *Human Development,* 14 (2), 100-109.

Levitin, K. (1982). *One is not born a personality.* Moscow: Progress Publishers.

Lichtman, R. (1982). *The production of desire: The integration of psychoanalysis into Marxist theory.* New York: Free Press.

Llorente, R. (2013). Marx's concept of "universal class": A rehabilitation. *Science and Society,* 77 (4), 536-560.

Lukács, G. (1970). Lenin: *A study on the unity of his thought,* trans. N. Jacobs. London: New Left Books. (Original work published 1924). Available at: https://www.marxists.org/archive/lukacs/works/1924/lenin/ch04.htm (accessed December 1, 2016).

Luria, A. (1979). *The making of mind: A personal account of Soviet psychology.* Cambridge, MA: Harvard University Press. Available at: https://www.marxists.org/archive/luria/works/1979/mind/ (accessed December 1, 2016).

Lutz, C. (1988). *Unnatural emotions.* Chicago: University of Chicago Press.

Marcuse, H. (1964). *One-dimensional man: Studies in the ideology of advanced industrial society.* Boston: Beacon Press.

Marcuse, H. (1968). *Negations: Essays in critical theory.* Boston: Beacon Press.

Marcuse, H. (1970). *Five lectures.* Boston: Beacon Press.

Marcuse, H. (2015). *Herbert Marcuse's 1974 Paris lectures at Vincennes University.* Charleston, SC: CreateSpace.

Marx, K. (1843). *A contribution to the critique of Hegel's philosophy of right.* Available at: https://www.marxists.org/archive/marx/works/1843/critique-hpr/intro.htm (accessed December 1, 2016).

Marx, K. (1844). On the Jewish question. Available at: https://www.marxists.org/archive/marx/works/1844/jewish-question/ (accessed December 1, 2016).

Marx, K. (1961). *Capital, Volume 1.* Moscow: Foreign Languages Press. (Original work published 1867).

Marx, K. (1962). *Capital, Volume 3.* Moscow: Foreign Languages Press. (Original work published 1894).

Marx, K. (1865). Value, price and profit. Speech to the First International Working Men's Association. Available at: https://www.marxists.org/archive/marx/works/1865/value-price-profit/ch03.htm (accessed December 1, 2016).

Marx, K. (1973). *Grundrisse: Foundations of the critique of political economy.* London: Penguin Books. (Original work published 1939).

Marx, K. (1977). *Capital, Volume 1.* New York: Vintage. (Original work published 1867).

Marx, K. (2008). *The poverty of philosophy,* trans. H. Quelch. New York: Cosmio. (Original work published 1847).

Marx, K. (2010). Letter to Lassalle, January 16, 1861. In *Karl Marx Frederick Engels Collected works: Volume 41* (pp. 245–247). New York: Lawrence & Wishart.

Marx, K., and Engels, F. (1968). *The German ideology.* Moscow: Progress Publishers. (Original work published 1932). Available at: https://www.marxists.org/archive/marx/works/1845/german-ideology/ (accessed December 1, 2016).

Marx, K., and Engels, F. (1975). *Karl Marx Frederick Engels Collected works: Volume 3.* New York: International Publishers.

Marx, K., and Engels, F. (1976). *Karl Marx Frederick Engels Collected works: Volume 6.* New York: International Publishers.

Massing, M. (2015). Reimagining journalism: The story of the one percent. *The New York Review of Books,* December 17. Available at: www. nybooks.com/articles/2015/12/17/reimagining-journalism-story-one-percent/ (accessed November 20, 2016).

Mauss, M. (1967). *The gift.* New York: Norton.

Mauss, M. (1973). Techniques of the body. *Economy and Society,* 2 (1), 271-293. (Original work published 1935).

Mayer, J. (2016). *Dark money: The hidden history of the billionaires behind the rise of the radical right.* New York: Doubleday.

Michaels, W. (2008). Against diversity. *New Left Review,* 52, July/August, 33-36.

Miller, J. (2016). Hedge funds underwrite political networks to priyatize K-12 public education. *Alternet,* May 10. Available at: www.alternet.org/education/hedge-fundsunderwrite-political-networks-privatize-k-12-public-education?akid=14245.152322. UB3hem&rd=1&src=newsletter105616 8&t=10 (accessed December 1, 2016).

Okasha, A., Saad, A., Khalil, A. H., el Dawla, A. S., and Yehia, N. (1994). Phenomenology of obsessive-compulsive disorder: A transcultural study. *Comprehensive Psychiatry,* 35 (3), 191-197.

Pavón-Cuéllar , D. (2015). The metapsychology of capital. *Annual Review of Critical Psychology,* 12, 53-58.

Ramas, M. (1990). Freud's Dora, Dora's hysteria. In C. Bernheimer and C. Kahane (Eds.), *In Dora's case: Freud-hysteria-feminism* (pp. 149-180). New York: Columbia University Press.

Ratner, C. (1991). *Vygotsky's sociohistorical psychology and its contemporary applications.* New York: Plenum.

Ratner, C. (1997). *Cultural psychology and qualitative methodology: Theoretical and empirical considerations.* New York: Plenum.

Ratner, C. (2000). A cultural-psychological analysis of emotions. *Culture and Psychology,* 6(1), 5-39.

Ratner, C. (2006). *Cultural psychology: A perspective on psychological functioning and social reform.* Mahwah, NJ: Lawrence Erlbaum.

Ratner, C. (2011). Macro cultural psychology, the psychology of oppression, and cultural psychological enrichment. In P. Portes and S. Salas (Eds.), *Vygotsky in 21st century society: Advances in cultural historical theory and praxis with non-dominant communities* (pp. 87-112). New York: Peter Lang.

Ratner, C. (2012a). *Cultural psychology: Theory and method.* New York: Plenum.

Ratner, C. (2012b). *Macro cultural psychology: A political philosophy of mind.* Oxford: Oxford University Press.

Ratner, C. (2014). The psychology of oppression. In T. Teo (Ed.), *The encyclopedia of critical psychology.* New York: Springer.

Ratner, C. (2015a). Classic and revisionist sociocultural theory, and their analyses of expressive language: An empirical and theoretical assessment. *Language and Sociocultural Theory,* 2 (1), 51-83.

Ratner, C. (2015b). Recovering and advancing Martin-Baro's ideas about psychology, culture, and social transformation. *Theory and Critique of Psychology,* 6, 48–76. Available at: www.sonic.net/~cr2/Montero%20 review.pdf (accessed November 20, 2016).

Ratner, C. (2016). Culture-centric vs. person-centered cultural psychology and political philosophy. *Language and Sociocultural Theory,* 3 (1), 11-25.

Ratner, C. (2017). The generalized pathology of our era: Comparing the biomedical explanation, the cultural-political explanation, and a liberal-humanistic-postmodernist perspective. The generalized pathology of our era. *International Critical Thought,* 7 (1).

Ratner, C., and Hui, L. (2003). Theoretical and methodological problems in cross-cultural psychology. *Journal for the Theory of Social Behavior,* 33 (1), 67-94.

Ratner, C., and El-Badwi, S. (2011). A cultural psychological theory of mental illness, supported by research in Saudi Arabia. *Journal of Social Distress and the Homeless,* 20 (3-4), 217-274. Available at: www.sonic.net/~cr2/ cult%20psy%20mental%20illness.pdf (accessed December 1, 2016).

Reddy, W. M. (2001). *The navigation of feeling: A framework for the history of emotions.* Cambridge: Cambridge University Press.

Rubin, I. I. (1978). Abstract labour and value in Marx's system. *Capital and Class,* 2 (2), 109-139.

Schatzman, M. (1973). *Soul murder: Persecution in the family.* New York:

Random House.

Shweder, R. (1990). Cultural psychology-what is it? In J. Stigler, R. Shweder, and G. Herdt (Eds.), *Cultural psychology: Essays on comparative human development* (pp. 1-43). New York: Cambridge University Press.

Sica, C., Novara, C., and Sanavio, E. (2002). Religiousness and obsessive-compulsive cognitions and symptoms in an Italian population. *Behaviour Research and Therapy,* 40 (7), 813-823.

Silva, J. (2015). *Coming up short: Working-class adulthood in an age of uncertainty.* New York: Oxford University Press.

Stannard, D. (1980). *Shrinking history: On Freud and the failure of psychohistory.* New York: Oxford University Press.

Steketee, G., Quay, S., and White, K. (1991). Religion and OCD patients. *Journal of Anxiety Disorders,* 5 (4), 359-367.

Sulloway, F. (1991). Reassessing Freud's case histories: The social construction of psychoanalysis. *Isis,* 82 (2), 245-275.

Sulloway, F. (1992). *Freud, biologist of the mind: Beyond the psychoanalytic legend.* Cambridge, MA: Harvard University Press.

Taylor, K. (2014). She can play that game, too. *New York Times,* July 14, p. ST1.

Tomasello, M. (2016). Cultural learning redux. *Child Development,* 87 (3), 643-653.

Vygotsky, L. S. (1971). *The Psychology of Art.* Cambridge, MA: The MIT Press. (Original work published 1925). Available at: https://www.marxists. org/archive/vygotsky/works/1925/preface.htm (accessed December, 1, 2016).

Vygotsky, L. S. (1987). *The collected works of L. S. Vygotsky. Volume 1: Problems of general psychology,* ed. R. W. Rieber and A. S. Carton, trans. N. Minick. New York: Plenum.

Vygotsky, L. S. (1994a). The problem of the environment. In R. van der Veer and J. Valsiner (Eds.), *The Vygotsky reader* (pp. 338-354). Oxford: Blackwell.

Vygotsky, L. S. (1994b). The socialist alteration of man. In R. van der Veer and J. Valsiner (Eds.), *The Vygotsky reader* (pp. 175-184). Oxford: Blackwell.

Vygotsky, L. S. (1997a). *The collected works of L. S. Vygotsky. Volume 3:*

Problems of the theory and history of psychology, ed. R. W. Rieber and J. Wollock, trans. R. van der Veer. New York: Plenum.

Vygotsky, L. S. (1997b). *Educational psychology,* trans. R. Silverman. Boca Raton, FL: St. Lucie Press. (Original work published 1926).

Vygotsky, L. S. (1997c). Cultivation of higher forms of behavior. In The *collected works of L. S. Vygotsky, Volume 4* (pp. 221-230). New York: Plenum.

Vygotsky, L. S. (1998). *The collected works of L. S. Vygotsky. Volume 5: Child psychology,* ed. R. W. Rieber, trans. M. J. Hall. New York: Plenum.

Vygotsky, L. S., and Luria, A. (1925). Introduction to the Russian translation of Freud's *Beyond the Pleasure Principle.* Available at: https://www.marxists. org/archive/vygotsky/works/reader/p010.pdf (accessed December 1, 2016).

Vygotsky, L. S., and Luria, A. (1993). *Studies on the history of behavior: Ape, primitive, and child.* Hillsdale, NJ: Lawrence Erlbaum. (Original work published 1930).

Wilson, M. (2010). The re-tooled mind: How culture re-engineers cognition. *Social Cognitive and Affective Neuroscience,* 5 (2-3), 180-187. Available at: www.ncbi.nlm.nih.gov/pmc/articles/PMC2894684/ (accessed December 1, 2016).

Wolpe, J., and Rachman, S. (1960). Psychoanalytic "evidence": A critique based on Freud's case of little Hans. *Journal of Nervous and Mental Disease,* 131 (2), 135-148.

Yoriulmaz, O., Gencoz, T., and Woody, S. (2010). Vulnerability factors in OCD symptoms: Cross-cultural comparisons between Turkish and Canadian samples. *Clinical Psychology and Psychotherapy,* 17 (2), 110-121.

2부

비고츠키 심리학의
마르크스주의적 인식론과 방법론

2.
비고츠키 이론의
마르크스주의적 방법론의 토대

리지아 마르시아 마르틴스Lígia Márcia Martins

이 장에서는 비고츠키(1896~1934)와 레온티예프(1903~1979)를 필두로 하는 역사-문화 이론과 마르크스주의 방법론, 즉 정치경제학 비판에 기초한 마르크스(1818~1883)의 과학적 방법론 사이의 내적 연관을 밝히고자 한다.

이 작업에서 우리는 1990년대 이후 브라질에 소개된 관념론적인 국제적 사조가 제기한 비고츠키 저작에 대한 일방적인 해석에 비판적 관점을 개진하고자 한다. 브라질 학계에서는 비고츠키의 저작에서 마르크스주의 뿌리를 제거하고서 비고츠키의 글을 재해석하고 재편집하고 검열하는가 하면, 비고츠키의 이론을 신자유주의적 이익에 종속되도록 했다.Duarte, 2001 그리하여 우리는 마르크스주의 심리학에 기초한 급진적인 방법론적 토대를 규정하고, 역사-문화 이론이 가져온 의미 있는 발전을 은폐하려는 시도를 분쇄하기 위한 정치적 헌신을 자임하고자 한다.

심리학적 마르크스주의 과학을 찾아서

연구의 출발점으로 우리는 무엇보다 비고츠키가 마르크스주의 심리학을 바로 세우기 위해 분투했으며 이와 관련한 러시아 심리학의 오류에 대해 비판한 역사적 계기에 주목하고자 한다. 비고츠키에 따르면, 러시아 심리학은 기계론적 이론틀에 갇혀 심리학과 마르크스주의의 연결고리를 기계적으로 정립하려고 시도하였다. 이들은 마르크스주의 방법론에 기초하여 마르크스의 철학을 진정한 과학적 심리학의 창조라는 차원에서 탐구하지 않았다. 따라서 인식론과 심리학적 방법론을 이끌어 내기 위해서는 역사 유물론과 변증법적 유물론의 핵심 요소들을 규명해 볼 필요가 있었다. 그러므로 비고츠키에게 마르크스주의 심리학의 건설 과정은 단순한 수사의 배치 혹은 마르크스 이론을 단편적으로 인용하여 정신 따위의 개념에 기계적으로 연결 짓는 성격이 아니었다. 비고츠키는 전통 심리학의 토대가 되는 범주들을 마르크스가 고전경제학의 범주들을 연구할 때 사용한 것과 똑같은 방법론적 과정에 적용하였다. 부르주아 사회의 경제 범주들에 대한 마르크스주의적 사례 연구에서 그 범주들은 본질적인 모순이 부상하고, 상호의존성과 상호연관성이 논증되며, 그 독특한 형상이 더 높은 생산양식의 발전을 이끌 때까지 발전되었다. 이런 식으로 그 본질에 순응하는 범주 배치의 문제에 관한 연구를 통해, 마르크스는 사회를 이전 사회구성체의 자본과 구별 지어 그 탄생과 소멸의 보편 법칙을 밝혀냈다.

비고츠키는 이러한 이치를 심리학으로 가져와 원용함으로써 심리학의 『자본론』을 쓸 수 있을 것이라고 확신한다. 또한 부르주아 사회에 대한 마르크스의 연구와 마찬가지로 이를 통해 심리학적 범주들을 발전시키고, 이것들의 상호의존성과 근본 모순을 고려하고 독특한 정신 속에서 인간 양심의 형성으로 나아가는 과정을 규명할 수 있을 것으로 본다. 이런 의미에서 역사-문화심리학은 고등정신기능의 발달 속에서 인간 고유의 정신이 만들어지는 것을 확인하며, 인간 정신을 동물 정신과 구별 짓고 인간을 지적인 존재로 만들고 지성에 입각하여 행동하게 하는 속성의 보편 법칙을 밝혀 줄 것이다.

그러므로 마르크스의 틀로 현상을 분석하면 급진적 비판 영역을 가정할 수 있고, 이를 통해 부르주아 사회를 들춰냄으로써 그것의 변증법을 밝혀낼 수 있다. 이런 의미에서, 역사-문화심리학의 과업은 마르크스 이론을 심리학에 평이하게 적용하는 방법을 취한다. 나아가 이 과업은 정신의 연구는 마르크스가 제안한 범주적 발달의 방법론적 운동에 뿌리를 두고 있음을 가정한다. 이를 위해 이 독일 사상가가 역사 유물론과 변증법적 유물론의 방법론적 가정에 뿌리를 두고 기술한 범주적 추론 과정을 이해할 필요가 있다.

마르크스주의 심리학 속의
역사 유물론과 변증법적 유물론의 뿌리

역사 유물론과 변증법적 유물론의 방법론적 토대에 따르면, 직접적으로 드러난 실재reality에 대한 자기화appropriation: 비고츠키에 의하면 모든 정신 과정은 외적(사회적) 차원과 내적(개인적) 차원의 두 국면에 걸쳐 이루어진다. 개인이 사회적 차원에서 획득한 정신기능을 자기 것으로 내면화한 상태가 '자기화'다는 보편 법칙의 분석에 필요한 조건들을 제공하지 않는다. 그런 식으로는 그저 실재를 점진적으로 재구성하는 종합의 과정 속에서 끊임없는 반복을 통해 실재에 대한 특정 측면에 도달할 수 있을 뿐이며, 그것도 내적인 모순

논리에 대한 시각을 잃지 않을 때 가능하다.

　이러한 이치를 감안하여 비고츠키가 정초한 마르크스주의 심리학의 토대는 객관적인 실재가 인식주체의 의식에 그대로 복사되듯이 기계적으로 학습될 수 없다는 가정이다. 실재를 제대로 이해하는 역량은 정신 과정 체계에 의해 숙달되며 나아가 필수적인 인간 활동(사회적 노동)을 통해 가능한데, 이 활동은 인간 존재와 자연을 매개하는 기능을 한다. 이런 식으로 인간 정신은 객관적 실재에 대한 주관적 상像을 만드는 인지적-정의적 정신기능으로 구성된 복합적 체계에 의해 조직된다. 이것이 실재에 조응하는 범위는 교육적 맥락과 개인 발달의 전 단계를 아우르는 사회적 입장에 달려 있다.Martins, 2011

　객관적 실재의 이해에 관한 이러한 사고와 부합하는 한편, 고전경제학의 설명과는 대조를 이루는 마르크스의 입장에서, 사고 속에서 복합적인 결정을 내릴 때 구체적인 것의 재생산을 담당하는 것은 범주적 요소들에 대한 추상적인 식별이다. 우리에게 직접적인 모습으로 제시된 구체적인 것을 분석의 출발점으로 삼으면 전체에 대한 인식이 혼란스러울 수밖에 없다. 따라서 『자본론』에서 정초된 개념적 발달의 점진적인 수준의 위계 구조는 가장 높은 수준의 추상에서 출발하여 복합적으로 결정된 구체성으로 향함으로써, 고전경제학에서 접근한 형식적·선형적 논리를 극복하면서 경제 범주들에 대한 발전적 변증법적 운동을 제시한다 앞의 서문과 1장에서 추상은 "구체적이지 않고 선험적인 무엇"이란 부정적인 의미로 쓰였지만, 이 문맥에서 추상은 마르크스가 개발하고 비고츠키가 계승한 연구방법론과 관계있다. 예컨대, 인공위성에서 찍은 사진으로 어떤 도시의 지형을 나타낼 수는 없다. 본문의 표현을 빌리면, 너무 구체적이어서(가장 높은 수준의 구체) 인식이 혼란스럽기 때문이다. 이 사진을 토대로 지도를 그리자면 불필요한 부분이나 비본질적인 측면을 하나씩 제거해 가야 하는데 이 과정이 추상이다. 지도를 최대한 간략하게 나타내기 위해 큰 도로만 남기고 나머지를 다 제거할 경우 '가장 높은 수준의 추상'이 이루어진 것이다.

이것을 조명하기 위해 비고츠키[1999]는 자신의 저작물 『심리학에서 위기의 역사적 의미』에서 마르크스 방법의 기본 전제를 이해하는 것이 중요하다고 지적한다. 마르크스의 방법은 부르주아 사회에서 생산 조직의 다양한 역사적 국면을 보다 발전적으로 규명하는 것에 비중을 두고 있다. 이 방법은 그 구조를 구성하는 범주들을 통해 "그것의 몰락과 생성 요소들, 이들 중 일부 잔재는 아직 극복되지 않은 상태이고, 일부분은 충분히 발전한" 생산관계들에 대한 이해를 돕는다.[Marx, 2011, p.58]

그러므로 얼핏 모든 시대에 다 적용할 수 있는 것으로 제시된 것처럼 보이지만 추상적인 범주들은 "역사적 연관의 산물인 까닭에 각 시대별로 따로 결정되며, 그러한 역사적 연관의 맥락 속에서만 그 정당성을 획득한다"[Marx, 2011, p.58]. 이런 의미에서 경제 범주들이 이전 사회 구성체 내에서 그 본질을 대변했더라도, "다른 형태의 사회 속에서 그것들은 그 사회와 조응하는 연관을 맺게 되며 그 연관에 따른 위치와 영향력을 행사하게 된다"[Marx, 2011, p.59].

자본주의 사회의 형태가 이전 사회구성체의 경제 범주들에 말미암은 것이지만, 마르크스는 자신의 분석이 항상 현재의 생산양식 중심이라는 것을 강조한다. 현재의 생산양식은 이전 범주들을 자신의 구체적인 기능성functionality에 종속시킨다. 그러므로 부르주아 사회를 이해하면 자본이 다른 범주적 연관을 규정하는 특수성을 이해할 수 있게 된다.

이 같은 이치에 따라, 심리학의 위기에 관한 분석에서 비고츠키[1999, p.206]는 심리학 발전을 위한 '가능한 방법론적 경로'로서 마르크스주의의 주장을 복원하고자 한다. 마르크스주의는 부르주아 사회구조를 우월한 형태의 생산양식으로 이해하는 것과 똑같은 맥락에서 인간 의식을 우월한 형태의 정신으로 인식한다. 동물 정신 속에도 비슷한 범주들이 있긴 하지만, 인간 의식은 생물학적 법칙 외에 무엇보다 역사적-사회적 법칙에 따른 초월적인 특성에 힘입어 이전의 정신과는 비교가 안 될 정도로 우월한 특수성을 획득하기에 이른다. 아래의 인용문은 인간 정신의 발달에서 이 특수성이 차지하는 의의에 관해 명쾌히 묘사하고 있다.

> 헤겔을 좇아 우리는 어떤 것이 그것의 질에 따라 존재하며, 기존의 질을 탈피하면 존재도 변한다고 말할 수 있다. 동물에서 인간으로 나아가는 행위의 발전이 새로운 질을 야기하기 때문이다. **이것이 우리의 주요 테제다.** 이 발달은 동물심리학에서 말하는 단순한 자극과 반작용 관계에 국한되는 성질의 것이 아니다. 또한 이 발달은 양적인 경로나 그 연관의 빈도수 증가를 통해 일어나는 것도 아니다. 발달의 중심에는 자극과 반응 관계의 질적 변화를 야기하는 변증법적 도약이 있다. 우리의 주된 논리는 인간 행위는 동물과는 다른 질적 특수성에 의해 구별된다는 것이다. 인간 정신의 발달 과정은 인류사의 발달 과정의 일부를 차지하는 점에서, 인간 행위는 적응 특성이나 역사적 발달 과정 면에서도 동물의 행위와는 확연히 구별된다. _Vygotsky, 1995, p.62, 강조는 추가됨

요컨대, 마르크스의 이론이 한층 발전된 생산양식으로 특징되는 부르주아 사회 조직의 작동 법칙을 규명하는 데 주력했듯이, 마르크스주의 심리학은 정신에 대한 선형적이고 탈역사적인 분석을 극복함으로써 한층 발전된 표현 능력(인간 의식)의 특성 및 특수성과 그 발달을 좌우하는 역사-문화적 법칙을 규명하는 것을 목적으로 한다.

마르크스주의적 범주 운동과 정신의 역사적 발달의 연관

마르크스주의 심리학이 채택한 방법론적 경로의 기초를 설명하기 위해 마르크스의 저서 속에 있는 역사적-변증법적 논리에 근거한 범주 발달에 관해 더 깊이 이해할 필요가 있다. 이런 의미에서 마르크스 이론이 표방하는 이중적 특성을 살펴봐야 한다. 이것은 자본주의 사회에 대한 분석과 비판 속에서 동시에 존재한다. 이것은 마르크스가 고전경제학자들이 개발한 피상적인 개념을 새로운 방법론으로 극복하려 했던 사실과 관계있다.

라살에게 보낸 편지에서 마르크스는 자신의 저서를 "경제 범주들에 대한 비판, 혹은 부르주아 경제 체제에 대한 비판적 분석"이라 일러두었다.Marx, 1984, p.270 마르크스의 이 말은 부르주아 경제 체제를 분석하다 보면 저절로 그것에 대한 비판이 이루어질 것이라는 것을 암시한다. 여기서 두 가지 중요한 과정이 동시에 분명해진다. 마르크스는 고전경제학의 범주들을 발전시켰는데, 이로부터 그 체제의 내적 역동성으로 인해 스스로 해결 불가능한 한계와 모순이 밝혀진다. 그 뒤로 줄곧 마르크스는 그 변증법적 분석으로부터 비판을 진전시키면서 그것의 기본 개념들에 새로운 의미를 부여하며 개념들을 재구성해 간다. 따라서 마르크스의 방법론으로 고전경제학 이론의 범주를 분석하다 보면 그것의 모순이 드러나는데, 이는 마르크스 비판의 특징을 이루며 이를 통해 그는 부르주아 사회의 운동성과 변화에 관한 보편 법칙을 제시할 수 있었다.

동일한 과정을 비고츠키에서도 목격할 수 있다. 고전경제학이 부르주아 사회의 핵심 범주들에 접근했듯이, 전통 심리학은 특정 역사적 순간에 이를 때까지 파편화되고 불명료한 방법으로 현상들에 접근했다. 그래서 비고츠키는 전통 심리학의 방법론적 결함인 이분법적 한계나 분절성, 탈역사적으로 인간 정신을 이해하려는 시도를 지적한다. 이를 통해 비고츠키는 심리학의 기본 개념에 대한 새로운 의미를 인식할 수 있었다. 따라서 비고츠키가 시도한 분석은 정신 연구에 대한 새로운 제안으로 발전했는데, 이것은 인간 정신의 총체성에 대해 교차기능적cross-functional 접근 방법을 취하는 것이다. 비고츠키[2000, p.8]에 따르면,

> 복잡한 단위들units에 관한 연구를 목표로 하는 심리학은…심리학을 요소elements로 분해하는decompose 방법에서 단위로 분할하는dismember 분석 방법으로 나아가야 한다. 분해하는 대신, 주된 속성 혹은 하나의 통일된 단위로서 총체성에 내재된 속성, 즉 단위들을 발견하고, 이로부터 문제를 해결하려는 노력이 중요하다 비고츠키는 『생각과 말』에서 요소의 분해와 단위의 분할에 대해 물분자(H_2O)와 수소(H)-산소(O) 원자에 비유해서 명쾌하게 설명한다. 분자는 물질의 고유한 성질을 유지한 최소 단위다. 이 단위를 요소로 분해하면 물질의 성질이 변해 버린다. 비고츠키의 연구에서 최소 단위로 포착한 것은 낱말 의미이다. 낱말 의미라는 단위를 구성하는 요소인 낱말과 의미는 각각 언어와 사고(말과 생각)와 연결되어 있다. 비고츠키는 낱말과 의미를 따로 생각할 수 없듯이 언어와 사고를 따로 떼어(즉, 요소로 분해해서) 연구해서는 안 된다고 주장한다.

심리학의 단위 분석을 추구하는 비고츠키의 위의 인용문 속에서 마르크스주의 방법과의 내적 유사성을 확인할 수 있다. 고전경제학 범주 범주를 피상적으로 다루다 보면 부르주아의 기능을 그릇되게 이해하게 된다. 마르크스의 연구 원칙에 따르면, 마르크스는 '보편 자본general capital'의 특정 결정요인을 발견하는 것과 이 추상적 영역 속의 내적 경

향성을 이해하는 것을 목적으로 삼는다. 이 목적을 위해『자본론』은 "자본주의적 생산양식을 지배하는 사회의 부는 상품의 대규모 축적의 모습을 띠며 개별 상품은 이러한 부의 기본 형태로 나타난다"는 말로 시작한다.Marx, 1995, p.27

그리하여 저자는 노동이 생산한 상품 속에서 부르주아 경제의 역량이 발전해 가는 것을 확인하고서, 그것을 자본주의 분석의 출발점으로 선언한다. 이 출발점이 옳다는 것은 마르크스의 연구가 당대 사회와 역사를 토대로 이루어지고 있는 사실 자체로 입증된다. 마르크스의 방법론은 부르주아 경제의 발전 경로가 특정 생산양식과 특정 역사적 형태의 부에 의해 조건화된다는 특별한 사실에 의해 지지된다. 마르크스의 이러한 논리는 범주들의 연관이 외적 방법 속에 파편화됨에 따라 그 외관상의 현상에 한정되기 쉬운 부르주아적 사고방식의 정태적이고 자연주의적인 특성을 탈피한다.『자본론』에서 마르크스주의 범주 발전을 정확히 묘사하는 것은 자본주의 사회의 이러한 기초적이고 근본적인 형태(즉, 상품)에 내재된 논리적-역사적 모순을 통해서이다. 우리는 이것을 통해 그 본질 속에 있는 이 '거대한 상품의 집적'이 기능하는 보편 법칙에 대해 이해할 수 있을 것이다.

위에서 언급한 경로 선택의 저변에 놓인 과학적·방법론적 요소를 설명하면서 마르크스는 "경제학이 현미경이나 시약이 될 수 없기 때문에 추상력이 이를 대신해야 한다"는 것을 강조한다.Marx, 1995, p.6 따라서 추상이 자본주의 생산양식과 그것에 조응하는 생산과 순환을 이해하기 위해 경제의 세포 형태를 분석하는 도구가 되어야 하고, "이 과정의 순수한 진행을 보증하는 조건하에서"Marx, 1995, p.6 범주들을 보다 면밀히 관찰할 필요가 있다. 분석의 최소 단위가 연구 대상의 모든 문명적 요소들을 포함하게 될 때, 마르크스는 부르주아 사회의 **세포**(상품 형태) 속에서 또 다른 경제 체제의 구성을 탐색한다.

마르크스주의 심리학은 특정 역사적·사회적 형태의 정신을 연구할 때 이러한 방법론적 절차를 따름으로써 인간 정신의 기초적이고 상징적인 정신과정을 구성하는 세포들을 확인할 수 있다. 비고츠키[2000]에 따르면, 낱말 의미word meaning 속에서 이러한 최소 분석 단위를 발견할 수 있는데, 이것은 의식 발달 과정을 총망라하는 종합synthesis을 포함한다.

> 이처럼 의미는 낱말과 떼려야 뗄 수 없는 관계인 까닭에 사고의 영역에서만큼이나 언어의 영역에 속해 있다. 의미를 떠난 낱말은 낱말이 아닌 공허한 소리일 뿐이다. 낱말이 의미와 분리되면 언어의 영역에 속하지 않는다. 의미가 언어와 사고의 현상과 동등하게 취급될 수 없는 까닭도 이것이다. 우리는 낱말의 의미와 동떨어진 말을 할 수는 없다. 낱말 의미는 언어적 사고의 단위이기 때문에 언어인 동시에 사고다.
>
> _Vygotsky, 2000, p.10

마르틴스[Martins, 2011]에 따르면, 비고츠키는 고등정신기능의 발달은 교차기능의 부단한 운동과 재구성을 떠맡는 역동적인 시스템을 토대로 이루어진다고 확신했다. 이 운동은 기호의 사용에 말미암는데,

> 기호 사용은 특정 시기 정신기능의 한계를 뛰어넘는 질적 변화transformation를 추동한다. 이 일은 개인적인 차원에서 그저 뒤죽박죽 섞여 이루어지는 것이 아니기 때문에 단순한 교차기능적 변화에 그치는 것이 아니다. 이를테면, 선천적 기억에서 논리적 기억으로의 전환이나 실용 지능에서 추상적 사고로

의 전환 따위가 전부는 아니다. 각 기능의 특정 변화는 그것과 연관을 맺고 있는 여러 기능들이 결합하여 기존 상태의 질적 변화를 꾀해 가는 식으로, 다시 말해, 총체적인 정신의 변화가 일어나는 것이다. _Martins, 2011, p.58

그리하여 특정 정신 발달의 단계를 뛰어넘는 변화는 각각의 정신기능 속에서 따로따로 이루어지는 것이 아니라, 새로운 발달 수준에 도달함에 따라 이루어진 새로운 병합과의 연계 및 교차기능을 통해 나타난다.

여기서도 역사-문화심리학은 역사 유물론과 변증법적 유물론과의 내적 연관을 보여 준다. 비고츠키는 부르주아 사회의 경제 범주에 관한 마르크스의 연구와 마찬가지로 각 정신기능에 관한 연구는 가장 단순한 형태에 대한 분석에서 시작하여 그것의 근본적인 모순으로 발전하게 될때 다른 기능들에게로 연결될 것이며 이때 그 전체적인 발달을 발견할 수 있을 것이라고 말한다. 아울러 비고츠키는 이 가운데 어느 것도 앞선 것들에 대한 이해 없이는 그 본질을 이해할 수 없다는 것을 일러두고 있다.

고전경제학에 대한 마르크스의 비판에서도 동일한 궤적을 엿볼 수 있다. 부르주아 사회에 대한 최소 단위(상품)의 분석을 통해 마르크스는 각각의 경제 범주들 사이의 내적 연관성을 논증한다. 이를테면 부르주아 사회구조에 조응하는 범주들의 연역을 통해 '상품' 범주의 내적 모순을 '가치'로 세분하는데, 이는 '화폐'와 '자본'을 염두에 둔 것이다.

이러한 방법론을 구사하는 마르크스주의적 분석은 경제 범주들 사이의 상호의존성과 변화에 얽힌 연관을 풀 수 있는 유일한 접근법이었다. 이 방법은 이전에는 한 번도 시도된 적이 없는 것으로서 자본주의 생산과정의 근본 운동 법칙을 이해할 수 있게 했다.

이 방법론을 응용하여 비고츠키는 마르크스의 아이디어 속에 있는 고등정신기능의 역사에 대한 연구에 착수한다. 비고츠키는 심리학적 범주들에 대해 그 내적 연관을 밝혀내고 그 기저에 있는 보편 법칙을 알고자 했다. 이런 까닭에 그는 사회적 수준과 정신적 수준 사이의 상호의존성에 관한 연구 분야의 개척자로 평가된다. 비고츠키는 자신이 '문화 발달의 보편 발생 법칙'이라 일컬은 것을 개발했다. 이 법칙에 따르면, 아동의 문화적 발달에서 모든 기능은 두 수준에서 나타난다. 즉, 기본적으로 사회적 수준(개인 간 정신적 범주)에서 시작하여 점차 아동 내의 정신적 수준(개인 내 정신적 범주)으로 발전해 간다.Vygotsky, 1995 그러므로 역사 유물론과 변증법적 유물론에 따라 수행한 인간 정신에 관한 비고츠키의 연구는 포이어바흐의 여섯 번째 테제에서 이미 마르크스가 지적한 심리과학을 다루고 있다. 즉, 인간의 본질은 각 개인에 내재된 추상적인 무엇이 아니라 사회적 관계망으로 이루어진 현실 속에 있다.Marx and Engels, 1984

마르크스 이론과의 방법론적 연계성을 유지하면서 비고츠키2001는 지식의 구성에서 함축된 정신과정에 관한 연구에 천착했다. 언어적 기호들은 현실 속의 내적·추상적 연관에 관한 정교한 이해력을 제공한다. 이러한 지적 과정은 일반화 능력을 형성하게 하고 분석-종합, 비교, 일반화와 추상 따위의 논리적 사고 조작을 가능하게 한다.

정교한 사고력을 통해 추상적인 사고를 효율적으로 할 수 있게 되고 이것은 필연적으로 문화적 기호에 대한 내면화로 이어진다. 그리고 전체 역사를 통해 인류가 이룩해 온 구체적인 현실 세계에 대한 추상적인 개념화의 산물을 자기화해 간다. 이것은 현상 형태로 있는 현실 세계의 본질을 이해하기 위해 인간이 추상 능력과 이론체계에 대한 욕구를 품을 수밖에 없는 필연적인 귀결이다. 오직 이론적이고 개념적인 사고 방법을 통해서만이 의식의 대상은 복합적 연관과 다양한 결론의 종합synthesis 으로서 그 구체적인 모습을 드러낼 뿐이다.

맺는말

비고츠키가 시도한 마르크스주의 심리학의 발전은 마르크스의 저작 속에 있는 인간 정신의 이해와 관련한 이론 탐색에 그치지 않았다. 마르크스의 이론에서 연구의 대상은 궁극적으로 자본주의 사회이기 때문이다. 그러므로 역사-문화심리학의 마르크스주의적 방법론적 토대에 관한 이해는 저자의 글이나 인용문 탐색에 그쳐서는 안 된다.

그것을 넘어 우리는 이 심리학의 마르크스주의적 토대에 대한 이해를 위해 마르크스의 가정에 기초한 방법론에 관한 엄밀한 분석에 의존해야 한다고 주장한다. 이런 의미에서 이 글에서 우리의 목적은 마르크스가 자본주의 사회에 대한 자신의 급진적 비판을 수행하고 그것이 기능하는 보편 법칙을 발견하기 위해 역사 유물론과 변증법적 유물론을 적용한 것과 똑같은 방식으로, 비고츠키가 인간 정신에 관한 연구에서 마르크스주의 심리학이 나아가야 할 방향을 발견하기 위한 마르크스주의적 경로를 추구했으며, 결과적으로 마르크스주의 심리학을 위한 상세한 방법론적 토대를 정립했음을 논증하는 것이다.

요컨대, 이러한 노력 속에서 비고츠키가 사회 발전과 역사 발전의 법칙에 근거한 인간 정신을 연구한 것을 볼 수 있다. 비고츠키는 정신적 삶의 최소 단위를 의식 형성의 사회적 속성이 종합된 낱말 의미 속에서 발견했다. 정신과정의 본질을 파헤치면서 비고츠키는 정신과정들 사이의 상호의존성과 재조직이 발달 단계를 넘어 일어나는 것으로 본다.

마르크스주의 방법론적 원칙의 적용을 통해 고등 의식 형태의 특수성을 밝힘으로써 인간 의식의 연구에서 혁명이 일어났다. 이 과정에서 그간에 파편화된 연구를 통해 보편 법칙에 관한 정교한 관점을 상실하는 우를 범한 이원론적 개념의 한계가 극복되었다. 결론적으로, 인간 의식을 역사적 연구와 변증법적 연구의 대상으로 삼음으로써 역사적 존재로서의 인간 속에 종합된synthesized 변증법적 운동을 이해할 수 있는 과학의 구축을 향한 선형적 논리의 한계를 극복하였다.

참고 문헌

Duarte, N. (2001). *Vigotski e o aprender a aprender: críticas às apropriações neoliberais e pósmodernas da teoria vigotskiana* [Vygotsky and learning to learn: Criticism of the neoliberal and postmodern appropriations of Vygotskian theory]. Campinas: Autores Associados.

Martins, L. M. (2011). *O desenvolvimento do psiquismo e a educação escolar: contribuições à luz da psicologia histórico-cultural e da pedagogia histórico-critica* [The development of psychology and school education: Contributions of historical-cultural psychology and historical critical pedagogy]. Thesis in educational psychology, Department of Psychology, Universidade Estadual Paulista, Bauru campus.

Marx, K. (1984). Letter to Lassale, February 22, 1858. In Lawrence & Wishart (org.) *Karl Marx Frederick Engels collected works: Volume 40* (pp. 268-271). Moscow: Progress Publishers.

_____. (1995). *Capital: A Critique of political economy-Book one: The process of production of capital.* Available at: https://www.marxists.org/archive/marx/works/1867-c1/ (accessed March 22, 2016).

_____. (2011). *Grundrisse: manuscritos econômicos de 1857-1858: esboços da crítica da economia política* [Grundrisse: Economic manuscripts 1857-1858: Foundation of the critique of political economy]. São Paulo: Boitempo.

Marx, K., and Engels, F. (1984). *A ideologia alemã* [The German ideology]. São Paulo: Moraes.

Vygotsky, L. S. (Vigotski) (1995). *Obras escogidas: Tomo III* [Selected works: Volume III]. Madrid: Visor.

_____. (1999). O significado histórico da crise da psicologia: Uma investigação metodológica. [The historical meaning of the crisis in psychology: A methodological investigation]. In *Teoria e método em psicologia* (2nd ed.) trans. C. Berliner. São Paulo: Martins Fontes.

_____. (2000). *A construção do pensamento e da linguagem* [Thought and language). São Paulo: Martins Fontes.

_____. (2001). *Obras escogidas: Tomo II* [Selected works: Volume II]. Madrid: Visor.

3.
인간 발달에서 노동, 의식, 기호의 문제

다니엘레 누네스 엔히크 실바Daniele Nunes Henrique Silva,
일라나 레모스 데 파이바Ilana Lemos de Paiva,
라비니아 로페스 살로마웅 마지올리누Lavínia Lopes Salomão Magiolino

심리학은 인간의 발달, 학습, 정신기제의 특징이 동물과 어떻게 다른 가를 연구하는 학문이다. 서구 심리학의 영향을 받아 심리학은 감각 기관과 환경 자극의 관계에 관한 연구에 천착해 왔다. 이것은 많은 심리학 자들이 인간의 고등정신기능은 그가 자연과의 관계 속에서 정립해 온 복잡한 연합에서 기인한다는 것에 동의하고 있다는 것을 의미한다.

그럼에도 우리는 여전히 계통발생 차원과 개체발생 차원의 고등정 신기능 형성의 기원과 원리를 이해하는 한 방법으로 자연과 문화의 관 계를 이분법적으로 생각하는 인식론적 패러다임을 접한다.Damasio, 1994, 1999, 2003; Edelman, 1989, 2006; Tomasello, 1999, 2003 등을 보라

언어, 문화, 도구 및 기호 사용과 인간 의식의 연관성은 여러 현대 학 자들의 저작물에서 다루어지고 있는데 이들은 저마다 다양한 관점을 제시하고 있다. 이를테면 우리는 다마시오Damasio, 1999의 저서에서 인간 의식을 설명함에 있어 언어의 중요성을 무시한 채 이미지나 몸짓으로 마음 상태를 나타내는 것을 강조하는 것을 보게 된다. 실로 이것은 의 식에 대한 기계론적이고 기능주의적인 설명이다.Magiolino and Smolka, 2013

에덜먼Edelman, 1989의 저서에서 뇌형태학은 의식의 이해에 유용한 시사점을 제공한다. 토마셀로Tomasello, 2003는 문화 접촉, 도구 사용, 언어를 수반하는 역동적인 협력이 인간과 동물 사이의 차이의 핵심이라고 논한다.

이들 패러다임은 고전철학과 고전심리학에서 의식의 문제를 다루는 토론과 맞닿아 있다. 아래에서 살펴보겠지만, 비고츠키의 시대에 이 문제는 중요한 관심사였다.

로크J. Locke(1632~1704), 콩디야크E. B. Condillac(1715~1780) 등의 영향을 받은 관념론자들과 데카르트R. Descartes(1596~1650), 칸트I. Kant(1724~1804) 등의 영향을 받은 기계적 유물론자들 사이의 토론은 이 문제와 관련한 19세기 심리학계에 영향을 미쳤다. 이 시기의 문제들은 계몽주의와 자연과학 대 인문과학에 관한 사상, 새로 정립된 심리학의 **과학적 임무**에 관한 다양한 이해의 핵심과 관련한 진리 문제로 대변된다.

슈프랑거E. Spranger(1882~1963)와 이바노비치C. Ivanovich(1862~1936)로 대표되는 관념론적 심리학은 인간이 생산한 지식은 단순한 형태에서 복잡한 형태에 이르는 인상과 연합에 의해 구성되는 것이 전부라는 생각을 옹호했다. 인간 의식을 설명하는 문제에 관심을 기울였음에도, 관념론적 심리학은 유심론의 안식처에 도피할 뿐 과학적 연구의 요건을 충족하는 방법론의 개발에는 실패했다.

그 반대 방향에서 기계론에 고무된 비판이 자연과학, 특히 파블로프Pavlov(1849~1936)와 베흐테레프Bekhterev(1857~1927)의 이론에 기초한 인간 행동에 관한 연구의 필요성을 제기했다. 과학적·자연적 접근은 고등정신기능의 기본 과정을 추정함으로써 인간 정신 현상을 이해하고자 했다. 의식은 접근이 불가능하다는 이유로 이러한 실험에서 무시되었다.

비고츠키[1997a], 1997b의 이론에서 이러한 접근법들에 대한 비판을 엿볼 수 있다. 비고츠키는 이들이 과학적 심리학의 영역에서 고등정신과정(즉, 의식)을 배제했다고 비판했다.

따라서 비고츠키가 보기에 반사론자reflexologist와 반응론자reactologist는 인간 행동과 그것을 구성하는 모든 요소를 반사의 총합에 지나지 않는 것으로 해석한다. "감각이 무엇인가? 그것은 반사다. 언어와 몸짓이 무엇인가? 이 또한 반사다. 본능, 일시적 착오, 정서가 무엇인가? 이 또한 반사다."2001, p.61.

일찍부터 비고츠키는 인간 정신을 분석하고 연구하는 방법으로서 이원론의 문제는 인식론적·방법론적 관점을 통해서만이 해결될 수 있다고 말했다. 비고츠키는 이론이나 연구와 관련하여 반사론의 환원주의에 단호히 반대했다. 그는 근본적으로 완전히 서로 다른 두 존재에 대해 하나의 과학을 정립하는 것이 어떻게 가능할지 고민했다.Vygotsky, 1999, p.362[2] 이에 대한 그의 답은 역사 유물론과 변증법적 유물론에 그 근거를 두는 일반심리학을 세우는 것이었다.

요컨대, 우리는 비고츠키의 저서1997a, 1997b, 1997c, 1998, 1999에서 그가 인식론적 분리주의epistemological separatism의 부작용을 우려하는 것을 확인할 수 있다. 비고츠키는 연구자들이 정신의 탄생 문제를 자연주의적 토대나 유심론적 토대를 벗어나 사회적·역사적 차원으로 향할 것을 권고한다.

이 과업을 성공적으로 수행하기 위해 비고츠키는 마르크스의 사상에 의지하면서 심리 현상을 고립된 방식으로 다루는 대신 총체성의 문제로 다룸으로써 이 분야에서의 연구를 획기적으로 변화시켰다. 따라서 비고츠키는 주관성과 객관성을 변증법적으로 다룰 수 있는 **사회-정신 심리학**a social-psychological psychology을 옹호한다.Sawaia and Silva, 2015

역사-문화의 연결고리는 고등정신기능의 형성에서 역사와 문화의 근본적인 중요성, 특히 언어의 지위를 우뚝 세우고 의식 발달에서 언어의 중요성을 밝힘으로써 인간과 환경의 관계에 관한 이해의 신기원을 열었다. 비고츠키는 특히 마르크스의 철학적 사유에 힘입어, 인간 사고의 기원과 그것의 사회적 성립을 매개mediation와 상징 과정symbolic process에 의한 것으로 설명한다.

인간 세계의 성립에서 노동의 공헌: 마르크스와 루카치

마르크스주의 이론에 따라, 노동 범주는 비고츠키의 저서에서 존재론적 토대 중의 하나로서 인간 세계의 성립에서 핵심적 계기로 제시되고 있다. 마르크스가 사회적 동물로서 인간에 관한 사상을 옹호하면서 인간 존재의 역사성에 관한 급진적 관점을 취한 사실을 기억할 필요가 있다. 이 원칙을 계승하면서 비고츠키는 집단 노동이 인간의 문화 발전에서 의식적인 활동을 탄생시켰으며, 이로부터 고등정신기능이 생겨났다고 생각한다.

이 진술은 마르크스의 『자본론』2002, pp.211-212에서 발췌한 아래 인용문에 잘 드러나 있다.

> 거미가 수행하는 작업은 직조공을 연상시키며 꿀벌이 지은 집은 인간 건축가들의 노동을 무색케 할 정도다. 하지만 가장 서툰 건축가라도 가장 유능한 꿀벌보다 나은 점이 있으니, 건축가는 집을 짓기 전에 자신의 머릿속에서 먼저 그것을 떠올리는 것이다. 작업 과정의 말미에 그는 자신이 작업을 시작하기 전에 의도한 결과를 얻게 된다. 건축가는 자연이 자신에게

준 형태를 변화시킬 뿐만 아니라, 자연에 부과한 제약들 속에서 자신의 목적을 수행한다. 또한 그는 자신의 목적에 따라 활동의 수단과 성격을 결정하며, 이러한 활동의 성격에 자신의 의지를 종속시켜야 한다. _비고츠키, 1978, p. xii에서 인용

마르크스와 엥겔스[2009]에 따르면,

"역사를 만들기" 위해 인간은 우선 삶을 유지해야만 한다. 삶을 유지해 가기 위해서는 다른 어떤 것들보다 의식주가 해결되어야 한다. 그리하여 최초의 역사적 행위는 이러한 욕구들을 충족시키기 위한 수단의 생산, 즉 물질적 삶 그 자체의 생산이다.[3]

아브레우[Abreu, 2015]에게 인간의 생존은 생활에 필요한 물품의 생산에 의존하는데 이것은 노동을 통한 자연의 의도적인 변화를 통해 가능하다. 이렇게 함으로써 인간은 생활에 필요한 물건을 생산할 뿐만 아니라 사회적 관계를 통해 나름의 의식을 발전시켜 간다. 마르크스와 엥겔스가 논증했듯이, "자신의 물적 생산과 물적 교환을 발전시킴으로써 인간은 존재 조건과 함께 자신의 사고와 사고의 산물을 개조해 간다. 삶이 의식에 의해 규정되는 것이 아니라 의식이 삶에 의해 규정된다"[2009].[4]

이러한 가정에 기초하여, 실바[Silva, 2012]는 인간은 자신의 생계 수단을 창조한다고 설명한다. 노동(사회적 활동)을 통해서 자신의 존재 조건이 자연적 역사 과정을 극복하게 됨으로써 진정한 문화적 역사가 시작된다. 이 속에서 자연(생물학적 존재 조건)은 문화의 영향 아래 놓이게 된다.

그러므로 세계 속에서 우리의 행위는 본질적으로 현실 세계에 기초한 물

적 조건에 연결되어 있음을 강조할 필요가 있다. 사회적 현실의 토대를 구성하는 것은 의식의 생산물이 아니라 인간들 사이에 맺어진 물질적 관계다. 현대 마르크스주의에서 가장 중요한 이론가 중의 한 사람인 루카치G. Lukács(1885~1971)에 따르면, 사회적 존재의 존재론적 토대로서 노동 범주는 모든 재생산 절차의 필수적인 근거다. 그와 더불어, 노동이 존재할 수 있는 것은 오직 사회적 재생산의 맥락 속에서이다.Lukács, 1976

이러한 맥락에 비추어, 인간 본질의 역사성에 관해 논하는 마르크스의 존재론적 노동관에 관해 루카치가 제기한 마르크스주의의 노동 개념을 되짚어 볼 필요가 있는데, 이 점은 비고츠키도 논한 바 있다.

루카치에 따르면, 사회적 재생산 시스템은 역사적으로 결정된 구체적 과정을 통해 형성된다. 이것은 항상 모순적이며, 존재론적으로 자연과 구별되지만 자연과 떼려야 뗄 수 없는 물질대사 관계를 유지하고 있는 사회적 존재로 인간을 세운다. 사회적 존재의 보편적인 존재론적 범주들이 노동을 통한 존재 속으로 편입되는 맥락은 이러한 구체적이고 역사적인 과정을 통해서이다.

그러므로 존재론적 범주로서 사회적 재생산이란 인간으로 하여금 각각의 역사적 계기에서 훨씬 고차원적이고 정교한 수준의 사회성을 획득하게 하는 사적 매개private mediation를 일컫는다. 이 매개는 삶의 형태가 어엿한 모습을 갖추고 사회적 존재의 보편 범주들이 발전하는 것과 때를 같이하여 일어난다. 요컨대, 마르크스를 계승하여 루카치는 사회적 재생산의 특수성을 유적 존재 출현의 실질적이고 역사적인 계기의 조건들과 결부 짓는다.Lukács, 1976; Lessa, 2004

루카치에게 인간 세계는 비록 자연과 끊임없는 유기적 교환을 해가야 하지만 자연법칙과는 무관한 순전히 사회적인 새로운 실재성substantiality이다.Lessa, 1995, p.13

그러므로 사회적 존재 속에서 특별한 논리, 즉 자연적 존재를 사회적 존재와 차별화하는 존재론적 절차를 탐색할 필요가 있다. 이 속에 최초에 인간이 자연과 직접적으로 맺었던 관계로부터 구별되는 사회적 총체성을 점점 발전시켜 가는 특별한 범주가 들어 있다. 복잡하고 우월한 수준의 사회성 단계를 향한 이 상승 과정이 사회적 존재의 재생산인데, 이 속에서 인간 세계는 사회적 범주들의 영향을 점점 많이 받게 된다.

　마르크스주의 사상가들의 입장에서 인간의 개인화individualization 과정은 역사를 통해서만 가능할 따름이다. 루카치적 존재론에 따르면, 인간은 복잡한 생산관계의 결과로 무리 짓는 동물 혹은 군집하는 존재로 발전해 간다.Hobsbawm, 2011 "노동자의 재생산에 필요한 것 이상을 생산하는" 노동의 이러한 특성은 전체 인간사의 "객관적인 토대"다.Lessa, 1995

　계급사회, 특히 자본주의 사회에선 노동자들이 외적 세계를 자신의 노동으로 더 많이 가져올수록 그의 생계는 더욱 궁핍해진다.Marx, 2004, p.86 이러한 관점에서, 노동자는 점차 자신의 생산물을 낯선 사물로 느끼기 시작한다.

　노동은 **필수적인 유기적 결실이며**Lukács, 1976, 동시에 이전에는 자연 속에 존재하지 않았던 시스템의 즉각적인 발전을 요청하면서 사회화 과정에 영향력을 끼친다. 프락시스의 도식(생각-행동-성찰)은 비고츠키가 주장하듯이 의식의 존재로 말미암아 가능한데, 이는 노동의 필요에 따른 존재론적 차원 속에서 창출된다.

　이러한 존재론적 상황은 동일한 것의 반복적인 지속일 뿐만 아니라, 부단하고 영속적인 변화 속에서 스스로를 만들어 가는 지속이기도 하다. 루카치에 따르면, 이러한 지속을 담당하고 매개하는 것은 의식이다.Lessa, 1995, p.34

　이러한 면에서 의식 없이는 노동이 불가능하다고 볼 수 있다. 역사 발전의 일정 단계에 이르러 노동은 의식적으로 사회적 속성을 띠게 되면서 "인류의 대자적 존재성에 대한 완전한 설명"을 성취하며 초기의 벙어리 상태muteness를 극복한다.Lukács, 1976, p.183[5] 이런 식으로 루카치는 의식을 담보하고 인간의 성취에 대한 소통의 매개 역할을 하는 점에서, 객관적·주관적 혁신을 창조하는 능력인 언어의 존재론적 기원을 노동 속에서 발견한다.

이러한 논점을 계승하여, 루카치적 존재론에서 언어는 사회적 존재의 재생산이 지속되기 위해 필수 불가결한 것이다. 사회적 활동 욕구와 인간과 자연의 관계, 사람들 상호 간의 관계를 고려할 때, 상징적 경험은 개별과 보편을 인식하고 고쳐 가는 두 과업을 충족한다. 언어의 사회적 기능이라 함은 매개를 통하지 않고서 성취될 수 있는 인간 프락시스는 불가능하기 때문에 언어가 보편적인 사회적 시스템으로 기능하게 됨을 뜻한다.Lessa, 1995

언어는 이전의 것에 대한 관념화ideation를 가능하게 하는데, 이를 통해 기본적인 추상의 매개를 꾀할 수 있다(비고츠키가 고등정신기능의 특징으로 탐구하고자 했던 것이 이것이다). 이런 식으로, 인간 존재에게 직접적으로 제시되지 않지만 노동 활동과 그 부산물(예술, 철학, 과학 등)의 근간인 구체성이 의식의 영역에서 작동된다.

사회적 맥락 속에서 언어는, 2차 목적론적 입력second teleological input의 중심을 차지할 때, 다시 말해, 어떤 한 사람의 행위가 다른 사람에게 전해져서 간접적으로 자연을 수정하게 될 때, 이데올로기 따위의 사회적 재생산의 체계를 매개하게 된다.

비고츠키와 바흐친의 이론에서 의식과 언어의 문제

앞에서 살펴봤듯이, 마르크스주의 사상가들에게 노동은 인간 존재를 설명하는 핵심 범주다. 비고츠키는 의식과 고등정신체계에 관한 탐구가 이러한 가정으로부터 출발해야 한다는 것을 알고 있다. 그는 이러한 문제들을 주관적 현상이나 기계론적 설명으로 환원하는 것을 피하고자 한다. 비고츠키의 생각은 루카치의 고민과 매우 유사하지만 다음과 같은 몇몇 지점에 관한 강조점에서 차이를 보이기도 한다.

비고츠키[1989]에게 노동은 변혁을 위한 자연의 요청으로 정의된다. 사실상, 만약 자연이 종種의 영속화에 어떤 도전을 자극하지 않았다면, 인간은 굳이 새로운 형태의 사회성이나 존재조건을 창조할 필요가 없을 것이다. 새로운 행위의 창조가 생존의 욕구에 따라 발생하는 것은 인간의 무능에 기인한다.Vygotsky, 2004

진화론적 관점에서 이것은 매개를 통해 자연계가 문화적 구성물로 되어 감을 의미한다. 진화 과정에서 이러한 질적 도약에 말미암아 유기체 내에서 사회적 주체로의 질적 변화가 일어난다. 루리아A. Luria(1902~1977)에 따르면, 이러한 변화를 가능케 하는 것은 두 가지 요인, 즉 도구의 사용과 언어의 탄생이다.

아래에서 살펴보겠지만, 사실상 사회적 실천이 보다 복잡하게 발전해 가면서 인간이 세계를 변화시킬 수 있게 하는 것은 상징체계를 통해서이다. 의사소통과 도구 발전으로 말미암은 기술력의 향상을 통해 사고와 감정, 행위 양식의 변화가 일어났다. 다시 말해, 계통발생적으로 상징과 도구의 사용이 동물 인간에서 문화 인간으로의 노정을 열었고 고등정신기능의 토대를 닦았다.

엥겔스출판 연도 미상, p.272가 말하길,

태초에 노동이 있었고 그 뒤로 **노동과 나란히** 언어의 분절화
가 일어났다. 유인원의 뇌가 점차 인간의 뇌로 발전해 가는 데
중요한 영향을 끼친 두 가지 요인이 이것이다. 그 모든 유사성
에도 불구하고 인간의 뇌는 유인원의 뇌에 비해 훨씬 크고 또
완전하다.[6]

이러한 체계에 관해 보다 정교한 인간적 용어로 설명하기 위해 비고
츠키[1978]는 기호와 도구 사이의 유사성을 제시하고선, 이 두 가지보다
더 중요한 것으로 **매개된 활동과 정신과정에서 이 활동의 중요성**을 논한다.
동물계에서 일어나는 일(이를테면, 앞의 인용문에서 언급한 거미의 본능적
인 거미줄 짓기)과는 다른 방식으로, 의식적 활동은 도구(연모)와 정신
도구(기호) 그리고 인간관계에 의해 매개된다.

계통발생적으로 도구의 창조는 외적 활동의 질적 변화를 이끈다. 이
는 인간이 물건을 생산하기 위해 자연을 활용하는 방식 따위의 근본적
변화를 촉진하는 문화적 사물(낚싯대, 망치 등)의 출현을 의미한다.

도구(자연에 대한 직접적인 지배의 결과로 인간에게 외적으로 나타난 것
을 특징으로 하는)의 사용은 무엇보다 활동 수준을 향상시킨다. 하지만
실바[Silva, 2002]는 이 외적 **도구**가 공유된 사회적 기호로서 개인 내 정신
활동도 진전시키는 점을 강조한다. 이것은 의미화signification의 역사, 즉
집단적 실천과 도구 사용의 문화적 국면의 역사이다. 그러므로 "도끼는
자연의 영역에서 도구인 동시에, 그 사물을 지시함으로써 개인 상호 간
의 문화적 규칙에 따른 행위와 그 의미의 역사를 전달하는 기호이기도
하다."[Silva, 2002, p.35].

이런 식으로 우리는 도구 사용에 관해 연구를 하다 보면 자연스레 언
어의 중요성에 주목하게 된다. 노동 형태 및 사회적 실천의 발전과 도구

및 기호 생산 사이에 유비관계가 있다. 이것은 역사-문화 영역에서의 연구에서 매우 중요한 주제이기 때문에, 오늘날의 기계적 관점이나 생물학적(혹은 신경생물학적) 관점과의 차이점을 생각해야만 한다.

비고츠키에게 언어(기호로서의 언어)의 출현은 인간이 문제 해결을 위한 자신의 능력을 극대화하는 정신기제를 조작할 수 있게 되었음을 뜻한다. 언어는 사회적 관계망 속에서 형성되며, 상징화symbolization의 한계를 넘어 기호 및 의사소통의 해석을 가능케 하는 인간의 산물로 이해된다. 언어를 통해 인간은 생각과 감정, 지각, 기억을 구성할 수 있다. 비고츠키에 힘입어 우리가 언어 없이는 인간 의식이 불가능하다는 것을 생각할 수 있는 것도 이 때문이다.

비고츠키[2014, pp.346-347]에 따르면,

> 태양이 물방울에 투영되듯 의식은 낱말에 투영된다. 하나의 세포가 전체 유기체와 연관을 맺고 원자가 우주와 연관을 맺듯이, 낱말은 의식과 연관을 맺는다. 하나의 낱말은 인간 의식의 소우주다.[7]

루리아[1991]에 따르면, 기호를 조작하기 시작하면서 인간에게 세 가지 본질적인 변화가 일어났다. a) 사물들 사이의 차이를 구별하고 그것을 기억 속에 저장하는 능력, b) 추상화와 일반화의 능력, c) 정보를 전달하고 저장하는 능력으로서, 이를 통해 인간은 경험을 자기 것으로 만들고 인류 역사 속에서 생산되고 축적된 지식을 지배하게 된다.

언어는 타인과 자신을 이해하는 동시에 세계 속에서 행위하고 세계에 자신을 던지는 수단으로 부상한다. 내면화된 낱말은 정신적 도구인 기호로서 기능하며 사고를 구성한다. 이 과정에서 언어는 행위를 이끌고 인간 의식을 구성하는 복잡한 과정에 형식을 부여하기 시작한다. 비고 츠키1999에 따르면, 정신과정의 발생에 관한 연구는 의도적 조작volitional operations이 개인 상호 간 정신 차원을 포함하는 것을 보여 준다비고츠키 문맥에서 '의도적volitional' 또는 '자발적인voluntary'이란 수사는 동일한 의미로서 동물과 구 별되는 인간의 고등정신기능과 관계있다. 이 문장은 고등정신기능의 발생이 사회적 차원, 즉 언어를 매개로 한 개인 간의 소통을 통해 이루어진다는 것을 말하고 있다.

여기서 우리는 지식과 의식에서 언어 구사력의 중요성을 이해할 수 있다. 개체발생적 관점에서 아동은 언어를 통해 자신을 둘러싼 환경과 의 결속을 확립해 간다. 사회적 관계망 속에서 공유한 낱말들을 이용해 아동은 점차 자신의 행동을 계획하기 시작한다Vygotsky, 1999 주지하다시 피, 고등정신기능은 개인 간의 상호작용에 힘입어 개인 내에서 발달한 사고력으로부터 생겨나는 까닭에, 비고츠키에게 개인의 의식은 공감을 의미한다.

문화 발달 역사 속에서 절대적 중요성을 지닌 것으로 인식되는 기호 가 처음에는 타인과의 접촉 수단이나 타인과의 소통 수단이었다는 것도 놀라운 사실이다. 접촉 수단의 진정한 기원에 대해 생각할 때, 우리는 기호가 보다 넓은 의미에서 일정한 사회적 속성을 나타내는 정신적 기 능들 사이의 연결 수단이라고 말할 수 있다. 자아 속으로 들어갈 때, 기 호는 자아의 내적 기능들을 연결시키는 수단을 제공하기도 한다. 우리 는 기호와 말speech이 없이는 두뇌가 복잡한 관계들을 형성할 수 없다 는 것을 알 수 있다.

반응의 문제(파블로프와 반사론자들로 돌아가서)는 내적 논리상『사고 와 언어』에서 비고츠키가 정교하게 설명한 정신 체계와 기호, 의미화 내 의 교차기능성cross-functionality의 문제와 연관 지어 비판적으로 조명되 고 있다.

비고츠키에게 **의식의 소우주**로서 낱말은, 바흐친Bakhtin(1895~1975)에게서 보듯이, 고도의 질서를 지닌 기호다. 나아가, 기호는 인간이 속한 자연계에서 생겨난 것이 아니라 사회 속의 인간 질서에서 생겨난 것이다. 기호는 반사가 아니며, 정신을 구성하고 인간 행동을 이끄는 자연적 유기적 질서의 단순한 기제가 아니라, 사회적 관계를 통해 형성되고 역사적·문화적 세계로부터 생겨난 무엇이다. 따라서 인간의 고등정신기능은 생물학적 메커니즘에서 생겨난 것이 아닐뿐더러, 종의 생물학적 기관의 복잡성으로 특징되지도 않는다. 그것은 역사와 인간 문화 속에 뛰어든 자아를 반영하며 도구와 기호의 창조를 반영한다.

의미화의 조건과 의미의 생산양식에 관해 논하면서, 스몰카Smolka, 2004는 비고츠키의 개념 발달에서 우리의 정신 발달이 표상(이미지 정립, 유기적 영역)에서 의미화(기호와 감각의 생산, 문화적 영역)로 경과해 왔음을 보여 준다. 스몰카2004, p.42는 낱말에 관한 우리의 의문 해결에 도움을 준다.

개인 상호 간의 관계에서 생산되고 자리 잡아 가는 것으로서 기호는 주체 속에서 작동하고 반향을 일으킨다. 기호는 주입력과 가역성을 특징으로 하는데, 이는 관계망(혹은 역사) 속의 당사자에게 영향을 미침을 뜻한다. 더욱이 탁월한 기호로서 낱말은 여기서 보다 순수하고 보다 감성적인 방법의 사회적 관계로서, 동시에 내적 삶의 기호적 물질로서 두각을 나타낸다. 언어를 통해 인간은 무엇을 지시하고 무엇에 이름을 붙이고 무엇을 강조하고 언급할 수 있다. 또한 언어를 통해 인간은 행위의 방향을 설정하고 계획을 세우고 (상호)조절할 수 있으며, 세계를 알아 가고 자신을 알아 가고 주체로 성장할 수 있

다. 언어는 인간으로 하여금 현실 세계를 이끌고 건설하게 한
다. 말의 출현은 불가역적인 자연의 일대 사건이다.

요약하면, 역사-문화 이론을 통해 비고츠키는 의식과 인간 특유의 고
등정신기능을 이해하기 위한 일련의 요소들을 도입하였다. 그의 이론
은 관념론이나 기계론 중 어느 하나를 선택하는 이분법을 지양했다. 비
고츠키는 생물학적 기관을 재설계하였다. 그것은 역사와 문화라는 바다
속에 몰입되고 의미를 생성하는 과정을 통해 형성된다. 하지만 기호에
관한 비고츠키의 연구는 그것의 정신적·매개적 역할에 국한되었다.

바흐친-볼로쉬노프Bakhtin-Volochinov, 2002볼로쉬노프는 바흐친의 문하생인데,
바흐친은 스탈린 집권기에 정치적 박해를 피하기 위해 어떤 책들은 바흐친-볼로쉬노프라
는 이름으로 내곤 했다 속에서 우리는 이 주제와 관련하여 더욱 심도 있고
진전된 요소들을 발견할 수 있다. 이 러시아 문헌학자는 비고츠키가 제
시한 정신 도구로서 기호 개념을 생산양식의 사회적 관계망 속에 깊숙
이 얽힌 이데올로기적 팩트로 간주했다.

바흐친-볼로쉬노프에게 기호는 사회적 환경 속에서의 사고와 행동을
통해 구성되는 사회적 접촉을 통해 공유된다. 말과 상부구조-하부구조
사이의 관계는 생산과 사회적 투쟁의 관계를 반영한다. 이 논리에 따를
때 이데올로기적 산물은 자연적 현실과 사회적 현실 가운데 어느 하나
와 결합하기도 하지만 이것은 다른 산물과는 달리 그것의 외부에 있는
또 다른 현실을 반영한다는 것을 강조할 필요가 있다. 이런 면에서 현상
혹은 이데올로기적 산물은 어떤 의미를 생산하여 세상에 내보낸다.

언어의 의미화와 관련하여 바흐친-볼로쉬노프2002는 이 문제의 난점
과 복잡성을 지적하며 두 가지 개념(주제, 의미화)에 관한 숙고의 중요성
을 강조한다. 첫 번째 것은 작문의 요소(낱말, 문형, 소리 등)를 구성하는

언어적 형식뿐만 아니라, 상황 속의 비언어적 요소도 포함한다. 상황 속의 모든 요소들은 말뜻을 이해하는 데 중요하기 때문이다. 바흐친-볼로쉬노프2002, pp.128-129에 따르면, "발화의 주제는 구체적이다. 그 발화가 뿌리를 두고 있는 역사적 순간만큼이나 구체적이다. **역사적 현상으로서 완전하고 구체적인 영역 속에서 받아들여진 발화만이 주제를 갖는다**".[8]

의미화는 대화 당사자들 사이의 연대의 흔적이다. 이것은 오직 상호이해를 위한 능동적이고 반응적인 과정 속에서만 가능하다. 바흐친-볼로쉬노프2002, p.123에게,

> 의미는 말 속이나 화자 혹은 청자의 영혼 따위에 존재하지 않는다. 의미는 **일정한 소리의 물질적 요소를 통해 생산된 화자와 청자 사이의 상호작용의 효과**이다. 이것은 전기 자극과도 같다. … 언어적 소통의 전류가 흐를 때만 말에 의미의 빛이 켜진다.[9]

그는 "기호는 개인 상호 간의 영역 속에서만 생겨난다"고 주장한다.2002[10] 기호는 개인과 개인 의식 사이의 상호작용 과정을 통해 생성된다. 개인의 의식은 이데올로기적·사회적 환경을 설명해 주지 못할뿐더러, 그 환경을 떠나 형성되지도 않는다. 반대로, 바흐친-볼로쉬노프에게 의식은 사회적-이데올로기적 환경 속에서 주조된 현상이다. 다시 말해, 의식은 그 사회적 관계망의 과정 속에서 조직된 집단이 만들어 낸 기호를 통해 형식과 존재를 획득한다. 말, 몸짓, 이미지, 감각, 의미는 인간 의식에 형식을 부여한다. 이 이데올로기적인 기호적 물질이 없다면, 기호가 제공할 수 있는 감각이 결여된 단순한 유기적, 생리학적 현상밖에 없다.

바흐친-볼로쉬노프2002, p.49는 다음과 같이 정리하였다.

내적 정신의 현실은 기호의 현실과 동일하다. 기호라는 실체 바깥에는 정신이 존재하지 않는다. 거기에는 생리적 과정, 즉 신경계 내의 과정이 있을 뿐 인간 존재를 특징짓는 주관적 정신은 존재하지 않는다. 주관적 정신은 유기체 내에서 일어나는 생리 과정과도, 유기체를 둘러싼 현실과도 근본적으로 구별된다. ⋯ 주관적 정신은 유기체와 바깥 세계 사이의 어느 곳에서, 이 두 현실 영역을 가르는 경계선 위에 자리한다. 바로 이곳에서 유기체와 바깥 세계 사이의 만남이 일어난다. 하지만 이 만남은 물리적인 성격의 것이 아니다. 유기체와 바깥 세계는 이 경계 지점에서 기호를 통해 만난다. 정신적 경험은 **유기체와 바깥 환경 사이의 접촉을 기호로 표현한 것이다.**[11]

바흐친-볼로쉬노프에게 모든 몸짓 또는 유기체적 현상(숨쉬기, 혈액 순환, 신체 움직임, 내적 언어)은 표현과 정신 활동의 집행을 위한 물질이 된다. 결국, 기호적 가치를 획득할 수 있는 모든 것은 이데올로기적 특성을 갖는다.

이런 의미에서 바흐친-볼로쉬노프[2002, p.38]는 다음과 같이 주장한다.

이데올로기적 창조력의 모든 현상(모든 비언어적 기호들)은 말speech의 흐름에 둘러싸여 말 속에 녹아들어 있기 때문에 말의 요소로부터 완전히 분리될 수 없다.

[⋯] 그럼에도, 그와 동시에 비록 낱말로 대치될 수는 없지만, 흡사 노래와 반주의 관계처럼 다양한 이데올로기적 기호들은 낱말의 도움을 받고 낱말과 함께 간다.[12]

비고츠키에게서 보듯이, 가장 고차원적인 수준의 기호인 낱말은 생물학적 메커니즘의 한계를 초월한다. 낱말은 인간 의식에 형식적·물질적 현실을 부여하고 의식을 생산한다. 그러므로 우리는 비고츠키의 글에서 관념론이나 기계론이 놓치고 있는 언어와 낱말, 기호의 지위와 중요성을 이해해야 한다.

이런 식으로 비고츠키와 바흐친-볼로쉬노프는 인간 본질을 설명하는 핵심으로 노동, 언어, 의식의 상호연관성을 제시한다. 비고츠키가 인간이 근본적으로 역사적-문화적 존재라고 주장하는 것은 이런 뜻이다.

맺는말

비고츠키와 그의 동료들이 제안한 역사-문화 이론은 유적 존재로서의 인간 본질을 이루는 고도의 정교한 정신과정인 언어, 기억력, 정서 등에 관한 연구에 집중한다. 이들은 낡은 심리학을 극복하기 위한 탐구에서 이론적 지렛대 역할을 하기 위한 방법론으로 역사 유물론과 변증법적 유물론을 철학적 원칙으로 삼았다.

이 장에서 우리는 비고츠키가 당대에 제기했고 지금도 여전히 유효한 인식론적 문제를 소개하고자 했다. 벨라루스 출신의 이 심리학자의 과학적 프로젝트를 소개함으로써 우리는 그의 이론이 역사적·변증법적 유물론과 떼려야 뗄 수 없는 관계에 있다는 것을 말하고자 했는데, 현대의 몇몇 학자들은 이를 무시하고 있다.이 책 서문, 래트너와 실바의 글 참조

마르크스주의 사상에 따라 비고츠키의 과학적 프로젝트를 좇기 위해 우리는 노동 범주에 주목하고자 했다. 우리의 주장을 구성할 때, 루카치의 노동 개념은 저자들의 연관을 확립하는 데 매우 중요하다. 이 테제는

인간 의식은 인간을 자연계에서 걸어 나올 수 있게 한 물질적 생산과 상징적 생산을 통해 이해될 수 있다는 것이다.

만약 비고츠키가 일원론적 혹은 변증법적·유물론적 심리학을 제안함으로써 환원주의자들이나 당대의 기계론적 관점들과 단절하고자 했다면, 그것은 그가 (비록 미완의 방법이었을지언정) 정신 형성에서 기호의 중요성에 관한 이론을 개발하고자 한 것과 관계있을 것이다. 다시 말해, 우리는 사람과 사람 사이에서 우리가 생산하고 논쟁하는 상황을 통해 인간으로 성장해 온 것이다. 비고츠키의 관점은 사회적·변증법적·모순적 관계로부터 부상하여 인간성을 구성해 가는 극적인 과정을 표상하는 의미화의 과정에 초점을 두고 있다.Vygotsky, 1989

기호의 핵심적 역할을 둘러싼 문제와 관련하여 비고츠키가 정립한 이론은 바흐친-볼로쉬노프가 개발한 사상과 결합될 때 더욱 힘을 받을 것으로 우리는 생각한다. 마르크스주의의 특권에 힘입어 바흐친-볼로쉬노프가 기호의 이데올로기적 측면에 관한 든든한 논리를 세움에 따라 이 둘의 이론적 결합은 탄력을 받는다. 우리는 바흐친-볼로쉬노프2002, pp.98-99의 다음과 같은 진술에 동의를 보낸다. "사실상 우리는 말을 하거나 듣거나 하지 않는다. 다만 우리는 진실한지 거짓인지, 선한지 악한지, 중요한지 중요하지 않은지, 유쾌한지 불쾌한지 등을 말하고 들을 뿐이다. 말은 항상 행동과 이데올로기에서 빚어 나온 내용과 의미로 가득 차 있다."[13]

이런 의미에서, 기호는 유물론적·기계론적 학자들의 인식론적 전통이 제안하듯이 단순히 외적 자극에 대한 신체적 반응으로 환원될 수 없다. 동일한 맥락에서, 기호는 관념론자들이 생각하듯이 비물질적인 무엇으로 이해될 수도 없다. 바흐친-볼로쉬노프와 비고츠키를 통해 우리가 살펴봤듯이, 기호는 **인간의 생산물**이며, 구체적인 것에 의존하고 사회적 관계의 프락시스에 의존하는 사회적-이데올로기적 팩트다.

현대의 심리학자들은 인간 의식이 우리가 살고 있는 역사와 분리될 수 없다는 것을 우리에게 일깨워 준 이들의 이론적 수칙을 간과해서는 안 된다. 우리가 존재하고 우리가 존재할 수 있는 것을 우리에게 가르쳐 주는 것은 바로 역사다.

주석

1. 13장을 보라.

2. 여기서 우리는 다음과 같은 물음에 대한 **방법론적** 측면에 대해서만 다루기로 한다-근본적으로 다른 두 종류의 존재에 관한 하나의 과학이 성립할 수 있는가?

3. Marx, K., and Engels, F.(1970). 『독일 이데올로기』. New York: International Publishers(원본은 1932년 출간): p.48에서 인용.

4. 앞의 책, p.47.

5. 루카치에 따르면, 말은 사회적 재생산을 반영하는 탓에 필연적으로 정교한 매개체로 나타난다. 동시에 말은 더 이상 벙어리이기를 멈추는 인류의 본성에 효력을 불어넣는 매개체다. 말은 자연계에는 없기 때문에 벙어리 상태를 극복하는 것은 인류의 몫이다.

6. 엥겔스(2007). 「유인원에서 인간으로의 발전에서 노동의 역할에 관하여」에서 인용. M. Lock and Judith Farquar(Eds.). **적합한 신체를 넘어**(pp.25-29). Durham, NC: Duke University Press: p.27, 강조는 추가됨.

7. Vygotsky, L. S.(1986). 『사고와 언어』. Cambridge, MA: MIT Press: p.256.

8. Volochinov, V. N.(1986). 『마르크스주의와 언어 철학』. L. Matejka and I. R. Titunik. 번역. Cambridge, MA: Havard University Press: p.100, 강조는 원주.

9. 앞의 책, pp.102-103, 강조는 원주.

10. 앞의 책, p.12.

11. 앞의 책, p.26, 강조는 원주.

12. 앞의 책, p.15.

13. 앞의 책, p.70.

참고 문헌

Abreu, F. S. D. (2015). *Experiências linguísticas e sexuais não hegemônicas: um estudo das narrativas de surdos homossexuais* [Non-hegemic linguistic and sexual experiences: A study of gay deaf narratives]. Master's dissertation, Institute of Psychology, University of Brasil.

Bakhtin-Volochinov, M. (Vološinov). (2002). *Marxismo e filosofia da linguagem* [Marxism and the philosophy of language]. São Paulo: Hucitec.

Damasio, A. (1994). *Descartes' error: Emotion, reason and the human brain.* New York: G. P. Putnam.

Damasio, A. (1999). *The feeling of what happens: Body and emotion in the making of consciousness,* Orlando, FL: Harcourt, Inc.

Damasio, A. (2003). *Looking for Spinoza. Joy, sorrow and the feeling brain.* Orlando, FL: Harcourt, Inc.

Edelman, G. M. (1989). *The remembered present: A biological theory of consciousness.* New York: Basic Books.

Edelman, G. M. (2006). *Second nature: Brain science and human knowledge.* New Haven, CT: Yale University Press.

Engels, F. (n.d). *Sobre o papel do trabalho na transformação do macaco em homem* [On the part played by labor in the transition from ape to man]. In K. Marx and F. Engels, *Obras Escolhidas* (Selected works). Rio de Janeiro: Alfa-Omega.

Hobsbawm, E. (2011). *How to change the world.* New Haven, CT: Yale University Press.

Lessa, S. (1995), *Sociabilidade e individuação* [Sociability and individuation]. Alagoas: Edufal.

Lessa, S. (2004). *Identidade e individuação* [Identity and individuation]. Katálysis, 7(9), 147-157.

Lukács, G. (1976). *Ontologia dell'essere sociale,* trans. Alberto Scarponi, 2 volumes. Rome: Riuniti.

Luria, A. R. (1991). A atividade consciente do homem e suas raízes históricosociais [Cognitive development: Its cultural and social foundations]. In *Curso de psicologia geral: Introdução evolucionista à psicologia,* Vol. 1, pp. 71-84. Rio de Janeiro: Civilização Brasileira.

Magiolino, L. L. S., and Smolka, A. L. B. (2013). How do emotions signify? Social relations and psychological functions in the dramatic constitution of subjects. *Mind, Culture, and Activity,* 20(1), 96-112.

Marx, K. (2002). *O capital: crítica da economia política-Livro primeiro: o processo de produção do Capital* [Capital: A critique of political economy. Volume 1: The process of production of capital]. Rio de Janeiro: Civilização Brasileira.

Marx, K. (2004). *Manuscritos econômico-filosóficos* [Economic and philosophic manuscripts]. São Paulo: Boitempo.

Marx, K., and Engels, F. (2009). *A ideologia alemã* [The German ideology]. São Paulo: Expressão Popular.

Sawaia, B. B., and Silva, D. N. H. (2015). Pelo reencantamento da psicologia: em busca da positividade epistemológica da imaginação e da emoção no desenvolvimento humano. [For the re-enchantment of psychology: In search of the epistemological positivity of imagination and emotion in human development]. *Cadernos Cedes,* 35(spe), 343-360. https://dx.doi.org/10.1590/CC0101-32622015635ESPECIAL154115

Silva, D. N. H. (2002). *Como brincam as crianças surdas* [How deaf children play]. São Paulo: Plexus Editora.

Silva, D. N. H. (2012). *Imaginação, criança e escola* [Imagination, children and school]. São Paulo: Summus.

Smolka, A. L. B. (2004). Sobre significação e sentido: uma contribuição à proposta de rede de significações [About meaning and sense: A contribution to the proposed network of meanings]. In M. C. Rossetti-Ferreira, K. S. Amorim, A. P. S. Silva, and A. M. A. Carvalho (Orgs.), *Rede de significações e o estudo do desenvolvimento humano* [Net of meanings and the study of human development]. Vol. 1, pp. 35-49. Porto Alegre: Artes Médicas.

Tomasello, M. (1999) *The cultural origins of human cognition.* Cambridge, MA: Harvard University Press.

Tomasello, M. (2003) *Constructinga language: A usage-based theory of language acquisition.* Cambridge, MA: Harvard University Press.

Vygotsky, L. S. (Vygotsky) (1978). *Mind in society: The development of higher psychological processes*. Cambridge, MA: Harvard University Press.

Vygotsky, L. S. (1989). Concrete human psychology. *Soviet Psychology,* 27(2), 53-77.

Vygotsky, L. S. (1997a). *The collected works of L. S. Vygotsky. Vol. 1: Problems of general psychology*. Robert W. Rieber and A. S. Carton (Eds.), trans. N. Minick, New York: Plenum.

Vygotsky, L. S. (1997b). Consciousness as a problem for the psychology of beliavivr. In *The collected works of L. S. Vygotsky. The history of the development of higher mental functions. Vol. 4.* (pp. 63-79). Robert W. Rieber (Ed.), trans. M. J. Hall. New York: Plenum.

Vygotsky, L. S. (1997c). *The collected works of L. S. Vygotsky. Volume 3: Problems of the theory and history of psychology*. R. W. Rieber and J. Wollock (Eds.), trans. R. van der Veer. New York: Plenum.

Vygotsky, L. S. (1998). *The collected works of L. S. Vygotsky. Volume 5: Child psychology*. R. W. Rieber (Ed.), trans. M. J. Hall. New York: Plenum.

Vygotsky, L. S. (1999). *The collected works of L. S. Vygotsky. Volume 6: Scientific legacy*. R. W. Rieber (Ed.), trans. M. J. Hall. New York: Plenum.

Vygotski, L. S. (Vygotsky) (2001). *A construção do pensamento e linguagem* [Thought and language]. São Paulo: Martins Fontes.

Vygotsky, L. S. (2004). Imagination and creativity in childhood. *Journal of Russian and East European Psychology,* 42(1), 7-97.

Vygotski, L. S. (Vygotsky) (2014). *Obras escogidas II-Pensamiento y Lenguaje: conferencias sobre psicología* [Selected works II: Thought and language. Conferences on psychology]. Madrid: Machado Libros.

4.
비고츠키 과학의 생식세포

앤디 블런던Andy Blunden

"심리학은 나름의 『자본론』을 필요로 한다." 이 말은 "『자본론』의 전체가 이 방법에 따라 쓰였다"p.320라는 글귀를 접하면서 비고츠키 1928a/1997, p.330가 쓴 것이다. 이 방법을 통해 마르크스는 부르주아 사회의 '세포'(상품의 교환)를 규명한 뒤 이 단세포에 내재한 모순을 분석함으로써 부르주아 사회의 전 과정을 파헤친다. 『자본론』을 이런 식으로 이해한 사람은 비고츠키가 처음이다. '단위 분석'의 방법을 발견하고 적용한 것은 비고츠키가 남긴 가장 중요한 유산이기도 하다.

비고츠키가 이룬 것은 심리학 연구의 전범이 될 한 연구를 생산한 것인데, 이 연구는 생각과 말의 연관에 관한 오랜 문제를 다루고 있다. 비고츠키는 탁월한 방법으로 이 문제를 해결함으로써, 심리학계는 물론 사실상 모든 과학 분야에서 적용될 하나의 패러다임을 창조했다. 비고츠키는 우리에게 다섯 개의 다양한 단위 분석의 범례를 남겼다.

그 첫 번째 것은 독자로 하여금 이 개념의 역사적 기원을 생각하게 한다.

분석 방법으로서 '세포' 개념의 기원

'세포' 개념은 역사학자 헤르더Johann Gottfried Herder(1744~1803)에서 유래한다. 민족 간의 차이를 이해하기 위한 연구에서 헤르더는 **강점**Schwerpunkt이라는 개념을 도입했다. 아마도 이 개념은 오늘날 마르크스의 정식을 통해 더 잘 알려져 있을 것이다.

> 모든 사회구성체 속에서 나머지 모든 것의 위치와 중요성을 결정짓는 특별한 생산 분야가 있다. … 특정 색깔의 빛이 모든 사물에 드리워져 그것의 모습을 바꿔 버리는 것처럼 말이다.
>
> _1857/1993, pp.106-107

헤르더의 친구 괴테Johann Wolfgang von Goethe(1749~1832)는 이 개념을 자신의 식물학 연구에서 활용하고자 했다. 당시 괴테는 이탈리아의 다양한 지역에서 발견되는 식물들의 연속성과 차이에 관한 연구를 위해 전국을 여행하고 있었다.

괴테는 **근원현상**Urphänomen이라는 개념을 생각해 냈는데, 이는 법칙이나 원리가 아닌, 그 속에서 복잡한 전체 과정의 본질적인 특성이 드러나 있는 단순한 원형적原型的 현상을 일컫는다. 괴테 자신의 말로,

> 근원현상은 다양한 결과를 이끄는 기본 원리이기보다는, 사물의 특징을 담고 있는 기본 현시顯示로 관찰자에게 드러나는 것이다. _1795/1988, p.106

> 경험적 관찰은 일단 우리에게 모든 동물에게 공통적인 것들

이 무엇이며 이것들이 서로 어떻게 다른지를 가르쳐 준다. 개념은 전체를 아우를 수 있어야 한다. 개념은 발생론적 방법으로 보편적인 그림을 추상해 내야 한다. 그러한 근원현상이 정립되기만 하면, 잠정적일지언정 우리는 통상적인 비교 방법을 적용함으로써 꽤 적절히 그것을 검증할 수 있다.

_Naydler, 1827/1996, p.118에서 인용

이것은 복잡한 과정을 통합적인 전체 혹은 게슈탈트로 이해하기 위해서는 그것의 가장 작은 부분을 파악하고 이해해야 한다는 것을 의미한다(이는 보이지 않는 힘과 숨겨진 법칙의 발견에 기초한 과학을 향한 '뉴턴적' 접근법에서 출발한 급진적 사고다).

괴테가 연구하고자 한 개념이 유기체의 세포에 가깝다는 것은 널리 인정되고 있다. 하지만 유기체의 미세구조를 식별할 수 있는 현미경이 발명되고서야 비로소 1839년에 슐라이덴과 슈반이 생물학의 세포이론을 정립할 수 있었다. 세포는 생물학의 분석 단위로서, 다윈의 자연선택에 의한 진화 이론과 함께 생물학의 토대가 되었다.

철학자 헤겔은『논리학』에서 괴테의 사상에 탄탄한 논리적 토대를 부여했는데, 헤겔의 이 책에서 현재 우리가 아는 세포 개념이 탄생했다. 총 세 권으로 이루어진『논리학』은 개념의 형성과 발달에 관해 적고 있다. "존재론"으로 알려진 사물의 기초적인 규칙성이 질과 양 형태의 직접적인 지각知覺을 통해 추상된다. 2권은 "본질론"인데, 여기서는 직접적 감각에 의한 소여를 만들기 위한 이론의 생성에 관해 논한다. 서로 대립되는 여러 이론들이 경합을 벌이는 가운데 서로 의지하면서 점점 현상의 이론적 측면을 심화 발전시키다가, 마침내… 3권 "개념론"에서 일종의 아하Aha! 계기에 이르러 가장 단순하고 가장 추상화된 수준의 전체

로서의 현상을 포착하는 추상적 개념이 부상한다. 이 추상적 개념(세포)으로부터 시작하여, 하나의 세포가 다른 세포들과 상호작용할 때 이 세포에 내재한 모순을 벗겨 냄으로써 현상은 하나의 게슈탈트로서 재구성된다.

이 각각의 단계들은 추상(단순하고 고립된 의미의 추상)에서 구체로 향하거나 다시 구체(직접적이고 현실적인 의미의 구체)에서 추상으로 향하는 운동의 형태를 취한다. 존재론은 지각에서 질량measure으로, 본질론은 질량에서 개념으로, 개념론은 단순한 개념에서 전체에 대한 풍부하고 구체적인 개념으로 나아간다.

이러한 사고에 관해 마르크스는 『정치경제학 비판 요강』에 나오는 유명한 구절을 통해 구체적으로 밝혔다.

> 첫 번째 경로에서는 무르익은 개념이 추상적 결정determination으로 나아갔다. 두 번째 경로에서는 추상적 결정들이 사유의 방식을 통해 구체적인 것의 재생산에 이른다.
>
> _1857/1993, p.100

과학이 근거로 삼는 자료를 진실로 간주하면서, 마르크스는 헤겔이 제시한 과학 발달의 두 단계에 관해 언급했다. 첫째 단계는 마르크스가 정치경제학 이론에 대한 '내재적 비판immanent critique'에 몰입하며 세포의 발견을 이끈 시기와 관계있다. 둘째 단계는 『자본론』 속에서 정치경제학의 '변증법적 재구성'을 이룬 단계인데, 1장에서 상품의 교환에 관한 분석으로 시작한다. 비고츠키를 읽은 사람이면 누구나 비고츠키 역시 역사적 흐름에 따른 문제 하나하나에 접근하면서, 현상을 이해하기 위해 지금까지 사용해 온 다양한 이론들을 섭렵함으로써 이 내재적 비판으로부터 다양한 이론가들이 이뤄 놓은 종합적인 개념들을 추론하는 사실에 주목할 것이다. 마르크스와 마찬가지로 비고츠키도 자신의 이론을 다른 사람들의 이론과 대립시키지 않는다. 다만 과학의 역사로부터 자신이 보기에 본질적이다 싶은 경향성을 추출한다.

"아돌프 바그너에 관한 노트"에서 마르크스는 다음과 같이 말한다. "나의 연구는 '가치 개념'에서 출발한 것이 아니다. … 나는 현대사회에서 노동 생산물이 제시되는 가장 단순한 사회적 형태form에서 출발하는데, 이것은 '상품'이다."1881/2010, p.544. 상품은 가치의 한 **형태**이지만, '가치'는 손으로 만질 수 없으며, "기하학적, 화학적, 혹은 이런저런 자연적 속성을 지니고 있지도 않다"Marx, 1867/2010, p.47. 하지만 그런 식으로 상품에 내재한 초감각적인 속성은 근원현상의 자격과는 거리가 멀다. 가치는 개념적으로만 이해될 수 있는 '사회적 관계'다. 그럼에도, 우리는 일상 경험을 통해 상품의 가치 형태를 **직관적으로 이해할 수 있다**. 이것은 상품 개념에 대한 비판이 독자와 작가 모두에게 직관적으로 이해될 수 있는 사실과 관계가 있음을 뜻한다. 상품 개념으로 시작함으로써 마르크스는 상품에 대한 독자의 직관적인 이해를 자극한다. 그리고 그가 우리를 일련의 연속적인 관계로 인도할 때, 그 관계가 사회적 실천 속에 존재하는 한, 작가의 직관이 그 관계의 존재에 의해 타당성을 띨 뿐만 아니라, 독자에게도 그것은 논리적 노출을 안전하게 이해할 수 있게 한다. 마르크스가 '가치'가 아닌 '상품'에서 출발하기로 결정한 것은 헤겔 외에 괴테에게도 빚지고 있음을 보여 준다.

『자본론』의 처음 3개 장章만이 단순 상품 생산에 대해 다루고 있음을 지적해야만 한다. 4장에서 마르크스는 이 책의 진정한 주제인 '자본'에 대한 추상적 개념을 처음으로 끌어낸다. 자본은 상품들의 집합이지만, 독립된 단위로서, 단순 상품 생산을 자신 아래에 포괄함에 따라 자본 축적은 경제 발전에 새로운 방향을 제공한다. 『자본론』의 나머지 부분은 헤겔적 의미로, 『자본론』의 '제2권'이다.

마르크스는 헤겔의 방법을 자기화했다appropriate. 하지만 자연주의 시인 괴테도, 철학자 헤겔도, 공산주의자 마르크스도 19세기 자연과학적 활동 분야에 그리 큰 영향을 미치지 못했다. 이 고전적인 독일 철학의 성과가 어떻게 과학의 다양한 영역 속에서 문제 해결을 위한 방법으로 전환될 수 있었을까?

헤겔의 저작 『엔치클로페디』의 원대한 계획과는 달리 과학은 조금씩 발전해 갔다. 자연과학은 일반적으로 서로 분리된 학문 분야에서 이룬 문제 해결을 동력으로 발전해 간다. 이 발전은 예기치 않게 우연히 이루어진 진전에 말미암을 뿐 과업을 이끄는 전체적인 개념을 발전 동력으로 삼는 것은 아니다. 하지만 문화적·정치적 삶은 이 미온적인 접근에 거부감을 갖는 것을 증명했다. 독일 자연과학의 노력을 지나, 인간 개개인이 자기 시대의 문화적 실천을 어떻게 자기화해 가는가를 이해하기 위한 실험주의 방법이 있기 전에, 프랑스 사회이론과 미국 실용주의가 비고츠키에 의해 마침내 완성되기까지 1831년 헤겔 사후 거의 1세기가 걸렸다. 비고츠키의 완성은 헤겔과 마르크스의 방법론적 성과와 러시아 혁명의 태동기에 형성된 문화적 조건 덕분에 가능했다.

이중 자극 방법

인간의 풍부하고 복잡한 문화적 삶에 적합한 심리학의 가능성을 열어젖힌 핵심 통찰은 기초 분석 단위의 형성 혹은 문화 학습의 생식세포였다. 이것은 지금껏 다룬 적이 없는 문제다.

비고츠키 이전까지 심리학은 두 갈래로 나뉘어 있었다. 하나는 헬름홀츠Helmholtz류인데, 이들은 심리학을 자연과학의 한 지류로 생각하고 금속 도구brass instrument: 19세기까지만 하더라도 인간 심리에 관한 연구는 철학자들의 몫이었다. 그 뒤 1860년 다윈의 『종의 기원』을 계기로 인간의 정신 작용에 대한 획기적인 사고의 전환이 촉발되었다. 이로부터 생겨난 최초의 심리학 사조가 금속도구 심리학 또는 실험심리학이다. 실험심리학자들은 금속도구로 신체에 자극을 가했을 때 인간 정신 영역에서 일어나는 변화에 주목했다. 하지만, 이들의 실험 연구는 동물과 구별되지 않는 극히 기초적인 인간 정신 작용에 모아진 점에서 기계적 유물론의 심각한 한계를 보였다를 갖고서 심리학에 접근했다. 다른 하나로 딜타이Dilthey 같은 학자들은 심리학을 '인간 과학'의 한 지류로 보았다. 정신이 생리학과 문화가 혼합된 행위들에 의해 형성되는 것으로 인식하면서, 분트Wundt는 심리학을 두 분야로 분리해야 한다고 주장했다. 내관introspection의 힘으로 실험실에서 수행하는 심리학과 문학과 예술을 연구하는 심리학. 20세기에 심리학은 의식의 존재를 부정하고서 반사와 관련하여 심리학을 보는 행동주의자들과 내관의 방법으로 정신을 연구하는 '경험주의 심리학자들'보 나뉜다. 지금까지 심리학 실험실에서 수행된 '금속 도구' 방법들은 인간이 동물과 공통적으로 지니고 있는 가장 기초적이고 원시적인 반사 행동만을 조사할 수 있었던 한편, 내관법은 과학의 발전에 필요한 객관적인 데이터를 제공할 수 없었다. 행동주의의 설명과 달리, 의식은 존재할 뿐만 아니라 심리학의 중요한 주제로서, 이것을 빼고선 인간 행동을 이해할 수 없다. 역사와 마찬가지로 의식은 직접적으로 관찰될 수 없으며, 객관성을 띤 생리학 및 행동과의 연관을 통해 매개될 뿐이다.

비고츠키는 이러한 문제들을 이중 자극의 실험 방법으로 해결했다.

비고츠키는 1928년에 루리아와 공동으로 이 방법을 정립했다.Luria, 1928/1994와 Vygotsky, 1928b/1994를 보라 피험자로 평범한 아동 집단에게 일련의 낱말들을 기억하는 것과 같은 문제를 제시했는데, 아이들이 문제를 해결해 갈 때 연구자는 이들에게 보조물artifact을 제공했다. 보조물은 그림 카드 같은 것인데, 아이들은 이 카드를 문제 해결 수단으로 활용했다. 이 단순한 시나리오 속에서 우리는 문화 발달과 활동의 생식세포를 만난다.

〈그림 4.1〉에서 A는 사물 혹은 문제(B)를 직면한 사람이고, X는 기호, 즉 문제 해결 수단으로서 협력자가 안내한 보조물이다. 이 단순한 생식세포는 사람들이 문화와 맺고 있는 필수적인 연관을 포착하고 있다. 즉, 문화적 환경이 제공한 보조물(여기서는 기호)을 이용해서 타인이 제기한 문제를 해결하는 기제를 설명하고 있다. 주어진 보조물의 이용 방법을 자기화하는 과정에서 B와 X가 연합된 새로운 반사의 창출에 힘입어 피험자의 정신 역량은 향상된다. 여기서 비고츠키는 감각적으로 경험될 수 있고 따라서 이론적 도움 없이 직관적으로 이해될 수 있는 극단적으로 단순한 시나리오를 설정했다. 하지만 이 단순한 설정 속에서 우리는 문제를 직면한 개인이 직접 처한 상황과 보조물-해결에서 제시된 피험자 환경의 총체적 문화적 역사 둘 다를 볼 수 있다.

'이중 자극'이란 용어의 의미는 도식에서 잘 드러나 있다. 피험자 A는 두 자극과 동시에 관계를 맺고 있다. 대상과의 직접적인 관계(A → B)와 보조자극과의 관계(A → X)인데, 보조자극은 또 대상과 연결되어 있다 (X → B). 따라서 피험자는 대상 B와 한 번에 두 가지 방법으로 반응한다. 대상에 대한 직접적인 지각(A → B)과 기호에 대한 지각(A → X)이다. 이 두 반응은 전적으로 자연적인 반사다. 반면, 매개된 반응(A → X → B)은 **사회적으로 구성되어**, 대상 B에 **의미**를 부여한다. 이 의미는 다른 사람(여기서는 연구자)과의 협력에 힘입어 문화로부터 획득한 의미이다. X는 피험자에게 기억해야 할 낱말을 상기시키는 카드에 그려진 이

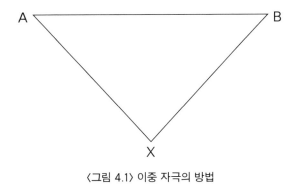

<그림 4.1> 이중 자극의 방법

미지일 수도 있고 대상의 이름을 나타내는 낱말이 쓰인 것일 수도 있다. 우리가 환경과 맺는 모든 관계들을 **매개된** 것으로 간주하는 이러한 아이디어는 헤겔의 『논리학』과 직접적으로 맞닿아 있다. 헤겔이 말하길, "천상계에서든 자연계에서든 혹은 정신 속이나 그 어디에서도 직접성immediacy과 매개mediation를 동시에 품고 있지 않는 것은 없다"1816/1969, p.68. 사람들이 학습을 하고 자기 공동체 내에서 문화인cultured citizen이 되어 가는 것은 다른 사람들과의 협력을 통해 삶에서 직면하는 문제들을 해결하기 위한 문화적 기호와 도구tools의 사용으로 말미암아 가능하다. 이 협력은 매개 기호와 보조물을 사람들이 환경과 직접적으로 맺는 관계 속에 소개함으로써 이루어진다.

이 실험을 통해 비고츠키는 다양한 연령의 아이들이 기억 역량을 발휘하기 위해 어떤 기억 카드를 얼마나 효율적으로 활용하는가 하는 것과 어린 아동의 기억력과 성인 기억력 사이의 질적 차이를 관찰할 수 있었다. 발달 과정에서 자신의 문화를 자기화함으로써 사람들은 자신의 의식을 완전히 재구성해 간다.

이 첫 번째 분석 단위인 '보조물에 매개된 행위artifact-mediated action'가 정신 연구에서 비고츠키가 개발한 첫 번째 생식세포다.

낱말 의미

1931년, 비고츠키는 사람들이 자신의 공동체 문화를 자기화해 가는 문화 도구의 원형原型은 이런저런 인공물artifact이 아니라 **입말**spoken word 이라고 결론지었다. 결국, 정신적으로 유능한 모든 아동은 자발적으로 말하는 것을 배우는 한편, 많은 사람들은 문자를 익히지 못하며, 말은 인류의 진화 과정에서 노동(연모의 사용)과 동시에 출현했다. 글말written word 같은 기호들은 나중에 발명되었는데, 계급사회와 문명화로 넘어가는 시기와 일치한다. 1934년에 비고츠키가 자신의 마지막 저작 『생각과 말』1934a/1987을 쓴 맥락은 이러했다.

『생각과 말』의 첫째 장에서 비고츠키는 유일한 단위 분석의 설명을 제시하는데, 그가 선택한 단위는 '낱말 의미word meaning'(말과 생각, 소리와 의미의 통일)다. 낱말 의미가 소리와 의미의 통일인 까닭은 의미가 결여된 소리는 낱말이 아니며, 소리가 결여된 의미도 낱말이 아니기 때문이다. 낱말은 소리와 의미 둘 다를 지녀야 한다. 또한 낱말 의미는 일반화와 사회적 상호작용의 통일, 생각과 의사소통의 통일이기도 하다. 낱말이 단위인 것은 그것이 그러한 통일의 가장 작은 독립단위이기 때문이다.

이 단위는, 비록 비고츠키가 낱말 의미가 보조물에 매개된 행위의 커다란 범주의 **하위체계**가 아니라고 주장하지만, '기호에 매개된 행위'로 이해되어야 한다. 도구 사용과 기호 사용의 관계는 발생적이다. 비고츠키에 따르면, '기호'의 원형은 메시지 막대에 걸린 끈이나 매듭과 같은 기억술과 관련된 상징물로서, 역사적으로 이 기호들은 수천 년 전에 문자 낱말로 발전해 갔다. 문자 낱말의 사용처럼 기호에 매개된 행위는 역사적으로 보조물에 매개된 행위의 발전의 결과로 나타났다. 하지만 말은 인간 진화 과정 속의 노동의 발달과 밀접한 연관 속에서 생겨났다. 따라서 쓰기 따위의 상징 도구의 사용은 계통발생적으로나 개체발생적으로도 노동 과정의 일부로서 동시 진화를 이룬 말과는 성격이 다른 것으로 봐야만 한다. 엥겔스^{1876/1987}에 따르면, 노동의 발전 과정은 인류 진화의 시금석이었다.

도구 사용에 관한 토론에서 비고츠키는 '기술 도구technological tools'와 '정신 도구psychological tools'를 구분했다. 평범한 의미로 도구를 지칭하는 기술 도구가 물질을 작동시키기 위해 사용되는 반면, 정신 도구는 정신의 작동을 위해 사용된다. 정신 도구에는 "언어, 다양한 수와 셈하기, 기억술, 대수적 상징, 예술 활동, 쓰기, 도식, 다이어그램, 지도, 청사진, 모든 전통적 기호 등"이 포함된다Vygotsky, 1930/1997, p.85. (기술) 도구의 사용은 심대한 정신적 영향을 끼쳤다. 도구 사용이 인간 활동의 범위를 넓혔으며 인간 경험의 지평을 확장했기 때문이다. 하지만 그것은 정신 도구가 정신에 미친 것과 같은 의미로 정신에 영향을 미치진 않았다. 정신 도구는 기술 도구의 발달과 함께 그리고 기술 도구 발달의 연장선에서 일어났다.

말speech, 다시 말해 낱말을 활용하여 행위하기acting 는 **행위**action라는 사실을 강조할 필요가 있다. 무엇을 **의미하기**, 즉 낱말 의미는 행위인 것이다. '낱말 의미'는 사전에 수록된 것을 일컫는 것이 아니다. 이것은 의미를 지닌 낱말을 수단으로 사용하기 위해 어떤 의도가 실행되는 행위이다. 번역상의 문제로서, 이 책의 제목을 최초의 영문 제목인 『사고와 언어』 대신 『생각과 말』이라 붙인 것은 이런 이유였던 것이다이 책이 최초 러시아어로 출간된 것은 비고츠키가 사망한 해인 1934년이었다. 그 뒤 영문판으로는 1962년에 『사고와 언어Thought and Language』라는 제목으로 출간되었다가, 1987년에 다시 『생각과 말Thinking and Speech』이라는 제목으로 별도의 영문 번역서가 출간되었다. 두 책은 번역자가 다르고 책의 분량도 다르다. Thinking이 동명사인 것도 그렇고 낱말 의미가 행위라는 저자의 설명에 비추어 볼 때『생각과 말』에서 '생각'은 '생각하기'로 읽어야 한다.

마르크스가 상품 분석을 1843년에 시작했지만 1859년이 되어서야 상품이 분석 단위로 취급되어야 한다는 것을 깨달았듯이, 비고츠키는 자신의 첫 출간 저서(1924/1997)에서 말 분석의 중요성을 지적했지만 '정신 교환'의 가장 단순한 행위인 입말을 자신의 주요 연구 분석 대상으로 삼기까지는 그로부터 10년이 걸렸다.

이 분석 단위를 사용함으로써 비고츠키는 **지성**the intellect, 즉 언어적 사고verbal thought의 발달을 분석했다. '실용 지성'의 단위는 도구 사용이며 낱말 의미를 단위로 삼는 (언어적) 지성과 나란히 별도의 발달 경로를 밟는다.

낱말 의미가 지성의 기본 단위일지언정, 지성의 구조와 발달을 이해하기 위해선 더 큰 '덩치의' 단위가 요구된다. 이 단위는 많은 낱말 의미들의 집합인 개념concept이다.『생각과 말』에 나타난 비고츠키 분석의 핵심은 개념의 형성인데, 이것은 청소년기의 끝 무렵에 완전한 발달 형태에 도달한다. 비고츠키의 과업은 입말 발달 관찰을 통해 유아기에서 성인기에 이르는 지성의 발달을 추적하는 것이었다.

비고츠키는 어린 아동의 입말 출현에 관한 자신의 연구를 다음과 같이 요약했다.

1. 생각과 말의 계통발생적 발달에 관한 우리의 분석에서 봤듯이, 우리는 이 두 과정이 서로 다른 개체발생적 뿌리를 지니고 있는 것을 발견한다.

2. 아동의 생각 발달에서 "언어 이전pre-speech" 단계를 확인할 수 있는 것과 마찬가지로, 아동의 말 발달에서 "지성 이전pre-

intellectual" 단계를 확인할 수 있다.

3. 일정한 시점까지 말과 생각은 서로 다른 경로를 통해 각각 독
   립적으로 발달한다.

4. 일정한 시점에 이르러 이 두 경로는 서로 만나서, 생각은 언어
   적이 되고 말은 지성적이 된다.

_1934a/1987, p.112

비고츠키는 '무의식'의 형태로 출현한 최초의 말에서 일련의 말들로 발달해 가는 과정을 알아보기 위해 낱말 의미의 변화를 추적한다. 무의식적 말은 '표출적expressive' 말과 성인의 도움을 요청하는 '의사소통적' 말로 간 뒤, 아동이 성인의 위치에서 자기 자신에게 소리 내어 지시하고 설명하는 '자기중심적' 말로 발전한다. 자기중심적 말은 점점 축약되고 서술어 중심이 되다가 '내적 말'로 옮아간다. 그 뒤 (비고츠키가 『생각과 말』의 마지막 장에서 적었듯이) 가장 발달된 생각의 형태로 말을 뛰어넘은 생각은 더 이상 이런저런 낱말의 속박을 받지 않는다. 낱말 의미의 형태 변화를 통해 비고츠키는 언어적 지성의 출현과 구성을 추적하고 그 본질적 특성을 이해할 수 있게 되었다.

말   생각

〈그림 4.2〉 생각과 말의 이중나선구조

생각과 말의 발달은 이중나선 형태를 취한다(《그림 4.2》).

나는 인간이 터득한 모든 고등 활동의 복잡한 발달에 대한 비고츠키의 이해를 제시하기 위해 그의 상호발달co-development 모형을 활용하고자 한다.

관찰에 열려 있지만 내면화 과정을 밟으면서 점점 사적인 성격의 것으로 변모해 감에 따라 관찰이 불가능해지는 생식세포의 활용을 통해 비고츠키는 문화심리학을 위한 객관적인 과학적 토대를 만들었다. 실로 이것은 놀라운 성과가 아닐 수 없다.

개념의 형성

『생각과 말』의 5장과 6장에 나오는 개념 형성에 관한 연구에서 비고츠키는 아동을 대상으로 한 분류 과업을 설정함으로써 이중 자극 방법을 사용한 실험을 설명한다. 아이들에게 다양한 크기와 모양, 색깔로 이루어진 블록들을 '같은 것'끼리 분류하게 했다. 제시된 문제는 블록의 밑바닥에 적힌 무의미한 낱말을 이용하여 해결할 수 있다. 문제 해결에 이용할 단서는 점진적으로 제시되며 연구자들은 기호의 도움으로 아이들의 분류 능력이 점점 향상되어 가는 과정을 관찰한다. 비고츠키는 아이들이 다양한 방법으로 블록을 분류해 가는 것을 관찰하면서 다양한 유형의 개념을 설명할 수 있었다. 이 각각의 개념들은 헤겔이 범주화한 어떤 논리 구조 같은 것이 아니라 **행위의 형태**a form of action로서 규명되었다. 또한 비고츠키는 개념들을 정신기능 혹은 역량으로 규정하지 않았다. 이것들은 단지 행위의 형태들이었다. 그리하여, 기호에 매개된 행위들을 분석 단위로 사용함으로써 비고츠키는 언어적 지성의 단위인 개념concepts의 발생을 연구할 수 있었다. 사물의 특징에 따른 분류를 토대로 실험실에서 구성된 이러한 개념들은 아직 진정한 개념이 아니다. 하지만 이것들은 아이들 내면에서 생성된 개념의 유형을 보여 주는데, 이 아이들은 아직 가정을 떠나 성인 세계로 진입하지 않은 상태다.

이런저런 교육기관에서의 배움을 통해 획득된 진정한 개념이나, 일상적 삶과 전문적 삶에의 참여를 통해 발달한 실질적 개념은 아직 다양한 형태를 보인다. 이에 관해 비고츠키는 말하기를 포함하는 실험을 통해 조사했다. 그 전형적인 방법으로, 아이들을 대상으로 "~때문에" 혹은 "비록 ~하지만" 따위의 문장을 완성하게 하고선 연구자들은 아이들이 정신을 집중하며 자신에게 익숙한 인과관계로 말을 만들어 내는 것을 관찰했다. 이 실험으로부터 알게 된 사실은 어린아이는 물론 길들인 동물들도 사건과 사건 사이의 인과관계를 적절히 이해하고선 상황에 합리적으로 반응하는 방법을 학습할 수 있다는 것이다. 하지만 이 인과관계를 의도적인 목적하에 사유의 단위(개념)로 활용할 수 있는 능력은 오직 인간에게서만 볼 수 있다(개념적 사고). 문화적 기관이나 교육 등을 통해 세대 간에 전달되는 진정한 개념은 반드시 현실 언어를 구성하는 부분인 낱말들에 의해 전달된다. 따라서 개념은 낱말을 둘러싸고 조직된 활동의 의식적 자각이다.

이런 식으로 개념을 보조물에 매개된 활동의 형성으로 특징지음으로써 비고츠키는 과학의 간학문적 토대를 닦았다. 사회적 형성은 다양한 활동으로 이루어지는데, 그 각각이 개념이라 할 수 있다. 이들 개념들이 합쳐져서 특정 공동체의 문화를 구성한다. 하지만 비고츠키는 사람들이 이러한 개념들을 획득하는 이치에 대한 연구를 위한 현실적 실험 방법을 우리에게 알려 주지 않았다.

마르크스가 '가치'를 눈으로 확인할 수 없는 질로 간주하지 않고 교환이라는 특별한 사회관계의 형태로 분석한 것과 마찬가지로 마르크스는 상품의 가치를 사용가치와 교환가치로 구분한 다음, 사용가치는 사상捨象하고 교환가치만을 분석 대상으로 삼았다. 비고츠키는 '개념'을 눈으로 확인할 수 없는 정신적 실체로 간주하지 않고 특별한 유형의 사회적 행위로 분석한 사실에 주목할 필요가 있다. 또한 이 이치는 비고츠키의 모든 분석 단위에 그대로 적용된다. 분석 단위들은 구체적이며, 관찰 가능한 형태의 활동이다.

지금까지 우리는 2개의 단위를 살펴봤다-낱말 의미와 개념. '큰' 단위 혹은 몰 단위molar unit인 개념은 '더 작은' 단위 혹은 분자 단위molecular unit인 낱말 의미를 토대로 생겨난다. 낱말은 그것이 만들어 낸 개념이 형성한 의미 체계의 일부분으로서 자신의 전체 의미를 나타낼 뿐이다. 역으로, 개념은 수많은 낱말 의미와 함께 그 낱말 의미와 연합된 보조물에 매개된 행위들을 통해 존재할 뿐이다. 그럼에도, 비고츠키는 아동이 개념적 사고를 숙달하기 오래전부터 낱말을 사용하는 방법을 배우는데 이 시점에서 아동의 말하기 활동은 질적 변화를 보인다는 사실을 보여 주었다.

몰 단위의 활동activity이 분자 단위의 행위action를 토대로 일어나는 이러한 과정은 단위 분석 과정의 공통적인 특징이다. 이 방법은 상품에서 시작하여 자본으로 나아가 정치경제학을 비판한 마르크스나, 분자 단위가 보조물에 매개된 행위이고 몰 단위가 활동인 활동이론activity theory에서도 볼 수 있다. 단위 분석 방법으로 연구자는 보다 발달한 단위가 기초 단위들의 행위로부터 발전해 가는 이치를 단계별로 추적할 수 있다.

생식세포와 분석 단위

'세포 형태'의 개념을 위해 마르크스가 사용한 용어는 문화-역사 활동이론cultural-historical activity theory에서 서로 다른 두 용어로 쓰이고 있다. '분석 단위'와 '생식세포'. 이 두 용어는 동일한 개념을 서로 다르게 표현하지만, 동일한 개념의 서로 다른 두 국면을 가리킨다.

생식세포란 배아胚芽가 성숙한 유기체로 성장하듯이 보다 복잡한 형태로 발전하는 배아기관을 일컫는다. 이를테면 모든 것을 말 그대로 거래trade가 아닌 사고파는 형태로 이루어지는 현대 자본주의 사회에서 상품의 실질적 교환은 좀처럼 볼 수 없다. 하지만 마르크스는 역사적으로 일단 상품이 교환을 위해 생산되기 시작하면, 국경지대에서나 유랑 상인들에 의해 그것은 필연적으로 세계 시장으로 흘러 들어가게 되며, 그로부터 보편적인 가치 측정의 필요성이 발생하는 것을 보여 주었다. 그리하여 보편적인 상품(C)이 출현한다. 금, 지폐, 채권 등의 모든 것들이 최초의 단순한 교환에서 스스로를 '전개해 간다'. 첫 번째 단위인 CC는 화폐(M)의 매개를 통해 CMC로 발전해 가는데 이 속에서 개인은 물건을 구매하기 위해 판매한다. 하지만 이 매개 요소로부터 이윤 창출을 위한 판매를 위해 구매하는 사람들로 이루어진 계급이 부상한다(MCM). 그리하여 새로운 가치 단위인 **자본**과, 이 단순한 관계의 '논리'에 기초하여 떠오른 새로운 사회관계인 **교환**이 출현한다. 자본(이윤 창출을 위한 판매를 위해 구매하는 사람들)의 출현과 더불어 경제생활은 재조직되고, 상품 생산은 이제 자본에 포섭되어 단지 인간 욕구에 대한 협력적 제공이 아닌 자본의 순환을 향해 방향 설정이 이루어진다. 자본의 '생식세포'인 MCM은 이러한 맹아적 발전 과정을 보여 준다.

마찬가지로 심리학에서 간단한 낱말 의미는 담론 과정에서 발전될 때, 보다 발전된 형태의 생각과 말, 즉 개념이 떠오른다. "생식세포"는 이러한 발전의 국면, 미발달된 단순한 관계와 성숙하고 구체적인 관계 사이의 관계를 강조하고 있다.

비고츠키는 사회과학으로부터 '분석 단위unit of analysis'라는 용어를 자기화했다. 이 용어는, 말하자면 분석 현미경의 해상도 같은 것으로서, 특정 이론 속에서 고려되는 최소 단위의 실체를 의미했다. 주류 사회과학에서 분석 단위는 대개 개인이지만, 때론 집단, 계급 혹은 심지어 국가일 수도 있다. 이것과 비고츠키 용어 사용의 차이는 그의 이론에서 분석 단위는 이미 **전체에 대한 개념**a concept of the whole을 표방하는 점이다. 따라서 비고츠키의 이 분석 개념은 게슈탈트의 표상으로 본 괴테의 근원현상 개념과 만난다.

분석 개념이 마르크스의 저작 속에서 어떤 모습으로 나타나고 있는지 살펴보자. 청년 마르크스는 가난한 사람들의 처우나 검열을 비롯한 여러 가지 사회 문제에 분노했다. 하지만 그는 이러한 현상이 생겨난 원인의 기저에 대해서는 아무것도 몰랐다. 그래서 그는 정치경제학을 연구하기로 했다. 25년 뒤, 마르크스가『자본론』을 썼을 때, '부르주아 사회'는 통합된 전체인 시장(수십억 개 상품의 교환이 이루어질 뿐 그 밖의 아무것도 아닌)으로 인식되었다. 검열, 정치적 부패, 폭력 따위의 다른 현상들은 **비본질적이며** 부수적인 것으로 여겨졌다. 상품교환을 단위로 취함으로써 전체, 즉 게슈탈트는 이제 재규정되고 전체에 대해 그가 처음에 품었던 개념과 양립할 수 없었다. 이것은 세포 개념의 또 다른 국면이다. 이는 전체 과정을 취하는 것은 이 단순한 관계가 수십억 가지로 (확장된 것) 외의 아무것도 아니라는 뜻이다. 이 관계는 추상적인 이론이나 힘 등에 대한 요구 없이 그저 직관적으로 파악될 수 있다. 분석 단위는 전체와 부분의 관계와 관련한 분석의 결과를 표현한다. 전체는 동일한 분석 단위가 수십억 개로 된 것 외에 **아무것도 아니다.** 물의 순환(비, 강물, 바다, 증발, 구름, 다시 비가 내림)이 하나의 전체 과정, 즉 게슈탈트로 이루어져 있다는 것은 간단히 이해할 수 있다. 이 모든 것들은 H_2O 분자라는 동일한 단위가 수십억 개로 이루어진 것에 불과하기 때문이다.

따라서 우리가 복잡한 과정 속에서 아하! 하는 어떤 통찰을 얻을 때, 그 과정은 그렇고 그런 단순한 행위 또는 관계에 불과한 것이고, 이때 이것이 과정에 대한 진정한 과학적 이해로 나아가는 **출발점**인 것이다. 이 이해를 통해 우리는 단지 이런저런 특질들을 지닌 과정으로서가 아니라 전체로서, 게슈탈트로서 이해할 수 있다.

그러므로 생식세포와 분석 단위는 하나의 동일한 사물이다(그것이 상품 교환이든 낱말 의미든). 하지만 어떤 경우에는 발달 국면이 강조되고 다른 경우에는 분석 국면이 강조된다.

단위 분석 방법의 다섯 가지 적용

'분석 단위'는 상대적인 용어다. 즉, 무엇에 대한 분석인가 하는 문제를 생각해야 한다. 분석의 단위는 언제나 특정 문제 또는 현상에 대한 분석을 위해 사용된다. 흔히 연구자들은 한 가지 현상의 분석에 집착하여 자신의 온 생애를 거기에 바치곤 한다. 이를테면 브랜던Robert Brandon에 따르면, 칸트는 판단judgement을 경험의 단위로 생각하며, 프레게는 실용적 힘이 지닌 최소 단위의 표현을, 비트겐슈타인은 언어게임에서 발화가 향하는 최소 단위의 표현을 분석 단위로 취하고 있다. 이러한 분석 전통과 비슷하게, 브랜던은 명제를 자신의 분석 단위로 삼는다. 헤겔은 『엔치클로페디』에 수록된 책들에서 다른 개념을 분석 단위로 취한다.

비고츠키의 책에서 다룬 심리학 연구 영역은 다섯 가지이다. 비고츠키는 기호에 매개된 행위들의 단위를 이용하여 의지, 주의, 기억 등의 다양한 정신기능들을 분석했다. 또한 그는 낱말 의미를 이용하여 언어적 지성과 개념 형성을 연구했다. 그 밖에도 비고츠키는 추가로 3개의 연구 영역에서 활용할 하나의 분석 단위를 발견했다.

　　'경험'이라는 뜻의 러시아어 페레지바니예perezhivanie는 경험을 견뎌 내는 과정에서 수반되는 '카타르시스'의 의미도 함축하기 때문에 적절한 용어로의 번역이 불가능하다. 하나의 동일한 사건이 모든 사람들에게 똑같은 의미로 다가가지 않을 것이기에, 페레지바니예는 사건 자체의 성격뿐만 아니라 개인의 성격에 의해서도 좌우되는 '생생한 경험'이다. 비고츠키는 유전과 더불어 페레지바니예에 의해 인격이 형성된다고 봤다. 그는 페레지바니예가 인격의 단위라고 주장했다. 페레지바니예는 보편적인 경험 배경을 통해 잘 드러나며, 시작과 끝이 있고, 경험의 전 과정에 걸쳐 통일성과 일정한 정서적 긴장의 색채를 품는다. 페레지바니예는 매우 한정된 정신 형태를 취한다. 당신의 삶을 돌아보고 가슴 벅찼던 경험을 떠올려 보라. 어려운 상황을 용기 있게 극복하거나 여러 사람들 앞에서 수모를 겪은 일, 꾸중을 듣고 부당한 일을 겪거나, 찬사를 받은 경험을 기억하라. 당신의 인격은 이 모든 페레지바니예의 총합이다. 이것들에 대한 분석으로부터 정신치료사는 당신의 인격에 대한 통찰을 얻을 수 있을 것이다. 당신이 자신의 삶, 자신의 정체성을 스스로에게 말해 줄 이야기를 구성하는 것이 페레지바니예다.

　　비고츠키는 "환경의 문제"라는 제목의 강의 속에서 페레지바니예에 관해 아주 짧막하게 논했다. 이 강의에서 비고츠키는 페레지바니예를 "환경적 특성과 개인적 특성의 통일"로 규정했다.[1934b/1994, p.343] 이 표현은 어떤 혼동을 불러일으킨다. 개인적 특성은 아동의 나이일 수도 있고,

환경적 특성은 학교 입학 연령일 수 있다. 이 둘 중 어느 것도 그 자체로 아동 인격의 모양새를 결정짓지 않으며, 다만 이 둘은 함께 아동 인격 형성의 중요한 요인으로 작용할 것이다. 더욱이, 페레지바니예는 흔히 "생생한 경험"으로 번역되는데, 현대 사회과학에서는 이것을 순전히 주관적인 것으로만 간주한다. 하지만 페레지바니예는 주관적인 측면과 객관적인 측면을 동시에 품는다. 페레지바니예는 '경험'을 뜻하는 것이 아니다(경험에 해당하는 러시아어는 오피트opit다). 페레지바니예는 경험의 배경으로부터 드러나고 주체의 능동적인 공헌이나 그 미학적 특성을 포함하는 에피소드다.

비고츠키는 다양한 장애를 겪고 있는 어린아이들을 위해 많은 노력을 기울였다. 그 시절 소비에트 정부는 모든 장애를 '손상학defectology'의 이름으로 같이 취급했다. 하지만 비고츠키는 장애를 개인적 측면의 문제로 보지 않았다. 장애는 개인과 문화 환경이 연관된 것인데, 환경 속에는 사회적 삶에 개인이 충분히 참여할 수 있는 여건을 공동체가 제공하지 못하는 책임을 포함시켜야 한다고 보았다. 모든 장애에는 보상이 따라야 한다. 이 보상은 공동체의 측면에서 개인의 사회적 참여 여건을 적극적으로 제공하는 것과 개인적 측면에서 주체가 참여의 장애를 극복하기 위한 정신적 적응력을 개선해 가는 것의 조합이다. 비고츠키는 손상학의 분석 단위를 장애와 보상의 통일('장애-보상')로 보았다. 손상학에 관한 비고츠키의 글은 『선집』의 2권에 있다. 그는 내용의 상당 부분을 '열등 콤플렉스'에 관한 아들러Alfred Adler의 저작에서 참고했다.

아동 발달에 관한 연구에서 비고츠키는 '발달의 사회적 상황'이라는 개념을 진전시켰다. 비고츠키는 사회적 상황은 단순한 일련의 요인들(엄마의 나이, 아빠의 직업, 형제자매의 수 등)이 아닌 **구체적인 상황**이어야 한다고 주장했다. 이 모든 상황들은 특정 문화권에서 일정한 명칭이 부여되는바, '유아기', '초등학생기' 등이 그것이다. 이들 각 상황들은 아동에게 일정한 기대를 부여하고, 이 기대 욕구는 적절한 방식으로 충족된다. 아동은 다소간에 이 역할에 부응하려 한다. 하지만 정상적인 발달 과정에서 특정 시점에 이르러, 아동이 현재의 사회적 상황에서 충족될 수 없는 욕구와 욕망을 발달시킴에 따라 가족 구성원 사이에 위기가 생겨난다. 아동은 힘들어하는 한편 반항적이 된다. 가족이나 양육자가 이에 반응할 경우, 아동과 전체 상황은 질적 변화를 맞이하여 새로운 사회적 상황이 생성되어 아동은 새로운 사회적 위치를 담지하게 된다. 아동 발달은 이러한 구체적인 일련의 상황에 의거하여 구성된다. 가족과 아동 모두 일련의 문화적 변화를 겪게 되며 이 속에서 아동은 마침내 독립적인 성인으로 발달해 간다. 발달의 사회적 상황은 구체적인 양육 관계망 내에서의 아동과 양육자 사이의 통일이다.

비고츠키가 탐구한 모든 심리학 영역에서 그의 목적은 분석 단위를 정립하는 것이었다. 그것이 늘 성공적이었던 것은 아니다. 이를테면 정서에 관한 연구는 비고츠키가 1934년 사망함에 따라 분석 단위의 발견이 수포로 돌아갔다. 하지만 그는 다섯 개의 단위를 발견했다. 보조물에 매개된 행위, 의미를 품은 낱말, 페레지바니예, 장애-보상, 발달의 사회적 상황.

사회이론에서 비고츠키의 중요성

헤겔, 마르크스, 비고츠키 모두 괴테가 발명한 방법론에 중요한 공헌을 끼쳤다. 헤겔은 단순한 직관 대신 사유의 대상이 될 추상적 개념으로 근원현상을 대체했다. 마르크스는 진정한 주제는 사고가 아닌 사회적 실천이며 비판은 오직 사회적 실천 속에 주어진 것을 재구성할 수 있다고 주장했다. 결과적으로, '가치' 따위의 추상적인 개념 대신, 생식세포가 상품 교환과 같은 실질적 행위가 될 수 있다. 심리학 비판을 통해 비고츠키는 이 생식세포가 독립적이고, 유한하며, 관찰 가능한 상호작용이어야 한다는 것을 보여 주었다. 마르크스가 이러한 방법의 단 한 사례만을 남긴 반면, 비고츠키는 하나의 '생식세포'에 5개의 개별 사례를 남겼다. 그래서 그는 이 개념을 명확히 하고 방법의 확대재생산을 가능케 했다.

비고츠키는 심리학자(구체적으로, 문화심리학자)이지 사회이론가가 아니다. 그는 많은 문화권에 기원을 두고 있는 도구의 협력적 사용에 관한 연구를 통해 정신의 문화적 형성에 접근했다. 하지만 비고츠키는 사회적 환경 자체의 형성 과정에 대한 연구는 하지 않았다. 이 문제에 관한 연구는 비고츠키를 계승한 활동이론가들에 의해 추진되었다. 비록 활동이론가들이 중요한 성과를 내긴 했지만, 이들 중 그 누구도 비고츠키의 단위 분석 방법과 일관성을 유지하지는 못했다.

그럼에도 단위 분석 방법, 특히 보조물에 매개된 행위의 단위 분석을 통해 비고츠키는 사회이론가들에게 개인 과학과 사회 및 역사 과학을 완전히 통합할 수 있는 이론을 제공했다. 비고츠키는 우리들에게 심리학과 사회이론을 따로따로 다루는 대신, 진정한 간학문적 과학을 위한 가능성을 선사했다. 개념 속에서 문화의 단위와 지성의 단위는 대등하게 존재한다. 『생각과 말』속에서 개념에 대한 연구를 통해 비고츠키는 개념을 관찰할 수 없는 사고 형태로서가 아니라 활동의 형태로 이해해야 한다는 것을 일깨워 준다. 비고츠키의 이론은 마르크스주의 사회이론에서 약방의 감초처럼 다루는 '이데올로기 비판'에 설득력 있는 대안을 제시해 준다. 이것은 오늘날의 복잡한 사회 문제에 신선한 통찰을 제공하는 접근법을 제안하고 있다.

참고 문헌

Engels, F. (1876/1987). The part played by labor in the transition from ape to man. In *Marx and Engels collected works: Volume 25* (pp. 452-464). London: Lawrence & Wishart.

Goethe, J. W. v (1795/1988). Outline for a general introduction to comparative anatomy. In *Goethe: The collected works. Volume 12: Scientific Studies*, D. Miller (Trans.). Princeton: Princeton University Press.

Hegel, G. W. F. (1816/1969). *Science of logic*, A. V. Miller (Trans.). London: George Allen & Unwin.

Luria, A. (1928/1994). The problem of the cultural behavior of the child: In R. van der Veer and J. Valsiner (Eds.), *The Vygotsky reader* (pp. 46-56). Oxford: Blackwell.

Marx, K. (1857/1993). *Grundrisse*, M. Nicolaus (Trans.). London: Penguin

Marx, K. (1867/2010). Capital: Volume 1. In *Marx and Engels collected works: Volume 35*. London: Lawrence & Wishart.

Marx, K. (1881/2010). Marginal notes on Adolph Wagner. In *Marx and Engels collected works: Volume 25* (pp. 531-559). London: Lawrence & Wishart.

Naydler, J. (Ed.) (1827/1996). *Goethe on science: An anthology of Goethe's scientific writings*. Edinburgh: Floris Books.

Vygotsky, L. S. (1924/1997). The methods of reflexological and psychological investigation, In *The collected works of L. S. Vygotsky: Volume 3*, R. W. Rieber and J. Wollock (Eds.), R. van der Veer (Trans.), (pp. 35-50). New York: Plenum Press.

Vygotsky, L. S. (1928a/1997). The historical meaning of the crisis in psychology: A methodological investigation. In *The collected works of L. S. Vygotsky: Volume 3*, R. W. Rieber and J. Wollock (Eds.), R. van der Veer (Trans.), (pp. 233-344). New York: Plenum Press.

Vygotsky, L. (1928b/1994). The problem of the cultural development of the child. In R. van der Veer and J. Valsiner (Eds.), *The Vygotsky reader* (pp. 57-72). Oxford: Blackwell.

Vygotsky, L. (1930/1997). The instrumental method in psychology, In *The collected works of L. S. Vygotsky: Volume 3*, R. W. Rieber and J. Wollock (Eds.), R. van der Veer (Trans.), (pp. 85-90). New York: Plenum Press.

Vygotsky, L. (1934a/1987). Thinking and speech. In *The collected works of L. S. Vygotsky: Volume 1*, R. W. Rieber and A. S. Carton (Eds.), N. Minick (Trans.), (pp. 39-288). New York: Plenum Press.

Vygotsky, L. (1934b/1994). The problem of the environment. In R. van der Veer and J. Valsiner (Eds.), *The Vygotsky reader* (pp. 338-354). Oxford: Blackwell.

5.
비고츠키 심리학 이론의
마르크스주의적 요소들

피터 페이겐바움Peter Feigenbaum

『심리학 위기의 역사적 의미: 방법론적 탐구』[1997a]라는 제목으로 1920년대 말에 쓴 미간행 논문에서 비고츠키는 심리학계 내 주요 학파들의 방법에 관해 광범위하고 깊이 있는 분석을 시도했다. 비고츠키의 결론은 과학으로서 심리학은 치명적인 결함을 지니고 있는데, 이는 방법론의 이슈, 즉 기초 철학과 관련하여 내적 분열을 겪고 있기 때문이라는 것이다. 비고츠키는 심리학이 본질적으로 두 종류가 있다고 한다. 하나는 유물론 철학에 기초한 '자연 과학적' 방법을 구사하는 것이고, 다른 하나는 관념론 철학에 기초한 '유심론적' 내관법을 구사하는 것이다. 비고츠키는 오직 유물론적인 접근법만이 심리학의 과학적 속성을 보장하는 적절한 토대를 제공할 수 있다고 강력히 주장했다. 그가 보기에 유물론적 방법론은 객관적인 반면, 관념론적 주관적인 접근법은 대부분 예술적·심미적 활동에 어울릴 법한 것이다. 무릇 심리학이 진정한 과학으로 자리 잡기 위해서는 기초 철학에서 관념론을 폐기해야만 한다고 비고츠키는 주장했다.[앞의 책, p.324]

같은 글에서 비고츠키는 유물론뿐만 아니라 변증법 철학까지 아우르는 **마르크스주의** 심리과학을 정립하는 과업에 투신했다. 비고츠키는 이 과학이 기계론적 원리(행동주의나 반사론)로는 설명이 불가능한 발달 과정과 질적 변화를 서술하고 설명할 수 있는 잠재력을 지니고 있다고 믿었다. 마르크스주의 심리학을 세우기 위한 첫걸음으로 비고츠키는 변증법적 유물론의 원리에 기초한 심리학의 **보편이론**을 정립할 것을 제안했다. 마르크스와 엥겔스[1884/1976]가 '역사 유물론'의 이론을 만들기 위해 변증법적 유물론의 원리와 방법을 인간 사회의 역사에 적용하였듯이, 마르크스주의 심리학자들은 '심리학적 유물론'을 만들기 위해 변증법적 유물론의 원리와 방법을 심리학의 역사에 적용해야 한다. 계속해서 그는 심리학의 보편이론을 세우기 위해서는 무엇보다 적절한 **방법**의 정립이 절대적으로 중요하다고 주장했는데, 이론이 경험적 사실과 직접적으로 만나는 것은 방법을 통해서이기 때문이다. 비고츠키가 이 논문을 썼을 때, 심리학의 보편이론과 그가 언급한 관련 방법 둘 다 오직 역사적 목적으로서만 존재했다.

그러면, 우리는 어떤 방법으로 비고츠키[1934/1987]가 우리 곁을 떠나기 바로 직전인 1934년에 제기한 심리학의 보편이론과 분석 단위(즉, 보편 방법)의 마르크스주의적 성격을 평가할 수 있을까? 마르크스의 경제 발달 이론[Marx and Engels, 1848/1976]을 단순히 비고츠키의 언어적 사고의 발달 이론에 대입하여 그 내용들을 비교하는 것은 충분치 않을 것이다. 마르크스주의의 정수는 개별 내용 영역에 있는 것이 아니라 변증법적 유물론 철학을 그 내용 영역에 적용하는 것에 있다. 한편, 정치경제와 언어적 사고 사이에 상당 부분 차이가 존재함에도 불구하고, 이 두 현상은 인위적인 교환 대상을 포함하는 개인 상호 간의 계약으로 특징되는 문화적으로 보편적인 사회적 활동을 공유한다. 따라서 **형태**를 근거로 이 두 이론을 비교하는 것이 좋을 것 같다. 궁극적으로, 비고츠키의 이론 구성에서 변증법적 유물론이 얼마나 많이 활용되었는가 하는 관점에서 그의 이론을 평가하기 위해, 나는 다음과 같은 것들이 그 최선의 증거일 것이라 생각한다. 주제의 선택(즉, 분석의 초점과 단위), 분석과 종합의 변증법적 방법이 기존 연구 결과들에 적용될 가능성, 이론과 방법의 일관성.

이 글의 목적은 아동기의 언어적 사고 발달에 관한 비고츠키[1934/1987] 이론의 마르크스주의적 성격을 평가하는 것이다. 몇몇 비고츠키 비평가들이 범한 오류를 피하기 위해 각별한 주의가 요구된다. 비고츠키는 이들이 마르크스주의 개념들을 지나치게 과잉 일반화했다고 비난했다.[Vygotsky, 1997a] 비고츠키는 유물론적 심리학이론이 마르크스주의 사상으로부터 창조될 수밖에 없음을 강조했다. 마르크스의 말들을 교묘하게 짜깁기하여 높은 수준의 일반화에 초점을 맞춘 다음 그 일반성을 심리학에 적용하는 사이비 과학자들의 노력은 아무 쓸모가 없다. 비고츠키의 이론은 평가되기 이전에 먼저 서술되고 설명되어야 하는 까닭에 나는 여행 가이드의 역할을 자임하고자 한다. 나의 자질은 주로 마르크스주의자이면서 훗날 발달심리학자이자 비고츠키 학도가 된 것을 바탕으로 한다. 가급적 나는 객관적인 증거를 제시하겠지만, 팩트 선택은 필연적으로 마르크스주의와 비고츠키 심리학에 대한 나의 주관적인 견해가 반영될 수밖에 없다.

마지막 지엽적인 이야기는, 비고츠키가 자신의 임무를 성공적으로 수행했는지의 여부를 떠나 확실한 것은 그의 **의도**가 마르크스주의와 조화를 이루고 마르크스의 방법을 모델로 삼는 심리과학을 세우는 것이었다는 점이다. 비고츠키는 스스로를 마르크스주의자로 규정했으며, 수많은 글 속에서 마르크스주의의 원리와 정당성에 관한 자신의 신뢰를 피력했다. 이를테면 비고츠키는 "우리의 과학은 마르크스주의가 과학적 진

실성을 갖는 한 그것에 충실할 것이다"라는 명제를 신봉했다.^{앞의 책, p.341}
또한 비고츠키는 역사 유물론의 타당성에 대해서도 확신했다.

> 우리는 변증법주의자들이다. 우리는 과학의 발전 경로가 하나의 직선을 따르리라 생각하지 않는다. 만약 그 경로가 지그재그나 유턴 그리고 제자리걸음에서 반복하고 있다면 우리는 그 속에서도 나름의 역사적 의미를 이해하고자 한다. 자본주의가 사회주의로 나아가는 과정에서 겪는 필연적인 단계이듯이, 그러한 경로 또한 역사 발전 과정에서 겪는 불가피한 경로로 간주할 수 있다고 본다. _앞의 책, p.336

게다가 그는 마르크스의 방법에 필수적인 것이 무엇인지를 알고 있었다. 보편이론의 탄생과 관련하여 비고츠키는 다음과 같이 말했다.

> 그러한 과도기적 이론(방법론, 일반 과학)을 탄생시키기 위해 우리는 특정 현상 영역의 **본질**, 즉 현상들의 변화 법칙, 양적·질적 특성, 인과관계를 밝혀야 한다. 우리는 그 본질에 적합한 범주와 개념을 만들어 내야 하는바, 요컨대 우리 나름의 『자본론』을 만들어야 한다. _앞의 책, p.330

자신의 새로운 과학에 대한 핵심을 확립하는 것과 관련하여, 비고츠키는 마르크스의 접근법을 철저히 따랐다.

> 『자본론』의 전체가 이러한 방법에 따라 집필되었다. 마르크스는 부르주아 사회의 "세포"(상품의 가치 형태) 분석을 통해

성숙한 신체가 세포보다 더 쉽게 연구될 수 있다는 것을 보여 주었다. 그는 이 세포 속에서 전체 사회 질서와 모든 경제가 형 성되는 구조를 알아냈다. _앞의 책, p.320

이 중요한 개념을 포착함으로써 비고츠키는 새로운 심리과학을 향한 목적을 설정했다. "**유기체의 반응 기제인** 심리학의 세포를 해독하는 사람 은 모든 심리학의 열쇠를 발견할 수 있다"앞의 책, p.320, 강조는 추가됨.

개관

마지막 저서 『생각과 말』속에 정리된 비고츠키1934/1987의 아동 발달 이론은 그 깊이와 통찰력이 탁월하다. 이 이론은 정교한 역사 분석에 기 초하고 있다. 개인 정신 발달의 생물학적·사회문화적 바탕을 다루고 있 으며, 개념 발달을 입말 언어(개인 상호 간의 말) 발달과 연결 지으며, 생 물학적 단계와 사회문화적 참여와 발달의 중간 단계를 상세히 그려 내 며, 낱말의 주관적인 의미를 연구의 중심에 두며, 자기 자신에게 하는 말(개인적 말) 현상을 '고등정신기능' 발달의 비결로 간주하며, '내적 언 어'(목소리가 사라진 개인적 말)로의 질적 변화 기간 내의 '혼잣말'(목소리 를 지닌 개인적 말)에서 일어나는 여러 가지 언어 변화에 관한 매우 상세 한 주장을 제기하면서, 발달의 세부 과정을 파헤친다.

비고츠키 이론을 향한 우리의 여행을 다섯 가지 주제 영역으로 나누 고자 한다. 첫째는 비고츠키의 역사 분석인데, 이 분석에서는 역사의 결 을 인류학적인 것과 사회적인 것 그리고 개인적인 것으로 구분한다. 개 인적 정신 발달의 생물학적·사회문화적 바탕은 다음 영역에서 제시된다. 이 두 번째 주제('생각'과 '말'의 통일과 갈등)의 장점으로부터, 이 이론의 완전한 전경全景이 처음으로 밝혀질 것이다. 나는 생각과 말 사이의 긴장이 상이한 생물학적 단계와 상이한 발달 단계의 시퀀스를 어떻게 펼쳐 가는지를 서술할 것이다. 세 번째 주제는 생각과 말의 발달을 탐구하는 분석 단위인 '낱말 의미'이다. 나는 이 분석 단위가 다양한 발달 시기에서 다양한 분석 스케일로 언어적 사고에 어떻게 적용되는가를 서술할 것이다. 네 번째 주제인 개인적 말은 언어적 사고가 개인에게 자기화되는 과정이다. 혼잣말(자기 자신에게 소리 내어 말하기) 현상은 아동의 '내면화' 또는 언어 소통의 자기화에서 첫 단계를 보여 준다. 혼잣말은 언어적 사고가 **기능적으로** 내면화되는 전환기이다. 우리 여행의 마지막 다섯 번째 정거장은 개인적 말의 **구조적** 내면화(즉, 목소리가 사라진 '내적' 말로의 물리적 변화)와 관련하여 비고츠키가 제기한 주장에 관한 것이다. 내적 말의 전형적인 모습은 우리 머릿속에서 내레이션의 형태를 취하는데, 이것은 자기조절과 고등정신기능 발달의 근간이 되는 정신 활동이다. 결론부에선 마르크스가 정치경제학에서 윤곽을 제시한 것Marx and Engels, 1848/1976을 보라과 비고츠키가 언어적 사고에서 서술한 발달 과정과 이행 사이의 형식적 유사성에 관해 논하면서 글을 맺을 것이다.

비고츠키의 역사 분석

실비아 스크리브너Sylvia Scribner, 1997에 따르면, 비고츠키는 다양한 방식으로 인간 정신 발달을 묘사하는 수단으로 역사를 활용했다. 한 예로, 비고츠키는 계통발생(자연선택에 기초한 생물학적 진화)과 보편적인 역사(인간 역사)를 구별했다. 보편 역사는 인간의 인류학적 기원(현생인류의 여명이 시작된 수백만 년 전)과 함께 인간 역사(문명이 시작된 약 1만년 전)를 포함한다. 정신 발달에 관한 비고츠키의 사회역사적 분석은 인간의 인류학적 기원에 관한 엥겔스[1927/1940]의 설명과 함께 정치경제와 계급사회의 발달에 관한 마르크스-엥겔스[1848/1976]의 이론에 토대를 두고 있다. 비고츠키는 의도적 주의집중voluntary attention과 논리적 사유 따위의 인간 정신과정들과 대부분의 동물들이 지니고 있는 기초적이고 생물학적으로 진화된 정신과정들 사이에 단절이 있다고 보았다. 비고츠키는 인간의 고등정신기능이 자연법칙만으로는 설명될 수 없다고 주장했다. 차라리 그 뿌리는 인간 문화 발달의 법칙과 규칙성을 따르는 특별한 인간 **노동** 활동 속에서 발견될 수 있다.

엥겔스[1927/1940]는 현생인류의 조상이 점차 손으로 만들기manufacture와 석기 사용에 의존하기 시작하면서 우연히 이들이 석기 사용에 능한 후손을 선호하는 선택적 양육과정을 진전시켰다고 주장했다. 그리하여 석기 테크놀로지(문화적 발달)가 유인원에서 인간으로의 질적 변화를 일으킨 주된 원인으로 간주된다. 스크리브너[1997]에 따르면, 비고츠키는 자연선택이 점차 인위선택으로 대치되어 가는 인간 기원에 관한 마르크스주의적 관점을 수용했다. 비고츠키는 인간 존재가 고유의 발전을 위한 조건들을 창조하기 시작했다고 주장했다. 마르크스의 이론[Marx and Engels, 1848/1976]은 지난 1만년 동안 인간 사회에서 이루어진 이러한 인위적 조건들의 연속적인 발달에 관해 서술한다. 이 시기는 사회가 서로 적대적인 사회 계급으로 분할되는 것을 특징으로 한다. 인간 정신 발달에서 차지하는 문화의 중요성에 관한 이해를 통해 비고츠키[1934/1987]는 계급투쟁의 조건하에서 동일한 정신과정이 개인의 사회 계급에 따라 **다르게** 발전해 간다고 주장하였다.

비고츠키가 수행한 두 번째 수준의 역사 분석은 사회 속 개인의 생애사에 관한 것이다.Scribner, 1997 생물학적 발달이 종국적으로 문화적 발달로 대치되는 보편 역사와 달리, 개인의 역사에서는 두 발달 체계가 함께 일어나며 서로 융합된다. 생물학적으로 아동은 독특한 문화 도구(가장 중요한 것은 언어 소통)를 획득하면서 성장과 동시에 발달을 이룬다. 말을 주고받는 규칙은 언어적으로 유능한 성인이나 보다 성숙한 아이들과의 대화적 상호작용을 통해 학습된다. 생물학적으로 유전된 정신기능 시스템이 문화적 정신기능 시스템으로 발전하기 위해서는, 비고츠키의 제자가 방대한 자료로 논증한 사실에서 보듯, 성인의 이끎 역할이 요청된다.Karpov, 2005 아동 발달 과정의 종착지점(즉, 유능한 화술과 사고력을 지닌 성인)이 모든 아동의 학습 상황 속의 필수적인 요소라는 사실로부터 개체발생 수준의 분석과 계통발생 수준의 분석이 완전히 다르다는 것을 알 수 있다. 이보다 훨씬 더 중요한 사실은 발달의 문화적 차원은 모든 개인의 삶에서 **두 차례** 나타나는데, 첫 번째는 **사회적** 경험의 형태로 나타나고 두 번째는 **개인적** 경험의 형태로 나타나는 것이다. 비고츠키1934/1987는 개인 간 정신기능이 개인 내 정신기능으로 옮아가는 발전을 매우 중요하게 생각하고서, 이것을 정신발달법칙으로 아로새겼다.

비고츠키가 자신의 이론 개발에서 적용한 세 번째 역사 활용은 특정 정신 체계의 발달이 역사적 시기별로 서로 다르게 나타나는 것에 관한 것이다.Scribner, 1997 이를테면 비고츠키는 사회 속 개인의 인생이든 인간 사회의 역사든 인류의 진화 과정이든, 서로 다른 역사적 맥락 속에서는 기억력의 발달 과정이 서로 다르게 나타날 것이라는 가설을 제기했다. 비고츠키는 연령(아동과 성인)에 따라, 사회(농경사회와 산업사회)에 따라, 역사적 시기(원시사회와 현대사회)에 따라 사람들의 구체적인 정신기능을 비교하는 것이 의미가 있을 것이라 믿었다. 자신의 정치적 입장과는 상충될지언정, 비고츠키는 교육받은 사람들과 교육받지 않은 사람

들 사이의 정신적 차이를 연구함으로써 많은 시사점을 얻을 것이라 믿었다.Luria, 1976

개요를 정리하면, 비고츠키는 인간 정신의 생물학적-사회학적 형성을 설명하면서 역사 발달과 관련하여 모든 수준의 역사를 하나의 설명 체계로 통합하고 조화를 이루는 이론 정립을 위한 접근법을 제공했다. 혹 어떤 이는 이 거대한 설계도를 '비고츠키 이론'으로 명명할 필요가 있다고 생각할지도 모른다(충분히 그럴 만하다). 그럼에도, 이 장에서 다루는 내용은 그의 개체발생 이론, 즉 개별 아동의 언어적 사고의 발달 이론에 국한할 것이다. 최소한, 비고츠키의 포괄적인 역사관을 약간이라도 접함으로써 그의 개체발생 이론을 어느 정도는 이해하고 음미할 수 있을 것이다.

다음 주제로 넘어가기 전에, 비고츠키의 역사 분석에 내재된 마르크스주의적 성격을 지적하고자 한다. 정신 발달의 보편 이론을 정립하면서 역사의 역할에 그토록 중대한 강조점을 둠으로써, 비고츠키는 구체적인 증거를 제공하기 위해 유물론 철학의 잠재력을 최대한 활용했다. 물적 대상(사람들을 포함하여)은 오랜 시간 동안 상호작용하고 발달해 가며 역사 속에서 구체적인 자취를 남긴다. 결과적으로, 역사의 모든 것들(비유기적, 유기적, 진화적, 인간적, 사회문화적, 개인적)을 정신의 보편 이론을 정립하기 위한 토대로 삼음으로써 비고츠키는 그러한 이론을 검증하기에 유용한 실증적 증거의 범위를 방대하게 확장했다.

생각과 말

비고츠키[1934/1987]의 기본 가정은 생물학적으로 유전된 생각하기 체계와 문화적으로 전승된 말하기 체계가 처음엔 분리된 체계로 있다가 유아기에서 새로운 정신 활동을 형성하기 위해 합쳐진다는 것이니, 이것이 '언어적 사고verbal thinking' 개념이다. 이러한 통일이 어떻게 일어나는 가? 이것은 위의 두 기능이 결합할 때 일어나는데, 유아는 **의미 있는 대화적 소통을 꾀하고자 의도적으로 자신의 첫 말을 성인을 향해 내뱉음으로써** 이 결합을 시도한다. 아동의 소박한 언어적 사고는 오랜 시간 동안 발달적 변화를 거듭할 것인데, 이는 생각하기와 말하기의 체계가 서로 다른 발달적 궤적에 있는 것에 기인한다. 생각하기는 처음에 전체적이던 것이 분절화를 향해 가는 반면, 말하기는 처음에 파편화되어 있다가 정교화를 향해 간다. 비고츠키는 "비록 이 둘이 통일을 이루지만, 내적이고 의미론적인 국면의 말은 그것의 외적이고 청각적인 국면과는 다른 운동 법칙에 연결된다"고 썼다.앞의 책, p.250 보다 구체적으로,

> 말의 의미론적인 국면과 외적인 국면의 발달은 정반대 방향으로 일어난다. 말의 의미론적 국면은 전체에서 부분으로 혹은 문장에서 낱말로 발달해 간다. 말의 외적인 국면은 부분에서 전체로 혹은 낱말에서 문장으로 발달해 간다. _앞의 책, p.250

그 통일에 대한 이해를 어렵게 하는 이러한 대립적 경향성은 언어적 사고를 촉진하는 동력이다. 변증법 용어로 말하자면, 이 현상은 '대립물 통일과 투쟁'의 전형이라 하겠다.

언어적 사고의 실질적·사회적 중요성(특히, 어떻게 그것이 성인으로 하여금 말을 통해 사고와 활동을 서로 나누고 조직하게 하는가 하는 점)을 생각할 때, 발달하는 아동은 엄청난 도전을 직면하는 셈이다. 아동은 모국어를 능숙하게 익히고 중요한 공동체적 활동에 원만하게 참여하기 위

해 근원적인 두 체계의 대립적인 운동을 조절해 가는 방법을 배워야 한다. 성인의 언어 소통을 숙달하기 위해 아동은 복잡한 언어 구조를 이해하고 생산하는 낱말 배열 규칙을 터득해야 할 뿐만 아니라, 이 동일한 언어 구조를 대화 속에서 적절히 펼치고 상대방의 말을 알아들을 수 있도록 의미 구성 규칙을 이해해야 한다. 발달적으로, 아동은 이런저런 언어 구조들을 습득하여 이 구조들을 의사소통 속에서 의미 있게 활용하는 방법을 이해하는 것을 목적으로 삼는 인지적 재조직을 꾀해 간다. 습득과 이해가 되풀이되는 사이클은 오랜 기간에 걸쳐 진행되는데, 유아기와 청소년기 사이에 점진적으로 진전된 형태의 일련의 언어적 사고를 이끈다. 이 지점에서 대부분의 아동은 말의 유창성을 획득한다.

『생각과 말』Vygotsky, 1934/1987의 5~7장에서 언급된 몇몇 중요한 토론을 기초로, 언어적 사고의 발달은 크게 네 단계로 구분되는 것으로 이해된다. 말하기와 관련하여, 서로 분리되어 있지만 연관을 맺고 있는 네 가지 구조들이 시기별로 연속적인 순서에 따라 획득되니, 낱말words, 구절phrases, 문장sentences, (적절한 용어를 구사하기가 어렵지만) 이야기narratives가 그것이다. 각각의 새로운 구조는 앞 단계의 것을 토대로 생겨나는데, 후자는 전자 속에 자리 잡는다. 이 둘은 함께 위계 혹은 수목형 구조를 형성하는데, 네 가지 언어적 구조 가운데 가장 발달한 이야기 구조가 위계질서의 최상층에 자리한다. 생각하기 체계와 관련하여, 서로 분리되어 있지만 연관을 맺고 있는 네 가지 **의미론적** 구조('일반화 구조')가 시기별로 순차적으로 발달해 가니, '혼합적 더미syncretic heaps', '복합체complexes', '전개념pre-concepts', '개념concepts'이 그것이다. 이들 각 구조들 또한 앞서 발달한 것을 토대로 형성되고 같이 병합된다. 여기서 가장 흥미로운 대목이 시작된다. 유아기에서 생각과 말이 언어적 사고 체계를 형성하기 위해 하나로 합쳐지면, 각 시기별로 그에 상응하는 다음과 같은 것들이 정립된다. 즉, 최초의 낱말 습득은 혼합적 사고와 연관되어 있으며, 몇 달 뒤 유아는 복합체적 사고에 활용할 구절 구조를 획득하게 되며, 또 얼마 뒤에는 전개념적 사고를 위한 문장 구사 문법을 획득할 것이고, 마지막으로 7세 무렵에는 대부분의 아동이 일반화와 개념적 사고의 숙달을 위한 이야기 구조를 획득하게 된다.

이 일련의 발달 시기들에 관해 투멜라Toomela, 2003가 비교적 정확히 정리했다. 생물학적 발달과 관련하여 그는 비고츠키가 중추신경계의 성숙에서 6개의 결정적 시기를 구분했다고 한다. 첫 번째는 탄생기이고 나머지는 각각 1세, 3세, 7세, 13세, 17세이다. 발생적 다양성, 뇌 성장, 전기생리학적 성숙에 관한 연구를 언급하면서, 투멜라는 이들 생물학적 시기를 검증한 다음 여기에 두 시기(6개월과 18개월)를 추가했다. 이들 각 시기 사이에서 성장과 성장 사이에 상대적으로 안정적인 시기가 생겨난다. 이 속에서 점점 복잡해져 가는 성인-아동의 상호작용을 돕는 한편, 발달하는 아동이 이들 사회적 상호작용을 내면화하고 그것을 자신의 경험과 이해 속으로 변화해 가도록 돕는 적절한 조건들이 생겨난다. 요약하면, 언어적 사고의 발달에서 질적으로 구분되는 네 가지 형성 formations이 발생하는 네 발달 시기들은 12~18개월(최초의 낱말/혼합적 사고), 18개월~3세(구절/복합체적 사고), 3세~7세(문장/전개념적 사고), 7세 ~12세(이야기/개념적 사고)이다.

정치경제 발달에 관한 마르크스의 이론Marx and Engels, 1848/1976과 언어적 사고 발달에 관한 비고츠키1934/1987의 이론 사이에 닮은 점이 있다. 그 하나는, 두 이론 모두 조사 대상 현상들이 서로 분리되고 대립적인 양상을 띠다가 나중에 하나로 병합되는 두 체계로 이루어진 점이다. 마르크스의 이론에서 서로 갈등을 겪다가 통일되는 두 체계는 정치와 경제이고, 비고츠키의 이론에서는 생각과 말이다. 두 번째 유사성은 각각의 현상들이 일련의 상이한 시기들을 통해 발달하는데, 각 시기들은 앞의 형태보다 점점 더 복잡한 성질을 지닌 상이한 발달 형식으로 특징되는 것이다. 이러한 비교는 발달에서 개인적 말과 그 특별한 역할이 적절히 소개되기만 하면 더욱 충실히 수행될 수 있다.

낱말 의미

'낱말 의미'는 아동기의 언어적 사고 발달을 연구하기 위한 비고츠키 1934/1987의 분석 단위다. '낱말'은 외부로 향한 언어적 사고 활동의 객관적, 문화적, 언어적 측면을 일컫는 한편, '의미'는 내부로 향한, 주관적, 개인적, 의미론적 측면이다. 하지만 언어적 사고 현상의 본질은 그것의 하위체계subsystem 속에 있는 것이 아니라 그것들의 통일(생각과 말이 상호 보완적이고 공생적인 방식으로 작동하고 하나의 활동으로 기능할 때 생겨나는 특별한 질) 속에 있다. 이 통일을 통해 낱말 의미는 더 이상 쪼갤 수 없는 최소 단위가 된다.

마르크스주의 심리학을 세움에 있어 비고츠키1997a의 목표는 언어적 사고의 전반적인 구조를 파헤치기 위해 마르크스의 방법을 계승하여 심리학의 '세포'를 찾아내는 것이었다. 비고츠키가 이 세포로 선택한 것이 낱말 의미인데, 아쉽게도 그는 이 분석 단위를 연구 결과의 어디에서 어떻게 적용할 것인가에 관한 아무런 설명을 남기지 않았다. 더욱이 낱말 의미는 계통발생, 개체발생, 미시발생적 분석 단위 따위와 관련한 다양한 이론으로 언어적 사고 과정에 적용될 수 있다. 이를테면 특정 낱말의 의미 발달에 대해 언어의 역사와 관련해서 연구할 수도 있고, 개인 생애사의 관점, 혹은 단기간의 학습 여건의 맥락에서 연구할 수도 있다. 실질적인 의미에서, 낱말 의미는 다양한 수준의 조직으로 존재하고 심지어 그 자체 속에 둥지를 틀 수 있는 점에서 프랙털fractal: 일부 작은 조각이 전체와 비슷한 기하학적 형태를 말한다. 이런 특징을 자기유사성이라고 일컫는데, 자기유사성을 갖는 기하학적 구조를 프랙털 구조라고 한다(위키백과에서 인용)과 유사하다. 이것은 그 가장 특수한 표현에서부터 가장 보편적인 표현에 이르기까지 모든 언어적 사고 과정의 표현에 똑같이 적용할 수 있다. 그러므로 만약 낱말 의미가 아동 발달의 각 단계별 언어적 사고에 관한 과학적 연구에 유용하게 적용될 수 있다면, 그것은 개념적으로나 실질적으로도 논리 정연하고 융통성 있는 단위임에 틀림없다.

낱말 의미의 사용을 통해 비고츠키가 밝히고자 한 것을 이해하기 위해 한 걸음 물러서서 그의 이론을 보다 넓게 생각해 볼 필요가 있다. 모든 개인을 그가 태어나고 자란 사회(정확히 말해, 사회 계급)의 '소우주'로 간주하는 것에서 나아가, 비고츠키는 입말 소통을 사회적 소우주(성인이 아동을 언어적 사고의 문화적 세계로 인도하는 중요한 사회적 과정인 점에서)로 간주했다. 여기서 강조점은 대상으로서의 말보다는 과정으로서의 소통에 더 많이 놓여 있다. 비고츠키1934/1987는 객관적인 **입말 소통**의 사회적 **과정**에서 개인이 성공적으로 다른 사람과 관계를 맺기 위해서는 반드시 개인적·주관적 관점을 매개적 기호 혹은 낱말에 적응시켜가야 하는데, 사회적으로 결정된 기호 혹은 낱말의 의미는 공유될 수 있는 **일반화**의 결과라는 것을 이론적으로 정립했다. 따라서 사회적 소통(말)과 개념적 일반화(생각)는 동전의 양면이다. '사회적 상호작용', '의사소통', '언어 구사'는 비고츠키앞의 책, p.49가 모든 낱말 의미 분석에서 필수적인 것으로 간주한 언어적 사고의 세 가지 특질이다.

두 사람(A와 B) 사이의 대화 과정을 공 던지기와 받기에 비유해 보자. A가 말을 건넴으로써(던지기) 대화의 교환이 시작되고, B는 그 말을 듣고 이해한다(받기). 다시 B가 두 번째의 말을 생산함으로써 자신이 이해한 말에 반응하고(되던지기), 이것을 A가 듣고 이해를 한다(되받기). 대화의 정수를 보여 주는^{Stubbs, 1983} 이 간단한 상호 교환은 A → B → B → A로 도식화할 수 있다. 하지만 우리는 이 과정을 서로 완전히 다른 두 관점에서 바라볼 수 있다. 하나는 개인 간interpersonal 활동(던지기와 받기) 혹은 A → B 또는 B → A의 전개에 초점을 두는 것이다. 이 맥락에서 개인의 말은 서로에게 생각을 전달하는 수단 혹은 매개체로 기능한다. 반면, 이와 대조적인 관점은 대화 속에서 오간 두 말 사이의 언어적·개념적 연계에 초점을 둔다. 이 관점에서 볼 때, 매개체 역할을 하는 것은 B → B의 개인 내intrapersonal 활동(받기와 던지기)이다. 요컨대, 대화(혹은 텍스트) 속에서 하나의 말을 다른 말과 연결 짓는 것은 개인이다. 비고츠키에게 분석의 핵심 대상은 발달하는 아동이고, 따라서 주저없이 낱말 의미의 발달을 A → B → B → A의 소통적 상호작용의 한가운데 둘 것이다. 아동의 발달 과업은 앞의 말을 되받아 적절히 반응하며, 이와 동시에 다음 말을 열어 가는 방법을 학습함으로써 이 논리정식을 내면화하고 자기화하는 것이다. 또한 개인 상호 간의 언어적 사고 과정은 아동 개인의 언어적 사고 발달을 위한 인큐베이터일 수 있다는 사실은 비고츠키가 탐색하던 심리학의 난제인 '세포'에 상당히 가까이 다가갔음을 시사한다.

바흐친¹⁹⁸⁶은 대화를 해석하기 위한 설득력 있는 아이디어로 '발화utterance' 단위 혹은 말 주고받기에 관한 제안을 한다. 발화와 발화 사이의 경계는 분간하기 쉽다. 각각의 발화가 서로 다른 화자에 의해 생산되기 때문이다. 하나의 발화가 그 내용이 아닌 대화에서 발화를 둘러싼 경계에 의해 규정되는 까닭에 그 길이나 언어적 구조는 매우 방대한 외연을 지닌다. 바흐친의 표현을 빌리면, 하나의 발화는 하나의 낱말만큼이나 짧을 수도 있고 강의만큼이나 길고 깊이 있을 수도 있다. 따라서 대화의 관점에서 볼 때 발화는 언어적 단위에 엄격히 고정되어 있는 반면, 그 내적인 언어 구조는 지극히 탄력적이다. 결과적으로 바흐친의 '발화'는 비고츠키가 분석 단위로 삼은 낱말 의미로부터 추구했던 일관성과 유연성을 제공하는 잠재력을 지니고 있다.

끝으로, '분별력sense'은 낱말 의미와 밀접하고도 불가분적으로 연결되어 있는데, 이것은 본질적으로 특정 낱말 의미를 해석하기 위해 화자와 청자가 공히 참고해야 할 **의사소통적 언어 사용 맥락**이다. 모든 입말 소통은 두 단계로 이루어져 있다. 첫 번째 단계를 구성하는 입말 발화의 **자구적** 의미와 두 번째 단계를 구성하는 **언어 사용 맥락**이다. 두 번째 단계는 첫 번째 단계의 의미의 질을 결정한다(하나의 진술이 비꼬는 투로 전해져서 그것의 자구적 의미와 정반대의 뜻을 유발하는 경우처럼). 비고츠키1934/1987는 분별력과 관련하여 고작 몇 개의 예들만 제시했는데, 현재로선 연구자들이 낱말 의미의 발달을 평가하기 위해 사용할 수 있는 분별력을 규명하기 위한 합의된 기준이 없다. 하지만 낱말 의미가 항상 맥락과 상황에 좌우되는 까닭에 낱말 의미를 탐색하는 것만큼이나 분별력을 탐색하는 것은 중요하다.

정리하면, 낱말 의미는 그것이 말의 단위인 것만큼 많은 부분 생각의 단위이기도 하다. 구체적인 연구 결과와 명료하게 연결 짓기 위해 충분히 자신의 이론을 정교화하고 명료화하기 전에 비고츠키가 사망한 탓에, 낱말 의미 혹은 분별력을 아동의 말에 어떻게 적용할 것인가에 관해서는 현재 의견 일치가 이루어지지 않은 상태다.

개인적 말

비고츠키[1934/1987] 이론에 대한 그림을 완성하기 위해 우리가 이해해야 할 영역이 한 가지 더 있다. 개인적 말personal speech과 개인 간 말을 구별하는 것이다. 다른 심리학자들이 아동의 생각 발달을 자기중심적인 상태에서 사회화된 상태로 나아가는 것으로 본[이를테면 Piaget, 1923/1955] 반면, 비고츠키는 생각이 사회화에서 개인 중심으로 발달해 간다고 주장했다. 아동이 다른 사람을 통해 숙달한 다음 내면화 혹은 자기화해 가는 모든 것 중에서 그 어느 것도 말을 통한 의사소통 능력보다 더 중요한 것은 없다. 하지만 개인 상호 간의 말을 내면화하는 것은 또한 의사소통적 접근법의 총화ensemble를 내면화하는 것을 수반한다. 자기가 자신을 보는 관점을 자신이 내면화한 공동체가 자신을 보는 관점과 구별하는 과정에서 필연적으로 갈등이 수반된다.[Vygotsky, 1997b] 흔히, 정신을 형성하는 데는 집단이 필요하다고 말한다. 하지만 정신을 자기화하는 것은 개인의 몫이다. 이러한 정신적 갈등이 일어나는 장소는 말할 것도 없이 자신과의 대화에서다. 그리하여, (앞서 살펴본) 네 가지 발달 시기에 추가로 두 가지가 삽입되어야 한다-'혼잣말'(18개월~7세)과 '내적 말'(7세~12세)의 전환기.

개인적 말은 자기화appropriation다. 아동은 타인과 말을 나누는 경험을 통해 학습한 대화 요령을 획득하여 그것을 개인적 사고를 위해 재배치한다. 자기 내면의 동굴 속에서 아동은 생각을 필요로 하는 상황에 처한 자기 자신을 향해 소리 내어 말을 하기 시작한다. 혼잣말private speech은 의사소통을 자기화하는 첫 단계다. 발달상, 혼잣말은 개인 간 말과 소리 없는 내적 말 사이의 과도기적 단계에 있다. 혼잣말은 구조면에서 소리를 내며 청자가 들을 수 있는 점에서 개인 간 말과 같으며, 기능 면에서 개인의 정신 활동 도구로 사용되는 점에서 내적 말과 같다. 형식과 기능 사이의 이 모순은 불안정하고 변하기 쉬운 혼잣말의 특징이다. 그 목적이 말하기가 아닌 생각하기에 있는 까닭에, 혼잣말은 개인 간 말과 달리 타인에 의해서는 대화적으로 활용될 수 없다. 그보다는 혼잣말은 자신의 생각에 대한 개인적 반응이며, 따라서 아무런 공유된 대화 주제를 품지 못한다. 이것은 순수한 독백 혹은 줄임말이다. 요컨대, 혼잣말은 타인이 알아들을 수 없는 입말이다.Piaget, 1923/1955

유치원 시기에 혼잣말은 아동의 행동과 동시에 이루어지지 않고 메아리처럼 자기 행동을 뒤따르거나 성찰만 하는 경향이 있다. 하지만 학령기가 되면 아동의 언어 구사력이 능숙해져서 혼잣말은 높은 기능을 수행하며 아동의 행동을 **주도한다**. 혼잣말은 낱말 놀이와 환상 놀이 fantasy play를 주도하고 자신의 활동을 규정할 뿐만 아니라, 점차 **계획하는** 기능을 수행하게 되는데, 이를 통해 몸을 움직이기 앞서 입말 사용을 통해 문제 해결을 꾀한다. 혼잣말이 활동을 **뒤따르다가** 활동을 **앞서는** 것으로 전환되는 것은 새로운 정신체계, 즉 '고등정신기능'의 발달이 시작되었음을 알려 준다. 언어적 사고는 인간 정신 발달의 동력이기 때문에 언어적 사고의 자기화는 그와 더불어 다른 모든 정신기능의 발달을 가져온다. 기억력, 인지, 의도적 조절, 감정, 그 밖의 정신기능들이 혼잣말과 함께 시작된다. 아동이 혼잣말을 발달시킨 다음 그것을 관점을 정립하거나 사물과 사건, 사회적 관계에 대한 자신의 주관적인 경험을 객관적으로 이해하기 위한 도구로 활용하기 시작할 때, 입말 대화, 논리적 사유, 의도적 주의집중에 기초한 전반적으로 새로운 정신체계가 생겨난다.

혼잣말에서 내적 말로의 구조적 전환

우리 여행의 마지막 정거장은 개인적 말의 구조적 내면화, 즉 혼잣말이 소리 없는 내적 말로 질적 변화를 이루는 것과 관계있다. 내적 말 inner speech은 마음속에서 만든 말이기 때문에 오직 말하는 사람만 들을 수 있다. 내적 말 속에서 개인은 말을 한다기보다 **생각한다.** 형식 면에서 완전히 확장된 개인 상호 간의 말과 달리, 내적 말은 고도로 축약되어 특정 소통에 필수적인 키워드만을 담고 있다. 비고츠키[1934/1987]는 내적 말의 축약된 언어 구조를 혼잣말과 함께 시작된 발달 과정의 결과로 보았다(그래서 혼잣말 발달은 내적 말 구조로 향하는 창이다). 비고츠키는 혼잣말과 내적 말 사이의 직접적 발달적 연관을 제기한 최초이자 유일한 심리학자였다. 오직 비고츠키만이 인간이 내적 말을 갖고 태어나는 것이 아니라 아동기에 발달해 간다는 것을 이해했다. 이런 이유로 비고츠키는 혼잣말의 소멸(약 7세 때)을 '지하로 숨어 들어간' 것으로 일컬었다.

비고츠키는 혼잣말의 축약이 대화의 의미론적 주제와 연결된 말이 밖으로 소리 내기를 그치고 그 말이 의미론적 내용(혹은 술어)만을 남기는 식의 특별한 규칙을 따라 이루어진다고 주장했다.[앞의 책, p.267] 비고츠키는 또한 아동이 성장함에 따라 혼잣말 상황에서 구사하는 낱말의 수가 줄어든다고 주장했다. 최근 서구 학자의 연구 결과가 혼잣말에 관한 비고츠키와 후학들의 가설을 뒷받침해 준다.[Winsler et al., 2009을 보라] 유감스럽게도, 낱말 의미를 측정한 실증적 연구 결과가 부족한 탓에 혼잣말에 관한 비고츠키의 모든 관점이 아직 다 검증되지는 않은 상황이다.

혼잣말의 발달이 언어적 사고에 어떤 영향을 미칠까? 그 답은 혼잣말이 개인 상호 간의 대화 상황에서는 가질 수 없는 중요한 학습 기회를 제공한다는 것이다. 개인 상호 간 대화에서 구사하는 어떤 단일 발화를 생각해 보자. 이 상황에서 아동은 항상 듣는 역할과 말하는 역할 중의 어느 하나만(질문을 하거나 아니면 답하거나 하는) 수행하지 두 가지 역할을 다 할 수는 없다. 하지만 담론 구조를 완전히 이해하기 위해 아동은 동일한 물음에 대한 질문과 답을 동시에 수행할 필요가 있다. 그래야만 대화를 진척시킬 수 있기 때문이다. 아동은 규칙에 따라 대화에 능숙하게 참여하기 위해 A → B → B → A의 전체 과정에 적극적으로 참여해야 한다.

이 주제의 결론을 지으면, 개인적 말이 개인 간 말에서 분리된 다음, 다시 혼잣말에서 내적 말로 질적 변화를 이룬 뒤에, 개인적 말은 개인 간 말과 다시 만난다. 이 재회가 일어나는 것은 내적 말이 일상적 대화 수행에서 중요한 역할을 하기 때문이다. 발화는 구체적인 상황과 사람들에 적응되어야 하며, 타인의 발화를 해석하기 위해서는 내적 말이 유능하게 고안된 인지적 기능인 생각과 성찰이 요구되는 것이다. 주관적으로, 내적 말 대화는 우리 자신의 생각 속에 은연중에 잠입하여 지속적으로 속삭이는 내면의 목소리이다. 이것은 우리의 사고에 분석, 반성, 논평, 감정, 가치판단, 자의식을 위한 자양분을 불어넣는다.

정리 및 결론

지금까지 비고츠키[1934/1987] 이론 탐험에서 중요한 것은 대부분 다루었다고 생각하지만, 아쉽게도 몇몇 주제들은 더 깊이 파고들었어야 했는데 그러하지 못했다. 비고츠키 이론에 흥미를 품으실 분들을 위해 포괄적인 개념 모형을 소개하고 있는 홀브루크 만[Holbrook Mahn, 2012]의 책을 추천하고 싶다.

이제 남은 것은 비고츠키[1934/1987] 이론의 변증법적 유물론적 성격에 관한 평가다. 이 목적 달성을 위해 나는 비고츠키 이론과 마르크스 이론[Marx and Engels, 1848/1976]의 **형식적** 특징을 비교해 보는 것이 유익하리라 생각한다.

첫째, 두 이론 모두 연구 대상 현상들이 대립물 투쟁의 결과로 매우 복잡한 형식을 띠고 있는 일련의 발달 과정을 제시한다. 정치경제 시스템과 언어적 사고 시스템이 각각 최초에 형성되는 초기 '원시[primitive]' 단계를 갖는 것도 두 이론의 공통점이다. 마르크스에게 이 시기는 '원시 공산주의' 단계이고, 비고츠키에게는 '소박한' 개인 간 말(혼합적 사고)이다. 그 뒤 발달의 사회적 경로와 개인적 경로 사이에 중요한 분화가 일어난다. 마르크스에게, 사회는 지배자와 피지배자의 두 적대적인 계급으로 나뉘고 그 속에서 부는 사유화되어[privatized] 지배자의 수중에 축적된다. 비고츠키에게 아동의 언어적 사고는 개인적 말과 개인 간 말로 특징되는 적대적인 입말 양식으로 나뉘고 그 속에서 이해력은 자기화되어[personalized] 아동의 발달하는 정신 속에 축적된다. 마르크스의 이론에서 이 분화는 노예제, 봉건제, 자본주의의 순서로 점점 발달해 가는 형태를 취하는데, 최고 단계인 자본주의는 상품의 가치 형태(즉, 화폐)로 그 발달적 특징을 대변한다. 비고츠키의 이론에서 분화는 구절, 문장 형식의 전개념적 사고, 이야기 형식의 개념적 사고의 연속적인 정교한 사고로 발달해 가는데, 그 최고 단계인 개념적 사고는 언어적 사고(즉, 내적 말)로 발달적 특징을 나타낸다. 마지막으로, 두 이론은 발달의 개인적 차원과 사회적 차원이 만나 이전 시기에서는 볼 수 없는 질적 결과를 빚어내는 국면의 존재를 제시한다. 마르크스에게 이것은 사회주의 혹은 더 발달된 형태로 공산주의인데, 이 단계에서 계급 분화가 소멸되고 정치적·경제적 발달의 이익을 모두가 향유한다. 비고츠키에게는 이 시기에서 개인적 말과 개인 간 말이 상부상조하며 공동체 내에서 젊은이가 다른 성인들과 조화롭게 소통해 간다.

자본주의 사회에 대한 마르크스[1847/1976, 1867/1967]의 특별한 분석(특히, '사용가치'와 '교환가치'에 대한 분석) 또한 비고츠키[1934/1987]의 이론과 놀라운 유사성을 보여 준다. 마르크스는 상거래 속 상품의 사용가치와 교환가치에 대한 분석을 통해 경제적 가치의 본질을 밝혔고, 비고츠키는 의사소통 속 입말 발화의 기호적 속성(사용가치)과 상징적 속성(교환가치)에 대한 분석을 통해 기호론적 가치 혹은 주관적 의미의 본질을 밝혔다. 마르크스에게, 구매자는 모든 상품을 소비자 입장에서의 일정한 실용적 욕구를 만족하는 사용가치로 만나는 한편, 판매자는 모든 상품을 매매될 수 있는 교환가치로 만난다. 비고츠키에게, 청자는 모든 발화를 대화 주제를 전달하는 사용가치(대화 시작하기)로 만나는 한편, 화자는 모든 발화를 대화 내용을 전달하는 교환가치(반응)로 만난다. 마르크스에게 상품의 가치 형태는 인간(노예제)으로부터 토지(봉건제)를 거쳐 마지막에는 화폐(자본주의) 순서로 역사적으로 발전해 왔고, 비고츠키에게 기호론적 가치 형태(낱말 의미)는 복합체적 사고(구절 단계)에서 전개념적 사고(문장 단계)를 거쳐 마지막에는 개념적 사고(내적 말 단계)로 발전해 간다.

끝으로, 최고 수준으로 발달한 가치 형태라는 측면에서 두 이론의 유사성을 지적하자면, 마르크스[1867/1967]에겐 화폐이고 비고츠키[1934/1987]에겐 내적 말이다. 두 이론가 모두 사용가치가 점차 교환가치로 옮아가는 현상을 제시했다. 마르크스는 상품의 화폐 전환을 CMC → MCM이라는 공식으로 제시했는데 이 속에서 화폐는 교환 수단으로서의 소극적인 역할에서 교환 목적으로서의 중요한 역할로 변해 간다. 비고츠키 또한 언어적 사고에서 빚어진 유사한 전환에 대해 논했는데, 이 속에서 의미는 교환의 수단으로서 미온적인 역할을 수행하다가 점점 교환의 목적으로서 지배적인 역할을 수행하게 된다. 이러한 전환에 대해 WMW → MWM으로 나타낼 수 있을 것이다W=word(말, 낱말), M=meaning(의미)로 이해된다. 두 이론에서 발달은 특수한 형태에서 보편적인 형태로 나아간다. 화폐와 낱말 의미 둘 다 각각의 순환 경로 속에서 보편적인 가치 형태로 표출된다.

결론적으로, 마르크스 이론과 비고츠키 이론 사이에는 이론 구성 면에서 매우 비슷한 철학적 접근법을 따르는 점에서 상당한 형식적 유사성이 있다. 주제 선택 면에서 두 이론은 협력적인 사회적 활동, 즉 주고받기와 교환을 인간 발달의 토대로 간주한다. 두 이론은 인위적인 human-made 대상을 공유되는 물질로 상정한다. 마르크스의 상품과 비고츠키의 낱말 의미가 그것이다. 방법 면에서 두 이론은 변증법적 분석과 종합을 통해 각자의 현상을 설명함으로써 내적 역학과 발달 시기에 관한 두 이론의 서술 방식은 매우 유사하다. 비고츠키1934/1987는 변증법적 방법을 아동 발달에 일관되게 적용했는데, 이 일관성은 역사 분석을 비롯하여 생각과 말, 낱말과 의미, 사회적인 것과 개인적인 것, 내적인 것과 외적인 것 등의 아동 발달 과정을 구성하는 많은 대립적인 요소들을 능숙하게 다루는 것에서 엿볼 수 있다. 비고츠키 이론과 그의 방법론 사이의 일관성과 관련하여 우리의 여행에서 별 특별한 모순점을 엿볼 수 없었다고 생각하지만, 이 점은 보다 철저한 검토가 요구되는 부분이긴 하다.

이 장의 내용이 글의 제목에서 제기한 의문에 대한 최소한의 답이 되었기를 바란다. 하지만 우리는 마르크스주의 영역의 이슈를 떠나 비고츠키 이론에 관해 다음과 같은 물음에 대한 논의가 이루어져야 한다고 말하고 싶다. 비고츠키 이론은 아동 발달의 기존 연구 결과들과 얼마나 잘 부합하는가? 비고츠키 이론은 지금까지 밝혀진 연구 결과들을 정합적으로 설명하는가?

참고 문헌

Bakhtin, M, M, (1986). *Speech genres and other late essays*. V. W. McGee (Trans.), Austin, TX: University of Texas Press.

Engels, F. (1940). The part played by labour in the transition from ape to man. In C. Dutt (Ed. and Trans.), *Dialectics of nature* (pp. 279-296). New York: International Publishers. (Original work published 1927).

Karpov, Y. V. (2005). *The neo-Vygotskian approach to child development*. Caribridge: Cambridge University Press.

Luria, A. R. (1976). *Cognitive development: Its cultural and social foundations*. M. Cole (Ed.), M. Lopez-Morillas, and L. Soltaroff (Trans.). Cambridge, MA: Harvard University Press.

Mahn, H. (2012). Vygotsky's analysis of children's meaning making processes. *International Journal of Educational Psychology*, 1 (2), 100-126.

Marx, K. (1967). *Capital: A critique of political economy, Volume 1: The process of capitalist production*. F. Engels (Ed.), S. Moore and E. Aveling (Trans.). New York: International Publishers. (Original work published 1867).

Marx, K. (1976). The poverty of philosophy: Answer to the *Philosophy of Poverty* by M. Proudhon. In *Karl Marx Frederick Engels collected works: Volume 6*. F. Knight (Trans.), (pp. 105-212). New York: International Publishers. (Original work published 1847).

Marx, K., and Engels, F. (1976). Manifesto of the communist party. In *Karl Marx Frederick Engels collected works: Volume 6* (pp. 477-519). New York: International Publishers. (Original work published 1848).

Piaget, J. (1955). *The language and thought of the child*, M. Gabain (Trans.). New York: Meridian. (Original work published 1923).

Scribner, S. (1997). Vygotsky's uses of history. In E. Tobach, R. J. Falmagne, M. B. Parlee, L. M. W. Martin, and A. S. Kapelman (Eds.), *Mind and social practice* (pp. 241-265). Cambridge: Cambridge University Press.

Stubbs, M. (1983), *Discourse analysis: The sociolinguistic analysis of natural language.* Chicago: The University of Chicago Press.

Toomela, A. (2003). Development of symbol meaning and the emergence of the semiotically mediated mind. In A. Toomela (Ed.), *Cultural guidance in the development of the human mind* (pp. 163-210). Westport, CT: Ablex Publishing.

Vygotsky, L. S. (1987). Thinking and speech. In *The collected works of L. S. Vygotsky: Volume 1. Problems of general psychology.* R. W. Rieber and A. S. Carton (Eds.), N. Minick (Trans.), (pp. 375-383). New York: Plenum Press. (Original work published 1934).

Vygotsky, L. S. (1997a). The historical meaning of the crisis in psychology: A methodological investigation. In *The collected works of L. S. Vygotsky: Volume 3: Problems of the theory and history of psychology,* R. W. Rieber and J. Wollock (Eds.), R. van der Veer (Trans.), (pp. 233-344). New York: Plenum Press. (Original work unpublished).

Vygotsky, L, S. (1997b). Conclusion; Further research; Development of personality and world view in the child. In *The collected works of L. S. Vygotsky: Volume 4: The history of the development of higher mental functions,* R. W. Rieber (Ed.), M. J. Hall (Trans.), (pp. 241-252). New York: Plenum Press. (Original work unpublished).

Winsler, A., Fernyhough, C., and Montero, I. (Eds.) (2009). *Private speech, executive functioning, and the development of verbal self-regulation.* New York: Cambridge University Press.

3부

비고츠키 마르크스주의의
심리학적 적용

6.
상상력과 창의 활동
: 비고츠키 이론에서 존재론적 원리와 인식론적 원리

카티아 마헤이리Kátia Maheirie
안드레아 비에이라 자넬라Andréa Vieira Zanella

레프 비고츠키의 글들은 지금까지 여러 나라에서 다양한 이론적 참조틀로서 학자들 사이에서 읽히거나 토론되어 오고 있다.Kozulin, 1990; Ratner, 1991; Veresov, 1999; Pino, 2000; Rogoff, 2003; van der Veer, 2007; Valsiner, 2007 등 심리학, 교육, 예술 분야에 비고츠키가 미친 영향을 놓고, 존재론, 인류학, 인식론 분야에서 토론이 이루어지는가 하면, 비고츠키의 이론에서 현대적 이슈와 관련한 문제의 근거를 발견하기 위한 연구의 저변이 확장되고 있다.

비고츠키의 저작이 다양한 방식으로 적용되는 것이나 그의 영향력에 기초한 이론이 많다는 사실은 비고츠키 사상에 관한 타당성의 증거가 된다. 그는 한편으론 자기 시대의 상징이었기도 하고(혁명 전 러시아 심리학 발전과 관련하여 비고츠키 자신이 만든 용어집이 그 증거다), 다른 한편으론 그때까지의 역사적 계기와 과학 발전의 문턱을 넘어서기도 했다. 비고츠키가 어떻게 자기 사상을 창조했는가 하는 것은 이 사실을 이해하는 열쇠이다. 다양한 인식론적 주제에 관한 토론에서 비고츠키가 주도적인 역할을 할 수 있었던 것은 창의적인 읽기가 바탕이 되어 있어서

가능했다. 그와 논쟁을 벌인 저자들의 사고 속에 있는 의미 있는 국면에 주목하는 이 대화가 가능했던 것은 비고츠키 나름의 존재론적·인식론적 모형(역사 유물론과 함께 변증법적이며, 비본질주의적인nonessential 열린 세계관)에 힘입은 바가 크다본질주의는 모든 사물이 자신의 정체성과 기능을 대변하는 속성(=본질)을 지니고 있다고 본다. 플라톤의 이데아론에서 보듯 본질주의는 사물의 본질이 영원불변하다고 믿는다. 반면, 비본질주의는 사물의 근본 속성이 변화에 있다고 보기 때문에 본질의 존재를 인정하지 않는다. 변증법 또한 사물의 근본 속성을 끊임없이 변화 발전해 가는 운동성으로 파악하기 때문에, 이 문맥에서 '변증법적', '비본질주의적', '열린'이란 세 어휘는 동의어나 마찬가지다.

비고츠키가 마르크스의 사상을 취하고 있는 증거는 비록 직접적인 인용의 형식은 아닐지라도 자신의 저작물들 속에서 많이 드러나고 있다. 반 더 비어와 발시너van der Veer and Valsiner, 1991에 따르면, 『심리학 위기의 역사적 의미』Vygotsky, 1991 속에서, 비고츠키는 역사 유물론과 변증법적 유물론의 원리를 토대로 하는 새로운 심리학의 건설과 관련하여 마르크스의 글들을 기계론적으로 적용해 온 선배 학자들을 비판한다. 요컨대, 마르크스의 글들을 직접적으로 접근하지 않고 간접적으로 접근하는 사람들에게 비판을 가하는 비고츠키의 사상은 주체와 세계를 서로 영향을 주고받는 것으로 보는 자신의 이해력을 자기화하고 제안하는 창의적인 방식에 의해 특징된다 하겠다.

비고츠키가 마르크스의 글들에 창의적으로 접근하는 한 예는 "인간 정신의 본질은 사회적 관계의 총화ensemble다"라는 그의 글에서 엿볼 수 있다.Vygotsky, 2000, p.27 그의 많은 글들 속에 등장하는 이 말은 다양한 색깔을 지니며 창의적으로 살아가는 인간이 보여 주는 일련의 형상을 묘사한 것으로 이해할 수 있다. 동시에, 이 형상은 자신이 살고 있는 시대 조건에 종속되어 있는 개인과 집단에게 존재의 조건과 함께 부수적으로 책략을 부여하기도 한다. 그런 한편, 사회 환경은 인간의 생산물이기도 하다. 인간 역사는 긴장과 갈등 속에서도 끊임없는 재창조를 통해 자기 혁신을 꾀하며 새로운 시대를 열어 가는 과정으로 점철된다.

인간 존재의 이러한 창의적 측면에 관심을 가짐으로써 우리는 사회심리학과 예술과의 대화에 관한 연구를 진전시킬 수 있다.Zanella and Maheirie, 2010; Zanella, 2013a, 2013b; Zanella and Wedekin, 2015; Maheirie, 2003, 2015; Maheirie et al., 2015 비고츠키의 중요한 텍스트들 또한 예술Vygotsky, 1971, 1995, 미학적 교육Vygotsky, 2001, 아동기의 상상력과 창의력Vygotsky, 2009에 관한 것이다. 우리는 비고츠키의 글들을 제대로 이해하기 위해서는 그의 존재론적·인류학적·인식론적 모형을 반드시 알아야 한다고 생각한다. 이 모형들은 주체와 사회 사이의 상호 구성적인 속성을 이해하기 위한 토대인 동시에 비고츠키의 이론적 접근틀을 뒷받침하는 근거이기도 하기 때문이다.

우리는 비고츠키 사상 속의 마르크스주의적 정통성에 관해 몇몇 저자들이 제기한 비판이나 비고츠키와 대화를 나눈 인물들이 그를 무시한 것에 대해 잘 알고 있다.Veresov, 2005 비고츠키가 마르크스의 글들만을 참조하지는 않았으나, 우리가 보기에 그의 사상을 뒷받침하는 존재론적·인류학적·인식론적 원리들이 마르크스의 사상에 토대를 두고 있는 것은 틀림없다. 이와 같이 방향성을 탐색하는 연구를 통해 우리가 목표하는 바는 마르크스 사상의 존재론적·인류학적·인식론적 원리가 상상력과 창의적 활동에 관한 비고츠키의 토론에 어떻게 적용되는가를 밝히는 것이다.

방법

비고츠키의 글들과 창의적인 방법 속에 내재된 마르크스주의적 프레임을 생생하게 포착하기 위해 우리는 그의 저작 『아동기의 상상력과 창의력』을 우리의 분석 대상으로 삼고자 한다. 1930년에 쓴 자신의 책에서 비고츠키는 그 과정들에 관한 생각을 교육자들과 일반 대중에게 드러낸다. 프레스테스와 튠즈Prestes and Tunes, 2012에 따르면, 이 책에서 비고츠키는 5년 앞서 쓴 『예술심리학』에서 발전된 주된 토론을 간결한 형식으로 제시한다. 다소 비형식적인 서술 기법을 특징으로 하기 때문에 이 책은 존재론적·인류학적·인식론적 토대가 낱말과 토론 속에 스며들어 있는 점에서 우리 작업의 중요한 원천을 제공한다. 그 시절 마르크스 책 속의 인용문에 의존하는 마르크스주의 심리학을 만들려고 한 학자들을 비판한 것과 일관되게, 비고츠키는 마르크스의 역사 유물론과 변증법을 직접적으로 참조하지는 않았다. 하지만 이러한 토대들은 비고츠키의 개념과 그의 주장이 발전해 온 과정 속에 그대로 자리하고 있다.

이 책에서 비고츠키가 다루는 것은 1) 판타지와 상상력의 개념, 2) 상상력과 현실 세계의 연관성, 3) 창의적 활동이 전개되는 과정, 4) 예상되는 난점, 5) 유아기·청소년기·성인기의 상상력과 창의적 활동의 특징, 6) 아동기의 글짓기와 극놀이에서의 창의력과 그리기이다. 이 모든 것들은 서로 연관을 맺고 있는 주제들이지만 장별로 따로 다루어진다.

이 과업의 복잡성을 잘 알고 있기 때문에 우리는 이 책 전반부의 챕터들을 선별하여 분석하기로 한다. 이것은 창의적 활동과 관련한 개개인의 잠재력은 세계와 개인의 질적 변화를 위한 근본이라는 것을 핵심 내용으로 한다. 비고츠키는 심리학, 생리학, 사회학, 철학, 인류학의 토론이 융합되어 복잡한 이슈들을 적절한 방법으로 소통시킴으로써 이러한 이해에 도달할 수 있었다. 겉으로는 단순해 보이지만, 이 작업은 비고츠키의 보편적인 가치를 보여 주고 있는 점에서 무엇보다 이 글의 목적과 부합한다.

베레소프Veresov, 2005에 따르면, 마르크스주의 저자들은 물론 일반 저자들도 비고츠키의 사상과 마르크스의 사상이 서로 연계되어 있는 것으로 보는 것은 틀림없다. 우리는 이 다양성이 그 자체로 하나의 도전적인 시도일 수 있는 한 저작물을 여러 각도로 읽을 수 있는 다원성을 제공하는 것으로 이해한다. 바로 이것이 마르크스의 글들로 돌아가야만 하는 이유이며, 이 글에서 우리가 말하고자 하는 바이기도 하다.

마르크스와 비고츠키의 관계를 특징짓는 몇 가지 질문을 던진 뒤 그 적절한 답을 제시하는 것이 좋을 것 같다. 인간 존재의 출현을 가능케 한 조건들을 알기 위해 우리는 이 존재의 존재론적 측면을 특징하고자 한다. 다시 말해, 이 존재가 특별히 인간으로 되기 위한 조건을 특징하고자 하는 것이다. 따라서 인간에 대한 존재론적 개념의 측면을 파고들다 보면 다음과 같은 질문을 반복하게 된다. 이 존재를 특징짓는 것이 무엇인가? 무엇이 이 존재를 이 세계의 다른 존재와 구별 짓는가? 인간 존재와 사물 존재, 자연 존재 사이의 공통점과 다른 점은 무엇인가? 우리는 비고츠키의 글 속의 존재론적 입장이 마르크스의 저작에서 제시되는 것과 동일하며, 핵심적 측면에서 본질주의의 존재 개념과 대립된다고 주장한다.

한 이론의 존재론적 측면은 일반적으로 철학자의 핵심적인 관심을 반영하는데, 분명 그들은 우리가 심리학 영역에서 취할 수 있는 것보다 더 정확한 통찰력을 개발할 것이다. 하지만 한 사상이나 저서의 존재론적 원리를 추적하는 것은 역사 유물론과 변증법의 인식론적 접근법 외에 비고츠키가 제시한 방법론적 토론과도 일관성을 유지해야 한다. 아래의 글 속에 이런 점이 잘 나타나 있다.

> 동물학자들은, 보잘것없는 동물화석 뼈로 동물의 골격을 끼
> 위 맞추고 나아가 동물의 생활 방식도 짜 맞춘다. 오래된 동전
> 은 처음에는 가치가 없었지만 고고학자에게 복잡한 역사적 문
> 제를 일깨워 준다. 바위에 새겨진 상형문자를 해석하는 역사학
> 자는 잃어버린 세기의 깊이를 통찰해 낸다. 의사는 몇몇 증상
> 을 근거로 병을 진단한다. 최근 몇 년 사이에 심리학은 일상적
> 인 현상을 평가하는 두려움을 극복하고 하찮은 삶의 편린(프
> 로이트의 말대로 일상적 삶의 심리학을 위해 각별한 관심을 기울
> 여야 할 현상의 찌꺼기)을 통해 중요한 심리학적 결과를 발견하
> 는 법을 터득해 가고 있다. _Vygotsky, 1995, p.64

그러므로 흔적을 좇는 것은 흩어진 사실들에 대한 이해를 돕는 연관
성을 발견하기 위한 중요한 경로다. 흔적은 그것들이 서로 연관을 맺고,
서로 대화를 나누고, 다른 경로들을 위한 가능성을 열어 두는 방식이
분명해질 때 보다 명확히 이해될 수 있다.

비고츠키와 마찬가지로 마르크스에게, 인류학적인 관점에서 볼 때 한
존재가 인간으로 발전해 가는 이치에 대한 개념은, 구체적인 삶의 경험
에 기초하여 주체와 대상화의 관계를 열려 있으며 끝이 없는 과정으로
보는 관점과 일맥상통한다. 마르크스를 규정하고 마르크스에 의해 규정
된 역사 개념은 운동의 진보와 퇴행을 사색한다.Sartre, 1984 이 운동 속에
서 현재와 현재를 뛰어넘을 것의 구체적인 조건들을 토대로 과거와 미래
가 뒤엉켜 있다.

이로부터 두 저자는 과정을 생각하기 위해 지식은 생산물을 뛰어넘어

야 한다는 인식론적 입장을 옹호한다. 나아가, 생산물 그 자체는 과정이 응축된 것인데, 이 과정은 탐구될 수 있다.

상상력과 창의적 활동의 존재론적 측면

『아동기의 상상력과 창의력』의 서두에서 비고츠키2009, p.13는 인간 두뇌는 방대한 가소성을 특징으로 한다는 생각을 펼친다. 인간 두뇌는 과거 경험을 보존함으로써 그 재생산을 촉진하는 한편, 자극을 통해 그 구조를 변형시킬 수도 있다.

> 만약 두뇌 활동이 단순히 기존 경험을 보유하는 것에 한정된다면, 인간은 주로 익숙하고 안정된 환경 조건들에 적응해 갔을 것이다. 기존 경험에서는 접하지 못한 새롭고 예상치 않은 모든 변화들은 인간 내면에서 적절한 적응 반응을 유인할 수 없을 것이다.[1]

텍스트의 첫 페이지에 나오는 이 인용문을 분석함으로써 우리는 비고츠키가 인간의 역량이 자연과 기존 조건들이 현재의 경험에 부여한 결정요인을 뛰어넘는다고 선언하는 것을 볼 수 있다.

기존 경험과 새로운 경험, 이미 일어났거나 성취한 것과 새로운 무엇의 가능성 사이의 연관성이 이 토론의 핵심이다. 비고츠키가 다루었고 루리아1966가 발전시킨 주제인 인간 두뇌의 가소성에 관한 설명은 신경 생리학과 심리학에 사회의 보편 역사든 개인의 역사든 역사를 과정으로나 연속적인 운동으로 보는 관점을 선사한다. 역사는 운동이다. 그래서 역사는 과거에 이룬 성취에 의해 유지될뿐더러 자체적인 재창조 가능성의 조건이자 역사와 더불어 생겨나는 조건에 의해서도 유지된다. 마르크스의 저작 속에서 볼 수 있는 이러한 역사관은 마르크스와 비고츠키 사이의 연관의 증거를 보여 준다. 한편, 과거는 사건들을 예상하고 결정하는 구체적인 조건들을 구성하는 풍경, 사물, 사고에 의해 사회적으로 발전된 역사로 나타난다. 이러한 조건들은 단순히 경제적 측면이 아니라 인류의 물질적·비물질적 유산 전체를 말한다. 마르크스[1852]는 다음과 같이 적고 있다.

> 인간은 자신의 역사를 만든다. 하지만 자기 마음대로, 즉 자신이 선택한 상황에서 만드는 것이 아니라, 이미 존재하는 상황, 즉 과거로부터 물려받은 상황에서 만든다. 모든 죽은 세대의 전통은 악몽처럼 살아 있는 것의 정신을 압박한다.[2]

그러므로 과거는 항상 현재이며 우리를 둘러싼 모든 깃, 즉 우리의 신체와 사고방식, 감정, 의사소통, 행동 속에서 우리 존재를 이끄는 모든 것 속에서 그 흔적을 만든다. 하지만 인간의 존재론적 조건은 과거의 자기화로 환원될 수 없는데, 이것이 두 번째 핵심 논점이다. 과거는 현재의 객관적인 조건을 구성하며 또 그 조건들 속에서 갱신되는데, 이것은 필연적으로 스스로를 투사하는 능력인 근본적이고 복잡한 과정을 통해 모종의 미래를 향해 나아간다. 아래의 글은 마르크스가 윤곽을 그리고 비고츠키가 계승한 인간 존재의 근본적인 특징을 묘사하고 있다.

> 거미는 직조공을 연상시키는 작업을 수행하며, 꿀벌은 건축가들을 부끄럽게 만들 정도의 벌집을 짓는다. 하지만 최악의

건축가를 최상의 꿀벌과 구별 짓는 것이 있으니, 건축가는 집 짓기를 실행하기 전에 먼저 자신의 계획을 머릿속에 떠올리는 점이다. 모든 노동 과정의 끝에 우리는 노동자가 처음에 상상한 결실을 얻게 된다. 노동자는 자신이 일할 때 이용하는 재료의 형태에 변화를 줄 뿐만 아니라, 자신의 목적을 알고서 거기에 맞게 작업 방식을 결정하고 자신의 의지를 맞춰 간다.[3]

마르크스의 책 속에 나오는 이 인간 존재의 존재론적 특성은 상상력을 통한(그래서 다른 동물의 활동과는 구별되는) 어떤 주체의 노동을 투사하는 조건을 지적하고 있다.

존재와 역사라는 이 역동적인 개념에 기초하여, 비고츠키는 두뇌에 창조적인 특징을 부여한다. 이것은 시냅스신경세포의 연접부의 저장소가 아니라, 이미 만들어졌고 새로운 연결을 만들고 다른 가능성들을 위한 경로를 열어 가는 재배열하는 능동적인 기관이다. "두뇌는 우리의 과거 경험을 저장하고 회상하는 기관일 뿐만 아니라, 이 과거 경험의 요소들을 결합하고 창의적으로 재구성하여 새로운 일과 행동을 생산하는 데 활용하는 기관이다"Vygotsky, 2009, p.14.[4]

마르크스와 마찬가지로 비고츠키에게서도, 두뇌의 창의적인 역량에 힘입어 과거에 이룬 자신 및 집단의 경험과 성취 속에 현재의 스스로를 투사할 수 있는 창의적 존재로서 인간의 조건에 관한 긍정을 발견한다. 비고츠키에게 "인간 존재로 하여금 미래를 지향하며, 미래를 창조하여 자신의 현재를 개조해 갈 수 있게 하는 것은 바로 인간의 창의적 활동이다"Vygotsky, 2009, p.14.[5]

인간은 집단 속에서 스스로를 생산해 가는 사회적 존재다
: 상상력과 창의력의 인류학적 측면

창조는 인간 조건의 일부분일지언정 개인적인 활동이 아니다. 비고츠키[2009]에 따르면, 창조하기 위해 우리는 과거 경험과 현재의 유용한 물질에 의존한다. 이러한 물질과 경험은 상상력을 통해 재결합되고 그것들을 합성하는 새로운 물질을 추구한다. 그래서 모든 창조에는 사회적 요소가 녹아 있다 하겠는데, 창조가 토대로 삼는 과거 경험들은 창조를 실행하는 사람들만의 몫이 아니기 때문이다. 창조는 집단의 산물이다. 창조 행위 속에 사용된 모든 구체적이고 상징적인 재료 속에 구현된 모든 인간의 작품이다.

창조의 과정에 관하여 비고츠키가 지적한 또 다른 중요한 측면은 그것이 모든 사람에 의해 생산되어 스스로를 모든 인간 상황에 제시하는 점인데, 따라서 그것의 속성에 대한 본질주의적인 해석을 일축해 버린다.

창의성은 기념비적인 위대한 작품이 탄생할 때뿐만 아니라 개인이 새로운 무엇을 상상하고, 결합하고, 변경하고, 만들 때 실제성actuality으로 현존한다. 양동이 속의 아무리 작은 물방울이라도, 이 새로운 것은 천재들의 작품과 비슷한 모습으로 나타난다. 집단의 창의력 현상을 생각해 보자. 그 자체로는 보잘것없지만 이 개별 창의력의 물방울들이 결합되면, 우리는 인류가 창조해 낸 것 중 방대한 양이 이름 모를 발명가들이 일궈 낸 익명의 집단적 창의적 산물이라는 것을 알게 될 것이다.

_Vygotsky, 2009, pp.15-16[6]

이 비슷한 개념이 마르크스가 엥겔스와 함께 쓴 책에도 나온다. 마르크스는 "자연의 모든 것을 인간의 피조물로 다루며 그것들의 자연적 속성을 제거하고 인간 집단의 힘으로 그것을 지배하려는 의식의 중요성"Marx and Engles, 1998, p.87 [7]을 논한다.

당대의 이 주장은 혁명적이어서 업적주의적 담론과 시장 논리, 인간 존재에 관한 본질주의적 사고와 함께, 개인과 사회, 집단과 개인 사이의 대립이 만연한 동시대의 보편적 사고로는 받아들이기가 어려웠을 것이다. 상상력과 창의적 활동에 관한 담론에서 비고츠키[1995, p.368]가 강조한 것은 동물과 구별되는 인간 존재의 조건으로서, "개별 인간은 일정 정도 그가 속한 사회 혹은 계급의 척도일 수밖에 없는데, 사회적 관계가 총체적으로 자신에게 투영되어 있기 때문이다".[8] 동시에 모든 사람은 그가 일부분을 구성하고 또 그가 참여하는 관계의 토대일 뿐만 아니라, 현재 집단적으로 생산되고 역사적으로 축적된 보편 사회관계이다.

상상력과 창조 속의 과정과 생산에 관하여: 인식론적 측면

비고츠키[2009]에 따르면, 상상력은 창의적 활동의 조건이다. 비고츠키는 판타지와 상상력을 개념적으로 구분하지 않는다. 그는 창의력이란 모든 사람이 언제 어디서든 자기 경험과 타인 경험의 편린을 좇으며 이것들을 창의적으로 조합해 가는 과정이라고 말한다. 이런 의미에서, 창의 활동은 상상력의 대상화이고, 이 과정에서 대상적 산물이 생겨난다. 창조를 과정적인 활동으로 보는 이러한 사고방식을 이해하기 위해서는 역시 과정적인 관점이 요구되는데, 이것이 비고츠키 저작의 인식론적 측면을 특징짓는다.

창조 과정을 규정하기 위해 비고츠키[2009]는 현실 세계와 상상력을 연결하는 네 가지 근본 고리들을 지적한다. 첫째 고리는 상상력은 그것을 만드는 데 필요한 요소들을 현실 세계로부터 빚어낸다는 사실과 관계있다. 이 요소들은 이전 경험의 소산으로 이미 거기에 있었지만, 상상력의 조작을 통해 재결합되었다. 역사 유물론과 변증법적 논리학 속에서 이러한 생각의 흔적을 찾을 수 있다. 다음 인용문은 이 연관의 증거를 제시하고 있다.

> 인간은 자신의 개념과 사상 등의 생산자다. 하지만 현실 속에서 활동하는 인간은 그 발전의 최고 형태에서조차 자신의 생산력 발전 수준과 그에 조응하는 소통의 일정한 발전 수준의 제약을 받는다.
>
> … 우리는 현실 속에서 활동하는 인간으로부터, 그리고 그들의 현실적 삶의 과정이라는 토대 위에서 출발하여, 그 삶의 과정의 이데올로기적 반사와 반영을 설명한다. 인간의 두뇌 속에서 만들어지는 환상들 역시 항상 삶의 과정, 즉 경험적으로 검증 가능하고, 물질적 조건들에 연결되어 있는 인간 삶의 과정의 필연적인 승화물이다. _Marx and Engels, 1998, p.19[9]

상상력 생성에서 경험의 중요성을 강조할 때 비고츠키는 변화 및 실행과 함께 그 현실적 제약이라는 양면성을 언급하면서 역사 유물론의 복잡성을 소개한다. 기존의 요소는 변화에 필요한 창의 활동의 조건이다. 무에서 유를 창조할 수는 없듯이, 창조할 구체적·역사적 조건을 인정하지 않고 창조하는 것은 불가능하다. 그러므로 상상력을 실현하는 모든 행위는 현실 세계를 부정하고 가능성을 투사할지언정, 그 한계를 인정할 수밖에 없다.

상상력과 현실 사이의 이 연결 고리를 강조하면서, 비고츠키[2009, p.22]는 "이 경험은 판타지의 산물을 만드는 데 필요한 재료를 제공하기 때문에" 생산물을 이해하기 위해 과정을 분석하는 것이 얼마나 중요한지를 말하는 것으로 결론짓는다.[10] 이로부터, 비고츠키는 창의적 활동을 위한 견고한 토대를 제공하기 위해 아동에게 경험의 기회를 많이 부여해야 한다고 주장한다. 또한 그는 현실 세계와 상상력이 서로 대립적인 성질이라는 오개념을 일깨워 주면서 상상력을 기억력과 인지 따위의 다른 정신과정들과 연결한다.

상상력과 현실 세계를 연결하는 이 첫 번째 고리로부터 두 번째 고리가 파생된다. 이 속에서 판타지의 산물은 주체와 관련된 전체 사회적 맥락의 증폭된 경험을 가져온다. 우리는 우리 자신의 경험뿐만 아니라 다른 사람들의 경험, 즉 이야기나 글을 통해서도 우리의 판타지를 생산한다. 이러한 고리와 관련하여, 비고츠키[2009, p.11]는 "우리를 둘러싼 모든 삶 속에서 창의력은 우리가 존재하기 위한 필수적인 조건이며, 일상의 관례를 넘어 혁신을 추구하는 모든 것은 아무리 사소한 것일지라도 인간의 창의적 과정에 빚을 지고 있다는 것을 거듭 강조하였다".[11] 이 고리를 통하여 경험과 상상력은 서로 영향을 주고받는다.

창조의 과정을 이해하기 위해, 상상력 속에 있는 정서적 이음새에 주목할 필요가 있는데, 이것이 상상력과 현실 세계를 연결하는 세 번째 고리다. 비고츠키[2009, p.26]에 따르면, 모든 정서는 그것과 조응하는 이미지를 생산하며, 이미지는 이미지대로 자신의 형상과 결합된 정서적 기호를 생성한다. "또한 상상력의 이미지는 우리의 정서에 내적 언어를 제공하기도 한다."[12] 그리하여 한편으로 정서는 이미지를 생성하고, 다른 한편 이미지는 정서를 생산한다. 이런 식으로 정서와 판타지의 결속이 이루어지는데, 이를 통해 우리는 다양한 예술 분야에서 작품을 생산하고, 그 과정에서 관객은 관객대로 감동을 생성해 간다.

상상력과 현실 세계 사이의 네 번째 형태의 결속은 과정의 대상화, 즉 생산물로의 전환과 관계있는데, 이는 생성된 판타지 혹은 창의성 자체로 특징된다. 상상력이 물질화된 이러한 대상화는 다양한 방식으로 적절히 생성될 수 있는 응축된 인간 경험으로서 스스로를 새로운 대상으로 거듭나게 한다. 따라서 이것은 상상력과 창의적 과정에 유용한 새로운 요소다. 다시 말해, 생산물은 과정으로부터 파생되는데, 이 과정은 새로운 과정들의 창조를 촉진하는 새로운 생산물을 생성한다. 이 과정에서 집단적 삶과 개별 삶이 서로 끊임없이 영향을 주고받는다.

단언컨대, 비고츠키는 상상력과 창조 과정에 관한 이론 정립에서 유물론적이고 변증법적인 논리를 생산하고 있다. 이 설명과 관련하여 비고츠키는 기계론적이지 않고 과정적이며, 열려 있고, 완성을 모르며 그 미완성과 복잡성으로 일관된 비본질주의적 방법을 제안한다.^{비고츠키의 방법에 관한 질문과 관련해서는 Ratner, 1997, 2002와 Zanella et al., 2007을 보라}

마르크스는 인간의 인류학적·존재론적 국면^{Lukács, 1979}에 관해 훨씬 심도 있는 시각으로 접근했다. 특히 그는 다양한 형태의 발달과 이들 형태들의 연관에 관한 분석을 논할 때, 세계를 많은 요인들의 종합으로부터 객관성이 생겨나는 과정들의 총합으로 보는 사고를 검토하는 것과 관련하여 방법론적으로 중요한 기록을 남겼다.^{Marx, 2013}

따라서 창의력은 특정 사회적 맥락 속에서 주체들 사이의 관계망 속에서 일어나는 인간 조건이다. 이것은 과정들 내내 일어나는 복잡한 활동들로서 임신 과정과 비슷하다. 그 생산물은 오랜 기간 뒤에 생겨나며 반드시 생산의 공조체제 속에서 익명의 집단 참여를 필요로 한다.

맺는말

포이어바흐에 관한 여섯 번째 테제에서 마르크스와 엥겔스[1998, p.101]는 다음과 같이 지적했다. "인간의 본질은 각 개인에 내재하는 추상성이 아니다. 현실 속에서 인간의 본질은 사회적 관계의 총화다."[13] 이 말은 비고츠키의 글 속에도 나온다. 비고츠키는 인간 존재의 본질을 설명하면서 본질주의를 배격한다. 본질주의는 인간이 이전 시대에서 이룩한 것을 토대로 삼아 살아가는 복잡하고 다양한 현실 세계를 설명하면서 역사를 빼 버리고 논하기 때문이다. 이것이 비고츠키가 개인과 집단을 이해하는 토대다.

만약 표현의 차원이 기존 경험과 관련된다면, 문화는 흔히 말하는 토대적 측면, 즉 각 개인의 창의적인 조건, 다른 조건들을 창조하고 타인들과 연계된 삶과 존재의 양식을 재발명하는 그들의 잠재력을 긍정한다. 결국, "오직 이웃과 함께하는 공동체 속에서만 개인은 자신의 재능을 전인적으로 개발하는 수단을 확보한다"[Marx and Engels, 1998, p.101].[14]

이 장에서 살펴본 주제들은 상상력과 창의력에 관한 비고츠키의 담론과 관계있다. 이 주제들은 역사-문화심리학의 핵심을 소개하는 비고츠키의 다른 글들(예술, 인간 정신의 발달, 당대 심리학에 관한)에서도 많이 볼 수 있다. 그럼에도, 비고츠키의 저작에서 마르크스의 존재론적·인류학적·인식론적 관점이 직접적으로 선명하게 나타나지는 않았다. 따라서 그 기원을 좇는 노력이 필요하다. 이 과업은 열려 있고, 완성을 모르며, 창의적인 방법으로 개발된 변증법적 논리학을 필요로 한다.[Sartre, 1984] 이 장에서 우리는 비고츠키의 책 『아동기의 상상력과 창의력』 속에 있는 마르크스의 흔적을 좇는 동안 우리가 발견할 수 있는 것들을 제시했다. 우리는 이러한 노력이 비고츠키의 유산을 토대로 상상력과 창의력의 과정을 이해하는 유력한 경로를 제시할 수 있기를 바란다.

주석

1. Vygotsky, L. S.(1990).『아동기의 상상력과 창의력』. Soviet Psychology, 28(10), pp.84-96에서 인용.

2. https://www.marxist.org/archive/marx/works/1852/18th-brumaie/index. htm에서 인용.

3. https://www.marxist.org/archive/marx/works/download/pdf/Capital-Volume-1.pdf에서 인용.

4. Vygotsky, L. S.(1990).『아동기의 상상력과 창의력』. Soviet Psychology, 28(10), pp.84-96에서 인용.

5. 앞의 책.

6. 앞의 책.

7. https://www.marxist.org/archive/marx/works/download/Marx_The_German_Ideology에서 인용.

8. Vygotsky, L. S.(1997). 비고츠키 선집 제3권. p.317에서 인용.

9. https://www.marxist.org/archive/marx/works/download/Marx_The_German_Ideology에서 인용.

10. Vygotsky, L. S.(1990).『아동기의 상상력과 창의력』. Soviet Psychology, 28(10), pp.84-96에서 인용.

11. 앞의 책.

12. 앞의 책.

13. https://www.marxist.org/archive/marx/works/1845/theses/index.htm에서 인용.

14. https://www.marxist.org/archive/marx/works/download/Marx_The_ German_Ideology에서 인용.

Kozulin, A. (1990). *Vygotsky's psychology: A biography of ideas.* Cambridge: Harvard University Press.

Lukács, G. (1979). Ontologia do ser social [Ontology of the social being] Os princípios ontológicos fundamentais de Marx. São Paulo: Ciências Humanas.

Lúria, A. R. (1966). *Human brain and psychological processes.* New York: Harper & Row.

Maheirie, K. (2003). O processo de criação no fazer musical: uma objetivação da subjetividade, a partir dos trabalhos de Sartre e Vygotsky [The process of creating the musical: An objectification of subjectivity, based on Sartre and Vygotsky], *Psicologia em Estudo, Maringá,* 8(2), 147-153.

Maheirie, K. (2015). O fotografar e as experiências coletivas em Centros de Referência em Assistência Social [The shooting and collective experiences in Reference Centers for Imagination and creative activity Social Assistance], In: Aluísio Ferreira de Lima, Deborah Christina Antunes, and Marcelo Gustavo Aguiar Calwegare (Org.). *A psicologia social e os atuais desafios ético-políticos no Brasil* [Social psychology and current ethical and political challenges in Brazil]. Porto Alegre: ABRAPSO, pp. 364-374.

Maheirie, K., Smolka, A. L. B., Strapazzon, A., Carvalho, C. S., and Massaro, F. K. (2015). Imaginação e processos de criação na perspectiva histórico-cultural análise de uma experiência [Imagination and creative processes in the cultural-historical perspective: Analysis of an experience], *Estudos de Psicologia (PUCCAMP, Impresso),* 32(1), 49-61.

Marx, K. (1852). *The eighteenth Brumaire of Louis Bonaparte,* Chapter 1. Available at: https:// www.marxists.org/portugues/marx/1852/brumario/ cap01.htm (accessed December 1, 2016).

Marx, K. (2013).], *O Capital: crítica da economia política. Livro I* [Capital: A critique of political economy. Book 1]. São Paulo: Boitempo.

Marx, K., and Engels, F. (1998). *A ideologia alemã* [The German ideology].

São Paulo: Martins Fontes.

Newman, F., and Holzman, L. (1993). *Lev Vygotsky: Revolutionary scientist*. London: Routledge.

Pino, A. (2000). O social e o cultural na obra de Vigotski. [The social and cultural work in Vygotsky], *Rev. Educação e Sociedade*, 21(71), 45-78.

Prestes, Z., and Tunes, E. (2012). A trajetória de obras de Vigotski: um longo percurso até os originais [The trajectory of works by Vygotsky: A long journey to the originals], *Estudos de psicologia (Campinas)*, 29(3), 327-340.

Ratner, C. (1991). *Vygotsky's sociohistorical psychology and its contemporary applications*. New York: Plenum.

Ratner, C. (1997). *Cultural psychology and qualitative methodology: Theoretical and empirical considerations*. New York: Plenum.

Ratner, C. (2002). *Cultural psychology:* Theory and method. New York: Kluwer Academic/ Plenum.

Rogoff, B. (2003). *The cultural nature of human development*. New York: Oxford University Press.

Sartre, J. P. (1984). *Questão de Método* [Method of issue]. São Paulo: Abril Cultural.

Shuare, M. (1990). *La psicología soviética tal cómo yo la veo* [The soviet psychology as I see it]. Moscow: Editorial Progresso.

Toulmin, S. (1978). The Mozart of psychology, *The New York Review of Books,* 25(14).

Valsiner, J. (2007). *Culture in minds and societies*. New Delhi: Sage.

van der Veer, R. (2007). *Lev Vygotsky: Continuum library of educational thought*. London: Continuum.

van der Veer, R., and Valsiner, J. (1991). *Understanding Vygotsky: A quest for synthesis*. Oxford: Blackwell.

Veresov, N. (1999). *Undiscovered Vygotsky: Etudes on the pre-history of cultural-historical psychology*. Frankfurt am Main: Peter Lang.

Veresov, N. (2005). Marxist and non-Marxist aspects of the cultural-historical psychology of L. S. Vygotsky, *Outlines*, 7(1), 31-49.

Vygotsky, L. S. (1971). *The psychology of art*. Cambridge, MA: MIT Press.

Vygotsky, L. S. (1991). *Obras escogidas 1* [Selected works I]. Madrid: M. E, C./ Visor.

Vygotsky, L. S. (1995). *Obras Escogidas: Vol. 3. Problemas del desarollo de la psique* [Selected works: Volume 3: Problems of the theory and history of psychology]. Madrid: Visor.

Vygotsky, L. S. (2000). Manuscrito de 1929, *Educação & Sociedade*, 21(71), 21-44.

Vygotsky, L. S. (2001). A educação estética [The aesthetic education]. In *Psicologia edagógica* [Educational psychology] (pp. 225-248). Porto Alegre: Artmed.

Vygotsky, L. S. (2009). *Imaginação e criação na infância: ensaio psicológico* [Imagination and creativity in childhood: Psychology essay]. São Paulo: Ática.

Zanella, A. V. (2013a). *Perguntar, registrar, escrever: inquietações metodológicas* [Ask, register, write: Methodological concerns], 1st ed. Porto Alere: Editora da UFRGS.

Zanella, A. V. (2013b). Youth, art and city: Research and political intervention in social psychology, *Revista de Estudios Urbanos y Ciencias Sociales*, 3(1), 105-116.

Zanella, A. V., and Maheirie, K. (Org.) (2010). *Diálogos em psicologia social e arte* [Dialogues in social psychology and art], 1st ed. Curitiba: CRV.

Zanella, A. V., and Wedekin, L. (Org.) (2015). *Visita à Bienal: diálogos Bakhti (Vigotski) anos* [Visit to the Biennial: Bakhti (Vigotski) dialogues]. Curitiba: CRV.

Zanella, A. V., Reis, A. C, Titon, A., Urnau, L. C., and Dassoler, T. (2007). Questões de método em textos de Vygotski: contribuições à pesquisa em psicologia [Method issues in Vygotsky's texts: Contributions to psychology research]. *Psicologia & Sociedade*, 19(2) 25-33.

7.
비고츠키의 방법론적 이론틀 속의
유물 변증법
: 응용언어학 연구를 위한 함의

제임스 랜톨프James P. Lantolf

패커Packer, 2008, p.8에 따르면, 비고츠키의 책이 처음 영어로 소개되었을 때 문화-역사 심리학자들이 자본주의 사회에 대한 마르크스주의적 분석에 관한 내용에 주목했다. 하지만 얼마 가지 않아 툴민Toulmin, 1978을 비롯한 몇몇을 제외한 대부분의 학자들에게서 마르크스와 관련한 광범위한 내용이 자취를 감추었다. 패커는 "마르크스에 관한 참고 문헌이 인정되고 있을 때조차 그들은 그것의 중요성에 대해 좀처럼 동의를 보내지 않았다"고 한다.2008, p.9 한 예로, 체이클린Chaiklin, 2011, p.139은 레빈Lewin과 비고츠키의 방법론을 비교 분석한 글에서 비고츠키의 마르크스주의 심리학 건설 목적에 관해 짤막하게 언급하고 치웠다. 하지만 비고츠키의 사상에 끼친 마르크스의 영향력은 비고츠키의 선집에 방대하게 기록되어 있으며, 특히 마르크스의 분석적 방법론에 각별한 헌신을 보인, 『심리학 위기의 역사적 의미: 방법론적 탐구』Vygotsky, 1997a에서 그러하다.

이 글에서 나는 마르크스의 분석 이론에 기초한 비고츠키의 방법론적 이론틀의 자세한 특징과 이 이론틀에서 그가 구체적인 연구 방법을 어떻게 고안했으며 과학적 설명으로 간주한 것이 무엇인가에 대해 설명하고자 한다. 그 뒤 나는 비고츠키 이론과 방법론적 이론틀의 영향을 받은 응용언어학 연구에 관해 논할 것이다.

비고츠키와 표준 과학적 연구 방법론

비고츠키는 심리학의 위기가 서로 연관된 두 문제, 즉 존재론적 문제와 인식론적 문제로 이루어져 있다고 봤다. 존재론적 위기도 다루기 어렵지만, 인식론적 위기는 어떤 면에서 훨씬 복잡한 문제일 수 있는데 그것이 과학적 연구에 종사하는 심리학자가 고민해야 할 핵심과 연관된 문제이기 때문이다.

비고츠키는 마지막 분석에서 불가통약적인 두 심리학이 존재한다고 적었다. 하나는 "독특한 형식의 운동으로서의" 인간 행동에 초점을 두는 유물론이고, 다른 하나는 "비운동으로서의 정신에" 초점을 맞추는 관념론이다.[1997a, p.315] 비고츠키는 존재의 형식이나 인식론적 입장에서도 서로 완전히 다른 둘을 하나의 과학으로 설명하는 것은 불가능하다고 결론지었다.[1997a, p.314] 엥겔스의 자연변증법을 근거로[Novack, 1978을 보라] 비고츠키는 변증법은 우리가 연구 대상으로 적용할 무엇이 아니라고 주장했다. 차라리 우리는 적절한 분석 방법을 통해 연구 대상 속에서 변증법적 연관을 발견하는데, 이는 당연히 인식론과 연구 방법에 관한 토론을 요청하는 문제이다.

비고츠키는 마르크스의 입장에서 단순히 변증법 법칙의 예들(이를테면, 대립물의 상호침투, 양질 전화, 모순을 통한 발전, 부정의 부정)을 발견함으로써 자본주의 사회를 분석하는 것은 매우 비생산적인 것이었을 것이라고 생각했다. 그는 마르크스가 자본주의 구조를 관통하기 위해선 적절한 분석 방법론과 더불어 변증법 법칙을 적용하기 위한 역사 유물론이라는 매개 이론을 정립할 필요를 느꼈으리라고 봤다.Vygotsky, 1997a, p.331 마르크스의 저작물로부터 영향을 받아, 비고츠키는 변증법적 유물론의 보편 원리에 굳건히 뿌리를 둔 나름의 원리와 개념, 법칙, 방법론의 정립을 요청하는 매개 이론으로서 일반심리학 이론을 창출해야 한다고 주장했다. 변증법은 현실 세계의 모든 영역에 적용될 수 있다고 가정(존재론적 가정)할 수 있는 원리인 한편으로, 현실 세계의 어떠한 영역도 분석하고 사고하는 방법(인식론적 가정)이기도 하다. 비고츠키가 간결하게 지적했듯이, "심리학은 그 대상을 표현하고, 설명하고, 연구하기 위한 나름의 『자본론』(계급, 토대, 가치 등에 관한 나름의 개념)을 필요로 한다."1997a, p.331, "우리는 심리학적 유물론 이론을 개발해야 한다."1997a, p.331. 마르크스의 방법론에서 비고츠키는 일반심리학 이론을 위한 방법론적 이론틀을 세울 영감과 지침을 발견했다. 이어지는 절에서는 마르크스의 방법론적 이론틀을 논할 것이며, 그다음 절에서는 비고츠키가 이 이론틀을 어떻게 적용했으며 구체적인 연구 방법을 위한 비고츠키의 제안이 함의하는 바가 무엇인지를 살펴볼 것이다.

하지만 그에 앞서 방법론과 방법의 차이를 분명히 해둘 필요가 있을 것 같다. 투멜라Toomela가 이에 관해 꽤 잘 설명하고 있다. 투멜라에 따르면, 방법론은 "과학적 인식의 철학이다."2015, p.106. 방법론은 특정 연구를 실행해야 하는 이유를 결정하는 조사 양식이다. 과학적 조사 대상은 직접적인 관찰로는 파악할 수 없는 "과정과 구조"로 이루어져 있는 점을 감안할 때, 방법론은 조사의 포커스가 되는 그 과정과 구조에 대한 의미론적 구성과 해석을 연구자에게 제공한다.2015, p.106 마지막으로, 방법론은 설명의 본질과 연구가 그 목적을 달성했는가의 여부를 결정한다.

한편, 방법은 "연구의 절차와 기술적 행위의 실행"을 포함하는데, 이것들을 통해 참여자와 장비, 재료의 선택을 판단하는 것이나 어떻게 실행할 것이며 연구 결과를 어떻게 해석할 것인가를 결정한다.[2015, p.106]

변증법과 내적 연관의 철학

내적 연관과 외적 연관의 철학을 비교하면서, 올만은 "닭과 달걀 가운데 어느 것이 먼저인가?" 하는 오랜 물음을 제기했다.[Ollman, 2015, p.8] 만약 우리가 외부주의적[externalist] 관점에서 닭과 달걀의 문제를 생각한다면, 이 둘은 각각 별개의 실체들로서 이 질문에 대한 답은 알 수 없다고 올만은 말한다. 하지만 내부주의적[internalist] 관점으로는 닭과 달걀은 "동일한 발달 시스템 속의 두 계기다". 따라서 이 질문에 대한 올만의 답은 "달걀"이다.[2015, p.8] 『정치경제학 비판 요강』에 나오는 생산-소비 관계에 대한 마르크스의 분석은 내부주의적 관점을 격조 높게 묘사하고 있는데, 여기서 "생산은 곧 직접적으로 소비"이고 "소비는 곧 직접적으로 생산이다"[1939/1973, p.90]. 먹는 행위는 음식물의 소비인 동시에 신체의 생산이다. 또한 『자본론』[1867/1992]에서 마르크스는 상품의 생산은 동시에 생산과정에서 사용된 원 재료와 기계의 소비라고 말했다.

올만[2015]은 현대(자본주의)사회에서 사람들의 생각을 지배하는 상식과 사회과학 이론 둘 다가 외적 연관의 철학과 연결되어 있다고 설명한다. 이는 (주체가 사회과학자라면) '사물' 또는 '사실'과 연관이 있는데, "사물과 사실이 논리적으로 서로 독립적"이라고 주장한다.[2015, p.10] 어떠한 변화도 사물 그 자체에 외적[external]이며, 따라서 "그것의 새로운 형태는 기존의 것과 독립적인 것으로 다루어져야 한다"[2015, p.10]. 현실 세계는 본질적으로 정적인 것으로 간주되며, 변화는 오직 사물들이 변화를 일으킬 만큼 충분한 힘으로 서로 부대낄 때만 발생한다.

내적 연관의 철학에서 "변화와 연관은 현실 세계를 이루고 있는 기본적인 물질materials"이다.2015, p.10 외부주의자들이 '사물things'로 간주하는 것은 내부주의자들의 입장에서는 과정과 연관이다. 외부주의자들에게 전체는 부분의 총합에 지나지 않는다. 이 같은 관점에 따라, 주류 심리학을 포함한 많은 사회과학 연구에서 사회는 단순한 개인의 집합체로 간주된다. 반면, 내부주의자들은 전체가 부분의 총합 이상일 뿐만 아니라 부분 속에서 전체를 발견할 수 있다고 주장한다. 다르게 말하면, 전체(사회)와 부분(개인)은 동일한 존재 현상이다.Avineri, 1968, p.89 마르크스의 이론에서 전체-부분의 관계는 '상품'을 자본주의를 이해하기 위한 세포 또는 분석 단위로 취한 것에서 볼 수 있다. 같은 방식으로, 비고츠키는 '낱말 의미'를 의식 연구를 위한 분석 단위로 제시했다. 후기 저작물에서, 비고츠키1935/1994는 **페레지바니예**perezhivanie 또는 '경험 현실experienced reality'을 개인의 전인격을 반영하는 정서와 이성의 변증법적 통일을 적절히 이해하기 위한 분석 단위로 탐구했다.

마르크스는 내부주의적 방향 설정을 통해 당대의 산업 자본주의 구조를 이루는 변증법적 관계망의 구성 요소들로 자본, 노동, 가치, 신용, 이자, 지대, 화폐, 임금 사이의 복합적인 상호과정의 자세한 면모를 밝혔다. 하비Harvey, 2010, 2013가 지적하듯이, 마르크스의 저작에서 우리가 발견하는 것은 분석 그 자체가 아니라 자본주의 사회의 복잡성을 설명하는 '교과서'로서 대중에게 널리 알리고자한 분석의 결과다. 올만에 따르면, "마르크스가 연구 결과를 도출할 때 사용한 개념적 도구를 잘 알지 못하면, 그의 가르침을 제대로 이해할 수 없다"2015, pp.11-12. 마르크스의 분석 도구들은 『정치경제학 비판 요강』Marx, 1939/1973에서 매우 상세하게 제시되었다. 이 책은 비고츠키의 사후에 출간되었기 때문에, 아마 비고츠키는 『자본론』이나 마르크스의 다른 글들을 통해 마르크스의 분석 도구를 이해했을 것으로 여겨진다. 루리아[1979]는 비고츠키를 자신의 연구 집단의 어떠한 학자보다 마르크스 이론에 해박한 지식을 지닌 인물로 칭송했다.

마르크스의 방법론

이 절에서는 자본주의 사회 분석에서 마르크스가 사용한 방법론에 대해 간략히 살펴보고자 한다. 여기서 나는 비고츠키의 방법론과 가장 유사하다고 생각되는 방법론의 구체적인 요소들을 중심으로 서술할 것이다. 이 과업을 수행하기 위해 나는 주로 마르크스의 변증법에 관한 올만[2003]의 학술논문 8장과 9장에 실린 마르크스 방법론에 관한 훌륭한 해설을 활용하고자 한다.

올만[2003, p.140]에 따르면, 마르크스의 방법론은 6개의 성분으로 이루어져 있다. 그 첫째는 세계가 인간과 독립적으로 실재하며, 세계가 상호 연관된 부분들이 모여 전체를 이루고 있으며, 그 개개의 부분들에 의미를 부여하고, 모습을 짓고, 특정 기능을 제공하고 있다는 유물론적인 존재론을 신봉한다. 두 번째 성분은 몇몇 하위 요소들로 이루어진 인식론이다. 하위 요소들은 지각, 추상, 새로운 것으로 추상되거나 혹은 재규정된 개념들(이를테면, 잉여가치, 노동력, 상품, 신용)에 대한 개념화, 사회적 맥락이 모든 설명 속에 담겨져야 하는 명제로의 방향 설정이 포함된다. 세 번째 성분은 추상의 결과로 밝혀지고 역사의 앞뒤 방향에 대한 연구로 분석된 개념들을 통해 자본주의 사회에서 작동하는 변증법 법칙을 조사하는 것이다. 네 번째 성분은 조사를 통해 밝혀진 것을 지적으로 재구성하는 것인데, 여기서 분석 결과들은 『요강the Grundrisse』'정치경제학 비판 요강'과 같은 책으로 간단히 이렇게 칭하기도 한다. 마찬가지로, 『수고』 또한 '경제학 철학 수고'의 약칭이다에서처럼 연구자가 청중이 되어 자신이 이해한 것을 공책에 정리하듯이 기록된다. 다섯째 성분은 다른 사람들이 (『자본론』 따위를) 이해한 것에 대한 분석 결과를 밝히는 것이다. 마지막 여섯째 성분은 현실 세계를 검증하고, 변화시킴으로써 더욱 충실히 이해하기 위한 이론과 실천의 통일로서의 프락시스다.

나의 토론은 두 번째, 세 번째, 여섯 번째 성분에 맞출 것이다. 나의 관점으로는 추상과 역사의 앞뒤 방향 연구, 그리고 프락시스를 통한 분석을 통해 비고츠키가 일반심리학의 방법론과 방법을 구성한 이치를 가장 잘 이해할 수 있을 것으로 본다. 그럼에도, 『선집』뿐만 아니라 최근에 발견된 필사본 들을 비롯한 비고츠키의 많은 저작물은 그가 쓴 많은 글들이 마르크스 방법론의 네 번째 성분(분석 결과에 대해 연구자 나름의 이해 결과를 기록하기)을 반영하고 있음을 보여 준다. 『생각과 말』이 마르크스 방법론의 다섯 번째 성분을 구현하기 위한 비고츠키의 시도를 보여 준다는 것은 상당히 설득력 있는 주장이다. 서문에서 비고츠키가 독자들에게 이 책이 기존 연구 결과들을 종합한 것이라고 쓴 것이 그 증거다.

추상

마르크스는 "현실 세계는 우리 삶 속에서 하나의 덩어리로 존재하지만, 우리가 그것을 이해하고 소통하기 위해서는 잘게 나누어야 한다"고 말했다.Ollman, 2003, p.60 마르크스가 현실 세계를 우리가 쉽게 이해하기 위한 분석 단위로 잘게 쪼갠 과정은 "추상abstraction"이다.Ollman, 2015, p.15 추상 그 자체는 특별한 것이 없다. 그것은 인간이 현실 세계를 이해하기 쉽도록 여러 부분으로 나누는 평범한 과정에 지나지 않는다.Ollman, 2003, p.60 하지만 올만이 지적했듯이, 우리들 대부분은 자신이 추상하는 것을 의식하지 못할 뿐만 아니라, 추상이 인류 "문화유산"의 하나인 "정신 단위mental units"의 차원에서 이루어지는 것도 모른다.2003, p.61 하지만 마르크스는 의도적이고 합리적으로, 그리고 서로 다르지만 상호 연관된 네 가지 방식으로 추상을 썼다. 가장 중요한 것으로, 마르크스는 현실 세계를 자신의 연구 대상에 관한 사고에 가장 적합할 것 같은 부분들로 잘게 나누는 과정으로서 추상을 생각했다. 또한 그는 자신의 분석 대상에 내포된 연관 부분을 추상하기라는 과정의 결과물이라는 뜻의 명사적 의미로 추상을 썼다. 세 번째로, 마르크스는 '불필요하고', 지나치게 협소하거나 혹은 너무 피상적이어서 적절한 분석이 불가능한 정신 단위를 지칭하기 위한 의미로 추상을 썼다. 이 의미에서 추상은 이데올로기의 단위로 기능한다. 마지막으로 그는 정신 단위와 대조적인 의미로서 현실 세계의 요소들을 구체적으로 조직하기라는 뜻으로 추상을 썼다.Ollman, 2003, pp.61-62 이것들은 우리 눈에 잘 드러날 수도 있고 반대로 드러나지 않을 수도 있다. 한 예로, 사회적 관계가 서로 동떨어진 실체들(이를테면, 상품의 가격에 은폐된 노동과 자본의 사회적 관계로서 잉여가치)로 물신화될 때는 우리 눈에 모습을 드러내지 않는다.

역사

패커[2008, p.9]에 따르면, 마르크스가 비고츠키에게 끼친 가장 중요한 영향은 역사에 대한 관점이다. 흔히 우리는 역사를 과거에 시작하여 현재에 일어난 것을 설명하는 이야기로 이해한다. 하지만 마르크스는 분석적 방법론으로서 역사에 대한 색다른 접근법을 제안한다. "현재를 잘 조망할 수 있는 지점"[Ollman, 2003, p.115]으로부터 분석을 시작함으로써 현재가 어떻게 지금의 상태가 되었는지를 보다 정확히 설명하는 방법을 개발하는 것이 가능하다고 주장했다. 이 방법을 통해 분석가들은 현 상황을 적절히 나타내는 과정은 추상하고 불필요한 것은 무시해 갈 수 있다. 본질적으로, 마르크스는 역사를 '거꾸로' 연구했다. 변화를 이끈 조건들로부터 시작하여 일어난 변화로 결말을 맺는 대신, 마르크스는 변화의 원인(즉, 현대 자본주의 사회)과 그러한 결과를 낳은 필수조건들을 밝히기 위해 역방향의 역사를 파고들었다.[Ollman, 2003, p.116] 올만에 따르면, 역사를 거꾸로 연구하는 것은

> 당면한 상황이 어디에서 생겨났으며, 그것이 이러한 특질을 갖기 위해선 어떤 일이 일어나야 하는가를 묻는 문제이다. … "이야기"가 어떻게 시작되었는가를 아는 것은 그러한 앎을 우리 탐구의 출발선에 두고서 적절한 준거와 연구의 우선순위를 설정하는 것이다. _2003, p.118

이러한 분석 방법을 통해 마르크스는 현대 산업 자본주의를 구성하는 수많은 관계들을 훨씬 더 깊이 파고 들어가서 마침내 "생성 과정 속의 두 운동"인 동시에 "단일 운동의 국면"으로서 자본과 임노동의 현대

적 관계를 설명할 수 있었다.Ollman, 2003, p.117

또한 마르크스는 역사의 순방향 연구를 제안하기도 했다. 이 작업에서 마르크스는 자본주의 내에서 사회주의(미래)의 맹아를 찾으려 했다. 여기서 마르크스는 상이한 수준의 발달 순서를 펼쳤다. 가까운 미래(자본주의의 신형성neo-formation), 중간 미래(사회주의) 먼 미래(공산주의). 마르크스는 네 단계 과정으로 분석을 진행했다. 첫째, 현대 자본주의의 주요 관계를 규명했다. 다음으로 과거에서 이러한 관계의 필수 조건들을 찾아내고자 했다. 그런 다음 "과거에서 현재를 지나 미래(가까운 미래, 중간 미래, 먼 미래) 사이의 모순으로 재정립된" 관계를 탐구했다. 마지막으로 그는 현재를 미래를 위한 필수 조건으로 재검토하기 위해 사회주의와 공산주의의 미래를 전망하기 위한 가장 유리한 요소들을 채택했다.Ollman, 2003, p.161 자본주의에 이미 존재하는 미래를 위한 필수 조건으로 노동조합, 공교육, 시립병원, 협동조합, 사회보장제도, 의료보험 등이 포함된다. 올만2003, p.159에 따르면, 사회주의 사회와 관계없는 필수 조건들도 포함되어야 하는데, 그런 것들로는 과잉부자와 극빈자, 불평등, 실업이 있다. 또한 우리는 진보적인 소득세법과 중앙은행을 통한 신용 통제도 포함할 수 있다.Harvey, 2014를 보라

프락시스

이 책에서 다룰 마르크스 방법론의 마지막 성분은 '프락시스'다. 프락시스를 통해 우리는 이론을 검증하고 종국적으로 현실 세계를 바꿈으로써 세계를 보다 깊이 이해할 수 있다.Ollman, 2003, p.157 프락시스 속에서 철학은 관조적이기를 그치고 실천적이 된다. 혹은 비고츠키가 심리학에

관해 말한 것과 유사하게, 철학은 응용철학이 된다.Avineri, 1968, p.129 뒤에
서 일반심리학에 대한 비고츠키의 프락시스 해석을 논할 때 이 주제를
다시 다루기로 한다.

비고츠키의 방법론과 방법

비고츠키는 자연과학계의 실험 연구를 심리학 분야로 확장하는 것은
기초(즉, 동물적) 정신기능의 연구에서는 적합할지언정, 내관법을 사용하
든 반응시간 측정법을 사용하든, 자극-반응(S-R) 실험은 고등(즉, 문화
적으로 구조화된) 정신기능의 연구에는 적합하지 않다고 강력히 주장했
다. 인간의 심리학적 행동은 동물과 질적으로 다르다. 그러므로 자연계
의 방법을 인간 과학에 맹목적으로 적용하는 것은 "과학의 외양을 창조
했으되" 사실상 "팩트 연구에서 총체적 무능을 은폐했다"Vygotsky, 1997a,
p.280.

현대 사회과학 연구는 비고츠키가 말한 고등정신기능에 속한 것들
을 포함한 광범위한 문제를 다룸에 있어 제법 정교함을 갖출 뿐 본질적
으로 분트의 방법과 동일한 실험적 방법을 취하고 있다. 사회과학 연구
가운데 특히 심리학이 행동주의를 배격했으되 자극-반응을 '독립-종
속' 변인으로 명칭을 바꾸며 실험적 방법을 구출하려 애쓰는 것은 흥미
롭다.Blumer, 1956을 보라 실험적 방법은 1975년 미국 사회학 학회에서 코저
Lewis Coser, 1975, p.693가 회장 취임사로 행한 연설 이래로 사회과학계에서
널리 파급되었다. 코저는 차세대를 열어 갈 사회학자들이 방법론적 엄밀
성을 가져 주기를 바랐다. 그는 "책을 빨리 발간하는 한 방법은, 동일한
방법과 과업 또는 자료를 무한 반복으로 적용하여 많은 연구물들을 보

다 신속하게 생산해 내는 것이다"라는 저자들의 말이 언급된 조기 출판 관행을 지적하면서McGrath and Altman, 1966, 이론적 증거의 결핍을 비통해 마지않았다. 코저가 보기에 이 연구 접근법은 "연구 결과를 얻기 힘든 문제에 대한 조사는 기피하고"덜 까다로운 실험을 선호하여, "결과적으로 무익한 정보를 집적하거나"혹은 "어떤 문제는 지나치게 깊이 다루는 반면 다른 문제는 최소한의 관심도 갖지 않는 터널 비전"에 매몰되는 것이다.1975, p.693

비고츠키의 입장에서 일반심리학 이론을 세우기 위해서는 심리학자들이 자신의 연구 대상을 어떻게 이해할 것인가 하는 방법론적 이론틀을 정립하는 것으로는 불충분했다. 그에 못지않게 구체적 수준에서 연구를 어떻게 수행할 것인가 하는 문제가 규명될 필요가 있었다. 바로 이 문제가 심리학이 심층적 연구 영역으로 품어야 할 상이한 역사적 영역과 관련하여 비고츠키가 제안하고자 한 것이다.Scribner, 1985를 보라 마르크스의 분석 방법을 따르고 역사적 설명에 헌신하는 것이 중요하다고 본 한편으로 비고츠키는 과학적 연구를 위한 실험의 타당성을 이해했다. 세 가지 성분(분석, 역사, 실험)을 함께 가져가면서 비고츠키는 스스로 "실험-발달적experimental-developmental" 방법이라 일컫은 것을 제안했다.Vygotsky, 1978을 보라

새로운 방법의 비결은 역사다. 다만, 마르크스가 자본주의 분석에서 사용한 방법에서의 역사, 즉 역방향 역사 혹은 마르크스의 말로 "'전도된' 방법"으로서의 역사다.Vygotsky, 1997a, p.235 비고츠키는 "일정한 발달 상태나 과정 자체는 우리가 과정의 종착지점, 결과, 방향, 특정 과정이 발달해 가는 형식을 알면 충분히 이해할 수 있다"고 말했다.1997a, p.235 개인적 차원에서 과정의 종착지점은 완전히 무르익은 성인의 사고인데, 그는 이것을 "고착된" 것으로 일컬었다.Vygotsky, 1978 고착되거나 혹은 자

동화된 사고의 문제점은 전체 과정에서 하등(동물적) 기능과 고등(문화적) 기능을 구분하기가 어렵다는 것이다. 따라서 비고츠키가 보기에 심리학적 실험은 성인 사고의 기원과 함께, 생물학(변증법의 동물 극)과 문화(변증법의 비非동물 극)가 성인 의식에서 고착된 유기적 통일을 형성하는 과정의 본질을 밝힐 필요가 있었다. 여기서의 '실험-발달적' 방법은 역사를 실험 연구로 안내하기 위한 비고츠키의 제안이었다. 그는 "실험(즉, 자극-반응 실험) 심리학이 아닌, 발달 심리학이 우리가 원하는 분석에 유용한 새로운 접근법을 제공한다"고 주장했다.Vygotsky, 1978, p.61

이것은 심리학 연구의 포커스를 완전히 형성된 성인 사고에서 사고 과정이 형성되어 가는 초기 단계로 전환해야 한다는 것을 의미했다. 따라서 아동기가 중심이 되었다. 여기서 비고츠키는 **"이중 자극의 기능적 방법**functional method of double-stimulation"을 제안했다.Vygotsky, 1978, p.74, 강조는 원문 이것은 두 단계의 절차로 이루어지는데, 이 속에서 상이한 연령대의 아이들(어떤 경우엔 성인도 포함됨)에게 그들의 생물학적 역량을 초월하는 어려운 과업을 부여한 다음, 보조물(여러 색깔의 종이)를 주고선 문제 해결에 활용하도록 했다. 그 뒤 연구자는 아이들이 문제 해결을 위해 이 보조물을 활용하는 모습을 관찰했다. 상이한 연령대의 아동을 대상으로 한 연구를 통해 비고츠키는 성인의 높은 수준의(즉 문화적) 사고력은 오랜 시간에 걸쳐(즉 역사적으로) 발달하기 때문에 그것의 형성을 추적할 수 있을 것이라 생각했다.

이 모든 것이 의미하는 바는 비고츠키의 입장에서 과학적 설명은 근본적으로 발달적(즉, 역사적)이라는 것이다. 따라서 비고츠키를 동시대의 피아제를 위시한 발달심리학자와 같이 취급하는 것은 잘못이다. 『마인드 인 소사이어티』의 서문에서 콜과 스크리브너는 발달적 방법과 관련하여, 비고츠키가 "아동 발달의 이론"이 아닌 "심리과학의 핵심 방법"

에 관해 말하고 있음을 독자들에게 상기시켜 주고 있다.1978, p.7 존–스타이너와 수버만John-Steiner and Souberman은 같은 책의 후기에서 "이 위대한 러시아 심리학자를 아동 발달 학자로 보는 것은 오류"라고 적으면서 이 이슈의 중대성을 거듭 강조한다.1978, p.128

비고츠키가 발달심리학자가 아니라는 콜의 말에 스크리브너가 명확한 동의를 보낸 점을 생각할 때, 비고츠키가 자신이 일반심리학으로 분류한 역사 영역 속에 "아동 역사"를 포함시켰다고 그녀가 주장한 것은 뜻밖이라 하겠다.1985, p.138 하지만 나는 비고츠키가 실험-발달적 방법을 개념화한 것을 토대로, '아동 역사'를 '성인 역사'로 바꾸는 것이 더 적절하다고 제안하고자 한다. 결론적으로, 비고츠키는 아동뿐만 아니라 성인을 포함한 인간의 역사적 발달에 관심이 있었다.

비고츠키가 정방향 역사 연구에서 마르크스를 계승하기도 했다고 주장하는 것은 지나친 확대해석으로 볼 수도 있다. 그럼에도 나는 근접발달영역(ZPD)에서 비고츠키가 현재 속의 미래 요소들을 포착하고자 시도했을 가능성을 제기하고자 한다. 마르크스에게 역사를 정방향으로 연구하는 것은 현대 자본주의에서 작동하고 있는 사회주의 혹은 공산주의 미래의 요소들을 밝히는 것이었음을 기억하자. 발달은 항상 앞선 발달의 결과로서 이미 고착된 것이 아닌 미래를 지향한다(즉, 아직 일어나지 않은 무엇이다). 결과적으로, 한 사람의 발달에서 미래와 현재는 변증법적 연관을 맺고 있는데, 이 속에서 미래는 다른 사람들이 제공한 매개를 통해 모습을 드러낸다. 따라서 비고츠키에 따르면 연관은 교수-학습(**오부체니**obuchenie)과 발달 사이에서 정립되는데, 여기서 교수-학습 활동이 "그것의 부재 상태에서는 불가능한 많은 발달적 과정들을 작동시킨다"Vygotsky, 1978, p.90. 따라서 ZPD는 미래의 개인 정신 발달을 촉발하는 증거를 밝혀 주는 것이라 하겠다.

정량화?

응용언어학과 함께 현대 심리학은 정량화quantification를 과학적 연구의 필수 조건으로 높이 평가한다. 질적 연구는 최소한의 인정을 받고 있지만, 연구 범위가 좁고, 일화적anecdotal이어서 일반화 가능성이 부족한 것으로 인식되고 있다. 자연과학을 따라 심리학은 정교한 추정 통계를 일반화의 주요 근거로 활용하는 대조 실험controlled experiments을 계속 추진해 오고 있다. 투멜라는 비고츠키가 질적 해석을 중요시하여 정량화에 단호히 반대했다고 말한다. 비고츠키는 수학적 분석이 "변인들을 기준으로 관찰된 행동의 기저에 있는 현실 세계와의 연관성이 많이 결여되어 있을 것"이라 생각했다.[2015, p.109] 계속해서 투멜라는 수학적 방법으로는 눈에 보이지 않는 구조와 과정을 밝힐 수 없다는 사실에도 불구하고, 현대 심리학에서 정량화의 영향력이 너무 공고하고 광범위해서 방법만으로 특징되는 새로운 분야들이 "과학을 전도시키는가 하면, 방법이 연구 문제를 결정하기 시작한다"[2015, p.111].

자연과학 연구 모형을 거부함에도 불구하고 비고츠키는 실험실의 인위적인 조건하에 현상들을 관찰하는 것에 대해서는 중요한 가치를 부여했다. 따라서 그는 얼핏 모순어법처럼 여겨지는 것을 제안했다. 엄밀한 이론적·방법론적 이론틀에 기초한 질적 분석에 따라 실험을 수행하는 질적 연구.

프락시스

마르크스를 계승하면서 비고츠키는 이론은 실천에 앞서 독립적으로

기능할 수 없으며, 이런 곳에서 실천은 "과학 밖에서 일어나고 과학 뒤에 오는" 이론의 "적용"에 불과하다고 말했다.[1997a, p.305] 반대로, 실천은 "이론의 진실성을 검증하는 대법관인 만큼" 이론과 대등한 파트너로서 과학적 활동에 깊숙이 통합되어 있다.[Vygotsky, 1997a, pp.305-306] 따라서 비고츠키[1997a]에게 응용심리학은 심리학의 위기를 해결하는 핵심 요소다. 현실 세계에 대한 체계적인 조작을 담보하는 점에서 과학적 실험이 일종의 프락시스로 간주됨에도 불구하고[Sanchez Vasquez, 1977을 보라], 비고츠키는 실험실 밖의 사회적 삶 개선에 온몸을 바쳤다. 실천의 관점에서 볼 때, 사실상 실험실 밖의 세상 자체가 실험실과 똑같이 이론-실천의 변증법이 작동하는 실험 환경이다.

비고츠키와 그의 가장 중요한 동료 루리아는 교육과 임상적 개입을 그들의 연구가 개인과 공동체의 삶을 개선하기 위한 잠재력을 지니고 있는 두 활동으로 보았다. 두 학자 모두 임상 연구에 참여했다. 비고츠키는 다양한 형태의 생물학적·문화적 박탈로 고통받고 있는 아이들과 정신 장애를 겪고 있는 성인들과 함께했고[Vygotsky, 1993], 루리아는 발작 관련 뇌손상을 겪고 있는 성인들이나 2차 세계대전으로 인한 정신적 고통을 받고 있는 사람들과 함께했다.[Luria, 1973을 보라] 비고츠키는 "적합한 방법으로 모든 행동 기능을 체계적으로 재조직할" 수 있다면 교육이 인간의 "인위적 발달"을 촉발하는 활동이 될 수 있을 것이라 생각했다.[1997b, p.88] 교육을 통해 엄밀히 객관적인 사고와 분석의 결과를 반영하는 개념을 학생들에게 제공하는 한편, 은폐된 이데올로기가 사회 속에서 작동하는 기제를 노출시킬 수 있기 때문에, 교육은 그 발달적 목적을 성취할 수 있다.[Vygotsky, 1987을 보라] 개인의 발달과 사회의 재건을 위한 중심 역할을 교육에 맡기면서, 비고츠키가 자유는 특정 주제에 관한 깊이 있는 지식을 필요로 한다는 엥겔스[1877/1987]의 영향을 많이 받은 것이 분명하다. 이것은 기본적으로 적절히 조직된 형식 교육을 통해 유효하다고 비고츠키가 생각한 그 지식이다.

응용언어학의 방법론과 방법

이 절에서는 방법론과 방법에 대한 비고츠키의 마르크스주의적 접근법을 다루고 있는 응용언어학 연구의 두 국면에 관해 논하고자 한다. 첫번째는 사회문화이론의 영향을 받은 기존 연구를 다루고 있고, 두 번째는 자연과학의 방법을 송두리째 사회과학 연구에 들여오려는 시도에 반대하는 비고츠키의 경고를 무시한 잠재적인 결과와 관계있다.

사회문화이론과 제2언어 학습 연구

프롤리와 랜톨프Frawley and Lantolf, 2015는 내가 알기로 사회문화이론과 제2언어(L2)에 관한 논문을 발표한 최초의 응용언어학 연구자들이다. 이들의 연구는 L2 영어 사용 성인과 제1언어(L1) 영어 사용 아동이 자기조절을 꾀하기 위해 혼잣말을 사용하는 것을 분석하였다. 그때까지 사회문화이론의 다양한 개념과 원리를 소개하는 1천 편이 넘는 저작물이 응용언어학계에서 출간되었다. 랜톨프와 베킷Lantolf and Beckett, 2009에 따르면, 사회문화이론-L2 연구는 크게 두 시기로 나뉘는데, 하나는 1985년~2003년이고 다른 하나는 그 이후부터 현재에 이르고 있다. 이 두 시기의 구분은 초기 연구가 주로 사회문화이론을 일상과 교육 상황에서 이루어지는 L2학습을 검토하는 렌즈로 활용했다는 사실에 기인한다. 몇몇 연구들은 어학 교실에서 수행된 소규모 에스노그라피 관찰이었던 한편, 나머지 연구들은 L2 학습자들에게 프롤리와 랜톨프[1985]가 사용했던 것처럼 그림책 이야기에 기초한 구술 이야기나 서술 이야기를 짓는 단순한 과업에 관한 것이었다. 그 밖의 연구로 질문지를 사용한 것도 있었는데, 이는 1990년대 응용언어학에서 유행을 이룬 것이었다.

사회문화이론에 관심을 품었던 그 응용언어학자들이 양적 연구와 실험 연구 관련 교육을 받은 탓인지, 이들 연구자들의 상당수가 비고츠키의 방법론과 방법을 비껴가는 유사 실험 연구를 추구했다. 랜톨프와 쏜Lantolf and Thorne, 2006은 사회문화이론-응용언어학 연구 총람에 이 문제와 관련한 토론 글을 실었다.

이 문제를 다룬 네구에루엘라Negueruela, 2003의 논문을 필두로 상당수의 사회문화이론-L2 연구자들이 프락시스 기반의 제2언어 발달 연구를 수용했다. 이들 연구의 대다수는 실험실 환경이 아닌 실제 교실에서 수행되었다. 연구는 북미 고등전문교육기관의 전형적인 교수활동의 일환으로 수행되었다. 연구의 대부분은 교육적 발달에 대한 갈페린Gal'perin의 이론인 체계적 이론 수업Systematic Theoretical Instruction 상황에서 수행되었는데, 이는 비고츠키의 교육 원리를 효율적인 교수 이론으로 체계적으로 조직하고 구체화한 것이다.Talyzina, 1981과 Haene, 1996을 보라 이 연구의 대부분은 이해력의 발달과 의사소통 목적을 달성하기 위한 L2 개념적 지식의 사용을 촉진하면서 역방향 역사 연구의 중요성에 관한 비고츠키의 관점을 고수하였다.

존슨Karen Johnson과 그녀의 동료 골롬백Paula GolombekJohnson, 2009와 Johnson and Golombek, 2016을 보라은 사회문화이론과 활동이론에 근거한 언어 교사 교육을 향한 프락시스 기반 연구를 서술했다. 이들의 연구는 구체적인 언어에 초점을 두지 않고 언어 교사의 의식을 일깨워 학생 발달을 꾀하는 교실수업 실천을 촉구했다. 언어의 특정 측면에 관한 지식에 주목하게 하는 대신 이들은 사회적 실천으로서 언어에 대한 폭넓은 관점을 갖는다. 이들은 교사들로 하여금 이런 관점에 따라 자신이 가르치는 것을 생각하도록 일깨우는 한편, 학생의 언어 발달을 위한 교실 행동의 결과에 대한 그들의 의식을 제고하도록 한다. 스페인 바르셀로나에 위치한 폼페우 파브라 대학의 학자들은 체계적 이론 수업을 존슨과 골롬벡이 제한한 방법에 의한 교사 교육 요소들과 통합한 초등교사와 중등교사를 위한 프로그램을 개발했다.Esteve 등이 신문에 기고한 글을 보라

프락시스 기반 방법론에서 발전한 또 다른 계열의 연구는 역동적 평가dynamic assessment에 초점을 두고 있다. ZPD에 관한 비고츠키의 글에서 영감을 받아, 역동적 평가는 수업과 평가를 하나의 변증법적 활동으로 통합한다.Haywood and Lidz, 2007을 보라 역동적 평가에 관한 사회문화이론-L2 연구는 푀너가 2005년에 논문으로 쓰고 후에 단행본으로 발간한 것에서 시작되었다.Poehner, 2008 역동적 평가 연구는 양적 연구에 반대한 비고츠키의 관점으로부터 영향을 많이 받았다. 헤이우드와 리즈Haywood and Lidz, 2007는 모든 개인을 위한 발달을 추구하는 점에서 역동적 평가는 정상 분포의 개념에 위배되기 때문에, 신뢰도 측정과 정규분포곡선은 역동적 평가에 정면으로 대립된다고 주장했다. 하지만 정신측정 전통에 익숙해 있는 응용언어학자들은 통계분석의 유혹을 극복하기가 어렵다는 것을 알았다. 그들은 수업에 영향을 미칠지라도 수업과 분리해서 생각해야 하는 활동으로서 좋은 평가의 원리에 위배된다는 이유로 언어 중심 역동적 평가 연구를 비판해 왔다. 이것은 이들이 외부주의 철학을 신봉하는 명백한 증거라 하겠다.Lantolf, 2009, Lantolf와 Poehner, 2014의 토론을 보라 지난 2년 동안 사회문화이론-응용언어학 연구자들은 제2언어 분야를 떠나 교육 영역으로 옮겨 갔다. 한 예로, 커츠Kurtz의 논문은 국

제법 전공자 가운데 이슬람법 문화권에서 온 학생들과 일반 학생들이 미국 법계에서 전형적으로 접하는 기존 판례와 성문법을 근거로 유추해 내는 역량을 개발할 목적으로 체계적 이론 수업 프로젝트를 수행한 것을 내용으로 담고 있다.

최근의 프락시스 기반 사회문화이론-L2 연구는 발달(즉, 역사)에 관한 의미 있는 중요성을 길어 올렸다. 하지만 외부주의적 관점에서 활동해 온 동료들, 특히 주류 저널 편집자들과 평론가들에게 사회문화이론 연구 방법의 적법성을 설득시키기는 어렵다. 지난 30년 동안 상황이 나아지고 있긴 하지만, 역사를 연구에 포함시키는 방법에 관한 평론가들의 회의적인 시각을 직면하게 된다. 프락시스 기반 교실을 대상으로 한 많은 연구들은 꽤 상당한 기간 동안(보통 8~16주) 이루어지는데, 이 정도 기간이면 '종단' 연구로 적절하다. 하지만 연구 기간이 8주 이하로 떨어지면, 문제가 발생한다. 최근 응용언어학 저널에 한 학생이 손 글씨로 보내온 비판을 살펴보자─"샘플이 너무 작고 비교 집단과 비교 개인이 누락되어 있어요. 종단 조사는 적어도 2주 이상 되어야 하는데, 학습자의 모습을 한 장의 스냅사진으로 묘사하는 것과 같은 방식은 학습과 발달의 적절한 증거를 담아내지 못할 거예요." 이 반응과 비평으로부터 나는 실험과 정량화에 대한 비고츠키 관점의 두 번째 국면에 관해 생각하게 되었다.

실험 연구는 어디로 향하고 있나?

이 장의 결론을 맺기 위해 나는 한 분야의 연구 방법을 무비판적으로 다른 분야로 이식하는 것에 비판적 입장을 취한 비고츠키의 관점으로부터 응용언어학의 전형적인 실험 연구에 관해 생각해 보고자 한다. 앞서 논했듯이, 응용언어학 연구의 금쪽같은 표준은 일반화 가능성을 좇는 양적 실험 연구가 지배하고 있다. 나의 목적은 굴드Stephen J. Gould, 1996가 "물리학 선망physics envy: 간결한 수학적 정확성을 근간으로 하는 물리학의 학문 풍토를 부러워하는 일부 인문학자들의 경향성을 비판하는 의미"이라 일컬은 것에 대한 비고츠키의 비판을 무시한 결과를 조명하는 것이다.

에르난데스Hernández, 2011의 연구는 영어의 'then', 'when', 'therefore', 'however', 'on the other hand' 등에 해당하는 스페인어 담화표지discourse marker, 즉 문맥의 일관성과 문장과 문장 사이의 결합력을 높이기 위해 사용하는 어휘에 주목했다. 이 연구는 대학의 스페인어 강좌를 수강하는 91명의 학생들을 대상으로 한 두 가지 실험 문제로 이루어졌지만, 오직 한 문제만이 현재의 목적과 부합한다. "직접적 교수explicit instruction와 입력홍수input flood(자연스러운 맥락 속의 담화표지에 최대한 많이 노출시키기) 둘 다를 접하는 것과 입력홍수 하나만 접하는 것 가운데 어느 경우가 학습자가 담화표지를 익히는 데 더 도움이 되는가?"Hernández, 2011, p.163

참가자들은 세 집단으로 나뉘었다. 입력홍수(IF), 입력홍수와 직접적 교수의 병행(IF+EI), 통제 집단. 수업은 같은 주에 50분씩 두 차례 있었다.Hernández, 2011, p.165 두 실험 집단에게 과거시제 입말 구문이 스페인어 이야기 속에서 어떻게 사용되고 있는지 살펴보게 했다. 수업의 일부로서 두 집단은 이야기 속 과거시제 사용에 대해 살펴봤고, 이어서 의도적으로 많은 빈도수의 담화표지가 포함된 세 개의 텍스트(즉, 입력홍수)를 제시했다. 텍스트를 읽는 동안 IF+EI 집단에게 과거형 동사와 담화표지가 사용된 곳을 찾아 밑줄 치기를 요구했다. IF 집단은 똑같은 절차를 따르되 과거형 동사에 대해서만 밑줄 치기를 했다. 그런 다음, 이 두 집단에게 교사가 제시한 텍스트의 내용에 관한 독해 질문을 했다. 그 뒤 학습자들은 동일한 의사소통 활동에 참여했는데, 이 순서에서 그들은 과거시제와 담화표지를 사용할 기회를 부여받았다.

중요한 사실로, IF+EI 집단에겐 담화표지의 사용법을 설명하는 86개 낱말(이 중 29개는 영어 뜻이 적힌 낱말)로 구성된 글이 적힌 유인물을 제공했다. 사전검사는 언어수업 1주일 전에 세 집단을 대상으로 실시되었다. 사후검사는 수업이 끝난 뒤 곧바로 실시되었고 4주 뒤에 한 차례 더 실시되었다. 비교를 목적으로, 몇몇 스페인 원어민들을 대상으로 학습자들이 사전검사 때 실행한 것과 똑같은 과업을 시켜 봤다.

에르난데스는 모든 검사에서 각 집단이 사용한 담화표지의 빈도수를 측정하여 이 결과를 통계 분석에 반영했다. 그 결과, 사전검사에서는 세 집단 사이에서 별 유의미한 차이가 없는 것으로 나타났다. 두 실험집단과 통제집단 사이의 유의미한 차이는 사후검사에서 나타났으며, 가장 중요한 사실은 두 실험집단 사이에는 두 차례의 사후검사 모두에서 유의미한 차이가 없었다는 점이다. 이 결과를 토대로, 에르난데스는 직접적 교수로 입력홍수를 보충하는 것이 "IF만의 학습 효과보다 더 나은 게 없다"고 결론지었다.2011, p.175 두 실험집단 모두 원어민이 사용한 담화표지의 빈도수에 조금도 범접하지 못했다. 수업을 받았음에도 담화표지 사용 빈도의 평균은 두 사후검사 모두에서 두 실험집단이 원어민 수준의 절반을 약간 상회했다.

내가 제기하고자 하는 주된 논점은, 담화표지의 내용과 그 사용법을 설명한 유인물을 학생들에게 나눠 주는 것이 직접적 교수로 간주될 수 있다는 에르난데스의 가정에 관한 것이다. 교육적 프락시스를 비롯하여 갈페린의 체계적 이론 수업에 따라 직접적 교수를 해석하는 방법에 관한 비고츠키의 관점에서 볼 때, 에르난데스의 가정은 논란의 여지가 많다. 이와 비슷한 우려는 연구 결과들을 어떻게 일반 응용언어학 문헌에 적용할 것인가 하는 것이다. 제2언어 수업에 관한 최근의 학술논문에서 로웬Loewen은 에르난데스의 연구 결과를 다음과 같이 정리했다.

> 에르난데스가 발견한 것은, 사전검사와 사후검사에서 사용된 그림설명 과업에서 두 집단의 담화표지 사용 능력이 유의미하게 향상되었다는 것과, 직접적 정보를 받은 집단 쪽에서 특별히 향상된 것은 없었다는 것이다. _2015. p.71. 강조는 추가됨

로웬이 언급한 "직접적 정보"란, 비록 이 정보의 질이 의문스럽다 할지라도, 에르난데스의 용어 "직접적 교수"를 말하는 것이며, "스페인어 담화표지 사용에서 입력홍수와 직접적 **교수**를 병행한 수업의 효과를 비교한"것으로서의 학습 효과를 지칭했다.2015, p.71, 강조는 추가됨

에르난데스의 연구와 그것에 대한 로웬의 해석이 우리에게 던지는 메시지는 "학습자에게 굳이 무엇을 설명하려 들지 말라. 그들에게 많은 양의 증거를 제공하고 자기 나름으로 사물을 판단하도록 하는 것으로 충분하다"는 것이다. 문제는 좋은 실험이 반드시 좋은 교육을 이끄는 것은 아니라는 것이다. 만약 직접적 교수가 담화표지의 의미나 사용법을 보다 깊고 풍부하게 설명하여 학습자들이 구문을 더 잘 구사하게 된다면 어떤 일이 벌어질까? 이것은 참가자들이 1쪽짜리 유인물을 읽는 데 필요한 몇 분의 시간 이상을 요구할 것이다. 하지만 이것은 실험을 망치게 된다. 왜냐하면, IF+EI 집단이 더 많은 학습 시간을 가질 뿐만 아니라 더 나은 가르침을 받을 것이기 때문이다. 이 연구로부터 도출할 수 있는 적절한 결론은 직접적 교수가 학습의 질을 제고하지 못한다는 것이 아니라, 직접적 교수가 실험 목적에 부합하지 않은 쓸모없는 유인물로 이

루어질 경우 이것이 학습을 촉진시키지 못한다는 것이다. 사회과학에서
실행되는 양적 실험을 비고츠키가 의심한 이유가 명백해진다.

참고 문헌

Avineri, S. (1968). *The social and political thought of Karl Marx.* Cambridge: Cambridge University Press.

Blumer, H. (1956). Sociological analysis and the variable." *American Sociological Review,* 21(6), 683-690.

Chaiklin, S. (2011). Social scientific research and societal practice: Action research and cultural-historical research in methodological light from Kurt Lewin and Lev S. Vygotsky. *Mind, Culture, and Activity: An International Journal,* 18(2), 129-147.

Cole, M. (2009). The perils of translation: A first step in reconsidering Vygotsky's theory of development in relation to formal education. *Mind, Culture, and Activity: An International Journal,* 16(4), 291-295.

Cole, M., and Scribner, S. (1978). Introduction. In M. Cole, V. John-Steiner, S. Scribner, and E. Souberman (Eds.), *L. S. Vygotsky. Mind in society: The development of higher psychological processes* (pp. 1-14). Cambridge, MA: Harvard University Press.

Coser, L. A. (1975). Presidential address: Two methods in search of substance, *American Sociological Review,* 40(6), 691-700.

Engels, F. (1877/1987). Anti-Dühring. Herr Eugen Dühring's revolution in science. Part I: Philosophy. *In The collected works of L. S. Vygotsky, Volume 25* (pp. 33-134). New York: International Publishers.

Esteve, O., Fernandez, F., Martin-Peris, E., and Atienza, E. (In press). The integrated plurilingual approach: A didactic model providing guidance to Spanish schools for reconceptualizing the teaching of additional languages. *Language and Sociocultural Theory.*

Frawley, W., and Lantolf, J. P. (1985). Second language discourse: A Vygotskian perspective. *Applied Linguistics,* 6(1), 19-44.

Gould, S. J. (1996). *The mismeasure of man.* New York: Norton.

Haenen, J. (1996). *Piotr Gal'perin: Psychologist in Vygotsky's footsteps.* New York: Nova Science Publishers.

Harvey, D. (2010). *A companion to Marx's Capital*. London: Verso.

Harvey, D. (2013). *A companion to Marx's Capital: Volume 2*. London: Verso.

Harvey, D. (2014). *Seventeen contradictions and the end of capitalism*. London: Profile Books.

Haywood, C. H., and Lidz, C.S. (2007). *Dynamic assessment in practice: Clinical and educational applications*. Cambridge: Cambridge University Press.

Hernández, T. A. (2011). Re-examining the role of explicit instruction and input flood on the acquisition of Spanish discourse markers. *Language Teaching Research*, 15(2), 159-182.

Johnson, K. E. (2009). *Second language teacher education: A sociocultural perspective*. New York: Routledge.

Johnson, K. E., and Golombek, P. (2016). *Mindful L2 teacher education: A sociocultural perspective un cullivuliny leachers' professional development*. New York: Routledge.

John-Steiner, V., and Souberman, E. (1978). Afterword. In M. Cole, V. John-Steiner, S. Scribner, and E. Souberman (Eds.), *L. S. Vygotsky, Mind in society: The development of higher psychological processes* (pp. 121-133). Cambridge, MA: Harvard University Press.

Kurtz, L. (In progress). *Vygotsky goes to law school: A concept-based pedagogical intervention to promote legal reading and reasoning development in international LL.M. students*. Unpublished doctoral dissertation, Pennsylvania State University.

Lantolf, J. P. (2009). Dynamic assessment: The dialectical integration of instruction and assessment. *Language Teaching*, 42(3), 355-368.

Lantolf, J. P., and Thorne, S. L. (2006). *Sociocultural theory and the genesis of second language development*. Oxford: Oxford University Press.

Lantolf, J. P., and Beckett, T. (2009). Research timeline: Sociocultural theory and second language acquisition. *Language Teaching*, 42(4), 459-475.

Lantolf, J. P., and Poehner, M. E. (2014). *Sociocultural theory and the pedagogical imperative: Vygotskian praxis and the research/praxis divide*. New York: Routledge.

Loewen, S. (2015). *Instructed second language acquisition*. New York: Routledge.

Luria, A. R. (1973). *The working brain*. New York: Basic Books.

Luria, A. R. (1979). *The making of mind: A personal account of Soviet psychology*, ed. M. Cole and S. Cole. Cambridge, MA: Harvard University Press.

McGrath, J. E., and Altman, I. (1966). *Small group research: A synthesis and critique of the field*. New York: Holt, Rinehart and Winston.

Marx, K. (1867/1992). *Capital: A critique of political economy. Volume 1*. London: Penguin Books.

Marx, K. (1939/1973). *Grundrisse: Foundations of the critique of political economy*. London: Penguin Books.

Negueruela, E. (2003). *A sociocultural approach to the teaching-learning of second languages: Systemic-theoretical instruction and L2 development*. Unpublished doctoral dissertation, Pennsylvania State University.

Negueruela, E., and Lantolf, J. P. (2006). A concept-based approach to teaching Spanish grammar. In R. Salaberry and B. Lafford (Eds.), *Spanish second language acquisition: State of the art* (pp. 79-102). Washington, DC: Georgetown University Press.

Novack. G. (1978). *Polemics in Marxist philosophy*. New York: Pathfinder.

Ollman, B. (2003). *Dance of the dialectic: Steps in Marx's method*. Urbana, IL: University of Illinois Press.

Ollman, B. (2015). Marxism and the philosophy of internal relations; or, how to replace the mysterious "paradox" with "contradictions" that can be studied and resolved. *Capital and Class*, 39(1), 7-23.

Packer, M. J. (2008). Is Vygotsky relevant? Vygotsky's Marxist psychology. *Mind, Culture, and Activity: An International Journal*, 15(1), 8-31.

Poehner, M. E. (2008). *Dynamic assessment: A Vygotskian approach to understanding and promoting L2 development*. Berlin: Springer Verlag.

Sanchez Vasquez, A. (1977). *The philosophy of praxis*. London: Merlin Press.

Scribner, S. (1985). Vygotsky's use of history. In J. V. Wertsch (Ed.), *Culture, communication, and cognition: Vygotskian perspectives* (pp. 119-145). Cambridge: Cambridge University Press.

Talyzina, N. (1981). *The psychology of learning: Theories of learning and programed instruction*. Moscow: Progress Press.

Toomela, A. (2015). Methodology of cultural-historical psychology. In A. Yasnitsky, R. van der Veer, and M. Ferrari (Eds.), *The Cambridge handbook of cultural-historical psychology* (pp. 101-125). Cambridge:

Cambridge University Press.

Toulmin, S. (1978). The Mozart of psychology: Review of *Mind in society: The development of higher psychological processes* (by L. S. Vygotsky, ed. M. Cole; V. John-Steiner, S. Scribner, and E. Souberman), *New York Review of Books,* 25(14), 51-57.

Vygotsky, L. S. (1935/1994). The problem of the environment. In R. van der Veer and J. Valsiner (Eds.), *The Vygotsky reader* (pp. 338-354). Oxford: Blackwell.

Vygotsky, L. S. (1978). *Mind in society: The development of higher psychological processes* (ed. M. Cole, V. John-Steiner, S. Scribner and E. Souberman). Cambridge, MA: Harvard University Press.

Vygotsky, L. S. (1987). *The collected works of L. S. Vygotsky. Volume 1: Problems of general psychology, including the volume Thinking and Speech.* New York: Plenum.

Vygotsky, L. S. (1993). *The collected works of L. S. Vygotsky. Volume 2: The fundamentals of defectology (Abnormal psychology andl earning disabilities).* New York: Plenum.

Vygotsky, L. S. (1997a). The historical meaning of the crisis in psychology: A methodological investigation. In R. W. Rieber and J. Wollock (Eds.), *The collected works of L. S. Vygotsky: Volume 3* (pp. 233-344). New York: Plenum.

Vygotsky, L. S. (1997b). The instrumental method in psychology. In R. W. Rieber and J. Wollock (Eds.), *The collected works of L. S. Vygotsky. Volume 3* (pp. 85-90). New York: Plenum.

Zavershneva, E. (2016). Vyotsky the unpublished: An overview of the personal archive (1912-1934). In A. Yasnitsky and R. van der Veer (Eds.), *Revisionist revolution in Vygotsky studies* (pp. 94-216). New York: Routledge.

8.
비고츠키에 대한 구성주의적 해석
: 이론적-방법론적 언어 개념 연구

에두아르두 모우라 다 코스타Eduardo Moura da Costa
실바나 칼부 툴레스키Silvana Calvo Tuleski

언어에 관한 연구는 철학사에서 일찍부터 다뤄지다가 19세기에 심리학이 과학의 한 분야로 발전하기 시작한 뒤로 심리학으로 옮아왔다.

언어학의 획기적인 변화는 1970년대에 일어났다. 다양한 과학 분야에서 언어에 관한 토론이 거듭되었다.Ibánez, 2004 심리학에서 일어난 이 움직임의 위력은 담론심리학discursive psychology의 발전, 인지심리학의 2차 혁명, 사회적 구성주의 등에서 엿볼 수 있다.

레프 비고츠키Lev Vygotsky(1896~1934)[1]는 언어 연구에서 두각을 나타낸 심리학자였다. 이 분야는 그의 학문 활동이 시작된 이래 지적 여정의 일부분이었는데, 이러한 사실은 문학에 대한 그의 관심과 고멜에서의 첫 번째 연구에서 검증된다.van der Veer and Valsiner, 1991 비고츠키의 역사-문화심리학에서 인간의 진정한 문화적 도구로서 언어는 의식과 인간 정신기능에서 중요한 역할을 차지한다.

하지만 서구 학자들이 비고츠키를 발견한 것과 포스트모더니즘이라 일컫는 1970년대에 일어난 지적 사조 사이에 잠시 동안의 동시성이 있다는 지적이 있을 수 있다. 이 사조는 '언어학적 전환'[2]을 포함한다. 이를테면, 심리과학 내에서 특히 행동주의와 인지주의에 반발하여 현대 과학 관점과 관련한 강력한 비판 운동이 일고 있었다. 이 비판적 관점으로부터 비고츠키는 중요한 지지자로 인식되었다. 고등정신기능의 발달에 대한 비고츠키의 역사 개념은 인간에 대한 생물학적·주관적·환원주의적 관점에 반대하는 강력한 무기로 채택되었다.

하지만 두아르테Duarte, 2001나 툴레스키Tuleski, 2008 등의 학자들에 따르면, 비고츠키의 이론을 자기화하는 과정에서 비고츠키 저작 속의 마르크스주의적 토대가 잘못 전달되었으며 심지어 미국에서는 검열을 통해 삭제되기도 했다. 두아르테[2001]에 따르면 비고츠키 글 속의 마르크스주의 관련 영역은 언어, 문화, 상호작용, 내면화, 매개 따위의 개념의 선호에 묻혀 뒷전으로 밀려났다. 이 장에서 우리가 다루고자 하는 것은 바로 이러한 문제, 즉 비고츠키 심리학에 대한 오해와 비고츠키 이론의 마르크스주의적 토대에 관해서이다.

종합하면, 심리학 연구의 발전 속에서 언어에 대한 다양한 강조점과 해석이 부상하고 있는 것이 관찰된다. 이 다양한 관점들은 각각 대등하게 심리학자들의 실천에 영향을 미쳤다. 한 예로, 교육심리학자들의 실천은 인간 발달에서 사고와 언어의 연관에 대한 다양한 개념에 따라 의미심장한 변화를 줄 수 있다. 더욱이, 임상 실천 내의 언어의 중요성과 관련하여 다양한 방향 설정이 분화된다. 이 이슈에 관하여 우리는 비고츠키의 구성주의적 자기화에 관한 분석에 초점을 둘 것이다.

사회적 구성주의와 언어

비고츠키는 사회적 구성주의자 중의 한 사람으로 간주된다.Castañon,

2007; Guanes, 2006; López, 2003; López-Silva, 2013; Grandesso, 2000; Harré, 2000; Lock and Strong, 2010 게르겐Gergen, 1995, 하레Harré, 2000, 쇼터Shotter, 2001와 마찬가지로 구성주의 학자들도 자신들의 관점이 소비에트 심리학과 연관되어 있다고 말한다. 쇼터1993c는 비고츠키가 자신과 하레의 영웅이라고 말할 정도다.

이를테면, 로페스López, 2003는 비고츠키와 함께 레온티예프나 루리아 같은 소비에트 학자들을 사회적 구성주의로 돌려세우는 것은 주류 심리학에 대한 비판에 기초하고 있으며, 비고츠키의 반反인지주의적, 반反정신주의적 주장을 반영한다고 말한다. 그런가 하면, 로페스-실바López-Silva, 2013는 다른 구성주의 학자들과 마찬가지로 비고츠키도 '구성주의 발전사'의 일부분을 차지한다고 강조한다. 로페스-실바가 보기에 비고츠키의 사상은 급진적 구성주의자들 사이의 중립 지점에 존재하는데, 이 지점에서 주체의 현실을 구성하는 것은 주체 자신이며, 구성주의에서 현실은 사회적으로 구성된다.

사회적 구성주의의 방대한 외연과 다양한 형식Dazinger, 1997을 감안하여, 비고츠키의 언어 개념에 관한 토론에서 우리는 쇼터John Shotter, 1989, 1993a, 1993b, 1993c, 1996, 2001의 저작에 집중하고자 한다. 이 영국 심리학자는 자신이 "수사적-반응적 버전rhetorical-responsive version"이라 일컬은 나름의 구성주의 형식을 정립하기 위해 비고츠키의 글을 많이 인용했다. 지금부터 이에 관해 살펴보겠다.

까스따뇬Castañon, 2007에 따르면, 일반적으로 구성주의는 다양한 이론과 철학을 기반으로 하는 심리학에 일련의 요소들이 합쳐진 것이라고 한다. 그 가장 중요한 지적 선구자들은 버거Peter Berger(1929~), 루크만Thomas Luckmann(1927~2016), 쿤Thomas Kuhn(1922~1996), 파이어아벤트Paul Feyerabend(1924~1994), 데리다Jacuqes Derrida(1930~2004),

비고츠키, 비트겐슈타인Ludwig Wittgenstein(1889~1951), 로티Richard Rorty(1931~2007)다. 이들이 구성주의의 핵심을 이루는 것은 사실이지만, 구성주의에 영향을 미친 다른 학파나 학자들도 있다. 이를테면 레이González Rey, 2003는 라캉Jacques Lacan(1901~1981)을 구성주의자들이 늘 즐겨 인용하는 학자로 규정하고 있으며, 하레2000는 스턴William Stern(1871~1938)의 인격주의personalism를 구성주의 이론에 일정한 영향을 미친 것으로 말한다. 세 번째 사례로 쇼터2001의 수사적-반응적 구성주의에 지대한 영향을 미친 바흐친Mikhail Bakhtin(1895~1975)이 있는데, 우리는 이에 관해 보다 자세히 다룰 것이다.

일반적으로 우리는 그러한 관점이 현실이 사회적 담화의 구성 혹은 담론적 구성의 산물이며, 우리가 구성하는 현실은 항상 사회적이고 역사적인 것이지 개인적인 것이 아니라는 사고를 함축한다고 말할 수 있다. 표상적 모형representational model과는 대조적으로, 지식은 관계로부터 구성된 무엇으로 간주된다. 사회적 구성이라 함은 우리의 식견이 협력적인 활동을 통해 생성됨을 뜻한다.Gergen and Gergen, 2010 계속해서, 쇼터2001는 구성주의가 개인이 자신을 둘러싼 세계와 사물을 알아 가는 방식에 초점을 맞출 것이 아니라, 이들이 실제 삶 속에서 맺는 관계의 형태를 창조하고 유지해 가며 이를 통해 삶의 상황들을 이해해 가는 이치를 설명하는 것에 관심을 가져야 한다고 믿는다. 이러한 관점은 "주된 인간 현실은 담화다"라는 하레의 생각과 일치한다.Harré, Shotter, 2001, p.11에서 인용3 그러므로 구성주의에서 인간은 자신의 동료와 관계를 먼저 맺고 난 뒤에 환경과의 관계 맺음을 이루는 것이다.

게르겐1995은 언어 및 담론적 활동과 관련한 구성주의자들의 강조점을 명확히 했다. 게르겐에 따르면, "구성주의자들에게 세계와 정신 둘 다에 관한 용어들이 담론적 실천을 구성한다. 이것들은 언어 내부의 정

수整數이며, 따라서 사회적으로 경쟁하고 타협을 이룬다"Gergen, 1995, p.61.[4]

사회적 구성주의의 관점에서 볼 때, 지식은 주체가 대상을 직접적으로 성찰한 결과가 아니다. 또한 급진적 구성주의가 주장하듯 순수한 내적 성찰을 통해 개인이 세계를 구성한 결과도 아니다. 쇼터2011는 구성주의를 '제3의 형태'의 지식에 의해 생산된 것으로 규정한다. 쇼터가 말하는 제3의 형태의 지식third type of knowledge이란,

> 담론적으로 구성된 상황, 즉 사태 내부로부터의 앎이다. 그러한 형태의 지식은 그 속성상 증거를 중요시하는 이론적인 방식 따위로 규정될 수 없다. 심지어 그렇게 하는 시도가 역설적인 것이다. 왜냐하면 우리가 지식을 해석하는 것은 그것이 사용되는 맥락을 통해서이기 때문이다. 지식의 속성이 이론적으로 규정될 수 있다는 생각은 지식이 탈맥락적으로 규정될 수 있다는 생각과도 같다. _Shotter, 2001, p.174, 강조는 추가됨[5]

구성주의자들의 관점에서 볼 때, 우리가 자율적 존재가 될 수 있는 것은 타인과의 상호작용을 통해서이다. 집단 행위 개념을 통해 쇼터는 사회적 활동을 개개인의 특성이 아닌 사람들이 스스로를 발견해 가는 상황의 결과로 설명한다. 개인은 이 상황의 발견을 통해 행위 능력을 갖게 된다. 쇼터는 최초의 자신의 개념을 토대로 사회적 구성주의를 수사적-반응적 버전으로 정교화함으로써 이 개념을 발전시켰다.Shotter, 2001

쇼터가 '반응적responsive'이라는 용어를 사용한 것은 개인으로서 우리가 세계를 나타내는 역량, 즉 사물의 상태를 서술하는 역량은 환경의 영향과 무관하게 우리가 만나는 사람들에게 반응하기 위해 말을 하는 것에서 생겨난다는 지극히 당연한 상식에 근거한다. '수사적rhetorical'과

관련하여 쇼터는 다음과 같이 설명한다.

> 만약 우리가 사실적 문제에 관하여 권위 있는 담화 주체로
> 인정받기를 원한다면, 성장 과정에서 우리는 우리 주위 사람들
> 이 우리의 주장에 도전해 올 때 유능하게 반응하는 방법을 배
> 워야만 할 것이다. 언어의 지시적referential 형식 대신 **수사적**이
> 란 표현을 쓴 것은 이런 맥락인데, 이것이 의미하는 바는 상황
> 을 묘사하기 위한 단순한 주장을 넘어 화법은 사람들로 하여
> 금 어떤 행동을 부추기거나 그들의 생각을 바꿀 수 있는 힘이
> 라는 것이다. _Shotter, 2001, p.18[6]

쇼터는 말의 수사적-반응적 기능에 관한 볼로쉬노프, 바흐친, 비트겐
슈타인의 생각이 비고츠키의 사고를 계승한 것이라고 주장한다. 즉, 말
의 지시적·표상적 기능은 부차적인 기능이다. 쇼터는 볼로쉬노프, 바흐
친, 비트겐슈타인이 언어를 수학적 기호 체계에 비유하는 사고와 투쟁
했다고 지적한다. 쇼터가 보기에 이들 학자는 "문장이 아닌 발화 또는
입말을 대화적 언어 소통의 기초 단위로 간주한다"[2001, p.82].[7]

또한 쇼터는 언어의 성분 가운데 하나인 의미가 사회적 활용에 따라
조건화된다고 한다. 쇼터식式 구성주의에서 사물에 관한 지식을 규정하
는 것은 사회적 관계이지 경험적 현실이 아니다.

이러한 문제에 접근하기 위해 쇼터[2001]는 말의 의미가 낱말의 메타포
를 도구로 사용하는 언어 용법에서 나타난다는 비트겐슈타인의 사고를
원용한다. 비트겐슈타인이 '언어게임'이라는 메타포를 만든 것을 지적하
면서, 쇼터는 하나의 메타포가 어떤 영원한 언어 질서를 나타내는 것이
아니라고 한다. 왜냐하면 메타포의 의미는 그 자체의 속성상 그것이 사

용되는 맥락에 의해 좌우되기 때문이다. 하지만 메타포를 통해 우리의 언어 사용 국면을 규정함으로써 인위적으로 기존에 존재하지 않는 질서를 만드는 것이 가능하다.

비트겐슈타인의 생각에 덧붙여, 쇼터는 비고츠키의 사고에도 주목한다. 록과 스트롱Lock and Strong, 2010에 따르면, 1970년대 쇼터의 저작물들은 비고츠키의 사상을 정교화하고 있다. 첫째, 외부 현상의 상징들은 개인 간의 상호작용으로부터 생겨난 뒤 자신의 행위를 규정한다. 둘째, 이것은 주로 우리가 타인과 자연스럽게 반응하며 이에 따라 우리의 행위를 자발적으로 조절하는 기술을 발전시켜 가기 때문에 가능하다. '집단 행위'에 관한 쇼터의 아이디어는 비고츠키의 아이디어를 자기화한 것과 직접적으로 연결되어 있다. 쇼터는 집단 행위를 통해 우리는 사회적 맥락 속에서 자연스럽게 화술을 익혀 가며, 점차 이것이 자율적으로 자리 잡게 된다고 말한다. 다시 말해, 상징을 다루는 우리의 능력은 타인과의 접촉을 통해 형성된다.

쇼터는 "사람들 사이의 연속적인 의사소통적 상호작용의 흐름 속의 사태들"에 초점을 맞춤으로써, 자신이 그린Green을 비롯한 여러 구성주의자들의 관점을 계승해 갔음을 분명히 해 두었다.Shotter, 2001, p.19[8] 이것은 외부 세계에 의해 이미 결정된 특성들에 중심을 두는 관점(객관주의, 모더니즘, 행동주의)에 호의적인 반면, 개인적 정신(낭만적·인지적 주관주의)의 핵심 관점에 반대하는 입장으로 보인다. 쇼터에 따르면, 이 두 고전적 관점은 탈역사적 원칙에 따라 정신 또는 세계를 설명하고자 한다.

쇼터식 구성주의는 이론적·설명적 '마음의 심리학psychology of mind'에 대한 탈맥락적 관심을 넘어 실용적·서술적 '사회적-도덕적 관계의' 심리학에 대한 관심으로 나아가는 것을 함의한다. 이 구성주의에서 정신은 더 이상 사물이 아니며 수사적 책략, 즉 다양한 계기 속에서 다양

한 의도로 진술되는 무엇으로 기능하기 시작한다. 도덕 과학으로서의 심리학에서 야기되는 주된 변화는

> 단순히 우리가 당연한 것으로 생각하는 "자연적" 속성을 발견하고자 하는 시도를 지양하고 우리가 서로를 일상과 의사소통적 활동 속의 존재로 대하는 방법에 관한 연구를 지향하는 것으로 특징된다. 이 변화는 우리들을 "사회적 구성"의 과정과 더불어 "생성making"에 대한 관심으로 이끈다.
>
> _Shotter, 2001, p.45[9]

쇼터의 구성주의는 현실이 일차적으로 개인 상호 간의 담화로 구성된다고 본 하레의 구성주의와 일맥상통한다. 쇼터[2001]는 자아가 타인과 맺는 관계는 자아가 세계와 맺는 관계의 기초가 된다고 주장한다. 타인과의 상호작용 없이 개인은 자신의 행위에 책임감을 지닐 수 없다. 쇼터의 관점에서 '나-세계'의 관계는 자아와 타인 사이에 양방향으로 맺는 일련의 수사적-반응적 활동에서 생겨난다. 다시 말해, 타인과 대화를 나누고 타인을 이해하는 우리의 방식은 우리가 세계를 설명하는 방법을 구성한다. 우리의 나-세계 관계는 우리의 나-타인 관계에 의해 만들어진다.

심리학에서 변해야 할 것에 관한 그의 관점은 전적으로 수사적·담론적 관계에 기초해 있다. 그래서 그의 수사적-반응적 구성주의에서 언어 개념은 매우 중요하다.

비고츠키의 언어 개념에 관한 해석에서 쇼터[2001]는 언어가 현실을 표상하는 것이 아니라 언어를 통해 우리가 서로 영향을 주고받는 인간관계를 발전시켜 간다고 한다. 이 '도구'를 통해 타인들은 현실이 어떠한

것인지에 대해 우리를 가르치거나 설득한다. 따라서 우리는 이것이 이데올로기의 자연적 이입으로 이어진다고 말할 수 있다. 지금부터 우리는 비고츠키의 언어 개념에 대한 이 해석이 잘못되었다는 것을 논증하고자 한다.

쇼터[1996]에 따르면, 비트겐슈타인의 입장은 비고츠키와 유사하다. 즉, 사고와 언어의 관계는 예정되어 있지도 항구적이지도 않으며 다만 부단한 발전 과정에 있다. 쇼터[1996]는 이러한 발전을 시작하는 것은 말이 아닌 행위지만, 그 과정의 끝은 말이라는 비고츠키의 유명한 문장을 언급한다. 하지만 쇼터는 비고츠키에게 말의 발전은 생산관계와 사회적 계급 분화에 밀접히 연결되어 있다는 것을 언급하지 않았다. 즉, 활동이 현실 특성에 의해 제한되는 것과 마찬가지로, 현실의 변혁은 그것을 적절히 표현할 언어와 개념을 필요로 하는 것이다.

요컨대, 비트겐슈타인과 비고츠키를 계승하여 쇼터[1989, 1993a, 1993b, 1996]가 요구하는 것은 인간 활동에 관한 연구에서 새로운 관점으로서, 그것이 무엇이건 간에, 구체적인 상호작용의 상황 속에서 개인이 서로에게 반응하는 것에 주목하자는 것이다.

사회적 구성주의의 언어 개념에 대한 비판

사회적 구성주의에 대한 많은 비판 중의 하나는 그것의 상대주의에 초점을 두고 있다. 구성을 다양한 '공동체들' 사이의 담론적 교환에 국한하고 리얼리즘을 부정함으로써[10], 사회적 구성주의 시각은 비합리성으로 치닫는다. 혹 비고츠키는 이 사실을 부정할 수도 있지만, 사회적 구성주의와 연관된 그의 생각은 인간 존재에 관한 설명이나 사회적 관계, 역사, 언어, 사회 변화 등에 관한 설명을 제공하는 존재론적·인식론적 토대에 뿌리를 두고 있다. 이 문제와 관련하여 이 글에서는 비고츠키 이론 가운데 언어 개념 영역 한 가지에만 초점을 맞추고자 한다. 이렇게 함으로써 비고츠키 이론 내의 다른 영역들 속의 모순을 논증할 수 있을 것이다.

쇼터[2001]의 주장에 따르면, 우리가 우리 자신에 관해 서로 다른 방식으로 얘기하는 것은 서로 다른 방식으로 세상을 경험하도록 우리를 이끈다. 쇼터는 언어에 관한 자신의 구성주의적 관점을 정당화하기 위해 호피족의 언어에 관한 워프Whorf의 연구[11]를 이론적 토대로 삼았다. 그는 이 북아메리카 원주민들이 말하는 방식은 그들의 현실 이해 방식에 영향을 미친다고 말한다. 워프, 그리고 쇼터[2001]에 따르면, 말은 사물을 창조한다.

쇼터[2001]의 해석에서, 워프는 이를테면 '시간'과 '공간' 개념은 사적 언어 구조에 의해 조건화된다는 것을 논증한다. 더욱이, 문화와 행동 규범 또한 언어 패턴을 존중한다. 저자의 말은, 유럽 사람들은 메타포적인 표현 양식을 보다 많이 구사하고 호피족은 보다 많은 직접적인 언어를 소유하고 있는데, 이것은 이를테면 언어에서 시간의 특성을 인식하지 못한 것과 관계있다는 것이다. 그럼에도 그는 서로 다른 언어 형식이 빚어진 이치에 대해 설명하지 못한다.

호피족의 언어에 관한 쇼터의 결론을 통해 우리는 다음과 같은 질문을 해 본다. 쇼터는 관념적인 관점을 제기하고 있는가? 세계를 이해하는 방식은 언어의 형태에서 비롯된다는 주장을 통해 그는 특정 사회의 물적 현실의 변화로부터 언어가 생겨나고 발전한다는 사실을 부정하고 있지는 않은가? 우리는 비고츠키[1996]와 비고츠키와 루리아[2007]의 연구 결과 속에서 이러한 물음에 대한 답을 찾을 수 있으리라 믿는다.

이들 학자에게, 물질적인 것은 정신적인 것과 유사하다. 그러므로 다양한 역사적 시기 속에서 사회의 물적 발달 수준에 따라 문화 발전의 다양한 단계들이 존재한다고 볼 수 있다. 비고츠키와 루리아의 말을 빌리면,

> 언어와 그것이 자연과 인간 정신 구조에 드리워진 다양한 특징의 영향력은 인간이 행한 다양한 형태의 노동의 구성과 실행의 영향력과 나란히 나아간다. _1996, p.126[12]

툴레스키[2011]는 비고츠키와 루리아의 교차문화 연구들이 마르크스주의 이론의 가정, 특히 프락시스의 개념을 검증할 목적으로 수행되었다고 지적한다. 이는 인간의 고등정신기능의 진화가 도구 사용에 기반하고 사회적인 인간 활동에서 비롯되었으며 그것의 내면화가 의식의 발전을 낳았다고 주장한다. 툴레스키에 따르면,

> 지식과 의식이 사회적 환경 속에서 생겨나고 조직된다는 사실은 모든 개인이 객관적 현실에 의해 조건화된 일정한 발전 가능성을 지니고 있다는 것을 의미한다. 또한 이것은 다양한 사회-문화 환경이 그 속에 있는 개개인에게 차별적인 발전 가능성을 제공한다는 것을 의미하기도 한다. _2011, p.84

툴레스키[2011]는 비고츠키와 루리아의 교차문화 연구 목적이 사회적·기술적 변화가 사고 과정의 변화를 이끄는가를 알아보기 위함이었음을 강조한다. 비고츠키와 루리아는 문화 발달 수준에 따른 차이는 있을지라도 타고난 능력의 차이는 없다고 이해했다.[13]

비고츠키와 루리아[1996]에 따르면, 원시인의 언어는 세부적인 면에서 우리의 언어보다 더 풍요로웠다. 원시인의 언어는 기억력에 협소하게 고착되어 발달하여 흡사 그림으로 표현하듯이 매우 정밀하게 사실적이었는데, 상당량의 구체적 묘사는 언어의 발달과 함께 사라졌다.

이를테면 오스트레일리아 원주민들의 언어에서 낱말이 따로 존재하지 않는 어떤 것에는 일반적인 개념이 지정되어 있다. 하지만 이들의 언어는 개인의 자취나 사물의 분명한 특성을 정확히 구분하는 수많은 구체적인 용어들로 홍수를 이룬다.[Vygotsky and Luria, 1996, p.121]

저자들은 이 언어의 장점과 단점을 설명한다. 장점은 모든 구체적 사물에 대한 기호가 만들어져 있어서 지정된 사물의 '복제물'을 만들 필요가 없다. 단점은 그러한 언어 형태가 사고에 끝없는 묘사의 부담을 가하여 경험에 기초한 정보가 전달되고 종합되는 것이 불가능한 것이다.

원시인들의 말은 사물과 다르지 않지만, 직접적인 감각적 지각에 밀접하게 연결되어 있다.[Vygotsky and Luria, 1996] 이 관계를 설명하기 위해 저자들은 유럽 언어를 배우고 있던 한 원시인의 예를 든다. 학습 과정에서 그는 과거에 일어난 어떤 일에 대한 글쓰기를 거부했다. 이는 "언어의 구사나 셈하기의 조작은 이 행위가 자신에게 주어진 구체적인 상황과 연결된 범위 안에서만 가능하기" 때문이었다.[Vygotsky and Luria, 1996, p.124][14]

비고츠키와 루리아는 원시인들의 사고가 그들 언어와 동일한 궤적 속에서 이루어지고 있음을 발견한다. 이것은 완전히 "구체적이고, 정밀하게 사실적이고 그림처럼 생생한"[Vygotsky and Luria, 1996, p.128][15] 이미지에 기초한 언어의 기능을 품고 있다. 사고와 언어의 문화적 발달과 함께 언어의 직관적인 성격은 저물어 가고 새로운 차원이 시작된다. 언어는 외부 세계에 대한 구체적인 면을 상세히 묘사한다. 하지만 현실의 구체적인 속성에 대한 직접적인 개념이 사라져 감에 따라, 개별 사물이 아닌 사물과 연결된 일련의 사고와 낱말의 연합이 이루어진다. 하지만 집단적 대상을 지칭하는 언어도 개별성individuality과 특이성singularity을 상실하진 않는다. 비고츠키와 루리아는 원시인의 사고가 복합체complexes의 단계에 있다고 결론짓는다.

비고츠키와 루리아1996의 이론 작업에서 우리가 강조하고자 하는 핵심은 이들이 원시 사회에서 발달한 활동과 언어 사이의 관계를 확립한 것이다. 이들은 어휘의 풍부함이 경험의 풍부함을 반영한다고 생각한다. 즉, 그것은 그만큼 자연 속에서 인간이 적극적으로 적응해 간 것과 관계 있다. "따라서 원시인 언어에서 보이는 이런저런 특질의 실질적인 이유는 기술적인technical 제약과 심각한 결핍에서 찾을 수 있다"Vygotsky and Luria, 1996, p.132.[16] 이런 식으로 비고츠키와 루리아는 언어 발달을 다음과 같이 정리했다.

> 사고의 발달에서 근본적인 진전은 낱말을 그 적절한 이름에 따라 최초로 사용한 것에서 두 번째 방법으로 넘어가는 전환기 속에서 분명하게 드러난다. 이 단계에서 낱말은 주변 사물들을 지시하는 상징으로 기능한다. 마지막 세 번째 단계에서 낱말은 개념을 정교하게 표현하는 도구 또는 수단으로 사용된다. 기억술의 문화적 발달이 쓰기의 발달 역사와 밀접하게 연결되어 있듯이, 사고의 문화적 발달은 인간 언어의 발달 역사와 밀접하게 연관되어 있다. _Vygotsky and Luria, 1996, p.133[17]

그러므로 비고츠키에게 언어의 기원은 쇼터에게 영향을 미친 워프의 그것과는 완전히 다르다. 마르크스주의 방법을 따른 비고츠키와 루리아는 의식을 조직하는 것은 사회적으로 생성된 노동과 언어라는 관점에서 출발한다. 다시 말해, 세계를 경험하는 방식을 결정하는 것은 말하기의 방식이 아니라 그 반대, 즉 출발점은 세계 자체, 인간의 물적 삶이라는 것이다. 비고츠키와 루리아[1996]가 제시한 원시인이 사물에 붙인 여러 가지 이름이 이를 증명한다.

우리가 말하고자 하는 요지는, 인간 발달에서 언어의 역할을 설명할 때 구성주의는 언어를 그 기원으로부터 분리시킴으로써 인간 활동과 언어 및 사고의 발달 사이에 존재하는 관계를 보지 못했다는 것이다. 우리가 살펴봤듯이, 구성주의는 언어를 사회적 존재인 사람들의 물적 관계와 분리시켜 이해하는데, 이러한 관점은 비고츠키와 루리아[1996, 2007]가 발전시킨 문화 연구 속에서 우리가 봤던 것과는 많이 다르다.

구성주의자들이 언어에 대해 관념적으로 해석하는 주된 원인 중의 하나가 비고츠키 심리학에서 노동 범주를 무시한 것과 관계있다. 이 범주를 부정한 결과로, 쇼터를 비롯한 많은 학자들은 비고츠키의 언어 개념을 물적 현실 혹은 중요한 인간 활동과 동떨어진 것으로 받아들였다.

비고츠키의 글들을 통해 우리는, 노동을 통한 유기체의 생존을 목적으로 하는 실용적 활동을 통해 타인을 자극하고 나아가 자신을 자극하기 위한 인위적인 자극(기호)의 창조에 대한 이해의 실마리를 찾을 수 있다. 따라서 비고츠키에 따르면 중요한 인간 활동으로서 노동은 사회적 존재의 토대다. 다음 구절은 언어와 노동 사이의 관계에 관한 의문의 여지를 불식한다. "경험과 생각을 이성적으로나 의도적으로 타인에게 전달하는 것은 매개 체계를 필요로 하는데, 그 원형은 노동하는 동안 의사소통의 필요에 따라 탄생한 인간 언어다"Vygotsky, 1934/1986, p.7.

또 다른 시기에, 아동 발달에서 언어와 객관 현실 사이의 관계에 관해 비고츠키는 다음과 같이 말한다.

어떤 사물에 대한 기호(낱말)가 되기 위해서는 지시 대상의 질적 특성을 표현할 수 있어야 한다. 그러한 놀이 속에서 아동에게 모든 사물이 대등하게 중요하지는 않다. 대상의 진정한 질적 특성과 그 기호 의미는 놀이 속에서 복잡한 구조적 연관 속으로 들어간다. 따라서 아동에게 낱말은 그 질적 특성을 통해 대상과 연결되며 공통된 구조 속에 포함된다. _1999, p.52

구성주의자들은 모든 것이 곧이곧대로 돌아가는 것은 아니라고 말하는데, 사람들은 지식의 문제를 관습에 따라 판단하기 때문이다. 즉, 쇼터 2001의 말대로, 우리 주변의 사람들은 **곧이곧대로가 주는** 혼란을 피하고자 한다. 그럼에도 비고츠키에게는 꼭 그러하지는 않다. 위의 인용문에서 보듯, 비고츠키에게 자극-기호는 사물 속에서 정당성을 획득해야 하기 때문이다. 이 대목에서 우리는 이 두 입장의 차이에 대해 명확히 해둘 필요가 있다.

개념의 정신적 발달에서도 두 입장은 분명한 차이를 보인다. 비고츠키1934/1986에게 언어와 그것이 지시하는 대상은 각각 따로 존재하지 않는다. 개념은 단순히 사진 또는 표상이 아니다. 개념은 다른 개념과의 복잡한 연관의 확립으로서, 복잡하게 얽힌 현실을 궁극적으로 드러내준다. 따라서 개념은 자연적으로 주어지는 것이 아니라 내적 발달의 결과로 형성된다. 또한 개념은 고립된 방식으로 이해될 수 없다. 개념 발달을 위해 아동은 학교교육을 받아야 한다. 진정한 개념 발달은 전환기적 연령기에 완성되는데, 이 시기는 세계와 인간에 대한 분석과 개념 구성이 혼합적syncretic으로 이루어지는 것으로 특징된다. 개념을 발전시킴으로써 아동은 성인으로부터 독립하여 세계를 자기 나름의 방식으로 이해하기 시작한다.

개념 발달에 관한 이론을 정립할 때 비고츠키[1934/1986]는 그 무엇보다 과학적 개념에 파고들었다. 비고츠키는 마르크스의 유명한 말을 언급했다. "만약 사물의 현상과 본질이 일치한다면, 어떠한 과학도 필요 없을 것이다." 만약 사물이 거울에 자기 모습을 드러내듯 개념이 우리 눈에 비친다면 개념은 필요치 않을 것이다. 하지만 사물의 현상은 언제나 일면적이며 전체 모습을 드러내지 않는다. 사물의 본질을 포착하는 것은 그것의 다면적인 특성을 분석하는 것을 의미하는데, 이것이 '과학적' 개념의 기능이다. 한편, 비고츠키에게 '자생적spontaneous' 개념은 학교 바깥에서의 일상적 사회관계 속에서 발달한 것이다.

비고츠키[1934/1986]에 따르면, 사고의 내용은 사고의 발달을 수정해 간다. 따라서 진정한 현상은 개념을 통해서만 적절히 표상될 수 있다. 전환기적 연령대의 사고의 발달에 관해 논하면서 비고츠키는 자신의 입장을 다음과 같이 말한다.

> 이런 이유로, 추상적 사고를 현실과 동떨어진 무엇으로 간주하는 것은 오류다. 반대로, 청소년기가 시작될 무렵 추상적 사고는 가장 심오하고 가장 진실에 가깝고 가장 완전하고 철저한 방식으로 현실 세계를 반추한다. 청소년의 사고 내용의 변화와 관련하여, 우리는 사고의 전반적인 재구성이 이루어지는 이 놀라운 시기의 출현을 간과할 수 없다. 지금 우리는 한 인간이 자신의 내면을 각성해 가는 것에 관해 논하고 있는 것이다. _1998a, p.47

쇼터[1989]는 사회적 관계를 내면화하는 과정에서 맥락적 증거에 기초하여 현실 세계reality를 나타낼 필요가 없다고 말한다. 입말로 표현되는 사고는 그때그때의 상황에 따라 언어적 맥락에 덜 의존하는데, 이것은 그 사고가 언어적으로 형성된 새로운 맥락에 의해 지지되는 탓도 있다. 뒤에서 살펴보겠지만, 쇼터[1989]는 위의 인용문 속에서 비고츠키가 지적한 오류를 범하고 있다.

쇼터와 대조적으로 비고츠키[1998b]는 상상력은 현실 세계와 연관 짓지 않고 이해될 수 없다고 믿는다. 비고츠키는 심지어 동물도 정신 활동이 현실과 동떨어지면 더 이상 생존할 수 없음을 역설한다. 이는 아동에게도 마찬가지로 적용된다. 아동에게 쾌감은 진정한 욕구의 충족과 연결되어 있다.[Vygotsky, 1998b, p.119]

비고츠키[1998b]는 개념에 매개된 현실의 내용 또한 사회적 의식 속으로 들어간다고 단언한다. 그는 아동의 발달이 계급 심리학과 이데올로기의 발달과 연관되어 있다고 말한다.[Vygotsky, 1998a, p.43] 비고츠키[1998a]는 변화가 비단 개인의 내적 관점을 통해서만 일어나는 것이 아니라고 본다. 그의 관점으로 계급적 동화同化는 사람의 활동과 관심사가 공유되는 공동체 내의 삶의 결과다.

십 대는 정치적-사회적 세계 속으로 들어가서 존재 문제에 관해 진지한 성찰을 꾀하는데, 이는 한층 발전된 고등정신을 요한다. 쇼터와 같은 구성주의자들의 주장과는 달리 비고츠키[1998a]의 십 대 소년소녀들은 자신이 속한 계급의 자식들이며 그 속에서 행위 한다. 따라서 비고츠키[1998a]는 추상적인 십 대가 아닌 구체적인 십 대에 관해 논하는데, 이것은 그가 사회적 계급 관계 내에서 복잡한 결정의 산물인 주체를 일컫는 것으로 이해된다.

새로운 연구들이 보여 주듯이 청소년들의 추상적 사고가 구체적·시각적 사고로부터의 단절이라는 주장은 옳지 않다. 이 시기 사고의 발전은 더 이상 쓸모가 없어진 구체적인 토대와의 지적 결별이 아니라, 완전히 새로운 형식의 관계가 사고 속에서 추상적 요인과 구체적 요인 사이에서 부상하여 새로운 종합synthesis의 형태로 병합되는 것이라는 사실로 특징된다. 그 결과 이 시기에서는 시각적 사고, 지각, 실용적 지능처럼 오래전에 형성된 기본적인 기능들은 완전히 새로운 형태로 우리 앞에 나타난다.Vygotsky, 1998a, p.37

정리하면, 우리가 우리를 둘러싼 사람들을 통해 세계를 알아 간다는 쇼터1993a, 2001의 설명이 완전히 틀린 것은 아니다. 비고츠키 또한 이러한 입장과 함께할 것이다. 하지만 이 글에서 자세히 짚었듯이, 비고츠키는 아동 발달에 관해 언급하고 있다. 쇼터와 관련한 문제는 그가 아동 발달에 관한 비고츠키의 설명을 일반화하여 그것을 성인에게까지 확장시킨 것이다. 비고츠키1999는 오직 유아들 세계에서만 사물과 사람 사이에 결합fusion이 있다고 말한다. 비고츠키의 말을 인용하면, "아동의 행동에서는 사물에 대한 반응과 사람에 대한 반응이 근본적으로 서로 구분이 안 되는 통일 상태를 보인다. 그 뒤 이 두 반응 행동은 외부 세계를 향하면서 점차 사회적 형식으로 발전해 간다"Vygotsky, 1999, pp.20-21. 그러므로 앞서 언급했듯이, 아동에게 아동 발달의 초기 단계에서 '행동의 혼합주의syncretism of action'가 있지만, 그 이후로 아동은 자기 주변의 객관 세계와 사람들을 각각 분리해서 반응하기 시작하는 것이 분명하다.

맺는말

비고츠키에 관한 구성주의적 해석은 이미 두아르테2001나 툴레스키 2008 같은 학자들이 논증한 경향성, 즉 비고츠키를 비롯하여 역사-문화 심리학에 공헌을 끼친 여러 학자들의 마르크스주의적 정당성을 인정하지 않는 경향성을 보인다. 비고츠키의 사상은 많은 서구 학자들의 손에 의해 '탈이데올로기화'의 상처를 겪었다. 그것은 비고츠키의 사상 속에서 사회주의와 자유주의 사이의 이런저런 갈등을 삭제하려는 시도를 꾀한 북미 학자들의 글들을 필두로 시작되었다.Duarte, 2001

쇼터는 비고츠키의 사상에서 중요한 방법론적 토대를 폄훼한다. 비고츠키가 말하기를,

> 각각의 구체적인 진술이 전체 체계 속의 중요한 사고와 연결되고 그것에 의존하는 것은 체계에 대한 감정, 스타일에 대한 감각, 이해다. 이것은 과학적 기원이나 구성에서 서로 이질적이고 다양한 둘 혹은 더 많은 체계를 결합하려는 절충적인 시도 속에서는 볼 수 없는 것이다. _1997, p.259

구성주의는 절충주의로 특징된다. 이것은 서로 다른 체계를 구성하는 이질적인 요소들을 존중하지 않고 **선험적인** 도식을 정당화하기 위해 완전히 상호 대립적인 학자들을 병치시키려 한다. 비고츠키, 바흐친, 비트겐슈타인, 푸코 등의 사상가들 이론의 총체성은 구성주의적 파노라마에 짜 맞추기 위해 산산이 찢겨져 버린다.

쇼터처럼 비고츠키와 바흐친에 지적 뿌리를 두고 있는 구성주의자들은 이들의 사상을 언어를 그것이 생겨난 물적 현실과 동떨어져 존재하는 것으로 규정하고선 언어를 변질시킨다. 맥널리McNally, 1999에 따르면, 언어에 대한 그런 식의 이해는 후기구조주의나 포스트모더니즘, 포스트마르크스주의로 특징되는 새로운 유형의 관념론을 표출한다. 언어는 오직 사회적 상호작용 속에 존재한다고 믿는 것은, 구성주의자들이 그러하듯, 언어를 독립적인 것으로 보는 오류로부터 자유롭지 않다. 이러한

오류를 극복하기 위해서는 언어가 인간의 물적 재생산으로부터 생겨난 다는 이해가 요구된다.

> 의식과 마찬가지로 언어는 인간 존재의 왕국으로부터 분리 될 수 없다. 오히려 언어는 이 존재에 대한 표현적 차원이다. 그 런 식으로, 현실 삶의 갈등, 긴장, 모순이 언어 속으로 스며든 다. 새로운 관념론은 이런 면을 전혀 보지 못한다. 언어를 "이 데올로기적으로 용해된 것으로", "모순과 긴장이 가득 찬 것으 로" 보는 대신, 바흐친의 말 속에 있는 "추상적인 문법적 범주 체계로 취급함으로써", 관념론은 언어, 삶, 역사, 사회의 관계 에 대한 이해를 빈곤하게 만들었다. 새로운 관념론은 이데올로 기, 갈등, 모순, 저항을 이해하고자 하지만, 이것은 낡은 관념론 에서 한 발자국 더 나아가, 언어를 추상하는 대신, 실질적으로 사회 자체를 언어 체계 속으로 변질시켜 버린다.
>
> _McNally, 1999, p.46[18]

마르크스와 엥겔스[1932/1974]는 관념의 비판을 통해 인간 해방을 이룰 수 있을 것이라는 믿음 속에서 헤겔을 성찰한다. 구성주의 또한 이러한 헤겔식 관념론의 부활과 퇴행으로 볼 수 있다. 비록 그 지지자들이 사고 를 물질성과 분리시켜 버린 담론적이고 연관적인 형태의 사고를 비판하 고는 있지만 말이다. 마르크스와 엥겔스의 말을 빌리면, "하지만 그들(청 년 헤겔주의자들)이 놓치고 있는 것은, 그들의 말은 구구절절 앞뒤가 맞 지 않으며, 그들이 전투를 벌이는 상대는 현실 세계가 아니라 이 세계의 말들이 전부라는 점이다"[1974, p.36]. 우리가 앞서 살펴본 포스트모더니즘 의 '현실 세계'는 부르주아 이데올로기에 의해 조작된 세계를 말한다.

구성주의와 비고츠키 이론 속의 상이한 언어 개념이 비고츠키의 개념과 비트겐슈타인의 개념 사이에 나타나 있는 점을 지적할 필요가 있다. 코치뉴Coutinho, 2010에 따르면, 비트겐슈타인은 언어를 개인에게 닫혀 있는 것으로 이해함으로써 관념론적 주관적 관점을 피력한다. 비트겐슈타인은 우리의 세계가 언어에 의해 한계를 지닌다는 주장을 함으로써 명백히 유아론적唯我論的 관점에서 출발하고 있다.

지금까지 우리가 살펴본 요지는 쇼터의 결론이 비고츠키가 비판한 바로 그것이라는 점이다. 쇼터는 원래의 이론과 유사성이 전혀 없는 어떤 관점을 정당화하기 위해 상이한 이론들에 내재한 이질적인 요소들을 훼손하였다. 요컨대 이글에서 우리가 제안하고자 한 것은 이 두 관점을 통합하는 것은 명백히 불가능하다는 것이다.

주석

1. 러시아어 알파벳을 영어로 옮길 때 저자명의 스펠링에서 차이가 발견된다. 우리는 토론 끝에 "i"를 "y"로 옮기기로 했다. 하지만 포르투갈어나 스페인어판에서 다르게 쓰인 것을 볼 수 있다.

2. 일반적으로 '언어학적 전환'이란 표현은 철학이나 여느 인문사회과학에서 일어난 변화를 가리키는데, 이는 이 명명이 암시하듯이, 이들 학문이 연구하는 현상 속에서 언어의 중요성에 대한 관심의 결핍과 연관되어 있다. 페르디낭 드 소쉬르(1857~1913)는 구시대의 철학 전통과 단절하고 현대 언어학을 세운 장본인이다. 소쉬르는 "언어를 통해, 언어 그 자체로"로 대변되는 엄밀한 언어 연구 방법과 개념을 발전시켰다.

3. Shotter, J.(2002). 『담화적 현실: 언어를 통한 구성적 삶Conversational realities: Constructing life through language』. London: Stage, p.40에서 인용.

4. Gergen, K. J.(1994). 『현실과 관계: 사회적 구성의 경종Realities and relationships: Soundings in social construction』. Cambridge, MA: Havard University Press, p.68에서 인용.

5. Shotter, J.(2002). 『담화적 현실Conversational realities』에서 인용.

6. 앞의 책, p.6.

7. 앞의 책, p.51.

8. 앞의 책, p.7.

9. 앞의 책.

10. 비판적 리얼리즘은 인식 주체의 바깥에 실재reality가 있다는 것을 인정한다. 사회

적 구성주의는 실재가 인간이 만든 사회적 구성물이라는 시각에서 출발한다.

11. 벤자민 리 워프Benjamin Lee Whorf(1897~1941)는 에드워드 사피르Edward Sapir (1884-1939)와 공동으로 사피르-워프 가설을 창안한 미국의 언어학자다. 이 가설은 세계를 바라보는 다양한 방식은 다양한 문화 속에서 언어가 취하는 형식에 의존한다고 설명한다.

12. Luria, A. R. and Vygotsky, L. S.(1992). 『유인원, 원시인, 아동: 행동의 역사에 관한 에세이』. E. Rossiter. Orlando, FL: Deutch, pp.66-67에서 인용.

13. 그러한 연구들이 비고츠키를 비롯한 여러 학자들을 **인종주의자**로 비난하는 데 악용된 점을 언급할 필요가 있다. 이와 관련하여, 툴레스키는 "그 지역 사람들의 유전적 열등성에 기초한 인종주의적 해석의 여지는 오직 역사-문화 이론의 근거에 대한 몰이해를 말해 줄 뿐"이라고 말한다(2011, p.85).

14. Luria, A. R. and Vygotsky, L. S.(1992). 『유인원, 원시인, 아동: 행동의 역사에 관한 에세이』, p.65에서 인용.

15. 앞의 책, p.68.

16. 앞의 책, p.71.

17. 앞의 책.

18. McNally, D.(1997). 『언어, 역사, 계급투쟁. 역사의 옹호: 마르크스주의와 포스트모던 아젠다』. ed. E. M. Wood and J. B. Foster(pp.26-42). New York: Monthly Review Press, p.39에서 인용.

참고 문헌

Castañon, G. A. (2007). *Psicologia Pós-Moderna? Uma crítica epistemológica do construcionismo social* [Postmodern psychology? An epistemological critique of social constructionism]. Rio de Janeiro: Booklink.

Coutinho, C. N. (2010). *O estruturalismo e a miséria da razão* [The structuralism and misery of reason], 2nd ed. São Paulo: Expressão Popular.

Danziger, K. (1997). The varieties of social construction. *Theory and Psychology,* 7 (3), 399-411.

Duarte, N. (2001). *Vigotski e o "aprender a aprender": críticas às apropriações neoliberais e pós modernas da teoria vigotskiana* [Vygotsky and "learning to learn": Criticism of neoliberal appropriations and postmodern theory of Vygotsky]. Campinas: Autores Associados.

Gergen, K. (1995). *Realidades y relaciones: Aproximaciones a la construcción social* [Realities and relationships: Soundings in social construction]. Barcelona: Paidós.

Gergen, K. J., and Gergen, M. (2010). *Construcionismo social: um convite ao diálogo* [Social construction: Entering the dialogue]. Rio de Janeiro: Instituto Noos.

González Rey, F. L. (2003). A subjetividade e as teorias de inspiração social na psicologia [Subjectivity and theories of social inspiration in psychology]. In F. L. González Rey, *Sujeito e subjetividade: uma aproximação histórico-cultural* [Subject and subjectivity: A historical-cultural approach] (pp. 121-199). São Paulo: Pioneira Thomson Learning.

Grandesso, M. (2000). *Sobre a reconstrução do significado: uma análise epistemológica e hermenêutica* [On the reconstruction of meaning: An epistemological analysis and hermeneutics]. São Paulo: Casa do Psicólogo.

Guanaes, C. (2006). *A construção da mudança em terapia de grupo: um enfoque construcionista social* [The construction of change in group therapy: A social constructionist approach). São Paulo: Vetor.

Harré, R. (2000). Personalism in the context of a social constructionist psychology: Stern and Vygotsky. *Theory and Psychology*, 10 (6), 731-748.

Ibáñez, T. (2004). O "giro linguístico" [The "linguistic turn"]. In L. Iñiguez (Coord.), *Manual de análise do discurso em ciências sociais* (Discourse analysis manual in social sciences), 2nd ed. Rio de Janeiro: Editora Vozes.

Lock, A., and Strong, T. (2010). *Social constructionism: Sources and stirrings in theory and practice*. New York: Cambridge University Press.

López, E. E. J. (2003). Mirada caleidoscópica al construccionismo social (Kaleidoscopic look at social constructionism]. *Política y Sociedad*, 40 (1), 5-14.

López-Silva, P. (2013). Realidades, construcciones y dilemas: una revisión filosófica al construccionismo social [Realities, buildings and dilemmas: A philosophical review of social constructionism]. *Cinta moebio*, 46, 9-25.

McNally, D. (1999). Língua, história e luta de classes [Language, history and class struggle]. In: E. M, Wood and J. B. Foster (Eds.), *Em defesa da história: Marxismo e pós-modernismo* [In defense of history: Marxism and the postmodernist agenda]. Rio de Janeiro: Jorge Zahar.

Marx, K. and Engels, F. (1974). *The German ideology*, ed. C. J. Arthur. London: Lawrence & Wishart. (Original work published 1932).

Shotter, J. (1989). Vygotsky's psychology: Joint activity in a developmental zone. *New Ideas in Psychology*, 7 (2), 185-204.

Shotter, J. (1993a). Bakhtin and Vygotsky: Internalization as a boundary phenomenon. *New Ideas in Psychology*, 11 (3), 379-390.

Shotter, J. (1993b). Vygotsky: The social negotiation of semiotic mediation. *New Ideas in Psychology*, 11 (1), 61-75.

Shotter, J. (1993c). Harré, Vygotsky, Bakhtin, Vico, Wittgenstein: Academic discourses and conversational realities. *Journal for the Theory of Social Behavior*, 23 (4), 459-482.

Shotter, J. (1996). Talk of saying, showing, gesturing, and feeling in Wittgenstein and Vygotsky. *The Communication Review*, 1 (4), 471-495.

Shotter, J. (2001). *Realidades conversacionales: La construcción de la vida a través del lenguaje* [Conversational realities: Constructing life through language). Madrid: Amorrortu Editores.

Tuleski, S. C. (2008). *Vygotski: a construção de uma psicologia marxista* [Vygotsky:The construction of a Marxist psychology], 2nd ed. Maringá:

Eduem.

Tuleski, S. C. (2011). *A relação entre texto e contexto na obra de Luria: apontamentos para uma leitura marxista* [The relationship between text and context in the work of Luria: Notes for a Marxist reading]. Maringá: Eduem.

van der Veer, R., and Valsiner, J. (1991). *Understanding Vygotsky: A quest for synthesis.* Oxford: Blackwell.

Vygotsky, L. S.(1986). *Thought and Language.* Cambridge, MA: MIT Press. (Original work published 1934).

Vygotsky, L. S. (1997). The historical meaning of the crisis in psychology: A methodological investigation. In: *The collected works of L. S. Vygotsky: Volume 3* (pp. 233–345). New York: Plenum.

Vygotsky, L. S. (1998a). Development of thinking and formation of concepts in the adolescent. In: *The collected works of L. S. Vygotsky: Volume 5* (pp. 29–82). New York: Springer/Plenum Press.

Vygotski, L. S. (Vygotsky) (1998b). A imaginação e seu desenvolvimento na infância [Imagination and its development in childhood]. In: L. S. Vigotski, *O desenvolvimento psicológico na infancia* [Psychological development in childhood]. São Paulo: Martins Fontes.

Vygotsky, L. S. (1999). Tool and sign in the development of the child. In: *The collected works of L. S. Vygotsky: Volume 6* (pp. 1–69). Springer/Plenum Press: New York.

Vygotsky, L. S., and Luria, A. R. (1996). *Estudos sobre a história do comportamento*: símios, homem primitivo e criança [Ape, primitive man, and child: Essays in the history of behavior]. Porto Alegre: Artes Médicas.

Vygotski, L. S. (Vygotsky), and Luria, A. R. (2007). *El instrumento y el signo en el desarrollo del niño* [Tool and sign in the development of the child]. Madrid: Fundación Infancia y Aprendizaje.

신규 교사 시절 4학년 담임을 맡았을 때의 일이다. 학급 임원 선거를 하는데 반장으로 추대된 아이가 앞에 나와서 한다는 말이, "추천해 준 친구에겐 미안하지만 나는 엄마가 바빠서 반장을 할 수 없으니 사퇴하겠다"는 것이었다. 집안 사정이 넉넉지 않은 아이였다. 또래들은 아무렇지 않게 아이의 말을 수용했지만 나는 충격과 혼란에 빠졌다. 엄마가 바쁜 것과 아이가 반장 되는 것이 무슨 관계가 있다고….

그날 이후로 "엄마가 바쁜 아이도 반장 할 수 있는 학급 운영하기"를 내 교직 삶의 목표로 삼았다. 하지만 학급-학년-전체 학교의 톱니바퀴가 맞물려 돌아가는 조직사회에서 그건 결코 쉬운 일이 아니었다. 왜곡된 사회구조 속에서 개인의 자의식과 양심은 손상되고 뒤틀리기 마련이다. 어린 학생이 날 때부터 가정 형편에 따라 포부 수준을 달리해야 한다는 것을 알았을 리가 없다. 교사들이 부조리한 교육 현실에 순응해 가는 것 또한 순수한 자기 선택의 발로는 아니다. 이 모든 것은 특정 시기 특정 사회의 현실이 개인의 삶을 조건화한conditioned 결과일 뿐이다.

칼 래트너를 비롯한 여러 학자들이 쓴 이 책 『비고츠키와 마르크스』는 인간 심리가 형성되는 기제를 사회구조적인 차원에서 접근하는 이론 체계에 관한 설명이다. 이 접근법은 기본적으로 "의식이 존재를 규정하는 것이 아니라 존재가 의식을 규정한다"는 마르크스주의의 기본 테제를 근간으로 한다.

마르크스주의 맥락에서 존재 양식의 핵심은 경제적 요인이다. 마르크스는 인간의 본질을 "사회적 관계의 총화ensemble of social relations"로 정의했다. 사회적 관계는 구체적으로 사회적 생산관계 속에서 맺어진 인간관계를 말한다. 학교에서 관리자(교장, 교감)와 교사는 심리적으로 결코 대등한 관계로 존재하지 않는다. 교사가 교무회의에서 학부모의 찬조금이나 교실 청소 관행을 근절하자는 주장을 펼치자면 '벌떡 교사'라는 낙인이 돌아오고 교직생활에서 이런저런 불이익을 감수해야 하기 때문에 실천에 옮기기가 쉽지 않다.

부르디외P. Bourdieu는 경제 조건과 인간 심리 형성의 관계에 대해 체계적이고 정교한 사회학 이론을 정립하였다. 엄마가 바빠서 반장에 못 나선다는 아이의 언설은 슬프게도 부르디외가 말한 "자기 자리에 대한 분별력sense of one's place"을 적나라하게 보여 주고 있다. 대학교수 엄마도 바쁘지만 그 자녀는 반장 출마를 포기하지 않을 것이다. 따라서 이 맥락에서 '바쁘다'라는 수사는 사전적인 의미와 무관한 어떤 사회문화적 차원에서만 이해될 수 있다. 아이는 너무 이른 시기에 교과서에는 나오지 않는 어른 세계의 아비투스habitus를 내면화한 것이다.

이 책의 편집자 칼 래트너는 아비투스를 비롯한 개인의 이런저런 의식과 심리 형성에 영향을 미치는 사회조건을 '거시문화요인'으로 일컬으며 그 인과관계를 상세히 설명하고 있다. 래트너의 설명 방식은 마르크스의 원뿔모형에 의존하고 있는데, 이는 흔히 '토대-상부구조'라 일컫는 도식과 맞닿아 있다. 원뿔모형에서 다양한 사회조건들 가운데 결정적으로 중요한 것은 경제적 조건이다. 사회적 원뿔을 지탱하고 있는 토대에 해당하는 경제적 조건(생산양식)이 나머지 모든 사회조건들(교육, 종교, 학문, 가족관계, 예술, 언론 등)에 중요한 영향을 미치고 나아가 이 모든 사회조건들이 거시문화요인을 이루며 개인의 의식과 심리를 형성 짓는다.

토대를 이루는 생산양식은 역사적으로 변화 발전해 간다. 생산양식의 변화는 생산력의 발전에 말미암는데, 이에 조응하여 형성된 새로운 생산관계를 토대로 새로운 사회구성체가 탄생된다. 놀랍게도, 새로운 생산관계의 사회에서는 그 구성원들의 의식과 심리도 그에 걸맞게 변화한다. 이러한 설명 방식이 마르크스주의 심리학 특유의 혁신성인데, 이는 결코 무리한 주장이 아니라 상식 그 자체다.

"흑인은 흑인이다. 특정 사회관계 속에서만 그는 노예가 된다"는 마르크스의 명제를 생각해 보자. 남북전쟁의 기폭제가 된 소설『톰 아저씨의 오두막집』의 주인공 엉클 톰과 타이거 우즈나 오바마가 갖는 흑인으로서의 자아정체감이 같을 수가 없다. 또한 우리는 이른바 중2병이라는 청소년 특유의 심리 현상을 시대와 공간을 초월하여 보편적으로 존재하는 사회 현상으로 생각하지만, 기실 조선시대에는 청소년이란 개념 자체가 없었다. 생산력이 낮아 최대한 많은 노동력을 필요로 했던 농경사회에서 힘을 쓸 수 있는 아이에겐 어른과 똑같은 사회적 역할이 기대되었기에 질풍노도 따위의 정서가 생겨날 여지는 없었다. 이렇듯, 상이한 경제 조건이 상이한 인간 의식을 빚어낸다는 마르크스주의 심리학의 적법성을 입증하는 예는 수많이 들 수 있지만, 유물론적 사고를 낯설어하는 제도권의 주류 학자들은 이 자명한 이치를 간과해 왔다.

인간과 사회의 설명에 관한 마르크스 이론체계를 계승하여 개인의 심리 형성이나 정신 발달을 그가 속한 시대와 사회의 문화적 특징에 따라 설명하려 한 러시아의 심리학자가 비고츠키다. 1934년에 37세로 요절한 탓에 '심리학계의 모차르트'로 불리는 이 천재 심리학자는 살아서는 본 국에서 스탈린의 박해로 인정받지 못했고 죽어서는 또 마르크스주의자라는 이유로 서방 세계에서 외면을 받았다. 1962년 주저 『사고와 언어』가 영어로 번역될 때만 해도 별 관심을 얻지 못하다가 1978년에 번역된 『마인드 인 소사이어티Mind in Society』를 계기로 서구 학계에서 비고츠키 붐이 일기 시작했다.

흔히 비고츠키를 피아제의 개인적 구성주의와 비교하여 사회적 구성주의자로 소개하고 있지만, 비고츠키의 이론은 문화역사주의 심리학cultural-historical psychology으로 규정하는 것이 정설이다. 마르크스의 사상이 헤겔좌파나 포이어바흐 같은 동시대 사상가들에 대한 비판을 통해 발전했듯이, 비고츠키의 아이디어들은 피아제에 대한 비판을 통해 무르익었다(두 사람은 똑같이 1896년생이다). 때문에 피아제와 비고츠키를 닮은꼴로 보는 것은 난센스다.

심리학 역사에서 비고츠키가 끼친 빛나는 공헌은 고등정신기능의 사회적 기원을 밝힌 것이다. 비고츠키는 인간을 동물계를 벗어나 현생 인류로 진화케 한 것이 노동을 통한 도구 사용이라는 엥겔스 이론에 착안하여 정신도구psychological tool라는 개념을 정립했다. 정신도구를 매개로 인간은 동물과 질적으로 구별되는 고등정신기능을 발전시켜 간다. 정신도구는 인류 문화의 산물로서 오직 사회적 상호작용을 통해 획득할 수 있다. 비고츠키의 이러한 설명은 "아동이 환경과의 상호작용을 통해 새로운 정신과정을 독자적으로 구성해 간다"고 본 피아제와 확연히 구별된다.

『자본론』에서 정초된 마르크스의 천재적인 방법론에 고무되어 비고츠키는 '심리학의 자본론' 짓기를 필생의 과업으로 삼았다. 그 결실로 맺어진 역작이 『생각과 말』이다. 비고츠키 이론을 이해하기 위해 반드시 섭렵해야 할 텍스트지만 이 책은 난해하기로 정평이 나 있다. 그런 면에서 이 책 『비고츠키와 마르크스』는 『생각과 말』의 벽을 넘기 위한 유용한 도구가 될 수 있다. 이 책을 읽다 보면 '생각과 말'에서 이해가 안 됐던 많은 부분이 순조롭게 풀릴 것이다. 특히, 2부의 글들이 그런 성격을 띠는데 그중에서도 탁월한 비고츠키-마르크스주의학자 앤디 블런던의 글은 보석처럼 빛난다. 이 책의 모든 글들이 높은 수준의 학문적 완성도를 자랑하지만, 블런던의 글은 깊이와 함께 가독성이 높아 독자들로 하여금 비고츠키 사상의 정수를 쉽게 이해할 수 있도록 돕는다. 요컨대, 이 어려운 책에서 4장만 제대로 이해해도 좋을 것이다.

3부의 글들은 비고츠키 이론이 교육의 실제에서 적용되는 측면을 다루고 있다. 2부의 글들이 이론적인 성격이라면 3부는 실천적인 내용을 담고 있다. 특히 8장은 비고츠키와 구성주의와의 연관에 관한 담론을 주제로 다루고 있어서 주목을 끈다. 이 글은 비고츠키를 사회적 구성주의 진영에 포함시키는 것이 옳으냐 그르냐 하는 이분법적인 접근을 하지는 않는다. 다만 마르크스주의적 관점에서 비고츠키 이론은 사회적 구성주의자들의 포스트모던적인 사고와 양립하기 힘들다는 결론을 내리며 관련 이슈에 대한 판단에 중요한 참조 체계를 제공하고 있다.

'비고츠키와 마르크스'라는 제목이 시사하듯 이 책은 비고츠키와 마르크스라는 두 마리의 토끼를 다 잡을 수 있는 장점이 있다. 2~3부와 달리 1부는 비고츠키보다 마르크스에 무게중심이 가 있다. 이 책의 편집자인 칼 래트너의 글은 저자 특유의 급진적 원칙론이 다소 거슬릴 수도 있다. 하지만 그의 글을 거듭 읽다 보면 마르크스 사상에 관한 해박한 지식과 명쾌한 논리 전개에 감탄하게 된다. 내용이 방대한 탓에 무료함을 느낄 만하면 거시문화적 사회조건들이 인간 심리를 좌우하는 흥미로운 사례들을 제시하는 저자의 스토리텔링에 푹 빠져들게 된다. 비고츠키가 낯선 독자들은 1부에 집중하는 것이 좋겠고 마르크스보다 비고 츠키에 흥미가 있는 독자들은 1부는 건너뛰고 2부부터 먼저 읽는 것을 권고하고 싶다. 단, 어떤 경우든 탐구의 여정이 험난할 것은 각오할 일이다.

김영란법이 시행된 뒤로 초등학교에서 더 이상 어머니들이 교실 청소를 하러 들어오지 않아도 됐다. 엄마가 바쁜 아이도 반장을 할 수 있게 된 것이다. 그러나 지금은 또 휴거, 빌거, 이백충, 삼백충이니 하는 신조어들이 동심을 파괴하고 있다. 천민자본주의 사회의 부가 양극화됨에 따라 아이들의 관계망 또한 철저히 물화된 거시문화요인의 지배를 받는 것이다. 이런 형편 속에서 교사가 그저 교과서 지식을 충실하게 전달하는 것이 능사일 수 없다. 학교는 사회 속에서 기능하기 때문에 바람직한 교육에 대한 고민은 거시문화요인을 좌우하는 사회구조에 대한 이해와 그 변혁에 대한 관심에서 시작되어야 한다. 이 책이 "덜 추한 세상"을 꿈꾸는 교사, 학부모, 시민에게 유용한 정신도구로 다가가길 바란다.

2020년 5월
이성우

삶의 행복을 꿈꾸는 교육은 어디에서 오는가?

● **교육혁명을 앞당기는 배움책 이야기** 혁신교육의 철학과 잉걸진 미래를 만나다!

한국교육연구네트워크 총서

 01 핀란드 교육혁명
한국교육연구네트워크 엮음 | 320쪽 | 값 15,000원

 02 일제고사를 넘어서
한국교육연구네트워크 엮음 | 284쪽 | 값 13,000원

 03 새로운 사회를 여는 교육혁명
한국교육연구네트워크 엮음 | 380쪽 | 값 17,000원

 04 교장제도 혁명
한국교육연구네트워크 엮음 | 268쪽 | 값 14,000원

 05 새로운 사회를 여는 교육자치 혁명
한국교육연구네트워크 엮음 | 312쪽 | 값 15,000원

 06 혁신학교에 대한 교육학적 성찰
한국교육연구네트워크 엮음 | 308쪽 | 값 15,000원

 07 진보주의 교육의 세계적 동향
한국교육연구네트워크 엮음 | 324쪽 | 값 17,000원
2018 세종도서 학술부문

 08 더 나은 세상을 위한 학교혁명
한국교육연구네트워크 엮음 | 404쪽 | 값 21,000원
2018 세종도서 교양부문

 09 비판적 실천을 위한 교육학
이윤미 외 지음 | 448쪽 | 값 23,000원
2019 세종도서 학술부문

 10 마을교육공동체운동:
세계적 동향과 전망
심성보 외 지음 | 376쪽 | 값 18,000원

한국교육연구네트워크 번역 총서

 01 프레이리와 교육
존 엘리아스 지음 | 한국교육연구네트워크 옮김
276쪽 | 값 14,000원

 02 교육은 사회를 바꿀 수 있을까?
마이클 애플 지음 | 강희룡·김선우·박원순·이형빈 옮김
356쪽 | 값 16,000원

 03 비판적 페다고지는
세상을 변화시킬 수 있는가?
Seewha Cho 지음 | 심성보·조시화 옮김
280쪽 | 값 14,000원

 04 마이클 애플의 민주학교
마이클 애플·제임스 빈 엮음 | 강희룡 옮김
276쪽 | 값 14,000원

 05 21세기 교육과 민주주의
넬 나딩스 지음 | 심성보 옮김 | 392쪽 | 값 18,000원

 06 세계교육개혁:
민영화 우선인가 공적 투자 강화인가?
린다 달링-해먼드 외 지음 | 심성보 외 옮김 | 408쪽 | 값 21,000원

 07 콩도르세, 공교육에 관한 다섯 논문
니콜라 드 콩도르세 지음 | 이주환 옮김
300쪽 | 값 16,000원

 혁신학교
성열관·이순철 지음 | 224쪽 | 값 12,000원

 행복한 혁신학교 만들기
초등교육과정연구모임 지음 | 264쪽 | 값 13,000원

 서울형 혁신학교 이야기
이부영 지음 | 320쪽 | 값 15,000원

 혁신교육, 철학을 만나다
브렌트 데이비스·데니스 수마라 지음
현인철·서용선 옮김 | 304쪽 | 값 15,000원

 대한민국 교사, 어떻게 가르칠 것인가?
윤성관 지음 | 320쪽 | 값 15,000원

 아이들을 어떻게 가르칠 것인가
사토 마나부 지음 | 박찬영 옮김 | 232쪽 | 값 13,000원

 모두를 위한 국제이해교육
한국국제이해교육학회 지음 | 364쪽 | 값 16,000원

 경쟁을 넘어 발달 교육으로
현광일 지음 | 288쪽 | 값 14,000원

● 비고츠키 선집 시리즈 발달과 협력의 교육학 어떻게 읽을 것인가?

생각과 말
레프 세묘노비치 비고츠키 지음
배희철·김용호·D. 켈로그 옮김 | 690쪽 | 값 33,000원

도구와 기호
비고츠키·루리야 지음 | 비고츠키 연구회 옮김
336쪽 | 값 16,000원

어린이 자기행동숙달의 역사와 발달 I
L.S. 비고츠키 지음 | 비고츠키 연구회 옮김
564쪽 | 값 28,000원

어린이 자기행동숙달의 역사와 발달 II
L.S. 비고츠키 지음 | 비고츠키 연구회 옮김
552쪽 | 값 28,000원

어린이의 상상과 창조
L.S. 비고츠키 지음 | 비고츠키 연구회 옮김
280쪽 | 값 15,000원

비고츠키와 인지 발달의 비밀
A.R. 루리야 지음 | 배희철 옮김 | 280쪽 | 값 15,000원

수업과 수업 사이
비고츠키 연구회 지음 | 196쪽 | 값 12,000원

비고츠키의 발달교육이란 무엇인가?
비고츠키교육학실천연구모임 지음 | 412쪽 | 값 21,000원

비고츠키 철학으로 본 핀란드 교육과정
배희철 지음 | 456쪽 | 값 23,000원

성장과 분화
L.S. 비고츠키 지음 | 비고츠키 연구회 옮김
308쪽 | 값 15,000원

연령과 위기
L.S. 비고츠키 지음 | 비고츠키 연구회 옮김
336쪽 | 값 17,000원

의식과 숙달
L.S 비고츠키 | 비고츠키 연구회 옮김
348쪽 | 값 17,000원

분열과 사랑
L.S. 비고츠키 지음 | 비고츠키 연구회 옮김
260쪽 | 값 16,000원

성애와 갈등
L.S. 비고츠키 지음 | 비고츠키 연구회 옮김
268쪽 | 값 17,000원

관계의 교육학, 비고츠키
진보교육연구소 비고츠키교육학실천연구모임 지음
300쪽 | 값 15,000원

비고츠키 생각과 말 쉽게 읽기
진보교육연구소 비고츠키교육학실천연구모임 지음
316쪽 | 값 15,000원

교사와 부모를 위한 비고츠키 교육학
카르포프 지음 | 실천교사번역팀 옮김
308쪽 | 값 15,000원

혁신교육 존 듀이에게 묻다
서용선 지음 | 292쪽 | 값 14,000원

다시 읽는 조선 교육사
이만규 지음 | 750쪽 | 값 33,000원

대한민국 교육혁명
교육혁명공동행동 연구위원회 지음
224쪽 | 값 12,000원

독일 교육, 왜 강한가?
박성희 지음 | 324쪽 | 값 15,000원

핀란드 교육의 기적
한넬레 니에미 외 엮음 | 장수명 외 옮김
456쪽 | 값 23,000원

한국 교육의 현실과 전망
심성보 지음 | 724쪽 | 값 35,000원

4·16, 질문이 있는 교실 마주이야기 통합수업으로 혁신교육과정을 재구성하다!

통하는 공부
김태호·김형우·이경석·심우근·허진만 지음
324쪽 | 값 15,000원

내일 수업 어떻게 하지?
아이함께 지음 | 300쪽 | 값 15,000원
2015 세종도서 교양부문

인간 회복의 교육
성래운 지음 | 260쪽 | 값 13,000원

교과서 너머 교육과정 마주하기
이윤미 외 지음 | 368쪽 | 값 17,000원

수업 고수들
수업·교육과정·평가를 말하다
박현숙 외 지음 | 368쪽 | 값 17,000원

도덕 수업, 책으로 묻고 윤리로 답하다
울산도덕교사모임 지음 | 320쪽 | 값 15,000원

체육 교사, 수업을 말하다
전용진 지음 | 304쪽 | 값 15,000원

교실을 위한 프레이리
아이러 쇼어 엮음 | 사람대사람 옮김
412쪽 | 값 18,000원

마을교육공동체란 무엇인가?
서용선 외 지음 | 360쪽 | 값 17,000원

교사, 학교를 바꾸다
정진화 지음 | 372쪽 | 값 17,000원

함께 배움
학생 주도 배움 중심 수업 이렇게 한다
니시카와 준 지음 | 백경석 옮김 | 280쪽 | 값 15,000원

공교육은 왜?
홍섭근 지음 | 352쪽 | 값 16,000원

자기혁신과 공동의 성장을 위한
교사들의 필리버스터
윤양수·원종희·장군·조경삼 지음 | 280쪽 | 값 14,000원

함께 배움 이렇게 시작한다
니시카와 준 지음 | 백경석 옮김 | 196쪽 | 값 12,000원

함께 배움 교사의 말하기
니시카와 준 지음 | 백경석 옮김 | 188쪽 | 값 12,000원

교육과정 통합, 어떻게 할 것인가?
성열관 외 지음 | 192쪽 | 값 13,000원

미래교육의 열쇠, 창의적 문화교육
심광현·노명우·강정석 지음 | 368쪽 | 값 16,000원

주제통합수업,
아이들을 수업의 주인공으로!
이윤미 외 지음 | 392쪽 | 값 17,000원

수업과 교육의 지평을 확장하는 수업 비평
윤양수 지음 | 316쪽 | 값 15,000원
2014 문화체육관광부 우수교양도서

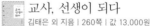
교사, 선생이 되다
김태은 외 지음 | 260쪽 | 값 13,000원

교사의 전문성, 어떻게 만들어지나
국제교원노조연맹 보고서 | 김석규 옮김
392쪽 | 값 17,000원

수업의 정치
윤양수·원종희·장군 지음 | 280쪽 | 값 14,000원

학교협동조합,
현장체험학습과 마을교육공동체를 잇다
주수원 외 지음 | 296쪽 | 값 15,000원

거꾸로 교실,
잠자는 아이들을 깨우는 수업의 비밀
이민경 지음 | 280쪽 | 값 14,000원

교사는 무엇으로 사는가
정은균 지음 | 292쪽 | 값 15,000원

마음의 힘을 기르는 감성수업
조선미 외 지음 | 300쪽 | 값 15,000원

작은 학교 아이들
지경준 엮음 | 376쪽 | 값 17,000원

아이들의 배움은 어떻게 깊어지는가
이시이 준지 지음 | 방지현·이창희 옮김
200쪽 | 값 11,000원

대한민국 입시혁명
참교육연구소 입시연구팀 지음 | 220쪽 | 값 12,000원

교사를 세우는 교육과정
박승열 지음 | 312쪽 | 값 15,000원

전국 17명 교육감들과 나눈 교육 대담
최창의 대담·기록 | 272쪽 | 값 15,000원

들뢰즈와 가타리를 통해 유아교육 읽기
리세롯 마리엣 올슨 지음 | 이연선 외 옮김
328쪽 | 값 17,000원

학교 혁신의 길, 아이들에게 묻다
남궁상운 외 지음 | 272쪽 | 값 15,000원

학교 민주주의의 불한당들
정은균 지음 | 276쪽 | 값 14,000원

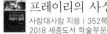
프레이리의 사상과 실천
사람대사람 지음 | 352쪽 | 값 18,000원
2018 세종도서 학술부문

교육과정, 수업, 평가의 일체화
리사 카터 지음 | 박승열 외 옮김 | 196쪽 | 값 13,000원

혁신학교, 한국 교육의 미래를 열다
송순재 외 지음 | 608쪽 | 값 30,000원

학교를 개선하는 교장
지속가능한 학교 혁신을 위한 실천 전략
마이클 풀란 지음 | 서동연·정효준 옮김 | 216쪽 | 값 13,000원

페다고지를 위하여
프레네의 『페다고지 불변요소』 읽기
박찬영 지음 | 296쪽 | 값 15,000원

공자뎐, 논어는 이것이다
유문상 지음 | 392쪽 | 값 18,000원

노자와 탈현대 문명
홍승표 지음 | 284쪽 | 값 15,000원

교사와 부모를 위한
발달교육이란 무엇인가?
현광일 지음 | 380쪽 | 값 18,000원

선생님, 민주시민교육이 뭐예요?
염경미 지음 | 244쪽 | 값 15,000원

교사, 이오덕에게 길을 묻다
이무완 지음 | 328쪽 | 값 15,000원

어쩌다 혁신학교
유우석 외 지음 | 380쪽 | 값 17,000원

낙오자 없는 스웨덴 교육
레이프 스트란드베리 지음 | 변광수 옮김
208쪽 | 값 13,000원

미래, 교육을 묻다
정광필 지음 | 232쪽 | 값 15,000원

끝나지 않은 마지막 수업
장석웅 지음 | 328쪽 | 값 20,000원

대학, 협동조합으로 교육하라
박주희 외 지음 | 252쪽 | 값 15,000원

경기꿈의학교
진흥섭 외 지음 | 360쪽 | 값 17,000원

입시, 어떻게 바꿀 것인가?
노기원 지음 | 306쪽 | 값 15,000원

학교를 말한다
이성우 지음 | 292쪽 | 값 15,000원

촛불시대, 혁신교육을 말하다
이용관 지음 | 240쪽 | 값 15,000원

행복도시 세종,
혁신교육으로 디자인하다
곽순일 외 지음 | 392쪽 | 값 18,000원

라운드 스터디
이시이 데루마사 외 엮음 | 224쪽 | 값 15,000원

나는 거꾸로 교실 거꾸로 교사
류광모·임정훈 지음 | 212쪽 | 값 13,000원

미래교육을 디자인하는 ### 학교교육과정
박승열 외 지음 | 348쪽 | 값 18,000원

교실 속으로 간 이해중심 교육과정
온정덕 외 지음 | 224쪽 | 값 13,000원

흥미진진한 아일랜드 전환학년 이야기
제리 제퍼스 지음 | 최상덕·김호원 옮김 | 508쪽 | 값 27,000원
2019 대한민국학술원우수학술도서

교실, 평화를 말하다
따돌림사회연구모임 초등우정팀 지음
268쪽 | 값 15,000원

폭력 교실에 맞서는 용기
따돌림사회연구모임 학급운영팀 지음
272쪽 | 값 15,000원

학교자율운영 2.0
김용 지음 | 240쪽 | 값 15,000원

그래도 혁신학교
박은혜 외 지음 | 248쪽 | 값 15,000원

학교자치를 부탁해
유우석 외 지음 | 252쪽 | 값 15,000원

학교는 어떤 공동체인가?
성열관 외 지음 | 228쪽 | 값 15,000원

국제이해교육 페다고지
강순원 외 지음 | 256쪽 | 값 15,000원

교사 전쟁
다나 골드스타인 지음 | 유성상 외 옮김
468쪽 | 값 23,000원

인공지능 시대의 사회학적 상상력
홍승표 지음 | 260쪽 | 값 15,000원

시민, 학교에 가다
최형규 지음 | 260쪽 | 값 15,000원

학교를 살리는 회복적 생활교육
김민자·이순영·정선영 지음 | 256쪽 | 값 15,000원

교사를 위한 교육학 강의
이형빈 지음 | 336쪽 | 값 17,000원

새로운학교 학생을 날게 하다
새로운학교네트워크 총서 02 | 408쪽 | 값 20,000원

세월호가 묻고 교육이 답하다
경기도교육연구원 지음 | 214쪽 | 값 13,000원

미래교육, 어떻게 만들어갈 것인가?
송기상·김성천 지음 | 300쪽 | 값 16,000원
2019 세종도서 교양부문

교육에 대한 오해
우문영 지음 | 224쪽 | 값 15,000원

학교를 살리는 회복적 생활교육
김민자·이순영·정선영 지음 | 256쪽 | 값 15,000원

배움의 독립선언, 평생학습
정민승 지음 | 240쪽 | 값 15,000원

선생님, 페미니즘이 뭐예요?
염경미 지음 | 280쪽 | 값 15,000원

평화의 교육과정 섬김의 리더십
이준원·이형빈 지음 | 292쪽 | 값 16,000원

수포자의 시대
김성수·이형빈 지음 | 252쪽 | 값 15,000원

혁신학교와 실천적 교육과정
신은희 지음 | 236쪽 | 값 15,000원

삶의 시간을 잇는 문화예술교육
고영직 지음 | 292쪽 | 값 16,000원

혐오, 교실에 들어오다
이혜정 외 지음 | 232쪽 | 값 15,000원

혁신교육지구와 마을교육공동체는 어떻게 만들어지는가?
김태정 지음 | 376쪽 | 값 18,000원

선생님, 특성화고 자기소개서 어떻게 써요?
이지영 지음 | 322쪽 | 값 17,000원

학생과 교사, 수업을 묻다
전용진 지음 | 344쪽 | 값 18,000원

혁신교육지구 현장을 가다
이용운 외 4인 지음 | 344쪽 | 값 18,000원

● **살림터 참교육 문예 시리즈** 영혼이 있는 삶을 가르치는 온 선생님을 만나다!

꽃보다 귀한 우리 아이는
조재도 지음 | 244쪽 | 값 12,000원

성깔 있는 나무들
최은숙 지음 | 244쪽 | 값 12,000원

아이들에게 세상을 배웠네
명혜정 지음 | 240쪽 | 값 12,000원

밥상에서 세상으로
김흥숙 지음 | 280쪽 | 값 13,000원

우물쭈물하다 끝난 교사 이야기
유기창 지음 | 380쪽 | 값 17,000원

선생님이 먼저 때렸는데요
강병철 지음 | 248쪽 | 값 12,000원

서울 여자, 시골 선생님 되다
조경선 지음 | 252쪽 | 값 12,000원

행복한 창의 교육
최창의 지음 | 328쪽 | 값 15,000원

북유럽 교육 기행
정애경 외 14인 지음 | 288쪽 | 값 14,000원

시험 시간에 웃은 건 처음이에요
조규선 지음 | 252쪽 | 값 15,000원

교과서 밖에서 만나는 역사 교실 상식이 통하는 살아 있는 역사를 만나다

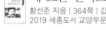

● 평화샘 프로젝트 매뉴얼 시리즈 학교폭력에 대한 근본적인 예방과 대책을 찾는다

학교폭력 어떻게 만들어지는가
문재현 외 지음 | 300쪽 | 값 14,000원

아이들을 살리는 동네
문재현 · 신동명 · 김수동 지음 | 204쪽 | 값 10,000원

학교폭력, 멈춰!
문재현 외 지음 | 348쪽 | 값 15,000원

평화! 행복한 학교의 시작
문재현 외 지음 | 252쪽 | 값 12,000원

왕따, 이렇게 해결할 수 있다
문재현 외 지음 | 236쪽 | 값 12,000원

마을에 배움의 길이 있다
문재현 지음 | 208쪽 | 값 10,000원

젊은 부모를 위한 백만 년의 육아 슬기
문재현 지음 | 248쪽 | 값 13,000원

별자리, 인류의 이야기 주머니
문재현 · 문한뫼 지음 | 444쪽 | 값 20,000원

우리는 마을에 산다
유양우 · 신동명 · 김수동 · 문재현 지음
312쪽 | 값 15,000원

동생아, 우리 뭐 하고 놀까?
문재현 외 지음 | 280쪽 | 값 15,000원

누가, 학교폭력 해결을 가로막는가?
문재현 외 지음 | 312쪽 | 값 15,000원

● 남북이 하나 되는 두물머리 평화교육 분단 극복을 위한 치열한 배움과 실천을 만나다

10년 후 통일
정동영 · 지승호 지음 | 328쪽 | 값 15,000원

선생님, 통일이 뭐예요?
정경호 지음 | 252쪽 | 값 13,000원

분단시대의 통일교육
성래운 지음 | 428쪽 | 값 18,000원

김창환 교수의 DMZ 지리 이야기
김창환 지음 | 264쪽 | 값 15,000원

한반도 평화교육 어떻게 할 것인가
이기범 외 지음 | 252쪽 | 값 15,000원

● 창의적인 협력 수업을 지향하는 삶이 있는 국어 교실 우리말 글을 배우며 세상을 배운다

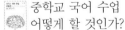
중학교 국어 수업 어떻게 할 것인가?
김미경 지음 | 340쪽 | 값 15,000원

토론의 숲에서 나를 만나다
명혜정 엮음 | 312쪽 | 값 15,000원

토닥토닥 토론해요
명혜정 · 이명선 · 조선미 엮음 | 288쪽 | 값 15,000원

인문학의 숲을 거니는 토론 수업
순천국어교사모임 엮음 | 308쪽 | 값 15,000원

어린이와 시
오인태 지음 | 192쪽 | 값 12,000원

수업, 슬로리딩과 함께
박경숙 외 지음 | 268쪽 | 값 15,000원

언어던
정은균 지음 | 268쪽 | 값 15,000원
2019 세종도서 교양부문

민촌 이기영 평전
이성렬 지음 | 508쪽 | 값 20,000원

감각의 갱신, 화장하는 인민
남북문학예술연구회 | 380쪽 | 값 19,000원

참된 삶과 교육에 관한
생각 줍기